百家文库

中国近现代作家的
编辑历程
Chinese Modern Writers' Editing Progress

蒋成德 著

中国书籍出版社
CHINA BOOK PRESS

图书在版编目（CIP）数据

中国近现代作家的编辑历程/蒋成德著.—北京：中国书籍出版社，2018.11

ISBN 978-7-5068-7147-1

Ⅰ.①中… Ⅱ.①蒋… Ⅲ.①编辑工作—研究—中国—近现代 Ⅳ.①G232

中国版本图书馆CIP数据核字（2018）第275215号

中国近现代作家的编辑历程

蒋成德　著

责任编辑	刘　娜　甄云霞
责任印制	孙马飞　马　芝
封面设计	中联华文
出版发行	中国书籍出版社
地　　址	北京市丰台区三路居路97号（邮编：100073）
电　　话	（010）52257143（总编室）　（010）52257140（发行部）
电子邮箱	eo@chinabp.com.cn
经　　销	全国新华书店
印　　刷	三河市华东印刷有限公司
开　　本	710毫米×1000毫米　1/16
字　　数	383千字
印　　张	22
版　　次	2019年3月第1版　2019年3月第1次印刷
书　　号	ISBN 978-7-5068-7147-1
定　　价	95.00元

版权所有　翻印必究

序

成德先生是一家高校哲学社会科学杂志的编审，又是从事现代文学教学与研究的专家。最近，他应出版社的要求，欲出一部《中国近现代作家的编辑历程》的书。本来是请深圳大学王晓华教授给写序，但晓华教授拿到书稿，翻阅过后给我来电话，说能不能请我代劳，其理由是该书内容全是有关现代文学方面的作家的编辑历程的，而我正是教学与研究现当代文学的。我与晓华是南京大学时期中文系的同窗好友，情谊甚笃，其时常在一起侃山海经，当然也做点正事，跟几位同学一起做文化对话。看在同窗份上我只能为其代劳。成德先生与我在深圳等地学术会议上曾有过两次晤面，我欣赏和佩服他的学术学问。成德先生来信邀我，我也就斗胆应承为他的著作说几句。

《中国近现代作家的编辑历程》是成德先生历时多年，精心研究撰写的一部著作。全书共写到14位近现代史上的作家。他们在中国近现代史上，不仅仅是以作家的身份出现，也不仅仅是以编辑家的身份出现，他们还是思想家，教育家，文字学家，有些还是政治家，是中国共产党的主要创始人与早期领导人。他们是搅动中国时局、改变中国历史的人。章炳麟、梁启超、陈独秀、鲁迅、李大钊、郭沫若、郁达夫、徐志摩、朱自清、闻一多、瞿秋白、夏衍、丁玲、巴金。一长串熟悉的名字，一个个伟大的人物，但在成德先生的著作中，他们又都是以编辑家的身份出现的，他们的工作主要是编辑。成德先生这本著作的魅力就在这里。作为读者,我们会从书中看到这些编辑,这些编辑家们有哪些超越一般编辑,与一般编辑家的地方?他们作为革命家,作为政治家,作为文学家,作为学问家,在编辑工作中又表现出哪些不同的甚至是杰出的眼界与气质?他们在作为编辑的生涯中又发生过哪些变化,为什么会发生这些变化?等等,这部著作当然会为我们解开这些谜团。

就编辑这个行当而言,在传统的纸质媒介时代主要是三种类别。一是报纸编辑,一是期刊编辑,还有就是图书编辑。一般而言,办报取向于政治,办刊取向于学术,而编辑图书丛书则是取向于文化建设。他们会在时代的某个阶段,或是人生的某个时期有着不同的选择。

政治家办报,这是我看了这部著作之后所得到的第一个印象。办报的大都是政治家,因为报纸的传播时效要比期刊与图书快得多,好得多,所发挥的社会作用也大得多。像章炳麟、梁启超、陈独秀、李大钊、瞿秋白这些人,他们本来就是政治家。他们办报目的明确,就是为了政治,为了革命,为了弘扬某种理想。如章炳麟(1869—1936),"他是中国近代著名的资产阶级革命家。早年创办报刊,主张排满反清,鼓吹资产阶级革命"。他晚年致力于国学,成为国学大师,"退居于宁静的学者"。章炳麟"从1897年任职《时务报》,到1935年创办学术杂志《制言》,前后近40年从事报刊的编辑活动,从而构成他一生社会活动、学术活动之外的重要内容。"章炳麟从办报到办刊的改变,其实是他人生选择的改变。"辛亥革命胜利后,章炳麟认为'排满'之志已伸,政治主张与伟大的革命先行者孙中山相去渐远。'五四'以后,章炳麟政治上更趋落后,由反对军阀割据演变为赞成军阀割据,……思想上遂'既离民众,渐入颓唐','退居于宁静的学者,用自己所手造的和别人所帮造的墙,和时代隔绝了'。"

再如梁启超(1873—1929),他是中国近代著名的改良派政治活动家。他"从1891年帮助康有为编书,到1927年晚年开始主编《中国图书大辞典》,从事编辑活动达38年之久。"在其一生中,创办主编以及支持指导的报刊就达17种之多。"像《时务报》《清议报》,前期《新民丛报》等对改良主义的思想宣传,厥功甚伟,对近代报刊编辑事业,也是贡献很大的。"在梁启超编辑生涯的四个时期中,"因其思想的进步与落后,所编辑的报刊以及色彩也不相同。大致说来,前两个时期配合戊戌变法运动,积极宣传改良主义的思想主张,所编辑的报刊以及他的编辑思想是进步的;从第三阶段后期开始,他的思想趋于保皇立宪,与革命派的《民报》论战,与马克思主义的《新青年》论战,则所编辑的报刊以及他的编辑思想是落后的了。"梁启超晚年主编《中国图书大辞典》,也说明其政治家的热情已经消退,而去从事学术与文化建设的事业了。

再有如陈独秀(1879—1942),"陈独秀是中国近现代史上一个非常重要而又极其复杂的人物。无论是中共党史,中国政党史,近代政治思想史,还是'五四'以来的新文学史、教育史、戏曲史、文字学史等诸多领域都要涉及他。"他主编《新青年》影响之广大、之深远,是空前的。毛泽东曾说他"是五四运动时期的总司令,整个运动实际上是他领导的。他与周围的一群人,如李大钊同志等,是起了大作用的。……五四运动,替中国共产党准备了干部。那个时候有《新青年》杂志,是陈独秀主编的。被这个杂志和五四运动警醒起来的人,后头有一部分进了共产党,这些人受陈独秀和他周围一群人的影响很大,可以说是由他集合起来,这才成立了党"。当然作为五四新文学运动的先驱,他还与胡适之一起为五四新文学奠定了思想与艺术的基础。陈独秀办报并非仅仅是以编辑作为一种谋生手段,而是"他看到了社会'百政俱废',人民'生机断绝',所以欲借助编辑报刊来革新社会,革新思想。"陈独秀曾说过:"让我办十年杂志,全国思想都全改观。"正如他所办《国民日日报》的"发刊词"所说:"将图国民之事业,不可不造国民之舆论。"因为"一纸之出,可以收全国之观听;一议之发,可以挽全国之倾势。"他是这样的看重报纸的舆论作用。他坚持办报的目的就是要"唤醒群众,起而救亡",办报就要坚持其宗旨,如若不能坚持,则"宁可停办,不图改良"。成德先生在这部著作中是如此这般准确地传递了政治家办报的事实与理念。

思想家学问家办刊,这是我阅读本书的第二个印象。像鲁迅(1881—1936)是中国现代史上伟大的文学家,伟大的思想家,也是伟大的编辑家,"他那崇高的编辑目的、编辑牺牲精神和为中国近现代编辑事业作出的巨大贡献,奠定了他在编辑出版史上光辉的地位。"鲁迅在其还未从事文学创作之前,就已经投身于编辑活动,他抱着伟大的编辑目的:即"转移性情,改造社会","改变精神"来从事编辑这项工作,"这一神圣而庄严的目的一直贯穿他30年编辑活动的始终,成为他自觉的人生追求"。在这一编辑目的指导下,他一生编辑了数十种文学期刊、书籍和丛书,还对现代木刻版画作品进行了具有开拓意义的编辑出版。"鲁迅在从事编辑的同时,还不时地对编辑出版界的恶劣现象予以批判,以对现代革命编辑活动正确的引导。""鲁迅的一生除了创作、翻译外,就是编辑出版工作,这构成他整个生命的一个重要的组成部分。"成德先生的这部著作对于鲁迅的编辑活动,编辑思想,以及他对于中国思想文化界所做出的贡献着力颇多,在全书中所占篇幅也最丰,体现了本部著作对于鲁迅先生在中国现代编辑事业中贡献的尊重与推崇。

当然,无论是政治家、思想家,还是文学家,在他们一生中的编辑生涯方面,总不会一成不变。他们会随着时代与人生路径的变化来选择与接受具体编辑的对象、形式与内涵,但他们断断不会违背自己的其时意志与人生宗旨。像李大钊、郭沫若、郁达夫、徐志摩、朱自清、闻一多、瞿秋白、夏衍、丁玲、巴金等人的编辑历程无不显示了这样的特征,这是我阅读本书所得到的第三个印象。

此外,在我看来成德先生的这部《中国近现代作家的编辑历程》著作,不仅在中国近现代编辑史上已占先声,而且也绝不会仅仅是一部有关中国近现代作家编辑历史方面的书,她还会是一部有关中国近现代文学思想史与中国近现代文化思想史方面的书。这应该是毋庸置疑的。

是为序。

范钦林

2018 年 10 月 24 日

论编辑

——"编辑是作家与读者之间的桥梁"

（代前言）

巴金在《十月》杂志创刊三周年的时候，写了一篇《致〈十月〉》的文章，着重谈的是"关于编辑的一些事情"，其中的观点很有代表性地反映了巴金的编辑意识。他说："做编辑工作的时候，我总是从编辑的观点看问题"，这里的"编辑的观点"应该是包括编辑工作的全过程和编辑事务的各个方面，而其中很重要的是对编辑主体的认识。巴金认为："编辑是作家与读者之间的桥梁。"以"桥梁"来比喻，十分形象地揭示了编辑的主体地位和作用，是巴金最重要的一个编辑意识。

一、编辑的作者意识

巴金说："我一直被认为是作家，但我也搞过较长时期的编辑工作，自以为两方面的甘苦都懂得一点。"[①]正是身兼编辑与作家的双重身份，对两者他才有很深入的体验，也才有很深刻的认识。从作家的角度来说，作家的创作是一个艰苦的过程，创作的成果乃是心血的结晶。作为编辑应该理解作家创作的不易而珍视作家的劳动及其产

[①] 巴金：《致〈十月〉》，《巴金论创作》，上海：上海文艺出版社1983年版，第574页。（以下引文凡未注出处者，均引自此文。）

品。因此,编辑就要在头脑中树立起明确的作者意识,离开了作者,编辑就会处于"巧妇难为无米之炊"的艰难境地而一事无成。有长期编辑经验的巴金对此有很深刻的认识,他说"得罪了作家我拿不到稿子"①,真是一语道破了编辑的作者观。

巴金认为,编辑的作者意识在于他能够"发现新的作家"。这是因为,"新作者的'处女作'常常超过成名作家的一般的作品"②。作为编辑就要有那种独具的眼光和胆识,"众里寻他",把他"发现"出来。新作者之所以有特别之处,就在于他"新",在于他有超常规、超常态乃至超常度的表现,或是逆反而表现出"新",或是破旧而表现出"新",或是创造而表现出"新",这种"新"往往不易被人接受,但很有可能是很有生命力的。编辑就要能够"发现"这种"新",以编辑的眼光看到他的发展前途而大胆地予以发表。这是编辑应有的责任,也是编辑应该具备的识力。巴金对此有特别深的体会,他就是被叶圣陶"发现",而走上文坛的。巴金说过,如果不是叶圣陶"发现"了他,发表了他的处女作《灭亡》,那么,他也许就不会从事文学创作,以创作为职业,而走上另一条道路。可见,叶圣陶的"发现",对巴金的人生道路影响之大,巴金正是以叶圣陶"发现"自己为显例而去"发现"他人的。在现代文学史上,被巴金发现而走上文学道路的新作家是不乏其例的。为编辑界、文学界传为佳话的是巴金对戏剧家曹禺的发现。1934年,巴金在编辑《文学季刊》时,在靳以那里看到已存放了两三年的曹禺的剧本《雷雨》,他一口气读完,不仅"被它深深感动","而且为它掉了泪"。一种"发现"的快感激动着巴金,他说:"不错,我流过泪,但是落泪之后我却感到一阵舒畅,而且我还感到一种渴望,一种力量,在身内产生了,我想做一件事情,一件帮助人的事情,

---

① 巴金:《上海文艺出版社三十年》,《讲真话的书》,成都:四川人民出版社2003年版,第654页。

② 巴金:《祝青年文学创作的发展和繁荣——〈萌芽〉创刊致辞》,《巴金论创作》,上海:上海文艺出版社1983年版,第500页。

我想找个机会不自私地献出我的精力。"①于是巴金决定在《文学季刊》第1卷第3期发表《雷雨》。就这样，一代著名的剧作家曹禺由巴金的"发现"而走上文坛，为中国现代戏剧掀开新的一页。此时，巴金也只有30岁，曹禺只有25岁，巴金不只"发现"了曹禺，发表了他的《雷雨》，以后还把这部作品和《日出》《原野》，分别收进由他主编的《文学丛刊》第1集、第3集和第5集。《曹禺戏剧集》也是由巴金编辑的、交由他担任总编辑的上海文化生活出版社出版。可见一个作家的成功，离不开编辑的劳绩，尤其是新作家，更离不开编辑的"慧眼"。不仅曹禺，像何其芳、罗淑等作家都是因为巴金的"慧眼"发现而被推上文坛的。何其芳的名诗如《罗衫》《梦歌》《秋天》《花环》《爱情》等最早即是由巴金在担任主编或编辑《水星》、《文学季刊》和《文季月刊》时发表的。女作家罗淑在当时默默无闻，正是巴金发现了她的才华，把她的《生人妻》发表在《文季月刊》上，为中国现代文坛推出一位优秀的女作家。至于像芦焚（《谷》）、臧克家（《运河》）、陆蠡（《海星》）、丽尼（《黄昏之献》）、刘白羽（《草原上》）、肖乾（《栗子》）、荒煤（《忧郁的歌》）等人无不是被巴金发现而出版了他们的第一本书，使他们在文坛上成了名。这种发现完全是出于一个编辑的职责，是不带任何私心的。一个民族的文化要靠新人的不断被发现而得以更新、创造和发展。巴金正是以发展民族文化事业为基点，以编辑的"慧眼"注视着文坛上的无名作家，因而才有大批优秀作家的被发现。他指出："编辑要是不能发现新的作家……他们的工作就不会有成绩。"他甚至大声疾呼："编辑的成绩不在于发表名人的作品，而在于发现新的作家。"从这里可以看出，巴金对编辑的职责——发现新作家是多么的重视。

巴金认为，编辑的作者意识还在于"爱护作家"。他说："前些时

---

① 巴金：《关于〈雷雨〉》，《巴金论创作》，上海：上海文艺出版社1983年版，第468页。

候我读过一篇文章,说'批评也是一种爱护',我不这样看,不过'爱护'二字引起我一些想法,我要说,真正爱护作家的是好的编辑。"他明确而肯定地指出编辑要有"爱护作家"的意识。这种"爱护"具体表现在两方面:

第一是帮助和培养青年作者。编辑好比是一个园丁,发现了成材之树,还要悉心爱护、培养,否则,很有希望的萌芽很可能因得不到爱护、培育而夭折。因此,巴金谆谆嘱告:"作为编辑工作者,你们应当把自己看作这个园地的园丁,你们做的不仅是介绍、展览的工作,你们还有将'萌芽'培养成树木的责任。"①但是,如何来培养呢?巴金认为,编辑对作者的培养应当从三方面着手:一是生活,要"帮助作者认识生活,扩大他的眼界";二是思想,要"启发他的心灵,丰富他的修养";三是艺术,要"使他逐渐掌握艺术技巧,并且了解创作是如何艰苦的劳动"②。只有这样才是尽到了编辑的培养的责任。不仅仅是编辑者,而且整个编辑部都应当负起帮助和培养作者的责任。其责任是共同的,他说:"刊物的编辑部也应当以细心、周到和热情的态度对待来稿,而且有责任帮助和培养青年作者,把一批一批成熟的作家送进我们的'文坛'。"③

第二是珍惜作者"心血"的结晶。巴金在编毕朱午短篇小说集《雨夕》的后记中说:"我不忍心让作者的心血这样腐烂下去。"④巴金是深知作家创作的艰辛的,每一部作品不知凝结了作家多少的心血,有的甚至是作者生命的创造。因此,编辑爱护作家就要珍惜他们用心血写下的作品。巴金编辑《曹禺戏剧集》,除了对曹禺的作品喜欢,

---

① 巴金:《祝青年文学创作的发展和繁荣——〈萌芽〉创刊致辞》,《巴金论创作》,上海:上海文艺出版社1983年版,第500页。
② 巴金:《祝青年文学创作的发展和繁荣——〈萌芽〉创刊致辞》,《巴金论创作》,上海:上海文艺出版社1983年版,第501页。
③ 巴金:《祝青年文学创作的发展和繁荣——〈萌芽〉创刊致辞》,《巴金论创作》,上海:上海文艺出版社1983年版,第500页。
④ 巴金:《〈雨夕〉后记》,《巴金全集》第17卷,北京:人民文学出版社1993年版,第34页。

对曹禺的为人、生活态度和创作态度有所了解外,更重要的一点,是他觉得由自己担任编辑"不会糟蹋作者的心血"①。正是出于不让作者的心血腐烂,不糟踏作者的心血的编辑道义,巴金为许多知名的、不知名的,活着的、死去的作者编辑作品。巴金为罗淑编了4本书,除《生人妻》外,《地上的一角》、《鱼儿坳》和《白甲骑兵》3本都是在罗淑去世后为其编成的,后一本书则是在敌机轰炸、面临生命危险的情况下编的。巴金为牺牲的郑定文编书,不仅因为喜欢他的作品,也为作者短暂的一生感到惋惜,巴金在《大姊》短篇小说集后记中说:"我想到这个我素不相识的作者的短短的贫苦的一生,我真愿意我能够大叫一声,我要叫出我心上那些块垒。"②鲁彦的遗著《鲁彦短篇小说集》,缪崇群的遗著《碑下随笔》都是巴金编成的。田涛的《荒》,则是巴金把作者发表在各个刊物上的作品一篇一篇搜集拢来编成的。巴金说过:"我不忍辜负作者远道寄稿的盛意,又不愿将他的一点心血埋没。"③他的言与行是一致的,因而他要求编辑要珍惜作者心血的结晶,就既有理论上的指导意义,又有自身的示范作用。

　　巴金认为,编辑的作者意识还在于"团结作家"。他说:"编辑不能团结好的作家,他们的工作就不会有成绩。"巴金是从发展文学艺术的大视野看待这个问题的。团结作者首先必须尊重作者,这种尊重表现在编辑对作者的来稿虽有删改权,但是,"有权不必滥用"。巴金认为,编辑"修改别人文章不论大删小改,总得征求作者同意"。巴金以自身的经验告诫编辑们说:"我当编辑的时候,常常对自己说:'要小心啊,你改别人文章,即使改对了九十八处,你改错了两处,你就是犯了错误。'"但这并不等于编辑被动地看看来稿,然后把它发表出去。编辑仍要发挥能动作用,巴金提出了修改的具体意见,他说:

---

① 巴金:《〈蜕变〉后记》,《巴金全集》第17卷,北京:人民文学出版社1993年版,第338页。
② 巴金:《〈大姊〉后记》,《巴金全集》第17卷,北京:人民文学出版社1993年版,第358页。
③ 巴金:《〈荒〉后记》,《巴金全集》第17卷,北京:人民文学出版社1993年版,第335页。

"最好还是笔下留情,一、可以不改的就不改,或者少改;二、一切改动都要同作者商量。"这两条意见其出发点仍是出于对作者的尊重。巴金曾说过,他自己的作品被编辑删改了,如果不满意,以后再版的时候,一定还要恢复原样。作者有创作权,也有保留权。编辑的删改权首先必须在尊重作者的这种权力后才能得以使用。编辑只有尊重作者才能团结作者,也才能得到作者的爱护。巴金在做编辑的时候,是很注意团结作家的。他在参加编辑《文学季刊》时,就住在编辑部里。北京三座门大街十四号《文学季刊》编辑部既是他处理日常编辑工作的机关,又成为他团结一批优秀青年作家的地方。当时,李健吾、曹葆华、蹇先艾、卞之琳、何其芳、曹禺、肖乾等人就常到这儿来,与巴金谈文学创作,谈人生道路,也谈论国家大事。巴金成了团结、组织青年作家的中心。巴金在主编《文学丛刊》时也是如此。这套大型丛书(共160本)集中了"五四"时期、20世纪20至40年代的几十个优秀作家。之所以有这样的成绩,就在于巴金团结了一批作家。

最后,巴金认为,编辑的作者意识还在于"编辑和作者站在平等的地位"①。巴金认为:"作家不过是一种职业,一个工作岗位。作家不是一种资格,不是一种地位,不是一种官衔。"编辑也同样如此。巴金很不满意于当时的一些"出版官",他批评说:"这些年同某些出版社打交道,我有一种不应有的感觉,对方好像是衙门。在这方面我有敏感,总觉得不知从什么时候起出现了出版官。"②巴金真诚地希望:"编者和作者站在平等的地位;编辑同作家应当成为密切合作的朋友。"③

---

① 巴金:《上海文艺出版社三十年》,《讲真话的书》,成都:四川人民出版社2003年版,第655页。
② 巴金:《上海文艺出版社三十年》,《讲真话的书》,成都:四川人民出版社2003年版,第654页。
③ 巴金:《上海文艺出版社三十年》,《讲真话的书》,成都:四川人民出版社2003年版,第655页。

编辑离不开作家,"得罪了作家我拿不到稿子",这句话再明白不过地表达和概括了巴金的编辑的作者意识。

二、编辑的读者意识

编辑的读者意识与编辑的作者意识同等重要。如果说得罪了作者,编辑就拿不到稿子,那么,得罪了读者会怎样呢?巴金直截了当地回答,他们就"不买我编的书,我就无法编下去"[①]。因此,在编辑心目中,要时时装着读者,要有一种强烈的读者意识。巴金在一篇题为《把心交给读者》的文章中,谈的是作家的读者意识,但把它当作是谈编辑的读者意识,也同样适用。巴金说:"我的确是把读者的期望当作对我的鞭策。……离开了读者,我能够做什么呢?我怎么知道我做对了或者做错了呢?我的作品是不是和读者的期望符合呢?是不是对我们社会的进步有贡献呢?只有读者才有发言权。我自己也必须尊重他们的意见。倘使我的作品对读者起了毒害的作用,读者就会把它们扔进垃圾箱,我自己也只好停止写作。所以我想说,没有读者,就不会有我的今天。""我是把心交给了读者的。"[②]巴金对那些向他请教写作秘诀的人回答得也很明白:"把心交给读者。"写作是如此,搞编辑工作也应当如此。

编辑的读者意识具体表现在以下几点:

一、编辑应当尊重读者,"把书推荐给读者,请读者作评判员"[③]。在巴金看来,编辑只不过是一座"桥梁",起着中介的作用。读者是通过编辑这个中介而得以阅读到作家的作品的。巴金对有些编辑不相信读者的判断力,不尊重读者是很不满意的。他说:"不要以为读者

---

① 巴金:《上海文艺出版社三十年》,《讲真话的书》,成都:四川人民出版社2003年版,第654页。
② 巴金:《把心交给读者》,《巴金论创作》,上海:上海文艺出版社1983年版,第532、533、534页。
③ 巴金:《探索之三》,《巴金论创作》,上海:上海文艺出版社1983年版,第548页。

对当前生活一无所知,对作品毫无欣赏力和判断力。我看,一部作品的最高裁判员还是读者。"巴金甚至把这个问题提高到历史唯物主义的高度来认识,他说:"古今中外的文学名著是靠谁保存下来的呢?还不是读者!也只能是读者。"巴金说出个真理,人类全部的文学史、书籍编辑出版史证实了这一真理。有多少书,在出版时被吹得天花乱坠,捧得无以复加,然后随着时间的流逝,读者一本一本把它们淘汰了,抛弃了。读者的评判是无情的,但也是最公正的。巴金自己在编辑工作中真正做到了把读者放在第一位,他相信读者的能力,尊重读者的判断,绝不作任何强加。他为许多作者编书,并写了后记,但也只是谈自己阅读的感受。让读者去评判,这是编辑对读者最高的尊重。

二、编辑应当服务读者,"把更多的好作品介绍给读者"①。巴金自己的编辑工作就是在他的这一指导思想下进行的。他编辑或主编的刊物《文学季刊》《文季月刊》《文丛》《水星》《烽火》等,以及像《文学丛刊》《译文丛书》等数套大型丛书,都向读者推出了大批的优秀作品,有的则成为文学史上不朽之作,如鲁迅的《故事新编》,艾芜的《南行记》,曹禺的《雷雨》,何其芳的《画梦录》等。巴金做编辑工作的时候,"从来没有想过欺骗读者"②,而是"把心交给读者",诚心诚意地为读者服务。他主编的《文学丛刊》第1集于1935年11月出版,他亲自撰写了一篇广告附于书后,他自信地说:"我们可以给读者担保的,就是这丛刊里面没有一个使读者读了一遍就不要再读的书。"就是说里面都是高质量、高水平的作品。这种以"好的作品"服务读者的编辑意识,与时下的编辑追求时髦、发表三流四流的作品,甚至根本不入流的粗糙低劣的作品,以欺骗读者的心理相比真有天壤之别。

---

① 巴金:《祝青年文学创作的发展和繁荣——〈萌芽〉创刊致辞》,《巴金论创作》,上海:上海文艺出版社1983年版,第500页。
② 巴金:《探索之三》,《巴金论创作》,上海:上海文艺出版社1983年版,第549页。

巴金认为,编辑"要是不能经常发表感动读者、吸引读者的好作品,……他们的工作就不会有成绩"。不仅如此,"漏过了好作品是编辑的过失,他会受到读者的批评"。巴金是完全站在读者的角度,从读者的利益出发看待编辑的工作的,他提出的读者批评编辑过失的主张,确是看到了作为接受主体的读者在接受过程中的主导地位和对编辑工作的重要影响作用。

　　有着长期编辑经历的巴金当然也明白,"编辑不可能跟读者对着干,硬要编一本没有人要看的刊物"。这是他站在编辑的立场看问题,表现了他对编辑的理解。从总的趋向看,编辑总希望自己向读者推出高质量的文化精品,为读者提供高质量的文化服务。硬要"跟读者对着干"的编辑,是不可能有的。否则,"刊物没有人要看,一定办不下去,编辑也得改行"。在这里,巴金看到了读者对编辑、对刊物的决定性作用。只有有真正服务读者的精神的编辑,才会受到读者的爱护。巴金说:"作为读者,我读到好的作品就想起编辑们的勤劳和苦心,既高兴又感谢。"这说明读者并非是单纯的媒体接受,对编辑的劳绩,读者也是不会忘记的。编者与读者之间形成双向良性交流,乃是巴金的期望。

　　三、编辑应当为读者着想,特别是要为"贫寒的读者"着想。这主要是书的定价。巴金为《文学丛刊》第1集出版所写的广告词中说:"在定价方面,我们也力求低廉,使贫寒的读者都可购买。"他强调出版这套丛书的一个特色就是"定价低廉"。像曹禺的《雷雨》定价最高只有四角半,张天翼的《团圆》、靳以的《珠落集》、何谷天的《分》、肖军的《羊》都是三角半,至于茅盾的《路》、鲁迅的《故事新编》、沈从文的《八骏图》、鲁彦的《雀鼠集》、艾芜的《南行记》、吴组缃的《饭余集》、郑振铎的《短剑集》、丽尼的《黄昏之献》、李健吾的《以身作则》等十人的集子,则都在三角以下,卞之琳的诗集《鱼目集》定价最低,只售二角。如此低廉的定价,确实是为"贫寒的读者"着想,使他们都有能力购买到这些渴望买到的书。他在战时为读者编辑了《冰心著作集》,并作后记说:"对那些不幸的兄弟,我想把这《冰心著作集》当作一份新年礼物送给他们,希望曾经温暖过我们的孩子的心的这部书,也能够给他们的寒冷的夜间和寂寞的梦里送些许的温暖吧。"①巴金是人类文化的播火者,任何想借编书来赚钱的编辑在他面前都会显得非常的渺小。巴金是读者的真正的朋友,任何想"捎起第一流作家的招牌欺骗读者"的编辑,在他面前都会露出可鄙的嘴脸而最终被读者所抛弃。

巴金强烈的读者意识,全表现在他的一句话中,那就是"把心交给读者"。

在巴金看来,编辑只不过是作者与读者之间的"桥梁",编辑的劳绩既有赖于作者的支持,也要靠读者的支持,"作家和读者都是我的衣食父母"②。因此,编辑就要牢牢记住"处处想到作者和读者,没有私心,不为名不为利"③。巴金整个的编辑生涯始终坚持着这一点,就是"搞好作者和读者的关系",并把这当作是自己编辑工作的"奋斗项目"。巴金这种编辑的作者意识与读者意识,是他编辑理论中最主要的部分,也是他最重要的编辑思想。

---

① 巴金:《〈冰心著作集〉后记》,《巴金论创作》,上海:上海文艺出版社1983年版,第477页。
② 巴金:《上海文艺出版社三十年》,《讲真话的书》,成都:四川人民出版社2003年版,第654页。
③ 见李济生《我所知道的文艺社》,载《出版史料》1984年第3辑。

目 录
CONTENTS

序 ………………………………………………………………… 范钦林 1
论编辑——"编辑是作家与读者之间的桥梁"（代前言）……………… 1

第一章　章炳麟：从排满革命"退居于宁静的学者" ………………… 1
第一节　从《时务报》到《民报》(1897.1—1910.3) ………………… 1
一、一年四报，相继编撰 ……………………………………………… 1
二、今为报章，以开新政 ……………………………………………… 6
三、发刊《民报》，成功最著 …………………………………………… 8
第二节　《国学商兑》等学术刊物(1912.1—1936.6) ……………… 12
一、辛亥革命的余响：创办《大共和日报》 …………………………… 12
二、创办学术刊物，弘扬国学 ………………………………………… 13

第二章　梁启超："独任"维新派的"编辑大业" …………………… 16
第一节　"万木草堂"的编书活动(1891—1893) …………………… 17
第二节　从《中外纪闻》到《时务报》(1895.8—1898.9) …………… 18
一、"报馆之议论，浸渍于人心" ……………………………………… 18
二、创办书局，介绍"新学"，"转移风气" …………………………… 25
第三节　从《清议报》到《新民丛报》(1898.11—1907.7) ………… 27
一、"为国民之耳目，作维新之喉舌"的《清议报》 ………………… 27
二、"丛报界魁首"的《新民丛报》 …………………………………… 29
三、办小说杂志"鼓吹革命" ………………………………………… 32

1

四、其他编辑活动 …………………………………………… 34
　第四节　创办《政论》与主编《中国图书大辞典》(1907.10—1929.1) 36
　　一、"全然退伍"后的几个刊物 ……………………………… 36
　　二、编辑丛书与主持编纂《中国图书大辞典》……………… 40

第三章　陈独秀："以编辑为生"志在"改观思想" ……………… 43
　第一节　《国民日日报》与《安徽俗话报》……………………… 43
　　一、"《国民》既风偃,字字挟严霜" ………………………… 44
　　二、"家鬼害家神","《俗话》演出来" ……………………… 47
　　三、"以编辑为生"思想的萌生 ……………………………… 49
　第二节　《新青年》与《新青年丛书》…………………………… 50
　　一、《新青年》编辑的三个时期 ……………………………… 50
　　二、新青年社与《新青年丛书》……………………………… 56
　第三节　《每周评论》《劳动界》《向导》及其他 ……………… 58
　　一、"主张公理,反对强权"的《每周评论》………………… 58
　　二、"做我们工人的喉舌"的《劳动界》……………………… 59
　　三、"呼号于国民之前"的《向导》…………………………… 60
　　四、对其他刊物的指导与帮助 ……………………………… 61

第四章　鲁迅:以"思想革命"来办刊物 …………………………… 64
　第一节　提倡文艺,"唤起我国人之精神"(1902—1909) ……… 64
　　一、提倡文艺运动的先声(1902—1905) …………………… 64
　　二、弃医从文,"改变精神"乃"第一要著"(1906—1909) … 67
　第二节　辑录古籍,从现实转向历史(1910—1917) …………… 72
　　一、辛亥革命的回响 ………………………………………… 72
　　二、转向古籍的沉默 ………………………………………… 75
　第三节　"撕去假面",文坛需要"文明批评"和"社会批评"(1918—1927)
　　……………………………………………………………………… 91
　　一、以"思想革命"来办刊物 ………………………………… 91
　　二、"撕去旧社会的假面"(1925—1927) …………………… 104
　第四节　上海十年,全面推动革命文艺运动(1927.10—1936.10) … 123
　　一、新文艺运动的一束《朝花》(1927—1929) ……………… 123

二、冲破黑暗的《海燕》(1930—1936) …………………… 136
　第五节　结束语 …………………………………………………… 176

第五章　李大钊：用铁肩担起"再造神州之大任" …………… 179
　第一节　代民立言的《言治》 …………………………………… 179
　第二节　"民宪之基础"的《民彝》 ……………………………… 181
　第三节　"青春中华之创造"的《晨钟》 ………………………… 182
　第四节　赋予"新生命"的《甲寅日刊》 ………………………… 184

第六章　郭沫若："要重新创造我们的自我" …………………… 187
　第一节　创造十年 ………………………………………………… 187
　　一、弃医从文，成立创造社 ……………………………………… 187
　　二、编辑创造社刊物与出版《创造社丛书》 …………………… 188
　　三、组建创造社出版部 …………………………………………… 191
　　四、创造社之外的编辑活动 ……………………………………… 193
　第二节　抗战以后 ………………………………………………… 194
　　一、"我是社长"的《救亡日报》 ………………………………… 194
　　二、担任主编的《中原》杂志 …………………………………… 196
　　三、医治"时代疟疾"的"社外总编" …………………………… 197

第七章　郁达夫："以汗水来作天才的养乳" …………………… 200
　第一节　"八高"的校刊编辑 …………………………………… 200
　第二节　从发起到脱离 …………………………………………… 202
　　一、发起成立创造社 ……………………………………………… 202
　　二、编辑创造社刊物与主持创造社出版部 ……………………… 203
　　三、脱离创造社 …………………………………………………… 206
　第三节　"和鲁迅握手" …………………………………………… 208
　　一、主编《民众》旬刊，提倡农民文艺 ………………………… 208
　　二、与鲁迅合编《奔流》及其他 ………………………………… 208
　　三、鲁迅的影响 …………………………………………………… 210
　第四节　抗战在南洋 ……………………………………………… 211
　　一、星洲三年，编刊十一种 ……………………………………… 211

二、在星洲建树文化站 ………………………………………… 212

第八章　徐志摩："毕生行迳都是诗" …………………………… 214
　第一节　流产的《理想》与英文杂志 ……………………………… 214
　第二节　《诗镌》与《剧刊》 ………………………………………… 215
　　一、创刊《诗镌》，倡导新诗格律化 ……………………………… 215
　　二、创办《剧刊》，振兴中国戏剧 ………………………………… 218
　　三、主编《晨报副刊》的转向 ……………………………………… 219
　第三节　《新月》与《诗刊》 ………………………………………… 221
　　一、负责《新月》的"总编辑" ……………………………………… 221
　　二、"开拓"新诗的《诗刊》 ………………………………………… 223
　第四节　徐志摩的编辑特点 ………………………………………… 226

第九章　朱自清：造一个《诗》做"歌舞养育之场" ……………… 227
　第一节　从《诗》到《诗集》 ………………………………………… 227
　　一、"共同讨论"《新潮》 …………………………………………… 227
　　二、创办新文学史上第一个《诗》刊 ……………………………… 228
　　三、编辑《中国新文学大系·诗集》 ……………………………… 229
　　四、其他编辑活动 …………………………………………………… 230
　第二节　编辑国文书刊和《闻一多全集》 ………………………… 232
　　一、"以服务为目的"编辑国文书刊 ……………………………… 232
　　二、主持整理《闻一多全集》 ……………………………………… 233

第十章　闻一多："把民主的声音喊得更响一些！" …………… 235
　第一节　《清华周刊》的总编辑 …………………………………… 235
　第二节　发起创办《诗镌》 ………………………………………… 237
　　一、流产的《河图》 ………………………………………………… 237
　　二、"为新诗辟一第二纪元"的《诗镌》 ………………………… 238
　第三节　《民主周刊》的社长 ……………………………………… 241
　　一、仅出一期的《语言与文学》 …………………………………… 241
　　二、"以民主为准绳"主编《民主周刊》 ………………………… 242
　　三、"把民主的声音喊得更响一些！" …………………………… 243

第十一章　瞿秋白："忠实的共产党员编辑" 245
第一节　创办《新社会》与《人道》 245
第二节　"忠实的共产党员编辑" 248
　一、接编《新青年》 248
　二、主编《新青年社丛书》 250
　三、创办党报党刊 251
　四、其他编辑活动 254
第三节　领导"左联"时的编译成就 256
　一、对"左联"的政治领导 256
　二、"左联"时期编译的特殊贡献 257
第四节　主编《红色中华》 261
　一、接编《红色中华》与《关于〈红色中华〉报的意见》 261
　二、对《红色中华》报的改进 262

第十二章　夏衍："去完成历史赋予的任务" 264
第一节　"五四"时代的《浙江新潮》 264
第二节　"左联"时期的几个刊物 267
第三节　从《救亡日报》到《华商报》 268
　一、受命总编《救亡日报》 268
　二、《救亡日报》的灵魂 271
　三、创办《华商报》及其他 273

第十三章　丁玲："我一生当过编辑" 276
第一节　"象征光明与黑暗"的《红黑》 276
第二节　在"鲁迅领导下"主编《北斗》 278
　一、由"灰色"变"红色"的《北斗》 278
　二、转向大众的编辑导向 279
　三、团结成名作家,发现培养新人 281
　四、鲁迅、瞿秋白对《北斗》的支持 282
第三节　"把副刊办成人民的朋友" 283
　一、创办《红中副刊》 283

二、主编《解放日报·文艺副刊》 ……………………………………… 284
三、为《晋察冀日报》创办《文艺副刊》 ……………………………… 286
四、在解放区的其他编辑活动 …………………………………………… 288

第十四章　巴金：人生追求与历史使命的理想契合 ……………… 291
第一节　社会理想与政治刊物的编辑 …………………………………… 292
一、"建设真正自由平等的社会"理想与编辑《半月》 ……………… 292
二、宣传无政府主义与《平民之声》《民众》的创办 ………………… 293
第二节　文学活动与文学刊物的编辑 …………………………………… 294
一、主编文学刊物，推动新文学发展 …………………………………… 295
二、抗战的《呐喊》与《烽火》 ………………………………………… 300
第三节　"文化的先觉者"与主持文化生活出版社 …………………… 302
一、文生社成立的意义 …………………………………………………… 302
二、巴金主持文生社的三个阶段 ………………………………………… 303
三、巴金主持文生社的劳绩 ……………………………………………… 305
四、巴金的编辑思想、编辑作风与奉献精神 …………………………… 306

主要参考文献 ……………………………………………………………… 310
后记 ………………………………………………………………………… 315

Contents

Preface ·· Fan Qinlin 1
Of Editor——"A Bridge Linking Writers with Readers" (Foreword)
·· 1

Chapter 1 Zhang Binglin: From the Revolutionist against Late Qing Dynasty's Reign to "the Gentle Scholar on Writing and Editing" ············ 1
  1.1 Editor of *Shi Wu Bao* to *Min Bao* (1897.1 – 1910.3) ······················ 1
    1.1.1 Sequential Quarterly ··· 1
    1.1.2 Editing for Proposing the New Policy ······························· 6
    1.1.3 The Greatest Achievement of the Publication of *Min Bao* ············ 8
  1.2 The Academic Journal of *Guo Xue Shang Dui* and Others (1912.1 – 1936.6)
·· 12
    1.2.1 The Echo of Xin Hai Revolution—Establishment of *Da Gong He Ri Bao*
·· 12
    1.2.2 Establishment of Academic Journals and Widespread of Traditional Chinese Culture ·· 13

Chapter 2 Liang Qichao—"The Only" Director of Reformists' "Great Editing Project" ··· 16
  2.1 Editing Activity of "*Wan Mu Cao Tang*" (1891 – 1893) ···················· 17
  2.2 Editor of *Zhong Wai Ji Wen* to *Shi Wu Bao* (1895.8 – 1898.9) ············ 18
    2.2.1 "People's Resonance and Deep Thinking about Every Word in Newspaper Office" ··· 18

2.2.2 Setting up the Press to Introduce "New Studies" and "Improve People's Awareness" ………………………………………………… 25
2.3 Editor of *Qing Yi Bao* to *Xin Min Cong Bao* (1898.11 – 1907.7) ……… 27
  2.3.1 *Qing Yi Bao*—"Providing Information for People and Speaking for the Reform Movement" ………………………………………………… 27
  2.3.2 *Xin Min Cong Bao*—"The Most Achievement of Periodicals" ……… 29
  2.3.3 Starting Novel Magazines for "Agitating Revolution" ……………… 32
  2.3.4 Other Editing Activities ………………………………………… 34
2.4 Founder of *Zheng Lun* and Chief Editor of *Zhong Guo Tu Shu Da Ci Dian* (1907.10 – 1929.1) ……………………………………………… 36
  2.4.1 Periodicals "Being Ceased" ……………………………………… 36
  2.4.2 Editing Books and Presiding over the Compilation *Zhong Guo Tu Shu Da Ci Dian* ………………………………………………………… 40

Chapter 3 Chen Duxiu—"Living for Editing" and "Willing for Improving Ideas" ………………………………………………………… 43
3.1 *Guo Min Ri Ri Bao* and *An Hui Su Hua Bao* …………………………… 43
  3.1.1 "Collecting Materials in Coldness for Editing the Repressing Newspaper, *Guo Min Ri Ri Bao*" ……………………………………………… 44
  3.1.2 The of "Evil Prevailing Lares" "Noted in *Su Hua Bao*" …………… 47
  3.1.3 The New-Found Idea of "Living for Editing" ……………………… 49
3.2 *Xin Qing Nian* and *Xin Qing Nian Cong Shu* ………………………… 50
  3.2.1 Three Periods of Editing *Xin Qing Nian* …………………………… 50
  3.2.2 Xin Qing Nian Association and *Xin Qing Nian Cong Shu* …………… 56
3.3 *The Weekly Review*, *Labor Field*, *Guidance* and Others ……………… 58
  3.3.1 *The Weekly Review*—"Claiming Fairness against Power" ………… 58
  3.3.2 *Labor Field*—"Voice of Workers" ……………………………… 59
  3.3.3 *Guidance*—"Direction of People Making Revolution" …………… 60
  3.3.4 Guidance and Assistance to Other Periodicals ……………………… 61

Chapter 4 Lu Xun—Starting Journals with the Guidance of "Thought Revolutionary" 64

4.1 Promoting Literary and "Arts and Awakening Chinese People" (1902 – 1909) 64

    4.1.1 The First Person of Promoting Literary and Artistic Movement (1902 – 1905) 64

    4.1.2 Engagement in Literature but Abandoning Medicine Career for "the Principal Mission"—"Motivating Chinese People" (1906 – 1909) 67

4.2 Extracting and Editing Ancient Culture Books and Shifting from Reality to History (1910 – 1917) 72

    4.2.1 Resounding of *Xin Hai* Revolution in 1911 72

    4.2.2 Silence after Extracting and Editing Ancient Culture Books 75

4.3 The Literary Arena's Desire for "Moral Standard Criticism" and "Social Criticism not Flattering" (1918 – 1927) 91

    4.3.1 Starting Journals with the Guidance of "Thought Revolutionary" 91

    4.3.2 "Tearing off the Mask of Old Ideas"—Formation of the New Conception 104

4.4 Promotion of Literary and Art Revolution for Ten Years in ShangHai (1927 – 1936) 123

    4.4.1 *Zhao Hua*, a Part of New Literary and Art Movement (1927 – 1929) 123

    4.4.2 *Hai Yan*—Breaking through the Darkness (1930 – 1936) 136

4.5 Conclusion 176

Chapter 5 Li Dazhao—Chief Writer of "Tough Reworking Shen Zhou" 179

5.1 *Yan Zhi*—the Voice of Ordinary People 179

5.2 *Min Yi*—"the Basis of Constitution" 181

5.3 *Chen Zhong*—"the Awakening of Youthful in China" 182

5.4 *Jia Yin Ri Bao*—"the New Life" for the Time 184

Chapter 6 Guo Moruo—"Rebuild and Improve Ourselves" ······ 187
6.1 Ten-year Creating Activities ······ 187
6.1.1 Establishment of Chuang Zao Associations—Engagement in Literature but Abandoning Medicine Career ······ 187
6.1.2 Editing Journals for Chuang Zao Associations and Publishing Chuang Zao She Cong Shu ······ 188
6.1.3 Organization and Establishment of Publication Department for Chuang Zao Associations ······ 191
6.1.4 Editing Activities beyond Chuang Zao Associations ······ 193
6.2 Days after Anti-Japanese War ······ 194
6.2.1 "I-Director" of *Jiu Wang Ri Bao* ······ 194
6.2.2 Chief Editor of the Magazine, *Zhong Yuan* ······ 196
6.2.3 "Productive Writer" on Solving "Social Problems during the Epoch" ······ 197

Chapter 7 Yu Dafu—"Without Sweat, without Talents" ······ 200
7.1 Proofreader of "Eight High" ······ 200
7.2 From Establishment of Chuang Zao Association to Resignation ······ 202
7.2.1 Establishment of Chuang Zao Association ······ 202
7.2.2 Editing Journals and Presiding over the Publication Department of Chuang Zao Association ······ 203
7.2.3 Resignation from Chuang Zao Association ······ 206
7.3 "Cooperation with Lu Xun" ······ 208
7.3.1 Chief Editor of *Min Zhong*, Three Periodicals Per Month, Promoting Peasant Literature and Art ······ 208
7.3.2 Collaborated Editing with Lu Xun on *Ben Liu* and Others ······ 208
7.3.3 Influence of Lu Xun ······ 210
7.4 Anti-Japanese War in Southeast Asia ······ 211
7.4.1 Editing Eleven Kinds of Journals within Three Years in Xingzhou ······ 211
7.4.2 Establishment of Culture Station in Xingzhou ······ 212

Chapter 8 Xu Zhimo—"Poetry of Life" ······ 214
  8.1 Miscarried *Ideality* and English Magazines ······ 214
  8.2 *Shi Juan* and *Ju Kan* ······ 215
    8.2.1 Establishment of *Shi Juan* and Promotion of Metrical Patterns of New Verse ······ 215
    8.2.2 Establishment of *Ju Kan and* Revitalization of Chinese Drama ······ 218
    8.2.3 Shift of Guiding Thought in Editing *Chen Bao Fu Kan* ······ 219
  8.3 *Xin Yue* and *Shi Kan* ······ 221
    8.3.1 "Chief Editor" of *Xin Yue* ······ 221
    8.3.2 *Shi Kan*—"Creating" of New Poems ······ 223
  8.4 Editing Features of Xu Zhimo ······ 226

Chapter 9 Zhu Ziqing—Creation of *Shi* as the "Place for Singing and Dancing" ······ 227
  9.1 From *Shi* to *Shi Ji* ······ 227
    9.1.1 "Group Discussion" of *Xin Chao* ······ 227
    9.1.2 Establishment of *Shi* in the Era of New Literary History ······ 228
    9.1.3 Editor of *the Collection of Chinese New-Vernacular Literature Works · Shi-Ji* ······ 229
    9.1.4 Other Editing Activities ······ 230
  9.2 Editor of Graphic Books and *Complete Works of Wen Yiduo* ······ 232
    9.2.1 "Service as the Function" of Editing Graphic Books ······ 232
    9.2.2 Presiding and Editing *Complete Works of Wen Yiduo* ······ 233

Chapter 10 Wen Yiduo—"Achieving the Sounder and Wider Democracy" ······ 235
  10.1 Chief Editor of *Qing Hua Zhou Kan* ······ 235
  10.2 Establishment *of Shi Juan* ······ 237
    10.2.1 The Miscarried *He Tu* ······ 237
    10.2.2 *Shi Juan* for "New Poems' Emerging into Another Age" ······ 238
  10.3 Director of *Min Zhu Zhou Kan* ······ 241
    10.3.1 *Language and Literature*—Only One Issue Published ······ 241

10.3.2　*Min Zhu Zhou Kan* with "Democracy as Standard" ·············· 242

10.3.3　"Achieving the Sounder and Wider Democracy" ··············· 243

Chapter 11　Qu Qiubai—"The Editor and Loyal Member of Chinese Communist Party" ··· 245

11.1　Establishment of *Xin She Hui* and *Ren Dao* ································ 245

11.2　"Editor with Loyalty to Chinese Communist Party" ····················· 248

11.2.1　Editor Taking over *Xin Qing Nian* ····································· 248

11.2.2　Chief-editor of *Xin Qing Nian She Cong Shu* ······················· 250

11.2.3　Establishment of Party Newspapers and Journals ················ 251

11.2.4　Other Editing Activities ·· 254

11.3　Editing and Traaslating Achievenments during "Zuo Lian" Era as a Political Leader ·· 256

11.3.1　Political Leadership during "Zuo Lian" Era ······················· 256

11.3.2　Special Contributions to "Zuo Lian" Era of Editing and Translating ·· 257

11.4　Chief Editor of *Hong Se Zhong Hua* ·· 261

11.4.1　Editor Taking Over *Hong Se Zhong Hua* and *Suggestions on* Rectifying *Hong Se Zhong Hua* ·· 261

11.4.2　Improvements of *Hong Se Zhong Hua* ······························· 262

Chapter 12　Xia Yan—"To Accomplish the Task Entrusted by History" ··· 264

12.1　*Zhe Jiang Xin Chao* during Era of "May 4th Movement" ············· 264

12.2　Some Journals during "Zuo Lian" Era ······································· 267

12.3　Editor of *Jiu Wang Ri Bao* to *Hua Shang Bao* ······························ 268

12.3.1　Chief Editor Appointed by *Jiu Wang Ri Bao* ······················· 268

12.3.2　The Nature and Core of *Jiu Wang Ri Bao* ·························· 271

12.3.3　Establishment of *Hua Shang Bao* and Others ······················ 273

Chapter 13 Ding Ling—"I Have Been an Editor as My Wish" ········· 276
  13.1 *Hong Hei*, "Symbol of Light and Dark" ········· 276
  13.2 Chief Editor of *Bei Dou* "with the Leader of Lu Xun" ········· 278
    13.2.1 *Bei Dou*, from Early-stage "Gray" to Late-stage "Red" ········· 278
    13.2.2 Editorial Consciousness' Shift to Meet the Ordinary People ········· 279
    13.2.3 Unity with Famous Writers, Discovering and Training the New Talents ········· 281
    13.2.4 Support for *Bei Dou* from Lu Xun and Qu Qiubai ········· 282
  13.3 "Running Supplements of Well-known Newspapers as Peple's Friends" ········· 283
    13.3.1 Establishment of *Hong Zhong Supplement* ········· 283
    13.3.2 Chief Editor as Literary Supplement of *Jie Fang Ri Bao* ········· 284
    13.3.3 Establishment of Literary Supplement for *Jin Cha Ji Ri Bao* ········· 286
    13.3.4 Other Editing Activities in Liberating Area ········· 288

Chapter 14 Ba Jin: The Ideal Embodiment of Life-meaning Seeker and Historical Mission ········· 291
  14.1 Editing Journals on Social Ideals and Political Affairs ········· 292
    14.1.1 The Idea of "Building a Truly Free and Equal Society" and Editing *BanYue* ········· 292
    14.1.2 Propaganda of Anarchism and Establishment of *Min Zhong Zhi Sheng* and *Min Zhong* ········· 293
  14.2 Literary Activities and Literary Journals' Editing ········· 294
    14.2.1 Editor of Literary Magazine, Promotion of the Development of New Literature ········· 295
    14.2.2 *Na Han* and *Feng Huo* of Anti-Japanese War ········· 300
  14.3 "Cultural Pioneer" and Director of Culture and Life Press ········· 302
    14.3.1 Significance of the Establishment of Culture and Life Press ········· 302
    14.3.2 Three Periods for Presiding over Culture and Life Press of Ba Jin ········· 303

14.3.3　Accomplishments of Ba Jin for Presiding over the Culture and Life Press 305

14.3.4　Editing Thoughts and Style as Well as Dedication Spirits of Ba Jin 306

Main References 310

Postscript 315

第一章

章炳麟：从排满革命"退居于宁静的学者"

章炳麟（1869—1936），号太炎，是中国近代著名的资产阶级革命家，国学大师。早年创办报刊，主张排满反清，鼓吹资产阶级革命；晚年致力于国学，遂"退居于宁静的学者"①。章炳麟从1897年任职《时务报》，到1935年创办学术杂志《制言》，前后近40年从事报刊的编辑活动，从而构成他一生社会活动、学术活动之外的重要内容。

第一节　从《时务报》到《民报》
（1897.1—1910.3）

一、一年四报，相继编撰

（一）中岁主《时务》，间接之革命

1894年，中日甲午战争爆发，腐朽的满清王朝被蕞尔小国日本打败，在民族危机深重的刺激下，早在少年时代就阅读了蒋良骐《东华录》孕育了种族革命思想的章炳麟，于1895年毅然走出书斋加入了康有为的强学会。不久，康有为的弟子梁启超在上海主编以"变法图存"为宗旨的《时务报》，并礼聘章炳麟为《时务报》的记者，这样，章炳麟就开始了他从事报刊编撰活动的生涯。

章炳麟在致《时务报》经理汪康年的信中，阐明了自己当时的办报思想：

> 刍荛之见，谓宜驰骋百家，捃摭子史，旁及西史。近在百年，引古鉴今，推

---

① 鲁迅：《关于太炎先生二三事》，《鲁迅全集》第6卷，北京：人民文学出版社1981年版，第545页。

见至隐。昔太冲《待访录·原君》，论学议若诞谩，金版之验，乃在今日。斯固玮琦幼眇，作世模式者乎？如鄙见可采，尚有数首，即当写奉，证今则不为危言，陈古则不触时忌。①

因而，在他1897年1月正式编撰《时务报》时，即在《时务报》第18册上刊发了《论亚洲宜自为唇齿》一文，认为中国自甲午败后，应"发愤图自强……不发愤图自强，不新制度，随俗雅化，惟旧章之守，虽无日本，犹吞食于俄罗斯，何耻之可雪？"②在《时务报》第19册上又发表了《论学会有大益于黄人亟宜保护》一文，指出外患日迫，内政堪忧。因而，"今之亟务"当"以革政挽革命"。章炳麟此时的办报主张与康、梁的变法维新主张没有大的不同。但是康、梁欲立孔教以救国，则是章炳麟所反对的，章炳麟认为："变法维新为当世之急务，惟尊孔设教有煽动教祸之虞，不能轻于附和。"③由于有这一思想分歧，所以，章炳麟在《时务报》仅4个月，发表文章亦仅上引两篇，即于当年的4月辞离《时务报》，由沪返杭。章炳麟在《致谭献书》（光绪二十三年三月十九日）中说明与康、梁分裂的原因："康党诸大贤，以长素为教皇，又目为南海圣人，谓不及十年，当有符命；此人目光炯炯如岩下电。此病狂语，不值一笑。"④此信说明了自己与康、梁分歧的根本原因在于反对创建孔教，反对神化康氏。章炳麟后来在《狱中答新闻报》中对此时与康、梁共事情况还有一段回忆：

中岁主《时务报》，与康、梁诸子委蛇，亦尝言及变法。当是时，固以为民气获伸，则满洲五百万人必不能自立于汉土，其言虽与今异，其旨则与今同。昔为间接之革命，今为直接之革命，何有所谓始欲维新、终创革命者哉！⑤

---

① 章炳麟：《致汪康年书》，马勇编：《章太炎书信集》，石家庄：河北人民出版社2003年版，第5页。
② 章炳麟：《论亚洲宜自为唇齿》，转引自汤志钧编：《章太炎年谱长编》（上册），北京：中华书局1979年版，第40页。
③ 冯自由：《中华民国开国前革命史》第14章《壬寅支那亡国纪念会》，转引自汤志钧编：《章太炎年谱长编》（上册），北京：中华书局1979年版，第36页。
④ 章炳麟：《致谭献书》，马勇编：《章太炎书信集》，石家庄：河北人民出版社2003年版，第3页。
⑤ 章炳麟：《狱中答新闻报》，载《苏报》光绪二十九年闰五月十二日（1903年7月6日）。转引自汤志钧编：《章太炎年谱长编》（上册），北京：中华书局1979年版，第43页。

表明他在编撰《时务报》时，即已经是开始革命了。

(二)《经世》之报，甄综古今

章炳麟回到杭州后，《经世报》于1897年8月2日在杭州创刊。此为旬刊，在上海设有分馆。连史纸石印线装，每册三四十页。由胡道南、童学琦创办，章炳麟被聘为编辑并撰述。《经世报》分"皇言""庶政""学政""农政""工政""商政""兵政""交涉""中外近事""格致""通人著述""本馆论说"等12个栏目。以为孔门"四科，何一非经世之学"。"今赤县之民渐知耻矣！夫不耻者昏，徒耻者懦，耻莫若学，学莫若会，立学会莫若基报馆。""故即奋笔为陈古破俗、证邻颂献，以表四科一学，以表儒嫡在浙，以表斯馆乃基学会，斯报非逐市利。"①宋恕的这段话所表明的《经世报》的宗旨实际上是托古言政，发表对维新改制的看法。《经世报》在内容上除以论说为主外，以较大篇幅译载英、法、日文报章，介绍国内外时政大事与介绍新知识、新学术。观点并不统一，甚至互相矛盾，有较浓重的封建意味。章炳麟在《经世报》刊发了《变法箴言》《平等论》《读管子书后》《东方盛衰论》等论说性文章。值得注意的是《经世报例言》，文字古雅，从文风上看，很像是出自好用古文的章炳麟之手。在这篇《例言》中概括了《经世报》的内容要旨，故照录于下。

涣汗自天，訏谟定命，海寓士庶，喁喁延颈，录《皇》第一。文质三变，斠若画一，损益百世，礼失求野，《庶政》第二。(通论各政与官制、吏治，与夫部臣疆臣所有事者皆入此。学政等亦庶政之一门，以兹事体大，故别出。)九域异尚，天产贤桀，赤帝师蚩，异同胡立，录《学政》第三。(兼各教源流。)顺时觇土，先畤是服，九职任民，园夫红女，录《农政》第四。(兼蚕桑、畜牧、树艺、水利。)人宵天地，制器尚象，吹万不同，入我型范，录《工政》第五。海王之国，长财善贾，轻重我操，寒彼漏卮，录《商政》第六。金火相革，守我域内，禁攻寝兵，悲哉宋钘，录《兵政》第七。(兼方舆。)狃狂不辑，流为甲兵，折衡尊壶，匪陆而苏，录《交涉》第八。(兼公法律例。)风听胪言，虞初是则，疑者区盖，必甄实录，录《中外近事》第九。六幕纷纭，地水火风，陶铸糠秕，朽腐神奇，录《格致》第十。(以上九目，凡章奏、公牍、私著、东西各报皆从其类。)箫管冥和，集思广益，经纬鸿笔，文章粲如，录《通人著述》第十一。(通论无可附丽者入此，专门则入以上各目。)甄综古今，卮言弗道，嗟我稊米，抒恢闳世，录《本

---

① 宋恕：《经世报叙》，载《经世报》第1册，光绪二十三年七月上旬出版。《宋恕集》(上)，北京：中华书局1993年版，第275页。

馆论说》第十二。①

章炳麟编辑的《经世报》出到1897年12月的第16册,这是迄今看到的最后一期。

(三)《实学》言实,报章为史

在编辑《经世报》的同时,《实学报》亦于1897年8月在上海创刊,为旬刊,由王仁俊任经理,章炳麟为总编辑。章炳麟撰写了《实学报叙》相当于《发刊词》。在《叙》中章炳麟提出了自己的新闻观点:"夫报章者,诚史官之支与余裔也。"这种观点无疑是正确的。"报章"反映的是现实,过后也就成为了历史,它为未来提供、保存了真实的史料。接着他说:

> 今为《实学报》,其必念夫墨子而后二千余年,旁魄熔凝以有是篇,必爽然为纪事之书最。且子以其目言,圜则九重则曰天,黄胪息壤则曰地,五种孳乳则曰人,牵牛纪始则曰物,其称谓不辩。而自大圜以内,重黎之所绝,苍牙之所别,化益之所录,尽此矣。是其名也,亦可以言实矣。②

《叙》言标举了《实学报》的宗旨是以天、地、人、物为四纲。章炳麟为《实学报》撰写了《后圣》《儒道》《儒兵》《儒法》《儒墨》《重设海军议》《儒侠》《异术》等文章。《实学报》亦仅出14册即于1898年1月3日停刊。

(四)创办《译报》,开智广闻

章炳麟于1897年10月在上海创刊了《译书公会报》,周刊,由章炳麟与杨模(范甫)为总主笔。《译书公会报》的《启事》宣称:

> 本公会志在开民智、广见闻,故以广译东西切用书籍、报章为主,辅以同人论说。今首先译出之书,为《五洲通志》、《交涉纪事本末》、《拿破仑失国记》、《维多利亚载记》、《咸林吞大事记》、《英国史略》。……所译各报,如英《泰晤士报》、《律例报》、《东方报》;法《非轧罗报》、《勒当报》、《国政报》;德

---

① 文载《经世报》第1册,光绪二十三年七月上旬出版。转引自汤志钧编:《章太炎年谱长编》(上册),北京:中华书局1979年版,第45—46页。
② 章炳麟:《实学报叙》,载《实学报》第1册(1897年8月12日),姜玢编选:《章太炎文选》,上海:上海远东出版社1996年版,第9—10页。

《东方报》;美《自立报》、《纽约报》、《铁路报》;日本《政策报》及东报之最著名者若干种。……七日为期,全年四十六册。①

《启事》说明了该报的宗旨在"开民智,广见闻",并略述了该报的内容。接着在第2册上,章炳麟刊发了《译书公会叙》进一步申述道:

> 互市以来,所传译泰西书,仅逮四百种,兹无错愕也。是四百种者,既剞劂刻镂,不遍流布,拘学俴夫,至不能举其目,兹亦无错愕也。虽然,瞽者美瞽者,聱者美明者,五大洲之册籍,吾不能博发而扬诩之,吾则瞽矣。且新理日出,岁无留故,一息炱煠更,其事立变。若乔木之移阴,若蛇蚹蜩翼之移壤,而吾犹守旧译,以成世之暗智,其焉能与之终故?……虽然,创夫竹帛之成,而不得流布于震旦,以餍蟫鱼之腹,如囊者四百种之效也。乃取夫东西朔方之报章,译以华文,冠之简端,使学者由唐陈而识宧奥。盖自辎车使者之职以溯秘书,其陈义略备矣。②

章炳麟编辑此报,目的乃在于传播西学,这实是甲午战后,中国失败的教训,知识界痛感有介绍东西方"切用"的学说以图国家富强的必要。章炳麟为此还撰写了《读日本国志一》《读日本国志二》等介绍性的文章。《译书公会报》最后一期为第20册,1898年5月24日出版。

1897年,章炳麟在《时务报》《经世报》《实学报》《译书公会报》四种报刊上担任编辑或撰述,后两种则是总编辑与总主笔。这是他从事报刊编撰活动的第一年,也是他从事革命活动之始。他的文章刚在《时务报》上刊出,即受到谭嗣同和黄遵宪的赞誉。谭嗣同说:"章枚叔(即章炳麟——引者注)先生,读其文,真巨子也。"③黄遵宪亦说:"章君《学会》,论甚雄丽。""章氏之文,颇惊警。"④这两位资产阶级的杰出人物对章炳麟都很推崇,并把他引为同道,而此时章炳麟刚好30岁,

---

① 转引自汤志钧编:《章太炎年谱长编》(上册),北京:中华书局1979年版,第57页。
② 章炳麟:《译书公会叙》,载《译书公会报》第2册(1897年11月1日)。姜玢编选:《章太炎文选》,上海:上海远东出版社1996年版,第11-12页。
③ 谭嗣同:《致汪康年、梁启超书》,《谭嗣同全集》(下册),北京:中华书局1981年版,第514页。
④ 黄遵宪:《致汪康年书》,《黄遵宪集》(下),天津:天津人民出版社2003年版,第466、470页。

正值而立之年,他的编撰事业亦如日初升。此后他以极大的热情投入这一在中国近代也还是起步不久的事业。

二、今为报章,以开新政

从1898年戊戌变法失败而避居台湾,到1903年"苏报案"发生而被捕,章炳麟筹办《正学报》,主持《昌言报》,任《台北日报》记者和《亚东时报》编辑,并为梁启超的《清议报》《新民丛报》和浙江留日学生创办的《浙江潮》、陈范的《苏报》撰文。章炳麟在这一段时间思想更趋革命,《正仇满论》《驳康有为论革命书》使他与康、梁改良派的斗争尖锐化,《序革命军》则更是高举排满的革命大旗。

(一)《正学》未正,不附权贵

1898年春,章炳麟应湖广总督张之洞的聘请赴武昌帮办《正学报》。章炳麟撰写了《正学报缘起》阐明办报宗旨:

> 惟夫上说下教,古者职之撢人,而今为报章之属。乃佽偶諏访,东求诸日本,西求诸欧、美之洲,得其日月所记,译以华文,比类错综,终以己之论议,旬为一册,命曰《正学报》。……悲夫!惩创于迂儒之激,使学术不由其正,始以快一二人,终以荡析其一洲之黔首,吾如彼何哉。当斯时也,而不思所以救正之,则遂长往矣。……今为是报,盖使孤陋者不囿于见闻以阻新政,而颖异之士亦由是可以无遁于邪也。①

由是可知,章炳麟的办《正学报》乃在于正"迂儒之激"。章炳麟还撰写了《正学报例言》,设有"译报""论议"诸栏目。"译报"以为"今于西报偏激之词,无所指驳,其蜚语中人,荧惑观听者,则必加之案语,力为纠正"。"格致、算术、农商、工艺","钩元提要,庶有取尔"。"论议"以为"九流腾跃,以兰陵为宗;历史汗牛,以后王为法"②。

这两篇文章所揭示的宗旨与内容跟张之洞的思想明显不合。张之洞是假装维新以骗取政治资本,他是不满康、梁的《春秋》公羊说,听说章炳麟"尚《左氏》"而

---

① 章炳麟:《正学报缘起》,转引自汤志钧编:《章太炎年谱长编》(上册),北京:中华书局1979年版,第67、68-69页。
② 转引自汤志钧编:《章太炎年谱长编》(上册),北京:中华书局1979年版,第69页。

抑《公羊》",才聘章炳麟主持《正学报》的"笔政"的①。但章炳麟并没有迎合其意去"为书驳难"康、梁,他认识了张之洞的虚伪嘴脸,公开驳斥张之洞说的"三纲五常"是"中国所以为中国"的荒谬呓语;对张之洞的《劝学篇》诋击康、梁改制,"多效忠清室语"②的保皇思想极为不满,遂不到一月即离开,《正学报》也没有办成。章炳麟这种不趋附权贵,敢于坚持真理的精神,体现了一个报刊编辑家的正直的品格。

(二) 受聘《昌言》,主持笔政

章炳麟从武昌返回上海,遂任职于《昌言报》,主持笔政。《昌言报》是由章炳麟曾编撰过的《时务报》改版的,1898年7月26日光绪皇帝诏改《时务报》为官报,派康有为督办其事。《时务报》总经理汪康年拒不遵行,而于8月17日擅将《时务报》改名《昌言报》另行出版。此时"章(炳麟)返沪数月。适汪康年与梁启超争管《时务报》,梁被摈,《时务报》遂由汪改称为《昌言报》,仍聘章主持笔政。"③《昌言报》仅出10册,即于当年的11月19日停刊。章炳麟主持《昌言报》笔政期间,在第1册刊发了曾广铨采译、章炳麟笔述的《斯宾塞尔文集》,其后陆续撰写了《商鞅》《书汉以来革政之狱》《蒙古盛衰论》等文章。

就在这一年(1898年)的9月,康、梁发动戊戌变法失败,"六君子"遇难,清政府"下钩党令",章炳麟"名亦在其内,乃避地台湾"④。章炳麟于12月4日抵台后即充任《台北日报》记者。翌年6月,由台湾渡日本,仅两个月又离日返国。1898年后,章炳麟参加时由唐才常主编的《亚东时报》编务,被任以主笔,在《亚东时报》上发表了《游西京记》《今古文辨义》等诗文。《亚东时报》创刊于1898年6月25日,章炳麟在1899年的12月始编辑《亚东时报》。

(三) 驳正康梁,文章排满

章炳麟在政治思想上与康、梁维新派是不同的。戊戌政变后,康、梁亡命日本,梁又创办了《清议报》《新民丛报》,章炳麟时亦在日,他不因政见不同而乖隔,还是为梁启超的这两种报纸撰写了大量文章。他的《祭维新六贤文》,对维新派的

---

① 刘禺生:《世载堂杂忆》,北京:中华书局1960年版,第126页。
② 章炳麟:《民国章太炎先生炳麟自订年谱》,"光绪二十一年",台北:台湾商务印书馆1981年版,第6页。
③ 冯自由:《中华民国开国前革命史》第14章《壬寅支那亡国纪念会》,转引自汤志钧编:《章太炎年谱长编》(上),北京:中华书局1979年版,第71页。
④ 章炳麟:《口授少年事迹》,转引自汤志钧编:《章太炎年谱长编》(上),北京:中华书局1979年版,第73页。

"六君子"的被杀表示愤慨,对以慈禧为首的顽固派的专制淫威极为愤恨。该文即发表在梁启超的《清议报》上,表现了一个革命家宽宏的气度。毕竟《清议报》的虽抨击慈禧但拥戴光绪复辟的改良思想与章炳麟的革命思想相距甚远,梁启超的《积弱溯源论》认为所谓革命就是"仇满"的论调,激发了章炳麟在《国民报》上发表了《正仇满论》予以反驳。并公开提出:"满洲弗逐,而欲士之争自濯磨,民之敌忾效死,以期至乎独立不羁之域,此必不可得之数也。"①这是对资产阶级改良派政治放出的第一枪,是中国近代史上革命派与改良派论争最早的一篇历史文献,该文不久即辑入《国民报汇编》和《黄帝魂》以广影响。1903年5月,章炳麟在《正仇满论》的基础上又撰写了《驳康有为论革命书》,对改良派的理论和主张作了全面系统的批判,把康、梁拥戴的光绪帝斥责为"载湉小丑,未辨菽麦",充满了民主革命的精神。认为康有为的"中国只可立宪,不可革命"不过是"舞词弄札,眩惑天下"。章炳麟昌言革命:"公理之未明,即以革命明之;旧俗之俱在,即以革命去之。革命非天雄、大黄之猛剂,而实补泻兼备之良药矣!"②该文与邹容的《革命军》合刊,在《苏报》上露布,加之章炳麟为《革命军》作的《序》也在《苏报》上发表,遂引起中外反动派的恐怖而查封《苏报》,章炳麟也因之被捕入狱。在狱中他革命之志不屈,《狱中赠邹容》诗说:"英雄一入狱,天地亦悲秋。临命须掺手,乾坤只两头。"表现了革命家大无畏的精神。

从戊戌政变后出走到"苏报案"发生而被捕,章炳麟于编辑报刊从事撰述的活动中的民族主义思想表现得非常强烈,对改良派的批判尤为猛烈。所以他的弟子鲁迅评说道:"太炎先生是以文章排满的骁将著名的。"③

三、发刊《民报》,成功最著

(一)加入同盟,主编《民报》

1903年6月30日,章炳麟被捕,度过三年铁窗生活,于1906年6月29日出狱,在东京的孙中山即派人到上海迎接章炳麟来日主编《民报》。

  《民报》为同盟会之机关报,而同盟会别无事务所,即以民报社为事务所。

---

① 姜玢编选:《章太炎文选》,上海:上海远东出版社1996年版,第103页。
② 章炳麟:《驳康有为论革命书》,姜玢编选:《章太炎文选》,上海:上海远东出版社1996年版,第93、97、101页。
③ 鲁迅:《病后杂谈之余》,《鲁迅全集》第6卷,北京:人民文学出版社1981年版,第185页。

《民报》发行所招牌悬于宫崎寅藏之家,编辑部在牛込区小川町,所有党事皆在编辑部治理。所谓民报社者,即编辑部也。专任主持者,先后有邓慕韩、董修武、黄树中、何天炯、鲁鱼、吴昆等。次年,章太炎将出狱,会中特派仇式匡、龚炼百、时功玖往上海欢迎,入社长驻之。①

于此可知,章炳麟此时加入了孙中山领导的同盟会,并主持《民报》编辑部的事务。他在《自定年谱》中亦说:"未几,以寿州孙毓筠少侯之请,入同盟会,任《民报》编辑。"②

《民报》创刊于1905年11月26日,初为月刊,后改为不定期出版,在日本东京印刷发行。孙中山为创刊号写了《发刊词》,首次提出了"三民主义"的主张,阐明了《民报》的编辑宗旨。章炳麟从1906年9月5日出版第7号起开始主编,编至1907年12月25日出版第18号,因脑病辞职,由张继接办第19号、陶成章接办第20—22号;从1908年8月10日出版第23号复由章炳麟主编,出至1908年10月10日第24号时,《民报》被日本政府封禁。1910年(宣统二年)初又在日本秘密印刷两期后即停刊。共出26期,另有《天讨》等增刊。章炳麟主编《民报》的两年是他一生中最光辉的一段时间,也是他在辛亥革命、五四运动前最光辉的岁月,他在《民报》上共发表了80多篇文章,以英勇的对敌斗争精神,犀利的攻战文字,构建成他一生中"最大最久的业绩"③。

(二)辩驳抗议,革命骁将

章炳麟主编《民报》有两件事值得一述。一是他的《民报》与梁启超的《新民丛报》进一步展开辩驳;一是《民报》被封,他作为总编辑亲至日本警厅抗议。

梁启超主持《新民丛报》以宣传立宪、压制革命为目的,在章炳麟主编《民报》前,《民报》即在第3号发表号外,题为《〈民报〉与〈新民丛报〉辩驳之纲领》,共列举了十二条,归结到根本乃在三个问题上有分歧:即走革命道路还是走改良主义道路,建立民主共和国还是实行君主立宪,要不要废除封建土地制度实行土地国有。自章炳麟主编《民报》后,揭橥革命大旗,以他那支锐利的惯写政论的笔箴贬

---

① 江介散人:《革命闲话》,载《太平杂志》第1号,1929年10月1日发行。转引自汤志钧编:《章太炎年谱长编》(上),北京:中华书局1979年版,第210页。
② 章炳麟:《民国章太炎先生炳麟自订年谱》(该书封面用"自订",扉页用"自定"),"光绪三十二年",台北:台湾商务印书馆1981年版,第11页。
③ 鲁迅:《关于太炎先生二三事》,《鲁迅全集》第6卷,北京:人民文学出版社1981年版,第547页。

新党,文章较之他的前任的辩驳更有针对性。许寿裳对此评价道:当章氏主持《民报》以前,《民报》也有胡汉民、汪兆铭等诘难康、梁之作,"然还不免有近于诟谇之处。惟有先生持论平允,读者益为叹服。而又注意于道德节义,和同志们互相切励;松柏后凋于岁寒,鸡鸣不已于风雨,如《革命道德说》《箴新党论》二篇,即系本此意而作"①。章炳麟的辩驳文章使梁启超难以招架,遂挽人请"《民报》以后和平发言,不互相攻击",章炳麟也就"许其调和"了②。

1908年10月19日,《民报》出至第24期,日本政府"徇清政府之请,下令封禁《民报》"。邹鲁在《中国国民党史稿》中指出日本封禁《民报》的原因:当《民报》出到第24期,"时适清廷派唐某(指唐绍仪——引者注)为中美联盟专使,道经日本,《民报》为文抨击,唐某觉之,嗾使驻日清使与日政府交涉,求封禁《民报》。日政府惧中美同盟弗利于己,乃允清使请,以见好清廷,借口《民报》文字有激扬暗杀、破坏治安之嫌,即行封禁,不准发行,于是《民报》中断"③。《民报》被封后,章炳麟曾三次致书"移让日本内务大臣平田东助",进行抵制,并亲至警廷抗议:"我言革命,我革中国之命,非革贵国之命。我之文字,即鼓动人,即煽惑人,煽惑中国人,非煽惑日本人,鼓动中国人,非鼓动日本人,于贵国之秩序何与?于贵国之治安何与?""言论自由,出版自由,文明国法律皆然,贵国亦然,我何罪?"迫使"厅长无言"④。

(三)章炳麟对《民报》的贡献

章炳麟于《民报》贡献甚大,在他担任主编仅两个月,《民报》"报事益展,销行至万七千余份"⑤,超过了当时刊物销行最多达一万四千余份的梁启超的《新民丛报》。楼思诰《致汪康年书》以讥讽的口吻说:"枚叔(指章炳麟——引者注)颇为《民报》所欢迎,盖利用其文章,以为金钱主义,销数极旺,亦是好际遇。"⑥则从反面证明了章炳麟及他主编的《民报》大受民众欢迎。鲁迅先生对章炳麟及他主编的《民报》非常推崇,他说:

---

① 许寿裳:《章太炎传》,天津:百花文艺出版社2004年版,第40页。
② 宋教仁:《我之历史》,转引自汤志钧编:《章太炎年谱长编》(上),北京:中华书局1979年版,第234页。
③ 转引自汤志钧编:《章太炎年谱长编》(上),北京:中华书局1979年版,第284页。
④ 《章太炎先生答问》,载《太炎最近文录》,转引自汤志钧编:《章太炎年谱长编》(上),北京:中华书局1979年版,第287-288页。
⑤ 《民报广告》,载《复报》第6期,1906年11月11日出版。
⑥ 见《汪穰卿先生师友手札》,上海图书馆藏。

我爱看这《民报》，但并非为了先生的文笔古奥，索解为难，或说佛法，谈"俱分进化"，是为了他和主张保皇的梁启超斗争，和"××"的×××斗争，和"以《红楼梦》为成佛之要道"的×××斗争，真是所向披靡，令人神旺。①

资产阶级革命领袖孙中山对《民报》更是作了很高的评价，他说："发刊《民报》，鼓吹三民主义，遂使革命思潮弥漫全国，自有杂志以来，可谓成功最著者。"② 而这个"成功"毫无疑问与长期担任《民报》主编的章炳麟是分不开的。

（四）主编《民报》期间的其他编撰活动

在主编《民报》期间，章炳麟还为《国粹学报》《汉帜》《复报》等报刊撰写了大量文章。《民报》封后，章炳麟又于1910年3月10日在日本创办了《教育今语杂志》，作为光复会的"通讯机关"。封面为章炳麟手书，署"共和纪元二千七百五十一年正月二十九日发行"，封底刊"编辑兼发行者：教育今语杂志社；印刷者：秀光社"。社址为"日本东京大冢町五十番地教育今语杂志社"。章氏弟子钱玄同撰写了《刊行教育今语杂志之缘起》和《教育今语杂志章程》。《章程》列：第一章，宗旨，"本杂志以保存国故，振兴学艺，提倡平民普及教育为宗旨"；第二章，定名，"本杂志依上列宗旨，演以浅显之语言，故名《教育今语杂志》"；第三章，门类，共分："社说""中国文字学""群经学""诸子学""中国历史学""中国地理学""中国教育学""附录"八类。附录分"算学""英文""答问""记事"四目。定每月一册，每册"暂定七十页"。《章程》虽为钱玄同所撰，但它反映了主办者章炳麟的编辑思想，故摘录之。章炳麟以"独角"为笔名为该杂志撰文多篇，其中的"社说""演说录"后来由他亲自持交张静庐，由泰东图书局于1921年出版，题称《章太炎的白话文》。这是章炳麟的一部白话文集。章炳麟为文一向奥博古雅，做白话文实是难得。现摘录《庚戌会衍说录》中一段，以飨读者。

> 致用本来不全靠学问，学问也不专为致用。……可见在致用上，第一要紧是阅历，第二要紧是勤劳，书本子上的学问，不过帮助一点儿。……况且致用的学问，未必真能合用，就使真能合用，还有一件致用的致用，倒不得不碰机会，机会不巧，讲致用的还是无用。专求智慧，只要靠着自己，并不靠甚么

---

① 鲁迅：《关于太炎先生二三事》，《鲁迅全集》第6卷，北京：人民文学出版社1981年版，第546页。
② 孙中山：《建国方略》，《孙中山全集》第6卷，北京：中华书局1981年版，第238页。

机会。假如致用不成,回去著书立说。①

章炳麟主持"教育今语杂志社"还特别重视教科书的出版,他在主编的《教育今语杂志》上刊载了《本社编辑教科书预告》:"本社为振兴教育起见,特由同人中推学问深邃者,各就专门,编辑初学教科书若干种,定五月后渐次出书。已起稿者,列如下:一、《中国历史教科书》;二、《中国地理教科书》;三、《算术教科书》;四、《理科教科书》。特此预告。"编教科书与其办教育社、办教育杂志则是完全一致的,章炳麟主持编辑教科书,不仅反映了他对中国近代教育事业的重视和贡献,也反映了一个编辑家的深远的编辑目光和精深的编辑思想,《教育今语杂志》是章炳麟辛亥革命前创办的最后一个刊物。

第二节 《国学商兑》等学术刊物
(1912.1—1936.6)

一、辛亥革命的余响:创办《大共和日报》

辛亥革命胜利后,中华民国成立,紧接着章炳麟组织的中华民国联合会也于1912年(民国元年)1月3日成立,章被选为正会长。1月4日,联合会的机关报《大共和日报》创刊,日出两大张,章炳麟担任报社社长并总编辑。早在1911年11月26日《民立报》上即刊载了《大共和日报出现》的消息:"本会……附设《大共和日报》为发表之机关,……仍请本会发起人章太炎先生为《大共和》全部主任……。"②章炳麟在创刊号上发表了《大共和日报发刊辞》,阐明办报宗旨:"风听胪言,高位之所有事;直言无忌,国民之所自靖。《日报》刊发,大义在兹。箴当世之痛疚,谋未来之缮卫,能为诤友,不能为佞人也。"但他又说:"专制非无良规,共和非无秕政"③,则明显是错误的。由于章是社长,《日报》初期受他的影响很大,在更改历法、建都、汉冶萍公司准许日本人投资、暂行报律等问题上,与同盟会观

---

① 文载《教育今语杂志》第4册,1910年6月6日出版,收入《章太炎的白话文》题为《留学的目的和方法》。马勇编:《章太炎讲演集》,石家庄:河北人民出版社2004年版,第15、16页。
② 转引自汤志钧编:《章太炎年谱长编》(上),北京:中华书局1979年版,第377页。
③ 转引自汤志钧编:《章太炎年谱长编》(上),北京:中华书局1979年版,第377-378页。

点相左。后来章炳麟北上进京,《日报》与他的关系也就逐渐疏远了,到1915年4月,《大共和日报》停刊。

章炳麟在1914年到1916年间被袁世凯禁锢三年,直到袁死后的1916年6月8日才出狱。第二年,章炳麟在上海发起亚洲古学会,在成立大会上,他发表演说阐明该会的宗旨是"研究学术,联络群谊"。1917年5月下旬,亚洲古学会开第三次例会,章炳麟提议发行机关杂志。7月1日开第四次会议时,即决定发刊《大亚洲》杂志,由章炳麟担任总编辑。据《时报》1917年7月2日刊载的《亚洲古学会开第四次常会记事》称:"该杂志定名为《大亚洲》,总编辑一席由章太炎先生担任……并预定9月1号出版。所有体例,约分六门:一,图画;二,论说;三,纪事;四,时评;五,杂著;六,古籍提要。"①但该杂志并未见刊行。因时局剧变,张勋等人拥溥仪复辟,章炳麟与孙中山等人则连日开会,商讨保卫共和、出师讨逆之事。在此次会后不久章炳麟即随孙中山赴广东了,亚洲古学会后来也未见续开。此事与章炳麟的编辑生涯有关,作为一段历史故述于此。

二、创办学术刊物,弘扬国学

辛亥革命胜利后,章炳麟认为"排满"之志已伸,政治主张与伟大的革命先行者孙中山相去渐远。"五四"以后,章炳麟政治上更趋落后,由反对军阀割据演变为赞成军阀割据,对孙中山的"联俄、联共、扶助农工"三大政策也表示反对;思想上遂"既离民众,渐入颓唐","退居于宁静的学者,用自己所手造的和别人所帮造的墙,和时代隔绝了"②。晚年在苏州讲学,欲"甄明学术,发扬国光",亲手编写《章氏丛书续编》,"所收不多,而更纯谨,且不取旧作,当然也无斗争之作,先生遂身衣学术的华衮,粹然成为儒宗"③。到他1936年6月14日在苏州病逝,他后期的20多年在政治上已没有什么建树,主要成绩在讲学并创办了《华国月刊》《国学商兑》《制言》等学术刊物,弘扬国学,成为一代国学大师。

(一)《华国月刊》

1923年9月15日,章炳麟创办的《华国月刊》在上海创刊,由章担任社长。该刊内容分为"图画""通论""学术""文苑""小说""杂著""记事""通讯""公布"

---

① 转引自姚奠中、董国炎:《章太炎学术年谱》,太原:山西古籍出版社1996年版,第277页。
② 鲁迅:《关于太炎先生二三事》,《鲁迅全集》第6卷,北京:人民文学出版社1981年版,第545页。
③ 鲁迅:《关于太炎先生二三事》,《鲁迅全集》第6卷,北京:人民文学出版社1981年版,第547页。

"馀兴"等栏目,看上去显得比较杂,不像一个纯粹的学术刊物。章炳麟撰写了《发刊辞》,以阐明创刊宗旨:

> 輓近世乱已亟,而人心之儌诡,学术之陵替,尤莫甚于今日。
> 尝谓治乱相寻,本无足患,寝假至于亡国,而学术不息,菁英斯存,辟之于身,支干灰灭,灵爽固不随以俱澌,若并此而天伐之、摧弃之,又从而燔其枯槁,践其萌蘖,国粹沦亡,国于何有?①

故"创为《华国月刊》,志在甄明学术,发扬国光"。从他这篇发刊辞看则是纯然从学术着眼的。《华国月刊》1卷1期所印的《略例》亦说:"本刊定名《华国》,以甄明学术、发扬国光为恉,取材则搜罗广博,庄谐并陈,务使读者兴味深长,不厌枯槁。"那么它设有"小说""记事""通讯"等类栏目,仍是以"甄明学术"为旨趣的。章炳麟在该刊上发表了很多的学术论文,有的还是医学论文,加上一些诗,约有60来篇。1926年6月《华国月刊》第3期第3册(衍期7月后)出版,刊载了章炳麟的《论中医剥复案与吴检斋书》一文,此后不再见章氏的文章。

(二)《国学商兑》

早在1912年2月,章炳麟的弟子马裕藻等人发起"国学会",请章担任会长,章炳麟在他主编的《大共和日报》1912年3月4日版刊登了《国学会广告》:"兹者中夏光复,民国底定,振兴国学,微先生(按指章炳麟)其孰与能。同人念焉,爰设讲学会于湖上,乞先生主持之。"②直至1933年6月1日,章炳麟创办的国学会的会刊《国学商兑》才出版,他在创刊号上发表了《国学会会刊宣言》,强调"名节",以"'行己有耻'为士行准"③。到了次年冬,章炳麟"与国学会旨趣不合"④,遂在苏州发起章氏国学讲习会,《国学商兑》由陈衍编辑,他也就不再过问了。

(三)《制言》

1935年9月,作为章氏国学讲习会的会刊《制言》杂志创刊,章炳麟担任主编,由章氏国学讲习会发行。此为半月刊,以阐扬国故为宗旨。内设"通论""专著""义林""文苑""别录""杂录"等栏。章炳麟在创刊号上发表了《发刊宣言》:

---

① 姜玢编选:《章太炎文选》,上海:上海远东出版社1996年版,第534页。
② 转引自姚奠中、董国炎:《章太炎学术年谱》,太原:山西古籍出版社1996年版,第197页。
③ 姜玢编选:《章太炎文选》,上海:上海远东出版社1996年版,第557页。
④ 转引自姚奠中、董国炎:《章太炎学术年谱》,太原:山西古籍出版社1996年版,第463页。

今国学所以不振者三：一曰，毗陵之学反对古文传记也；二曰，南海康氏之徒以史书为账簿也；三曰，新学之徒以一切旧籍为不足观也。有是三者，祸几于秦皇焚书矣。……余自民国二十一年返自旧都，知当世无可为，讲学吴中三年矣。始曰国学会，顷更冠以章氏之号，以地址有异，且所招集与会者，所从来亦不同也。言有不尽，更与同志作杂志以宣之，命曰《制言》，窃取曾子制言之义。先是集国学会时，余未尝别作文字；今为《制言》，稍以翼讲学之缺。曾子云："博学而孱守之"，博学则吾岂敢，孱守则庶几与诸子共勉焉。①

这篇《发刊宣言》写于他逝世前一年，章炳麟直到生命的最后时期仍不忘弘扬国学，振兴国学，于讲学之外，更创办杂志，亲任主编，可见其对中国传统文化之重视。章炳麟创办了《国学商兑》，但没有发表什么文章，可是，在《制言》上，章炳麟发表的诗文函札则有数十篇之多。《制言》是章炳麟创办并主编的最后一个刊物，此时他已是68岁的老人了。《制言》创刊后第二年的6月14日，章炳麟在苏州病逝，刊物由章氏国学讲习会继续编印，出至第47期，苏州沦陷。1939年1月在上海复刊为月刊，共出了63期。

章炳麟的编撰活动一直继续到他生命的最后时期，始于办报纸，做政治宣传，主张反清排满，成为资产阶级革命家；终则编杂志，作学术研究，"退居于宁静的学者"，"身衣学术之华衮，粹然成为儒宗"。这恰好分成两个阶段，使我们于他的编辑活动很清楚地看到思想演变的轨迹。中国的近代报刊事业，尚处于初创阶段，往往主编者，同时也是撰稿人，即所谓主笔。章炳麟即是集编辑与撰文一身的人，因此，在近代史上，他是以报刊政论家而驰名于世的。本书则从编辑史的角度，广搜史料，不避大量引摘原文之嫌，以使我们更全面地认识他不仅是革命家、学问家，还是近代史上著名的思想家型的报刊编辑家。

---

① 姜玢编选：《章太炎文选》，上海：上海远东出版社1996年版，第565页。

第二章

梁启超:"独任"维新派的"编辑大业"①

资产阶级维新派的杰出人物黄遵宪,在戊戌变法失败后,仍不忘其为之奋斗的改良主义事业。1904年7月4日,他致书给比自己小25岁的梁启超(1873—1929),对其寄以殷殷厚望:"往日《时务报》盛行以后,仆即欲以编辑大业责成于公,而展转未获所愿。今日仍愿公专精于此事,其收效实远且大也。"②半年后,即1905年1月18日,他再次致书梁启超说:"所惠《中国之武士道》、《中国国债考》均得捧读。……此二书均救世良药。然更望公降心抑志,编定小学教科书,以惠我中国,牖我小民也。"③此后不一月,这位举维新旗帜、倡诗界革命的资产阶级革命的先驱者,就因肺病而过早去世了。梁启超悲痛之余,撰写了《嘉应黄先生墓志铭》,铭文后说:"先生卒前之一岁,诒书某,曰:'国中知君者无若我,知我者无若君。'"④可见两人相知之深。而梁启超对于黄遵宪所寄予的"编辑大业",也确实是以为己任的,从1891年帮助康有为编书,到1927年晚年开始主编《中国图书大辞典》,从事编辑活动达38年之久。他一生光是创办主编以及得到他支持指导的报刊就达17种之多,像《时务报》《清议报》,前期《新民丛报》等对改良主义的思想宣传,厥功甚伟;对近代报刊编辑事业,也是贡献很大的。

纵观梁启超的编辑生涯,大致可划分为四个时期:第一时期,从1891年到1893年,在"万木草堂"参加"编书";第二时期,从1895年编辑《万国公报》后改名《中外纪闻》始到1898年9月脱离《时务报》后参加戊戌变法失败止;第三时期,从

---

① 黄遵宪:《致饮冰室主人书》(光绪二十八年八月廿二日)云:"公言《新民报》独力任之,尚有余裕,闻之快慰。"《黄遵宪集》(下),天津:天津人民出版社2003年版,第494页。
② 黄遵宪:《与饮冰室主人书》(光绪三十年七月四日),《黄遵宪集》(下),天津:天津人民出版社2003年版,第515页。
③ 黄遵宪:《与饮冰室主人书》(光绪三十一年一月十八日),《黄遵宪集》(下),天津:天津人民出版社2003年版,第518页。
④ 梁启超:《嘉应黄先生墓志铭》,张品兴主编:《梁启超全集》第9册第18卷,北京:北京出版社1999年版,第5195页。

1898年11月创办《清议报》到1907年7月主编的《新民丛报》停刊止;第四时期,从1907年9月创办《政论》始到他去世前主编《中国图书大辞典》止。这四个时期,因其思想的进步与落后,所编辑的报刊以及色彩也不相同。大致说来,前两个时期配合戊戌变法运动,积极宣传改良主义的思想主张,所编辑的报刊以及他的编辑思想是进步的;从第三阶段后期开始,他的思想趋于保皇立宪,与革命派的《民报》论战,与马克思主义的《新青年》论战,则所编辑的报刊以及他的编辑思想是落后的了。本书着重于他的编辑活动,缕述其一生所编辑过的报纸、杂志、书籍,以见其在中国近代编辑史上的地位。

第一节 "万木草堂"的编书活动
（1891—1893）

梁启超于1890年赴京会试落第后,次年投师康有为门下,遂成为这位"南海圣人"的高足。时"先生著《新学伪经考》方成,吾侪分任校雠;其著《孔子改制考》及《春秋董氏学》,则发凡起例,诏吾侪分纂焉"①。这件事有两点值得注意:其一,梁启超于"校""分"这些著作中受到了康有为变法维新、改良主义思想的影响;其二,梁启超于"校""分"中受到了实际的编辑锻炼。康有为在其《自编年谱》中亦说到自己与学生编书的情况:"旦昼讲学,夕则编书,诸子亦编书焉。"②那么,书又是如何编的呢?据梁启超的弟弟梁启勋在《万木草堂回忆》一文中说:

> 在万木草堂,我们除自己用功读书之外,还有一种特殊工作,即编书,这是协助先生著述的工作。譬如康先生要写一部《孔子改制考》,由他指定一二十个同学,把上自秦汉、下至宋代各学的著述,从头检阅。凡有关于孔子改制的言论,简单录出,注明见于某书之第几卷、第几篇,用省属稿时翻检之劳。时间由编书团体共同商定,每月上旬某月某日,中旬某月某日,下旬某月某日,自几点至几点,会合在大堂工作,仍坐无靠背之硬背凳,某人担任某书,自

---

① 梁启超:《南海先生七十寿言》,夏晓红编:《梁启超文选》（上）,北京:中国广播电视出版社1992年版,第379页。
② 康有为:《康南海自编年谱》（外二种）,"光绪十九年",北京:中华书局1992年版,第22页。

由选择。一部编完,又编第二部。①

由此可见,梁启超早在1891年即已在康有为的指导下开始了编辑活动,从而走上了编辑道路,为后来负起维新事业的"编辑大业"打下了基础。另外,梁启超从事编辑活动也受到了"西学"的影响:

> 在万木草堂,……除读中国古书外,还要读很多西洋的书。如江南制造局关于声、光、化、电等科学译述百数十种,皆所应读。容闳、严复诸留学先辈的译本及外国传教士如傅兰雅、李提摩太等的译本皆读。②

梁启超一方面在接触了西方的"新学"和报刊中学得了一些西方资产阶级的社会科学和自然科学知识,另一方面也初步知道了一些如何编辑报刊的常识,这就为以后编辑报刊做好了必要的技术业务方面的准备。

"万木草堂"的三年,是他知识储备的三年,思想熏陶的三年,也是他实际从事编辑训练的三年。等到他驰骋编坛,主编《中外纪闻》《时务报》时,梁启超已经是一个颇有经验的编辑了。

第二节　从《中外纪闻》到《时务报》
（1895.8—1898.9）

一、"报馆之议论,浸渍于人心"

（一）使"识议一变"的《万国公报》

1894年甲午战争后,康有为耻于中国失败,于次年六月上《上清帝第四书》,"言变法曲折之故",其中有一条就是"设报答聪",即各省要郡设立报馆,州县乡镇也令续开,将报纸进呈,使"百僚咸通悉敌情,皇上可周知四海"③。然而这次上

---

① 政协文史资料研究委员会编:《文史资料选辑》第25辑,北京:中华书局1962年版。
② 政协文史资料研究委员会编:《文史资料选辑》第25辑,北京:中华书局1962年版。
③ 姜义华、吴根樑编校:《康有为全集》(第2集),上海:上海古籍出版社1990年版,第180页。

书因顽固派拒绝代呈而石沉大海。康有为痛心地思考，觉得要"开风气，开知识，非合大群不可"，"合群非开会不可"①。梁启超在《论学会》一文中也说："欲振中国，在广人才，欲广人才，在兴学会。"②所谓"开会""兴学会"即组织团体，"开会""兴学会"又非有报馆不可。"报馆之议论，既浸渍于人心，则风气之成不远矣。"③于是康有为和梁启超在 1895 年 8 月 17 日创办了《万国公报》，由梁启超、麦孟华担任编辑。这是我国资产阶级改良派创办的第一家报纸，梁启超作为资产阶级改良派的编辑家面貌正式登场了。

梁启超编辑这份报纸参照了《京报》的刊式，所以与《京报》相似。在刊名上袭用了上海广学会英、美传教士办的《万国公报》，因广学会的《万国公国》每册有论文一篇，长篇则分期连载，除转录广学会及其他报刊外，撰文多出自梁启超之手，文章内容则是发挥康有为《上清帝书》中的变法思想。当时北京还没有印刷机器，所以《万国公报》是委托报房京报用粗木板雕印的。印好以后，雇用出售京报的报贩随京报或宫门钞免费送给北京的士夫贵人。一个多月后，发行量达到三千份左右，在这些官绅中产生了很大的影响，"报开两月，舆论渐明"，"渐知新法之益"。"朝士乃日闻所不闻，识议一变焉。"④梁启超主编《万国公报》共出了 45 号，他首战告捷，于编辑报纸更有信心。

（二）"开处士横议之风"的《中外纪闻》

《万国公报》发行 3 个月，北京强学会于 1895 年 11 月正式成立。该会"先以报事为主"，遂把《万国公报》改名为《中外纪闻》作为强学会的机关报。据英国传教士李提摩太在《万国公报》第 1 册的英文批注中说：

> 这（指《万国公报》——引者注）四十五册，是最初三个月的全套刊物，一八九五年八月十七日创刊，隔天出版，这是中国维新派在北京出版的第一个机关报。大多数文章都是从广学会书刊上转载的，刊名与广学会机关报《万国公报》完全相同，后来经我建议更改，以免两相混淆。

---

① 康有为：《康南海自编年谱》（外二种），"光绪二十一年"，北京：中华书局 1992 年版，第 29 页。
② 张品兴主编：《梁启超全集》第 1 册第 1 卷，北京：北京出版社 1999 年版，第 28 页。
③ 梁启超：《与穗卿足下书》，张品兴主编：《梁启超全集》第 10 册第 20 卷，北京：北京出版社 1999 年版，第 6077 页。
④ 康有为：《康南海自编年谱》（外二种），"光绪二十一年"，北京：中华书局 1992 年版，第 28 页。

广学会的《万国公报》时为李提摩太等人编辑,他虽然也支持康、梁的强学会,但他并不同意强学会的机关报再继续袭用他的报名。而此时康、梁已经办报3月,并且在上层官僚中不断的活动,已名闻京师,强学会又得到朝中一些大官如陈炽、沈曾植、文廷式、杨锐、袁世凯等人的支持,并列名会籍,参预会务,所以机关报根本已无需再袭用他报之名了,改为《中外纪闻》已是很自然的事。说它是康、梁创办的第二种报纸也并不为过分。因为,无论在印刷还是内容方面,《中外纪闻》与《万国公报》已不完全相同。

《中外纪闻》于1895年12月16日(阴历十一月初一日)正式出版,仍为双日刊,由梁启超、汪大燮任主笔,即报纸的总编辑①。汪乃是清政府的内阁中书,身居官职,故《中外纪闻》的实际主编是梁启超。从发刊《凡例》中可以看出梁启超的编辑思想以及该报的内容:

一、本局新印《中外纪闻》,册首恭录阁抄,次全录英国路透电报,次选译外国各报,如《泰晤士报》、《水陆军报》等类,次择录各省新报,如《直报》、《沪报》、《申报》、《新闻报》、《汉报》、《循环报》、《华字报》、《维新报》、《岭南报》、《中西报》等类,次译印西国格致有用诸书,次附论说。

二、《纪闻》两日一次,每月十五次,月底取回,装订成册。中西近事,略具于中。拟仿《西国近事汇编》之例,不录琐闻,不登告白,不收私函,不刊杂著。

三、此册所录近事,皆采各国各省日报,标明来历,务期语有根据;至其论说,亦采各书各报,间加删润;或有集采众书成篇者,不标来历,以省繁重。

从这几条条目看,《中外纪闻》主要采集各报内容而编辑之,该报与《万国公报》已有几点不同:一是《万国公报》"只有论说一篇,别无记事"(梁启超《鄙人对于言论界之过去及将来》),而《中外纪闻》除论说外,如《凡例》所说,则有阁抄、新闻、译报、外电和各报选录等专栏,内容已大大丰富;二是《万国公报》用粗木板雕印,《中外纪闻》用木刻活字印刷,印刷方式也改进了;三是《万国公报》每册只有2 000多字,《中外纪闻》则有4 500字左右,篇幅亦已增多。从这几点来看,梁启超于编辑这份报纸确是颇费心思的。这份报每期十页左右,最后附有梁启超等人所加的编者按语或论说,以反映主编者的思想。特别值得注意的是,《中外纪闻》第

---

① 戈公振:"总编辑亦称总主笔,为编辑部之领袖。"见《中国报学史》,北京:三联书店1955年版,第244页。

一号发表了康有为的《京师强学会序》,这是资产阶级维新派第一次公开发表的政治宣言,从而为维新派的变法运动拉开了帷幕。

《中外纪闻》的这篇《京师强学会序》使"读之者多为之泪下",加之梁启超编发的津、沪、港、粤、汉等各地新闻,摘编的"西国格致有用诸书",尤其梁启超所撰写的针切时事的论说,在一部分士大夫和爱国知识分子中间产生了很大的影响作用,激发了他们对清政府惧外媚外的不满,因而也就遭到封建顽固派的抵制和破坏,先是"谣诼蜂起",以至《中外纪闻》"送至各家门者,辄怒以目,驯至送报人惧祸及,悬重赏亦不肯代送"①。接着御史杨崇伊等纷起奏劾,罪名是该报主编"专门贩卖西学书籍","植党营私","将开处士横议之风",所以要求政府查禁。1896年1月20日,光绪皇帝迫于慈禧太后的压力,下令封闭北京强学会,其机关报《中外纪闻》仅出一个月也被迫停刊。现见到的最后一期出版于1896年1月16日。

(三) 以"变法图存"为宗旨的《时务报》

《中外纪闻》停刊后,梁启超"服器书籍,皆没收,流浪于萧寺中者数月",可见其当时的惨状,然而他并没有灰心,更没有为恶势力所屈服,反而"益感慨时局","办报之心益切"②。经过一番筹划,由梁启超担任总撰述的《时务报》即于《中外纪闻》停刊半年后的1896年8月9日在上海创刊。

《时务报》的创办,黄遵宪是起了很大作用的,是他把梁启超推上了《时务报》主笔的位置。黄遵宪曾任日本参赞,新加坡总领事,在海外受到资本主义风气的影响,产生了变法维新思想,参加了上海强学会。当北京强学会被封的消息传到上海,假装维新以捞取政治资本而加入强学会的湖北两江总督张之洞立即嘱咐幕僚电致上海各报馆:"现时各人星散,此报不刊(指《强学报》——引者注),此会不开。"上海强学会也就随之解散。黄遵宪"愤学会之停散,谋再振之,欲以报馆为倡始"③。于是他和汪康年一起倡议办起了《时务报》,并力请此时尚在北京的梁启超为主笔。梁启超在《三十自述》中追忆说:"京师之开强学会也,上海亦踵起,京师会禁,上海会亦废。而黄公度(即黄遵宪——引者注)倡议续其余绪,开一报馆,

---

① 梁启超:《鄙人对于言论界之过去及将来》(民国元年十月二十二日),李华兴、吴嘉勋编:《梁启超选集》,上海:上海人民出版社1984年版,第618页。
② 梁启超:《鄙人对于言论界之过去及将来》(民国元年十月二十二日),李华兴、吴嘉勋编:《梁启超选集》,上海:上海人民出版社1984年版,第618页。
③ 见汤志钧:《戊戌变法史》,北京:人民出版社1984年版,第168-169页。

以书见招。"①黄遵宪器重比他年轻二十几岁的梁启超,是因为梁启超编辑的《中外纪闻》给他留下很深的印象,尤其是梁启超的时评写得犀利明快而又浅显易懂,很为黄遵宪赏识。这就难怪黄遵宪后来要把维新事业的"编辑大业"委诸他盛赞为"旷世之才"②的梁启超了。

《时务报》从1896年8月9日创刊,到1898年8月8日停刊,共存在两年,出了69册,而梁启超于1897年10月离沪赴湘,实际主持《时务报》笔政一年零两个月。也正是梁启超主持的这一时期,《时务报》最为兴旺。

《时务报》为旬刊,书本式,连史纸石印,每期(册)32页,3万字左右。比梁启超以前编的《中外纪闻》篇幅长了近8倍。该报以"变法图存"为宗旨③,设"论说""谕旨恭录""奏折录要""京外近事""域外报译"等栏目,每期以二分之一以上篇幅译介西学和五洲近事。梁启超为创刊号撰写了《论报馆有益于国事》一文,阐述了他办报馆的编辑思想。他认为报纸的编辑发行"有助耳目喉舌之用,而起天下之废疾"。他说道:"无耳目,无喉舌,是曰废疾。"不了解世界大势,不闻问国家大事,这就是"有耳目而无耳目";"上有所措置,不能喻之民;下有所苦患,不能告之君",这是"有喉舌而无喉舌"④。起"废疾",助"耳目喉舌",就要依靠报馆,编辑发行报纸。报纸是"耳目喉舌",那么报纸的编辑就益发显得重要了。梁启超较早把西方的这套编辑理论介绍传播到了中国。基于这个思想梁启超进一步提出了具体的编辑要求和要达到的编辑目的:

广译五洲近事,则闻者知全地大局与其强盛弱亡之故,而不至夜郎自大,坐眢井以议天地矣;

详录各省新政,则阅者知新法之实有利益,及任事人之艰难经画与其宗旨所在,而阻挠者或希矣;

博搜交涉要案,则阅者知国体不立,受人嫚辱,律法不讲,为人愚弄,可以奋励新学,思洗前耻矣;

旁载政治学艺要书,则阅者知一切实学源流门径与其日新月异之迹,而

---

① 李华兴、吴嘉勋编:《梁启超选集》,上海:上海人民出版社1984年版,第376页。
② 陈三立:《致汪康年书》(光绪二十二年七月二十三日),转引自汤志钧:《戊戌变法史》,北京:人民出版社1984年版,第177页。
③ 汪诒年:《汪穰卿先生传记遗文》全函卷二,第12页,附《梁启函》。
④ 梁启超:《论报馆之有益于国事》,李华兴、吴嘉勋编:《梁启超选集》,上海:上海人民出版社1984年版,第23页。

不至抱八股八韵考据词章之学，枵然而自大矣。①

梁启超十分自信他的编辑主张，认为只要"准此行之，待以岁月"，就会"风气渐开，百废渐举，国体渐立，人才渐出"，国家富强当然也就有希望了。很显然，梁启超的编辑主张是从政治上着眼，表达了维新派要求冲破封建束缚，以变法图自强，尽快发展资本主义的愿望。因此，他编辑报纸的目的是为维新派宣传改良主义服务的。梁启超在《时务报》前55册上发表了数十篇文章，其中最能代表他维新思想的是《变法通议》（连载21次）、《西学书目表序例》、《论中国积弱由于防弊》等文章。

梁启超主编的《时务报》和他的文章震撼了当时的"新学士子"，他们看到梁启超"语言笔札之妙，争礼下之"。《时务报》因梁启超而风靡全国，梁启超也因主编《时务报》而名重一时："自通都大邑，下至僻壤穷陬，无不知有新会梁氏者。"②《时务报》在发行数月之后，"一时风靡海内，数月之间，销行至万余份，为中国有报以来所未有，举国趋之，如饮狂泉"③。在诸多的赞词中，湖南邹代钧在《致汪康年书》（光绪二十二年七月二十五日）中对《时务报》的编辑形式做出了很好的评价。他说："昨日俞恪士送到报百份，阅之令人狂喜，谓识文兼具，而采择之精，雕印之雅，犹为余事，足洗吾华历来各报馆之陋习。""此报名贵已极。"

正当《时务报》销行日广，影响日大的时候，梁启超却被《时务报》经理汪康年依仗两江总督张之洞的势力排挤出去了。张之洞对梁启超宣扬民权思想很为不满，特别是梁启超在《时务报》第40册发表的《知耻学会序》一文更惹得他大怒，以至禁止《时务报》在湖南销售，并多方示意要梁引去。梁启超遂于1897年10月离开上海《时务报》去湖南应黄遵宪之聘任时务学堂总教习。表面上"仍可作论寄沪，于报事毫无妨碍"（邹代钧致汪康年函），可以"兼顾"（黄遵宪致汪康年函），实际已与后期的《时务报》脱离关系。《时务报》第55册以后，已再无梁启超的文章，连报章的编排形式，自该册起也与前有异。例如：一、《时务报》的目录原占一页，首列"论说"，次分各栏，明署撰人姓名；而第55册以后，则目录仅占半页，虽分"论""奏章""西文译编""法文译编"各栏，但撰人姓名却没有了。二、译文篇幅较

---

① 李华兴、吴嘉勋编：《梁启超选集》，上海：上海人民出版社1984年版，第25页。
② 胡思敬：《戊戌履霜录》，转引自汤志钧：《戊戌变法史》，北京：人民出版社1984年版，第177页。
③ 梁启超：《清议报一百册祝辞并论报馆之责任及本馆之经历》，张品兴主编：《梁启超全集》第1册第2卷，北京：北京出版社1999年版，第477页。

前大为增加,论文则见减少。所谓"论文",又多采录他报"来稿",甚至"照录"条陈,勉厕论目。这些条陈又多"洋务"滥调。《时务报》已经丧失了梁启超主编的那种宣传鼓动作用了。所以梁启超后来说自己"脱离报馆关系者数月,《时务报》虽存在,已非复前此之精神矣"①。所有这些看似枝节的编辑形式的改变,实际上反映了梁启超与汪康年不同的编辑指导思想。《时务报》被"改弦易辙",可以看做是维新派的失败——失去了一个重要的舆论阵地,后来康有为想借光绪皇帝的力量把《时务报》夺回来,张之洞、汪康年则把《时务报》改成《昌言报》而另办了。

(四)"兼为主笔"的《知新报》与对其他宣传变法思想的报纸的支持

梁启超在主编《时务报》期间,还与康广仁在澳门创办了维新派的另一刊物《知新报》。该报由梁启超"兼为主笔"而在沪"遥领之"②。《知新报》初名拟定为《广时务报》,梁启超解释说:

《广时务报》,中含二义:一、推广之意;二、谓广东之《时务报》也。其广之之法,约有数端:一、多译格致各书、各报,以续《格致汇编》;二、多载京师各省近事,为《时务报》所不敢言者;三、报末附译本年之列国岁计正要,其格式一依《时务报》。③

可见,梁启超创办《广时务报》仍是以宣传维新思想为目的的,而参加撰述的又都是具有维新思想的康有为的弟子,正因为这点,汪康年非常"畏祸",即以"报主维新,不主复沓"为由,要求改名,于是梁启超把报名改为《知新报》于1897年2月22日在澳门出版。梁启超为《知新报》撰写了18篇文章,在创刊号上发表了《知新报叙例》,阐述了报纸的内容和性质。《知新报》出刊的这一年,梁启超还创办了一种报刊叫《公论报》。他在光绪二十三年(1897年)的三月三日《致康有为书》中说:"报馆一举,超于此一年内经手办《时务》、《知新》、《公论》三馆。""日来次亮、木斋等,同拟创办一日报,名曰《公论报》,属超专主其事。"关于《公论报》的

---

① 梁启超:《鄙人对于言论界之过去及将来》(民国元年十月二十二日),李华兴、吴嘉勋编:《梁启超选集》,上海:上海人民出版社1984年版,第618页。
② 汪穰卿:《任公事略》,转引自丁文江、赵丰田编:《梁任公先生年谱长编(初稿)》,北京:中华书局2010年版,第37页。
③ 梁启超:《致穰公书》(光绪二十二年十月二十一日由澳门),张品兴主编:《梁启超全集》第10册第20卷,北京:北京出版社1999年版,第6083页。

情形不详,据梁启超说,他"蚤定主意,属积在彼主持"①,看来他创办好后,就已脱手了。

梁启超创办这三种报刊之外,对《农学报》《蒙学报》《演义白话报》《萃报》的出版也给予了积极支持;他脱离《时务报》到了湖南,又积极支持《湘学新报》和《湘报》,并担任它们的董事,为其撰稿。所有这些报纸,都与宣传变法维新思想有关。梁启超主持与支持这些报刊对推动戊戌变法运动起了积极的作用。

二、创办书局,介绍"新学","转移风气"

梁启超于戊戌变法前的这几年,除了主持报馆工作,还编辑书籍,创办了大同译书局。早在1895年,梁启超就有过编辑一本《经世文新编》的计划,此书"专采近人通达之言,刻以告天下",目的在"转移风气"。梁启超对他的这个计划颇为自信,以为"此事似于变易中国守旧之重心,颇有力量"②。遗憾的是此书因故未能编成,但这个计划却透露了他的立足在维新的鲜明的编辑宗旨。两年后,即1897年5月梁启超编的《西政丛书》由上海慎记书庄出版了。这是一套有关西方社会政治学的大型丛书,共有32种。《申报》在1897年5月8日还专门登载了宣传广告:

> 此书为新会梁卓如(即梁启超——引者注)先生所辑,专言西国政治,内分八门:一、史志;二、官制;三、学制;四、公法;五、农政;六、工政;七、商政;八、兵政。凡得书三十二种,皆近译切要之书,或海内通人新著希见之本。近世言西学者,皆详于艺而略于政,此书既出,益可以知西人富强之本原矣。

梁启超编辑这套大型丛书,是想借人薪火,以照亮中国人守旧之心,从而达到变法维新改良中国政治的目的。从为康有为编书,到计划辑印《经世文新编》,再到编辑出版这套大型的《西政丛书》,梁启超始终是以宣传维新为其编辑宗旨的。

大同译书局是梁启超与人集股在上海创办的,它成立于1897年秋冬之间。梁启超特撰写了《大同译书局叙例》一文在其主编的《时务报》第42册上刊载,此文阐述开设书局的宗旨。梁启超认为:"及今不速译书,则所谓变法者,尽成空言,

---

① 张品兴主编:《梁启超全集》第10册第20卷,北京:北京出版社1999年版,第5912页。
② 梁启超:《与穰卿足下书》(光绪二十一年六月一日),张品兴主编:《梁启超全集》第10册第20卷,北京:北京出版社1999年版,第6077、6078页。

而国家将不能收一法之效。""以此事望之官局",还是"万不备一",因此"联合同志,创为此局。以东文为主,而辅以西文;以政学为先,而次以艺学。至旧译希见之本,邦人新著之书,其有精言,悉在采纳。或编为丛刻,以便购读;或分卷单行,以广流传。将以洗空言之诮,增实学之用,助有司之不逮,救燃眉之急难。"在《叙例》中梁启超还阐说道:

>本局首译各国变法之事,及将变未变之际一切情形之书,以备今日取法;译学堂各种功课,以便诵读;译宪法书,以明立国之本;译章程书,以资办事之用;译商务书,以兴中国商学,挽回利权。大约所译,先此数类,自余各门,随时间译一二,种部繁多,无事枚举。其农书则有农学会专译,医书则有医学会专译,兵书则各省官局,当时有续译者,故暂缓焉。①

梁启超的《叙例》概括了译书局的辑译书籍的内容和范围。从光绪二十四年(1898年)三月三十日的《申报》所载《大同译书局新出各书广告》来看,则有下列诸书:"《大同合邦新义》、《俄士战纪》、《意大利侠士传》、《南海先生春秋董氏学》、《孔子改制考》、《新学伪经考》、《桂花答问》、《四上书记》、《五上书记》、《六上书记》、《日本书目志》、三水徐君勤《春秋中国夷夏辨》、顺德麦君仲华《经世文新编》、顺德谭君济骞《伪经考答问》、新会梁君卓如《中西学门径》七种。"其中梁启超一人就占有七种,它们是《时务学堂学约》、《读书分月课程表》、《读春秋界说》、《孟子界说》、《幼学通议》、《读西学书法》和《中西书目表》。梁启超创办大同译书局其目的与他主持报馆,编辑丛书仍是一致的,即介绍"新学"以传播维新思想。

在变法期间,梁启超深得光绪皇帝的重用。1898年7月3日(阴历五月十五日)光绪帝召见了梁启超,命他以六品衔办理译书局的事务,梁启超踌躇满志,很想利用这个机会大展宏图,在编译书籍方面干一番前人未干的事业。他认为:

>欲实行改革,必使天下年齿方壮志气远大之人,多读西书通西学而后可,故译书实为改革第一急务也。中国旧有译出之书,详于医学、兵学,而其他甚少,若政治、财政、法律等书,则几绝无焉。且亦皆数十年之旧本,西人悉已吐

---

① 张品兴主编:《梁启超全集》第1册第1卷,北京:北京出版社1999年版,第132页。

弃者,故不能启发才智,转移士论也。①

梁启超受命后即着手办译书局的事,他上了一道《恭拟译书局章程并沥陈开办情形据呈代奏》的折子,所列章程有十条,并请增经费,拨开办费,都得到光绪皇帝的批准。八月二十六日光绪帝下达命令:"准梁启超设立编译学堂于上海,……所编译之书籍、报纸一律免税。"②然而从1898年6月11日开始变法,到9月21日失败,这就是史称的"百日维新运动",梁启超在这期间为效力皇上而经营的译书局也随着变法的失败而垮了,这是梁启超所始料未及的。

从1895年创办《万国公报》(《中外纪闻》)到1898年受命办理译书局,梁启超在这一段期间的编辑活动是他整个编辑生涯最有光彩的篇章。他顺应历史潮流,走在时代前列,用报刊作维新宣传,编辑西书以传播"新学"。他创办了三个报馆,两个译书局,编辑了一套大型丛书,并支持《农学报》《湘报》等六种报刊的出版,他所从事的"编辑大业"对维新运动的贡献是巨大的。他是变法维新的宣传家,也是维新派一个不可多得的编辑大家。

第三节　从《清议报》到《新民丛报》
（1898.11—1907.7）

一、"为国民之耳目,作维新之喉舌"的《清议报》

（一）"明目张胆,攻击政府"

戊戌变法失败后,梁启超流亡到日本,"六君子"的遇难使他对西太后、荣禄为代表的封建顽固派更加憎恨。他没有忘记维新事业,而要再兴维新之举还是要重振"编辑大业"。他到日甫定,即于1898年12月23日在日本横滨创办了《清议报》旬刊,"明目张胆,以攻击政府,彼时最烈矣"③。

---

① 梁启超:《戊戌政变记》,张品兴主编:《梁启超全集》第1册第1卷,北京:北京出版社1999年版,第194页。
② 转引自《新闻界人物》编辑委员会编:《新闻界人物》(六),北京:新华出版社1985年版,第72页。
③ 梁启超:《鄙人对于言论界之过去及将来》(民国元年十月二十二日),李华兴、吴嘉勋编:《梁启超选集》,上海:上海人民出版社1984年版,第618页。

《清议报》由梁启超主编,他对编辑事务作了些改革。业务上重视言论,分设"本馆论说""国闻短评""时论译录"等3个专栏,各有侧重,篇幅上每册40页,比《时务报》增加了一倍;内容则有支那人论说、日本及泰西论说、支那近事、万国近事、支那哲学和政治小说6门,第11册后又增加来稿杂文、政治学谈、诗文辞随录3门。这已似今日杂志的规模。《清议报》在创办的3年中先后设置了近40种栏目,一扫旧时报刊编辑工作中杂乱无章、辗转抄袭的积弊;首创"国闻短评",成为后来报坛上长期仿行的"短评""时评"的先河。梁启超在创刊号上发表了《横滨清议报叙例》阐述了时局之危以及创办该报的宗旨。他说:

> 我支那国势之危险,至今日而极矣。虽然,天下之理,非剥则不复,非激则不行。鞡近百余年间,世界社会,日进文明,有不可抑遏之势。抑之愈甚者,变之愈骤。遏之愈久者,决之愈奇。故际列国改革之始,未尝不先之以桎梏刑戮干戈之惨酷。
>
> 乃者三年以前,维新诸子,创设《时务报》于上海,大声疾呼。哀哀长鸣,实为支那革新之萌蘖焉。今兹政变,下封禁报馆之令,揆其事实,殆与一千八百十五年至三十年间,欧洲各国之情形,大略相类。呜呼!此正我国民竭忠尽虑,扶持国体之时也。是以联合同志,共兴《清议报》,为国民之耳目,作维新之喉舌。①

接着梁启超开列了《清议报》的四条宗旨:"一、维持支那之清议,激发国民之正气;二、增长支那人之学识;三、交通支那、日本两国之声气,联其情谊;四、发明东亚学术以保存亚粹。"

(二)"尊皇斥后,大倡勤王"

梁启超在思想上是"尊皇斥后"的,《清议报》作为改良派在政变后的主要宣传物,也就必然受到他这一思想的影响,因而,所刊发的内容即以宣传"变法维新",鼓吹政治改良,反对慈禧荣禄,拥戴光绪复辟为主。所以冯自由在《中华民国开国前革命史》一书中评说道:"梁启超发刊《清议报》于横滨,大倡勤王之说。"②由于当时人们对维新派仍很同情,皇帝在人们心目中还有相当的影响力(梁启超

---

① 张品兴主编:《梁启超全集》第1册第1卷,北京:北京出版社1999年版,第168页。
② 转引自丁文江、赵丰田编:《梁任公先生年谱长编(初稿)》,北京:中华书局2010年版,第84页。

在主编《清议报》期间,就曾离开日本到檀香山、澳大利亚和国内进行组织保皇会),所以梁启超与他的《清议报》还是很受读者欢迎的。从发行情况来看,尽管清政府禁止其入境,但它靠秘密偷运回国,到第13册时,销售已至4 000余份,发行范围除国内外,还包括日本、朝鲜、南洋各埠、澳洲、美国、加拿大和俄国,可见其影响之广。梁启超则在《清议报》上发表了30多篇政论,几部专著和大量诗文。他的《戊戌政变记》《爱国论》《少年中国说》等名篇,大力鼓吹"尊皇斥后",爱国救亡,伸张民权等,对启迪国人思想,唤起民族觉醒,产生了积极的影响作用。而遇难的"维新志士"谭嗣同有名的哲学著作《仁学》也是在《清议报》上最早刊布的。当《清议报》刊行第100期时(1901年12月20日),梁启超主持了报馆举行的百号纪念祝典,并在《清议报》100期特大号发表了《本馆第一百册祝辞并论报馆之责任及本馆之经历》的长文,总结了《清议报》的四点特色:"一曰倡民权;……二曰衍哲理;……三曰明朝局;……四曰厉国耻。……此四者,实惟我《清议报》之脉络之神髓。一言以蔽之曰:广民智,振民气而已。"①就在《清议报》100期刊行的第二天,报馆失火,《清议报》遂之停刊。

二、"丛报界魁首"的《新民丛报》

《清议报》停刊不久,梁启超即于1902年2月8日在日本横滨又创办了一个大型综合性半月刊《新民丛报》。这个刊物为梁启超赢得了巨大的声誉,同时梁启超的思想由进步趋向落后也从此开始。以1903年为分界,此前鼓吹变法维新,此后则鼓吹保皇立宪。

(一)"惊心动魄,一字千金"

梁启超在谈到《新民丛报》创办缘起时对当时的报刊编辑情况很不满,他说:

中国报馆之兴久矣,虽然求一完全无缺,具报章之资格,足与东西各报相颉颃者,殆无闻焉。非剿说陈言,则翻译外论,其记事繁简失宜,其编辑混杂无序,殆幼稚时代势固有不得不然者耶。本社同人有慨于是,不揣梼昧,创为此册。其果能有助于中国之进步与否,虽不敢自信,要亦中国报界中前此所未有矣。

---

① 梁启超:《清议报一百册祝辞并论报馆之责任及本馆之经历》,张品兴主编:《梁启超全集》第1册第2卷,北京:北京出版社1999年版,第478页。

接着他在章程中开宗明义阐述了该报的编辑宗旨和内容:

一、本报取《大学》新民之义,以为欲维新吾国,当先维新吾民。中国所以不振,由于国民公德缺乏,智慧不开,故本报专对此病而药治之,务采合中西道德以为德育之方针,广罗政学理论,以为智育之原本。

一、本报以教育为主脑,以政论为附从。但今日世界所趋重在国家主义之教育,故于政治亦不得不详。惟所论务在养吾人国家思想,故于目前政府一二事之得失,不暇沾沾词费也。

一、本报为吾国前途起见,一以国民公利公益为目的,持论务极公平,不偏于一党派;不为灌夫骂坐之语,以败坏中国者,咎非专在一人也。不为危险激烈之言,以导中国进步当以渐也。①

在这个编辑思想指导下,开办的第一年共辟二十几种栏目,如"图画""论说""学说""时局""政治""史传""地理""教育""宗教""学术""农工商""兵事""财政""法律""国闻短评""名家谈丛""舆论一斑""杂俎""问答""小说""文苑""绍介新著""中国近事""海外汇报""馀录"等。内容涉及政治经济,历史地理,宗教学术,小说文苑,真是无所不包,东西南北,古今中外几乎无所不谈。这反映出梁启超此时的那种开放的编辑思想。从发表的340多个文章、资料的篇目来看,其中评价或涉及西方意识形态的占一半以上,起讫时间,从希腊、罗马到近代英美等民主民族国家的兴起;涉及人物,从苏格拉底、柏拉图,到培根、笛卡尔;学术内容,包括自然、社会科学的各种流派、学说;其"小说"栏,常年刊登《新罗马传奇》《十五小豪杰》等新体文艺创作和译作。"海外奇谈""外洋入口之竹头木屑"等栏目,大量介绍科技新发明、新知识。在编辑形式上,梁启超作了一些尝试,并获得了成功。这表现在他非常讲究印刷装帧艺术性和首创了新型编码方法。《新民丛报》的封面常采用套色,里面有图画和照片插页,装订方式采用西式的,纸张为白报纸,在每一期的卷首必刊出几副国外名人像或名胜古迹图。《新民丛报》首创每页有两个号码,下角为每篇文章的页码,上角为创刊号起整个期刊的顺序号码,目录页上标有每篇文章起始的顺序号,数字很大,查检虽不很方便,但毕竟是一次很好的改良。如此精美的印刷和新的编码方法,确使读者耳目一新。

---

① 《新民丛报》第1号《本报告白》,转引自丁文江、赵丰田编:《梁任公先生年谱长编(初稿)》,北京:中华书局2010年版,第136、137页。

最精彩的当然还是梁启超的手笔。他的《新民说》全文长十余万字,从创刊起,连载了34期,他解释新民之义说:

新民云者,非欲吾民尽弃其旧以从人也。新之义有二:一曰,淬厉其所本有而新之;二曰,采补其所本无而新之。二者缺一,时乃无功。①

这是一篇反对封建、启蒙思想的重要文献。梁启超开始并没有完全像他自己所说的那样"不为灌夫骂坐之语",而是写了不少"危险激烈之言",迎合了时代的革命潮流和爱国知识分子的兴味,被人们誉为"言论界的骄子"。此时的梁启超对自己的编撰活动也十分自信,他说:

此间自开《新民丛报》后,每日属文以五千言为率。②

自是启超复专以宣传为业,为《新民丛报》、《新小说》等诸杂志,畅其旨义,国人竞喜读之,清廷虽严禁,不能遏;每一册出,内地翻刻本辄十数。二十年来学子之思想,颇蒙其影响。

启超夙不喜桐城派古文,幼年为文,学晚汉、魏、晋,颇尚矜炼;至是自解放,务为平易畅达,时杂以俚语韵语及外国语法,纵笔所至不检束,学者竞效之,号新文体。老辈则痛恨,诋为野狐。然其文条理明晰,笔锋常带情感,对于读者,别有一种魔力焉。③

初期的《新民丛报》以及梁启超独创的这种"新文体",在当时产生了巨大的影响,《新民丛报》的创刊号曾加印了4次,机器每夜开至三四点钟,还是来不及。最高发行量达到14 000份,在国内外设立了97个销售处。《新民丛报》的这种盛况,使黄遵宪等主张变法、维新的改良主义者们大受鼓舞,他们盛赞《新民丛报》:"《清议报》胜《时务报》远矣,今之《新民丛报》又胜《清议报》百倍矣。"至若梁启超的文章更是"惊心动魄,一字千金,人人笔下所无,却为人人意中所有,虽铁石人

---

① 李华兴、吴嘉勋编:《梁启超选集》,上海:上海人民出版社1984年版,第211页。
② 梁启超:《致康有为》(光绪二十八年十月),张品兴主编:《梁启超全集》第10册第20卷,北京:北京出版社1999年版,第5935页。
③ 梁启超:《清代学术概论》,上海:世纪出版集团、上海古籍出版社2005年版,第71-72页。

亦应感动,从古至今文字之力之大,无过于此者"①。

(二)"柔声缓语,梦绕大清"

1903年2月,梁启超应美洲保皇会的邀请,游历美洲,当他于12月返回日本时,"言论大变,从前所深信的'破坏主义'和'革命排满'的主张,至是完全放弃"②。因而,他重新接手主编《新民丛报》,其时的编辑思想也非复以往了,他宣布不再谈种族革命,宣布与"共和"长别,而是竭力鼓吹"开明专制",《新民丛报》的编辑方针也与之相应,在读者中失去了影响力,变成一副"柔声缓语,形同妇妾,梦绕大清,心恋小丑"③的形象。因它宣传立宪,压制革命,反而得到清政府的垂青,不再查禁取缔了。1905年同盟会的机关刊物《民报》创刊,在第3号发表号外,题为《〈民报〉与〈新民丛报〉辩驳之纲要》,共列举12条,归结到根本,两报就要不要进行民族革命,要不要进行民权革命,要不要改变封建土地制度这三大问题展开一场激烈论战。这场论战反映了两报截然不同的编辑方针和编辑主张。论战结果是梁启超敌不住《民报》主笔章太炎这位"排满的骁将"(鲁迅语),《新民丛报》也随之陷入困境,稿源匮乏,一再衍期,销路也受窒阻,经济更是难以为继。梁启超这个"言论界的骄子"在《新民丛报》第92期发表了《论中国现在之党派及将来之政党》一文悲哀地感叹道:

> 数年以来,革命论盛行于国中,……其旗帜益鲜明,其壁垒益森严,其势力益磅礴而郁积……遂至革命党者,公然为事实上之进行,立宪党者,不过为名义上之鼓吹,气为所慑,而口为所箝。④

《新民丛报》出至第96期,这个号称"丛报界的魁首"终于在1907年8月悄然停刊。

三、办小说杂志"鼓吹革命"

梁启超于创刊《新民丛报》的同年(1902)11月,还创办了《新小说》文艺月刊。这是我国第一份以刊载新体小说为主的杂志月刊。内容有论说、历史小说、政治

---

① 黄遵宪:《致饮冰室主人书》(光绪二十八年四月),《黄遵宪集》(下),天津:天津人民出版社2003年版,第490页。
② 丁文江、赵丰田编:《梁任公先生年谱长编(初稿)》,北京:中华书局2010年版,第171页。
③ 《江苏》第六期《国内时评》。
④ 转引自方汉奇著:《中国近代报刊史》(下),太原:山西人民出版社1981年版,第397页。

小说、科学小说、哲理小说、传奇小说、冒险小说、言情小说、劄记小说、世界名人逸事和广东地方剧本,不同流派的作品均予发表,这些小说"似说部非说部,似稗史非稗史,似论著非论著",开创了我国小说的新体例,对推动我国新体小说的发展,《新小说》起到了很大的作用。

梁启超主编《新小说》是以"专欲鼓吹革命"①为宗旨的。他在创刊号上发表了《论小说与群治之关系》这篇重要论文,阐述了发刊《新小说》的目的:

> 欲新一国之民,不可不先新一国之小说。故欲新道德,必新小说;欲新宗教,必新小说;欲新政治,必新小说;欲新风俗,必新小说;欲新学艺,必新小说;乃至欲新人心、欲新人格,必新小说。何以故?小说有不可思议之力支配人道故。②

因此,《新小说》上发表的小说,主要是为了发表作者的政治见解,梁启超的《新中国未来记》就是一篇典型的政治小说。他在《新中国未来记·绪言》中说:"兹编之作,专欲发表区区政见,以就正于爱国达识之君子。"③黄遵宪看了《新小说报》第1号就赞道:"果然大佳,其感人处,竟越《新民报》而上之矣。"④梁启超为了把《新小说》办得更活泼一些,他在1904年出第7期,特辟"小说丛话"一栏,运用新理论来评述旧小说。梁启超为此栏目写了个序:

> 余今春航海时,箧中挟《桃花扇》一部,藉以消遣,偶有所触,缀笔记十余条。一昨平子、蜕庵……均历、曼殊集余所。出示之,佥曰:"是小说丛话也,亦中国前此未有之作,盍多为数十条,成一帙焉。"谈次,因相与纵论小说,各述其所心得之微言大义,无一不解颐者。余曰:"各笔之,便一帙。"众曰:"善。"遂命纸笔,一夕而得百数十条,畀新小说社次第刊之。……癸卯初腊(1904年1月)饮冰识。

---

① 梁启超:《鄙人对于言论界之过去及将来》(民国元年十月二十二日),李华兴、吴嘉勋编:《梁启超选集》,上海:上海人民出版社1984年版,第619页。
② 陈引驰:《梁启超学术论著集》(文学卷),上海:华东师范大学出版社1998年版,第531页。
③ 《新小说》第1号第51页。
④ 黄遵宪:《与饮冰室主人书》(光绪二十八年十一月十一日),《黄遵宪集》(下),天津:天津人民出版社2003年版,第503页。

这个栏目的编排其意义就在"开中国前此未有之作"。《新小说》虽以小说为主,也兼及诗歌、戏曲、笔记和文艺理论等。梁启超在政治上倡导变法维新创办了不少政治性的报刊,而以办小说杂志来"鼓吹革命"确是梁启超的一大发明,从这里可以看出梁启超在报刊编辑上的创新精神,他为我国近代报刊编辑史添上了神奇而精彩的一笔。《新小说》的创刊,刺激了一些人都来创办小说杂志,其中以《绣像小说》(1903)、《月月小说》(1906)、《小说林》(1907)较有影响。《新小说》与它们被称为晚清四大小说杂志。《新小说》月刊于1906年1月停刊,共出24号。

近代文学研究专家阿英的《清末小说杂志略》对梁启超的《新小说》的作用、影响及缺陷评论道:"《新小说》可称之为'开山祖',小说地位之提高有赖乎此。《小说丛话》之开辟,亦以此为基点;小说如《二十年目睹之怪现状》、《洪水祸》、《痛史》、《九命奇冤》、《黄绣球》、《新中国未来记》等,固自有其不可磨灭之时代价值;惜乎兼刊侦探,不免是白璧微瑕。"①

四、其他编辑活动

梁启超除了主编《清议报》《新民丛报》《新小说》这三种报刊外,还在1900年4月在美国檀香山创办了《新中国报》,自任主编,同年8月,梁启超离开檀香山,该报业由黄绍纯继任主笔。1902年,梁启超又与唐才质在澳大利亚悉尼创办起了《东华报》,后交由唐才质主编。这两种报与上面的三种报刊都是在国外创办的。只有《时报》是梁启超与狄葆贤、罗普在国内的上海创办的。《时报》于1904年4月29日出版,该报内容除论说、记事外,还开设批评、小说、报界舆论、外论撷华、介绍新著、词林、插画、商情报告表、口碑丛述、谈瀛零拾等栏目。《时报》的命名,编辑体例的制定以及发刊词都是梁启超撰定的。就连《时报》初办时所登论说也是由梁启超从日本横滨寄来的。梁启超在其《新民丛报》第44、45号合本前发表了《上海时报缘起》一文,为该报制定了明确的编辑宗旨:

> 爰创此报,命之曰"时"。于祖国国粹固所尊重也,而不适于当世之务者,束阁之;于泰西文明固所崇拜也,而不应于中国之程度者,缓置之。而于本国及世界所起之大问题,凡关于政治学术者,必竭同人谫识之所及,以公平之论,研究其是非利害,与夫所以匡救之应付之之方策,以献替于我有司,而商权于我国民。若夫新闻事实之报道,世界舆论之趋向,内地国情之调查,政艺

---

① 阿英:《小说闲谈・清末小说杂志略》,上海:上海良友图书印刷公司1936年版。

第二章 梁启超:"独任"维新派的"编辑大业"

学理之发明,言论思想之介绍,茶余酒后之资料,凡全球文明国报馆所应尽之义务,不敢不勉,此则同人以言报国之微志也。①

同时,梁启超等人还对《时报》的版面作了些革新,他们根据海外报纸的做法把《时报》分为4个版,日出1大张,用1至6号铅字排印,标题则用大号字。梁启超虽身在日本,而遥控上海《时报》,这种关系维持到1912年。《时报》是当时办的比较好的一种大型日报,它的成功与梁启超是分不开的。

戊戌变法失败后,梁启超初到日本,不谙假名,为学日文,编辑了《和文汉读法》一本。罗孝高在《任公轶事》里记述了当时编书的情况:

> 时任公欲读日本书,而患不谙假名,以孝高本深通中国文法者,而今又已能日文,当可融会两者求得捷径,因相研索,订有若干通例,使初习日文径以中国文法颠倒读之,十可通其八九,因著有《和文汉读法》行世。虽未美备,然学者得此,亦可粗读日本书,其收效颇大。

可见这是一本工具性的书,梁启超对此书的编辑颇为满意,他说:"余辑有《和文汉读法》一书,学者读之,直不费俄顷之脑力,而所得已无量矣。"②

1902年1月,梁启超想创办《国学报》以保存国粹,然未果,1901年和1902年,梁启超分别在上海、日本横滨开设了广智书局和译书局,从事书籍的编辑与出版,然经营都不佳。梁启超的《中国国债史》一书曾作为广智书局编辑的《通俗时局鉴丛书》第一种出版。广智书局拖到1915年停办,有人记述说:"此局开办不过数年,元气即已大伤,种种办理不合规则,犹为余事。"③黄遵宪希望他能"降心抑志,编定小学教科书,以惠我中国,牖我小民",因他主事过多,未能实现。

从1898年11月创办《清议报》到1907年7月主编的《新民丛报》停刊,梁启超的思想以1903年为分界,此前主张排满革命,此后则大倡保皇立宪,其编辑思想也因之发生变化。《新民丛报》是梁启超办得最得意的一个刊物,也是他的思想

---

① 转引自丁文江、赵丰田编:《梁任公先生年谱长编(初稿)》,北京:中华书局2010年版,第173页。
② 梁启超:《论学日本文之益》,张品兴主编:《梁启超全集》第1册第1卷,北京:北京出版社1999年版,第324页。
③ 《记广智书局始末》,转引自丁文江、赵丰田编:《梁任公先生年谱长编(初稿)》,北京:中华书局2010年版,第385页。

由进步趋向落后的一个标志,带有明显的过渡性,所以仍把它划归这一时期而不再分开论述。

第四节　创办《政论》与主编《中国图书大辞典》
（1907.10—1929.1）

梁启超在《五十年中国进化概论》一文中对近代思想界的演变有一段客观的评述。他说：

> 第一期,如郭嵩焘、张佩纶、张之洞等等,算是很新很新的怪物。……在第二期,康有为、梁启超、章炳麟、严复,都是新思想界勇士,立在阵头最前的一排。到第三期时,许多新青年跑上前线,这些人一趟一趟被挤落后,甚至已经全然退伍了。①

梁启超是有自知之明的,他知道自己已由"新思想界的勇士"变成"退伍"者了,他后期虽也创办了好几个报刊,初创刊时很风行,渐渐不受欢迎了,原因就在于他的思想"退伍"了,未能跟上时代的潮流。下面分述他在这一时期的几个刊物以及他在生命前夕倾全力主编《中国图书大辞典》的情况。

一、"全然退伍"后的几个刊物

（一）《政论》

《政论》是梁启超组建的政闻社的机关刊物,创办于1907年10月7日,月刊。第1期在日本东京出版,以后随政闻社总部迁往上海印行。据梁启超自称："及丁未夏秋间,与同人发起政闻社,其机关杂志,名曰《政论》,鄙人实为主任。"②该刊"以造成正当舆论,改良中国之政治"为宗旨,设有"论著""批评""记载""社报"等栏目。这个刊物体现了梁启超立宪政治的主张,所以编辑的内容是反对暴力革命,鼓吹国会制度,并经常刊发政闻社的文件和活动情况,如《政闻社宣言书》《政

---

① 李华兴、吴嘉勋编：《梁启超选集》,上海：上海人民出版社1984年版,第834-835页。
② 梁启超：《鄙人对于言论界之过去及将来》（民国元年十月二十二日）,李华兴、吴嘉勋编：《梁启超选集》,上海：上海人民出版社1984年版,第619页。

闻社社约》《政闻社开会纪事》等。梁启超组建政闻社创办《政论》原是为迎合清政府"预备仿行立宪"的,所以刊物一开始即宣布以"实行国会制度,建设责任政府"为奋斗目标,然而清廷却以"纠结党羽,化名研究时务,阴图煽乱,扰害治安"①的罪名,在1908年的3月查禁了政闻社,《政论》只发行了7期即随之停刊。

(二)《国风报》

《国风报》于1910年2月20日创刊于上海,为旬刊,每期一百多页,梁启超为撰稿人。在出版之初,他撰写了叙例一篇,《说国风》上中下三篇,阐述该报的宗旨、使命与价值。该报出版时曾在《申报》(宣统二年一月十二日)上刊载了发刊广告:

> 本报以忠告政府,指导国民,灌输世界之常识,造成健全之舆论为宗旨,月出三册,每册八万字,逢一日出版。内容分谕旨、论说、时评、著译、调查、记事、法令、文牍、谈丛、文苑、小说、图画、问答、附录,凡十四门,议论宏通,记载详确。谈丛、小说各门饶有趣味,诚报界之伟观,而立宪国民之粮也。②

本着这一宗旨,《国风报》一方面就实施宪政所涉及的有关国会、宪法、内阁、官制、财政、实业、外交等问题,替清政府出谋划策;另一方面对正在全国各地进行立宪活动的宪政派给以理论上和行动上的指导。稿件半数以上由梁启超(笔名沧江)撰写,每期稿件由他在日本编订,然后寄到上海去印刷发行。初创时,只设上海、东京等5个分销处。不到一年发行范围遍及17个省,并远销美、澳、南洋等地,海内外代理处增至60多个,影响至为广泛。《国风报》本专欲"从各种政治问题为具体之研究讨论,思灌输国民以政治常识"的,结果却"无日不与政府宣战"了。梁启超在《鄙人对于言论界之过去及将来》中追述说:

> 最近乃复营《国风报》,专从各种政治问题为具体之研究讨论,思灌输国民以政治常识。初志亦求温和,不事激烈,而晚清政令日非,若惟恐国之不亡而速之,刿心怵目,不复能忍受。自前年十月以后至去年一年之《国风报》,殆

---

① 转引自《新闻界人物》编辑委员会编:《新闻界人物》(六),北京:新华出版社1985年版,第99页。

② 转引自丁文江、赵丰田编:《梁任公先生年谱长编(初稿)》,北京:中华书局2010年版,第263页。

无日不与政府宣战,视《清议报》时代殆有过之矣。①

梁启超这一编辑方针的变化是因为当时请愿国会运动屡遭拒绝,对清政府采取的欺骗手段十分愤慨,所以才一改"温和"而趋"激烈","无日不与政府宣战了"。《国风报》也只出了53期,即于1911年7月16日武昌起义的前夕停刊了。事实上梁启超此时的编辑也已不合时宜,武昌起义推翻了清王朝,他的"虚君"立宪制的主张也就成了一堆垃圾,《国风报》销路不畅而停刊正因为此。《政论》与《国风报》是他在辛亥革命前继《新民丛报》后鼓吹立宪的主要舆论阵地,但都是短命的刊物。

(三)《庸言报》

《庸言报》是一个以政论为主的综合性半月刊。1912年12月1日在天津创刊,由梁启超主编。辛亥革命成功后,梁启超结束了国外生活,于1912年10月返国。他在《鄙人对于言论界之过去与将来》的演说里谈到了自己今后的打算:"鄙人二十年来固以报馆为生涯,且自今以往,尤愿终身不离报馆之生涯者也。"②于是就创办了这份《庸言报》。一开始销路很好,第1号就印了10 000份,"顷已罄,而续定者尚数千"。因而梁启超很自信地预测:"大约明年二三月间,可望至二万份。"③如此销量在当时全国报刊中也是首屈一指的。然而到了1913年春,梁启超的共和党在国会选举中失败了,他也就无心办报,把编辑的事交给了黄远庸,自己则到袁世凯的政府做起了司法总长。此后,《庸言报》也没有维持多久,出到第30期就在1914年6月停刊。

(四)《大中华》

《大中华》是上海中华书局于1915年1月创办的以政论为主的综合性月刊,聘请梁启超担任主编,中华书局总经理陆费逵在该刊第1号上发表《宣言书》说:

> 梁任公先生学术文章海内自有定评。窃谓吾国中上流人稍有常识,固先生之功居多,而青年学子作应用文字其得力于先生者尤众。吾《大中华》杂志

---

① 梁启超:《鄙人对于言论界之过去及将来》(民国元年十月二十二日),李华兴、吴嘉勋编:《梁启超选集》,上海:上海人民出版社1984年版,第619—620页。
② 梁启超:《鄙人对于言论界之过去及将来》(民国元年十月二十二日),李华兴、吴嘉勋编:《梁启超选集》,上海:上海人民出版社1984年版,第617页。
③ 梁启超:《致梁思顺》(民国元年十二月十八日),张品兴编:《梁启超家书》,北京:中国文联出版社2000年版,第67页。

与先生订三年契约,主持撰述。①

然而该刊实际上只办了两年即于1916年12月出至第24期停刊。梁启超主编期间最精彩之举是他在1915年8月20日第1卷第8期上发表了讨袁檄文《异哉所谓国体问题者》,配合了护国运动。

(五)《改造》

《改造》是梁启超一生中办的最后一个刊物,原名《解放与改造》,政论性半月刊,1919年9月创刊于北京。第一年由张东荪主编,1920年梁启超欧游回国后,把杂志改名为《改造》并担任了主编,撰写了发刊词。梁启超在这个刊物上发表了15篇有关中国政治、文化和历史的论文,其中《复张东荪书论社会主义运动》一文反映了梁启超对社会主义的态度。这个刊物无论是前期(张东荪主编)还是后期(梁启超主编)其基本倾向都是反对中国走社会主义道路,因而遭到了《新青年》、《共产党》月刊、《民国日报》的《觉悟》副刊的严肃批判,当出到1922年9月第4卷第10期时也就不得不停刊了。

梁启超在后期就办了这五个刊物。1908年他想办《江汉日报》,因经费困难没能办成。1911年春曾有过筹十万金创办京报、沪报两大报的计划,然也"未有眉目"②。倒是《时事新报》(1907年12月9日创刊)和《国民公报》(1910年7月创刊)虽非他创办主编,但是都与梁启超有密切的关系。《时事新报》是梁启超在护国战争时期作为进步党的"唯一之言论机关";民国成立后,该报成为进步党的喉舌,由梁启超指挥;筹安会起,梁启超利用它"首登密电,揭其阴谋",被袁世凯"禁销内地"③。北洋军阀时期,它又成了梁启超为首的研究系的喉舌,直到1926年11月,《时事新报》才与梁启超脱离关系。《国民公报》由梁启超的门生徐佛苏担任主编。该报是立宪派的大本营,梁启超通过徐佛苏在北京创办此报,借以联络各省立宪派人士和发表自己的政见,以指导立宪运动。正因为此,梁启超为《国民公报》制定了明确的编辑方针,并积极为其筹款和撰稿,"于开办数月之内,每三四

---

① 陆费逵:《大中华宣言书》,载《大中华》第1卷第1号。
② 梁启超:《致徐佛苏》(宣统三年二月十三日),张品兴主编:《梁启超全集》第10册第20卷,北京:北京出版社1999年版,第5991页。
③ 梁启超:《致籍亮侪》(民国五年一月廿九日),张品兴主编:《梁启超全集》第10册第20卷,北京:北京出版社1999年版,第6008页。

日平均寄文一篇,畅论国民应急谋政治革命之理由"①。一直到该刊被北洋政府查封时(1919年10月25日),梁启超仍与《国民公报》保持很密切的关系。

二、编辑丛书与主持编纂《中国图书大辞典》

梁启超说,他的"报馆生涯"是从《时务报》开始的②,那么,到1922年9月《改造》杂志停刊,他的"报馆生涯"也就结束了,然而他的编辑活动并没有停止。他编辑过丛书,在去世前,还主持着《中国图书大辞典》的编辑工作。

1915年梁启超受聘中华书局《大中华》杂志主编的同时,为中华书局编辑了一套《时局小丛书》。这套丛书拟编的第1集共有10种:第1编,《世界大战役之中坚人物》;第2编,《大战前后欧洲之国际关系》;第3编,《日本舆论对于中国之态度》;第4编,《塞尔维亚与比利时》;第5编,《德国皇帝》;第6编,《奥匈国与其皇室》;第7编,《交战各国国民性》;第8编,《巴尔干形势之迁移》;第9编,《英德争霸之去来今》;第10编,《战争哲理》。编辑这套丛书的目的是鉴于"现在时局变化不测,其影响于我国者甚大,不惟政治财政与有关系,即实业及社会上种种事情亦无一不视时局为进退也"。因而,"梁任公先生有见于此,特与同志分纂此书,冀令我国上下瞭然于世界事情各国状况,诚今日最要之书也"③。这套丛书陆续出了4个月出全。

1920年3月,梁启超从欧洲回国组建了共学社,以"培养新人才,宣传新文化,开拓新政治"④为目的,编译新书作为该社的主要业务。为此他向商务印书馆的张元济提出一个编辑介绍新学说各书和中学教科书的计划,这项计划受到张元济的称赞。他致信梁启超说:"前尊意拟集同志数人,译辑新书,铸造全国青年之思想,此实为今日至要之举。"并且愿意"拨二万元先行试办"⑤。梁启超立即着手主持编辑《共学社丛书》。这是一整套丛书的总名,它包括17种丛书,如《共学社史学丛书》等等。最早出版的是《共学社马克思研究丛书》,第1种是《马克思经济学说》,考茨基著,陈溥贤译,1920年9月出版。这17种丛书前后共出了80多种,大

---

① 转引自《新闻界人物》编辑委员会编:《新闻界人物》(六),北京:新华出版社1985年版,第101页。
② 梁启超:《三十自述》:"《时务报》开,余专任撰述之役,报馆生涯自兹始。"夏晓虹编:《梁启超文选》(上),北京:中国广播电视出版社1992年版,第366页。
③ 《中华书局启事》(民国四年一月),《大中华》第1卷第1期。
④ 梁启超:《致梁伯强、籍亮侪等》(民国九年五月十二日),张品兴主编:《梁启超全集》第10册第20卷,北京:北京出版社1999年版,第6027页。
⑤ 张元济:《与任公同年兄书》(民国九年四月十日)。

都出版于 1921—1922 年。另外,商务印书馆还请梁启超"编著小本新知识丛书。题目范围宜窄,如过激主义,消费组合等"①,梁启超也接受了。

1923 年梁启超发起创办文化学院,他在《为创办文化学院事求助于国中同志》一文中谈了办学的宗旨以及详细计划,其中有关编辑方面的有三条:(一)整理重要古籍,校勘训释编订;(二)编定学校用之国史、国文及人生哲学教本;(三)以定期出版物公布同人研究所得。后因经费困难,办学院的计划未能如愿。

晚年的梁启超所从事的最后一项盛事就是为北京图书馆编纂《中国图书大辞典》,他说:

> 现在我要做的事,在编两部书:一是《中国图书大辞典》,预备一年成功。二是《中国图书索引》,预备五年成功。两书成后,读中国书真大大方便了。②

《中国图书大辞典》一书从 1927 年 8 月开始编辑,梁启超对"此书编纂颇费苦心,其义例及方法皆迥然不袭前人,意欲为簿录界开一新纪元,衍刘《略》阮《录》之正绪而适应于现代图书之用"③。同时使"承学之士欲研治某科之学,一展卷即能应其顾问,示以资料之所在,及其资料之种类,与良窳,即一般涉览者,亦如读一部有新系统的《四库提要》,诸学之门径可得窥也"④。为了编纂好这部书,他首先编纂了《饮冰室藏书目录》。梁启超藏书有十余万卷之丰,通过编目录为下一步编辑图书大辞典做好几点准备:"(一)训练分类方法;(二)训练版本知识;(三)实验原书,可以免去误会,于将来图书辞典编辑上,可以减去多数危险;(四)编辑成书,可以为将来图书辞典之雏形,对于手续上经验上有很大之准备;(五)编辑成书,可于将来正式编辑辞典时予以参考之便利。"⑤在整个编纂过程中,梁启超对每一部门录成的草稿都一一仔细校勘重改,即使后来身体状况越来越不佳,又决议辞却

---

① 转引自《商务印书馆九十年》,北京:商务印书馆 1987 年版,第 505 页。
② 梁启超:《给孩子们书》(民国十六年一月二十六日),张品兴编:《梁启超家书》,北京:中国文联出版社 2000 年版,第 438 – 439 页。
③ 梁启超:《与袁守和》(民国十七年六月十八日),张品兴主编:《梁启超全集》第 10 册第 20 卷,北京:北京出版社 1999 年版,第 6071 页。
④ 梁启超:《致胡适》(民国十七年六月十八日),张品兴主编:《梁启超全集》第 10 册第 20 卷,北京:北京出版社 1999 年版,第 6071 页。
⑤ 中国图书大辞典编纂处:《致北京图书馆书》(民国十六年八月三十一日)。

了《中国图书大辞典》的编纂津贴费①,但编纂工作,并没有因此而停止。通过一年多的工作,梁启超率领一班人马写卡片三万多张,丛稿积满数箧,已成之稿有簿录之部,官录及史志一册,史部谱传类年谱之属一册,金石书画部丛帖之属一册,史部杂史类晚明之属一册。他的编纂工作得到北京图书馆的充分肯定:"编纂《图书大辞典》事,为中西学人所渴望,年来赖先生之指导,已有特殊之成绩,倘全书能继续进行,固不仅本馆之光也。"②然而梁启超未及看到全书的完成,而他的另一愿望编纂《中国图书目录》还没有开始,就于1929年1月19日溘然长逝。

梁启超的编辑活动始于1891年在万木草堂为康有为编书,终于1929年为北京图书馆编辞典,前后将近40年。他一生既编辑过报纸、杂志,又编辑过丛书、辞典,为我们留下了丰富的编辑经验。梁启超不仅在新闻事业上是"言论界的骄子","思想界的勇士",在编辑事业上也是一位卓越的思想型的编辑大家。黄遵宪把维新运动的"编辑大业"交给他,梁启超确实不负重托,他创办主编的《时务报》《清议报》以及前期《新民丛书》,即是维新派在中国近代史上留下的永不磨灭的"编辑大业"。

---

① 梁启超:《致北京图书馆》(民国十七年八月二十四日),张品兴主编:《梁启超全集》第10册第20卷,北京:北京出版社1999年版,第6072-6073页。
② 北平图书馆:《致任公先生书》(民国十七年九月七日)。

第三章

陈独秀:"以编辑为生"志在"改观思想"

陈独秀(1879—1942)是中国近现代史上一个非常重要而又极其复杂的人物。无论是中共党史、中国政党史、近代政治思想史,还是"五四"以来的新文学史、教育史、戏曲史、文字学等诸多领域都要涉及他。而要研究中国现代的报刊编辑史,则更不能不研究陈独秀了。他主编《新青年》影响之广大、之深远,是空前的。毛泽东在《中国共产党第七次全国代表大会的工作方针》一文中对陈独秀有过一个中肯的评价,他说:陈独秀"是五四运动时期的总司令,整个运动实际上是他领导的。他与周围的一群人,如李大钊同志等,是起了大作用的。……五四运动,替中国共产党准备了干部。那个时候有《新青年》杂志,是陈独秀主编的。被这个杂志和五四运动警醒起来的人,后头有一部分进了共产党,这些人受陈独秀和他周围一群人的影响很大,可以说是由他集合起来,这才成立了党"①。本书以毛泽东的这段话为基准,对陈独秀在中国现代报刊编辑史上的业绩,特别是其发起新文化运动所进行的革新的编辑精神作一评述。

第一节 《国民日日报》与《安徽俗话报》

陈独秀1879年10月9日出生于安徽省怀宁县。少时随祖父读书,即表现出不怕鬼神、不畏强暴的性格特征。1897年8月,陈独秀到南京参加江南乡试,虽然未中,但"其结果却对于我意外有益"。他在《实庵自传》中说:在考场上,一个考生的怪状,"使我看呆了一两个钟头。在这一两个钟头当中,我并非尽看他,乃是由他联想到所有考生的怪现状;由那些怪现状联想到这班动物得了志,国家和人

---

① 毛泽东:《中国共产党第七次全国代表大会的工作方针》,《毛泽东文集》第3卷,北京:人民出版社1996年版,第294页。

民要如何遭殃;因此又联想到所谓抡才大典,简直是隔几年把这班猴子、狗熊搬出来开一次动物展览会;因此又联想到国家一切制度,恐怕都有如此这般的毛病;因此最后感觉到梁启超那班人们在《时务报》上的话是有些道理呀! 这便是我由选学妖孽转变为康、梁派之最大动机"①。到了1901年10月,陈独秀赴日留学,在与留学生组织"励志会"激进派张继等人的接触中,特别是受到留学生创办的《译书汇编》《国民报》等宣传西方资产阶级政治学说的报刊的影响,陈独秀的思想又发生很大的"转变",即由"改良"转向"革命",由"康党"转向"乱党"。此后,陈独秀的行动即以此为旨归。1902年3月回国,旋至安徽,与何春台、柏文蔚等青年于安庆创设藏书楼,组织"励志学社",传播新知,开启民智,宣传爱国,鼓吹革命,特编辑了《小学万国地理新编》作为传播新知、开启民智的书于上海商务印书馆出版。从此,陈独秀即走上了编辑的道路,在中国现代报刊编辑史上,留下了自己深深的足印。

一、"《国民》既风偃,字字挟严霜"

(一)"宗旨排满","《苏报》第二"

1903年,年仅25岁的陈独秀以其"革命"的思想和"革命"的精神,开始了他的编辑生涯。《国民日日报》是他主编的第一份报纸。该报是他与章士钊于1903年8月7日在上海新马路梅福里创办的,由浙江人谢晓石出资,外国人高茂尔担任经理,陈独秀、章士钊任主编,担任撰述的则有何梅士、陈去病、苏曼殊、金天翮、林獬、谢无量等人。这是一份清末民族民主革命派的报纸,在陈独秀等人的主编下,开设了"社说""政海""学风""南鸿北雁"等栏目,还专辟副刊《黑暗世界》,连横(慕秦)编辑,着重揭露清廷宫闱之腐败昏暗,祸国殃民。在"政海"栏目里曾刊载《德国之社会民主党》一文,指出该党"向奉马枯士(马克思)之革命的共产主义以为圭臬"。这是在中文报纸上最早出现"革命的共产主义"一词。《国民日日报》在宣传方法上"较《苏报》之峻急有差",文章"论调较舒缓",且多不具真名,但其"宗旨在于排满革命,和《苏报》相同,而规模尤大"。它大力鼓吹民族民主革命,积极报道"苏报案"(六十多篇)和"沈荩案"(三十多篇),发行未久,即风行一时,当时人们看了《国民日日报》,都称赞此报为《苏报》第二"②。陈独秀受到鼓

---

① 陈独秀:《实庵自传》,《陈独秀著作选编》第5卷,上海:上海人民出版社2009年版,第211页。
② 胡道静:《上海的日报》,原刊《上海通志馆期刊》。

舞,于编辑更是不遗余力。他与章士钊、何梅士"三人同居一室,夜抵足眠,日促膝谈,意气至相得";陈与章二人总理编辑事,甚至负责全部文字校对,每天工作至凌晨,习以为常。章士钊曾作诗曰:"我与陈仲子,日期大义倡。《国民》既风偃,字字挟严霜。"①由此可见,陈独秀对其"头生子"——《国民日日报》所付出的巨大劳动。

与《苏报》以激烈的言论来"改倡革命排满之说"不同,陈独秀在《国民日日报》上用连载长篇小说《南渡录演义》的形式,借古喻今,以唤起种族观念,达到宣传抗清的目的。陈独秀还在《国民日日报》上连载法国19世纪的批判现实主义作家雨果的著名小说《悲惨世界》的译文。译者署名"中国苏子谷",即苏曼殊,题为《惨社会》,共登了十一回。1904年,"镜今书局"将该书出单行本,内容添至十四回,书名改为《惨世界》,开始署的"中国苏子谷译"改为"苏子谷陈由己(陈独秀)合译",这是因为陈独秀在发表该译文时曾作了"润饰"。陈独秀自己说:

> 《惨世界》是曼殊译的,取材于嚣俄的《哀史》,而加以穿插,我曾经润饰过一下。曼殊此书的译笔,乱添乱造,对原著者很不忠实,而我的润饰,更是马虎到一塌糊涂。
>
> 因为我在原书上曾经润饰过一下,所以陈君(指"镜今书局"主人陈竞全——引者注)又添上我的名字,作为两人同译了。②

该书因为《国民日日报》于1903年12月初停刊而未能登完,才由陈独秀再行整理译稿而出单行本。正如陈独秀所说,此书的翻译文字不甚忠于原著,很多借题发挥处,这些借题发挥正是苏曼殊、陈独秀在当时宣传革命思想所添改的,因而,在当时作为一部有影响的著作而广为流传。陈独秀利用《国民日日报》来连载小说,发表翻译作品,借文学宣传革命,体现了陈独秀富有变革意味的编辑思想,这一编辑思想到创办《新青年》时有了更大的发展。

(二)"此报出世,国民重生"

《国民日日报》虽不似《苏报》那样言论激烈,但陈独秀等人的排满革命,宣传

---

① 章士钊:《初出湘》,载《文史杂志》第1卷第5期(1941年5月)。
② 转引自柳亚子:《记陈仲甫先生关于苏曼殊的谈话》,收入柳亚子、柳无忌编:《苏曼殊年谱及其他》,上海:北新书局1928年版,第283页。

抗清的编辑思想则是清政府非常害怕的。有鉴于此,清政府遂通令长江一带,严禁售阅。清政府外务部行文总税务司说:

  八月初九日,接准南洋大臣谘称,据苏松太道袁树勋禀称,查上海苏报馆著书刊报,煽惑人心,业将报馆封闭在案。现又有人创设《国民日日报》,依然放肆蜚语,昌言无忌。该报执事人等,半多寒酸出身,甘于为非,扰害大局,怂人观听,藉广销场。但使无人阅其报纸,彼必支持不住,不难立即闭歇。除分谘沿江各省,通饬一体示禁,不准商民买看该报外,应请剀行总税务司转知邮政局,毋得代寄《国民日日报》,杜其销路,绝其来源。①

由于清政府的查禁,使《国民日日报》断绝了销路,加之编辑与经理两部门发生诉讼,经费没有着落,终于在1903年12月初停刊。

  《国民日日报》自创刊到停办不到4个月,但它在国民中的影响是不可低估的。作为创办人与主编之一的陈独秀,一开始从事编辑活动,即以唤醒国民为己任,正如《国民日日报》的《发刊词》所说:"将图国民之事业,不可不造国民之舆论。"因为,"一纸之出,可以收全国之观听;一议之发,可以挽全国之倾势。如林肯为记者,而后有释黑奴之战争;格兰斯顿为记者,而后有爱尔兰自治案之通过。言论为一切事实之母,是岂不然"。"故以吾《国民日日报》区区之组织,詹詹之小言,而谓将解脱'国民'二字,以饷我同胞,则非能如裁判官,能如救世主(松本君平之所颂新闻记者),诚未之敢望。亦以当今狼豸纵横,主人失其故居,窃愿作彼公仆,为警钟木铎,日聒于我主人之侧,敢以附诸无忘越人之杀而父之义。更发狂呓,以此报出世之期,为国民重生之日。哀哀吾同胞,倘愿闻之!"②陈独秀及其同人实际上在某种程度上已达到了这一编辑目的。30年后,蔡元培、杨杏佛、柳亚子等人为营救陈独秀还称说他"早岁提倡革命,曾与张溥泉、章行严办《国民日日报》于上海"③一事,也可见其在当时国民中之影响。

---

① 转引自戈公振:《中国报学史》,北京:三联书店1955年版,第155页。
② 《〈国民日日报〉发刊词》,载《国民日日报》1903年8月7日。
③ 1932年10月23日,蔡元培、杨杏佛、柳亚子等八人快邮代电南京中央党部国民政府,原件藏中国第二历史档案馆。

二、"家鬼害家神","《俗话》演出来"

(一)"《俗话报》出","风行一时"

《国民日日报》刚一停办,陈独秀就于1903年底,抵达安庆,与友人房秩五、吴守一一起筹办起了《安徽俗话报》,以继续他的"革新大业"。此举得到当时知名人士胡子承的称赞和支持,"陈君重甫(即仲辅、独秀先生)拟办《安徽俗话报》,其仁爱其群,至为可敬、可仰"①。加之又受到汪孟邹的欢迎,遂以其在安徽芜湖经办的"科学图书社"作为陈独秀《安徽俗话报》的发行机关,这样,安徽地区第一份民族民主革命派的机关报,即于1904年2月在芜湖正式创刊②。

陈独秀一人担任主编。除教育栏由房秩五负责,小说栏由吴守一负责外,其余各栏目如"论说""新闻""历史""地理""实业""诗词""闲谈""行情""要件""来文"等均由陈独秀一人负责,甚至全部的排版、校对、核编也由陈独秀一人包了。因科学图书社无印刷设备,陈独秀只得将稿件汇齐后,寄上海章士钊创办的大陆印刷局承印。每期出版,"陈独秀都是亲自动手分发,卷封,付邮"③。可见其工作量之大。尽管如此,陈独秀并不以为苦,他后来对这段生活回忆道:"我那时也是二十几岁的少年,为革新感情所趋使,寄居在科学图书社楼上,做《安徽俗话报》,日夜梦想革新大业,何物臭虫,虽布满吾衣被,亦不自觉。"④陈独秀是以满腔革命的热情投身报纸的编辑事业的,他宣传民族民主思想,鼓吹反清革命,这与他创办《国民日日报》的编辑精神是一脉相承的。所以该报发行仅半年,即已达数千份,在全国各大城市如南京、上海、镇江、扬州、武昌、长沙、南京等,均设有代办所,"自甲辰正月出版,每月二册,风行一时,几与当时驰名全国之杭州白话报相埒"⑤。《安徽俗话报》的出版适应了当时人们思想上的需要。

(二)"唤醒群众,起而救亡"

1904年3月31日,《安徽俗话报》第1期出版。主编陈独秀在办报"缘故"

---

① 胡子承致汪孟邹信,转引自汪原放著:《亚东图书馆与陈独秀》,上海:学林出版社2006年版,第14页。
② 方汉奇则说:"《安徽俗话报》1904年3月创刊于安庆,不久即迁往芜湖。"《中国近代报刊史》(上),太原:山西人民出版社1981年版,第269页。
③ 汪原放:《陈独秀和上海亚东图书馆》,载《社会科学》1980年第5期。
④ 陈独秀:《芜湖科学图书社廿周纪念》,《陈独秀著作选编》第2卷,上海:上海人民出版社2009年版,第436页。
⑤ 房秩五对《安徽俗话报》的回忆,见《陈独秀著作选编》第1卷,上海:上海人民出版社2009年版,第17页。

中,宣布了他的编辑主张:

> 第一是要把各处的事体,说给我们安徽人听听,免得大家躲在鼓里,……大家也好有个防备。第二是要把各项浅近的学问,用通行的俗话演出来,好教我们安徽人无钱多读书的,看了这俗话报,也可以长点见识。①

这里,陈独秀考虑到报纸的性质是通俗的白话报,报纸的对象是"无钱多读书的",所以要宣传民族民主思想,进行反清革命,还必须先从启蒙着手,所以编辑也即以思想启蒙为目的。就在这一期的《安徽俗话报》上,陈独秀以"三爱"为笔名发表了两篇文章:《瓜分中国》和《醉东江——愤时俗也》,正体现了这一编辑思想。前文揭露了俄、英、德、法、日、意等国瓜分中国的罪恶和清政府无力御侮的腐败,惊讶中国将"国亡家破",号召"大家赶紧振作起来,有钱的出钱,无钱的出力,或是办团练,或是练兵,或是开学堂学些武备、枪炮、机器、开矿各样有用的学问。我们中国地大人众,大家要肯齐心竭力办起事来,马上就能国富兵强,那还有怕外洋人欺负的道理呢?"②后文则勾画了清朝统治者的卖国奴才面目:"眼见得几千年故国将亡,四万万同胞坐困。……拍马屁,手段高,办公事,天良尽。怕不怕他们洋人逞洋势,恨只恨我们家鬼害家神。安排着洋兵到,干爹奉承,奴才本性。"③

《安徽俗话报》仅存一年半,共出 22 期。陈独秀以"三爱"笔名所发的文章有 48 篇之多,另外还有 4 篇虽未署名,但从内容看仍是"三爱"文章的续篇。这些文章遍布各栏目,内容极为广泛,均以启蒙民智为旨归,如《论安徽的矿务》《恶俗篇》《说国家》《中国历代的大事》《亡国篇》《论戏曲》《王阳明先生训蒙大意的解释》《中国兵魂录》《西洋各国小学堂的情形》等,既有对封建社会礼教的批判,又有对西方资产阶级民主主义思想的宣传,所有这些都是为了"努力唤醒广大群众,起而救亡,救亡就必须推翻清室的腐败统治"④。

(三)宁可停办,不图改良

《安徽俗话报》出至 1905 年 6 月 17 日第 20 期,陈独秀访游淮上,已无暇再兼

---

① 陈独秀:《开办〈安徽俗话报〉的缘故》,《陈独秀著作选编》第 1 卷,上海:上海人民出版社 2009 年版,第 18 页。
② 《陈独秀著作选编》第 1 卷,上海:上海人民出版社 2009 年版,第 22 页。
③ 《陈独秀著作选编》第 1 卷,上海:上海人民出版社 2009 年版,第 23 页。
④ 1904 年夏,桐城潘赞华以考察北洋警察名义,到保定会晤吴樾、张啸岑商讨革命工作如何进行时,转达陈独秀的意见。张啸岑:《吴樾烈士事迹》,《史学工作通讯》1957 年第 2 期。

顾到报纸的编辑,致使《安徽俗话报》失去栋梁,无法维持,到了9月13日出21—22期合刊后不得不停刊,这一期上也无陈独秀的文章。《俗话报》的停办原因当然并非如此简单,而是有更深层的原因在:一是该报"登载外文消息"触犯了外国的洋大人,"为驻芜英领事要求中国官厅勒令停办"①;二是陈独秀不愿改良该报,这是关键所在。胡子承在1904年写给科学图书社的一封信中说:"至《俗话报》出版以来,同人皆颇欢迎,而局外则多訾议。如'自由结婚'等语,尤贻人口实。……鄙人甚敬此报,甚爱此报,而又不敢随声附和此报,意欲更图改良,立定宗旨,可乎?请与重翁(陈重辅,即陈独秀)等商之。"那么胡子承的"更图改良,立定宗旨"是什么呢?据汪原放所说,胡子承主张《俗话报》应当"辞旨务取平和,万勿激烈"。因为"现在民智低下,胆子甚小,毋令伊惊破也"②。这种改良主张与陈独秀的办报初衷欲"革新大业"相去甚远,陈独秀不愿舍"革新大业""起而救亡""推翻清室"的编辑思想,所以《安徽俗话报》的停办也就是很自然的事了。

作为一个编辑家,不仅要有自己的编辑思想,还要有坚持这种思想的编辑精神。陈独秀是做到了。他不为环境所囿,按照自己的编辑主张一路做去,宁可停办,也不更改,这种一意"倡导革命"的编辑精神在晚清的中国编辑出版界是非常可贵的,在编辑出版史上也是值得书上一笔的。

《国民日日报》与《安徽俗话报》是陈独秀参与创办并主编的报纸。编辑出版的时间都不很长,但影响很大,是陈独秀早期从事编辑活动最重要的两份报纸。除此而外,陈独秀还于1911年12月创办了《安徽船报》,自任总编辑,因该报未见留存,难以详述。1914年7月,陈独秀去日本协助章士钊编辑《甲寅》杂志并担任撰稿人。在协编《甲寅》期间以文会友结识了李大钊,为他后来创办《新青年》找到了同志。

三、"以编辑为生"思想的萌生

陈独秀在从事报纸的编辑活动中萌生了"以编辑为生"的思想。就在1914年6月10日,章士钊在其主编的《甲寅》杂志上发表了陈独秀给他的私函,陈独秀在信中慨叹道:"自国会解散以来,百政俱废,失业者盈天下。又复繁刑苛税,惠及农商。此时全国人民,除官吏、兵匪、侦探之外,无不重足而立。生机断绝";"仆本拟

---

① 房秩五:《浮渡山房诗存》,载《安徽革命史研究资料》第1辑。
② 转引自汪原放著:《亚东图书馆与陈独秀》,上海:学林出版社2006年版,第17、18页。

闭户读书,以编辑为生。"①在这里,陈独秀并非仅是以编辑作为一种谋生的手段,而是他看到了社会"百政俱废",人民"生机断绝",所以欲借助编辑报刊来革新社会,革新思想。陈独秀曾说过:"让我办十年杂志,全国思想都全改观。"②汪孟邹在《亚东简史》中也证实道:"他(即陈独秀)想出一本杂志,说是只要十年、八年的功夫,一定会发生很大的影响。"③由此可见,陈独秀的"以编辑为生"是以"改观""全国思想"为根本目的的。事实上,陈独秀的这一愿望不久也就实现了,这就是1915年的《青年杂志》(《新青年》前身)的创办。

第二节 《新青年》与《新青年丛书》

使陈独秀在编辑史上永留重要一席的是《青年杂志》即后来的《新青年》,陈独秀创办并主编的这份杂志主要有两大贡献:一是提倡"科学"与"民主"导致"五四"新文化运动的发生;一是宣传马克思主义导致中国共产党的成立。

一、《新青年》编辑的三个时期

《新青年》自1915年9月15日创刊,至1926年7月停办,大致可分为三个时期,前两个时期由陈独秀主编,后一个时期《新青年》成了中国共产党的机关刊物,由瞿秋白主编。

(一)发起新文化运动,倡导文学革命

从1915年创刊至1918年,为《新青年》编辑的第一阶段,着重于发起新文化运动,倡导文学革命。

被章士钊盛赞为"汝南晨鸡先登坛唤"的陈独秀,为了实现"办十年杂志,全国思想都全改观"的宏愿,遂脱离章士钊的《甲寅》,从日本返国积极筹备自办杂志,在"群益书店"愿意承担印刷与发行工作的情况下,《青年杂志》于1915年9月15日在上海创刊,自第2卷始更名为《新青年》。陈独秀在创刊号上发表了发刊词

---

① 陈独秀:《生机——〈致《甲寅杂志》记者〉》,《陈独秀著作选编》第1卷,上海:上海人民出版社2009年版,第143页。
② 郑超麟:《陈独秀与〈甲寅〉杂志》(未刊稿),据郑说,陈独秀此话是对汪孟邹说的,汪又告诉了郑。
③ 汪孟邹:《亚东图书馆简史》,载汪原放著:《亚东图书馆与陈独秀》,上海:学林出版社2006年版,第226页。

《敬告青年》一文,文中说:"予所欲涕泣陈词者,惟属望于新鲜活泼之青年,有以自觉而奋斗耳!"①表明了他创办《青年杂志》的根本目的乃在于造就这样的"新青年"——新型的国民,从根本上探求拯救中国道路而奋斗。他对这样的"新青年"提出了六点希望:一、自主的而非奴隶的;二、进步的而非保守的;三、进取的而非退隐的;四、世界的而非锁国的;五、实利的而非虚文的;六、科学的而非想象的。他进一步号召:"国人欲脱蒙昧时代,羞为浅化之民也,则急起直追,当以科学与人权并重。"②由此可见,陈独秀的这篇发刊词实是对青年具有指导意义的纲领性文章,标明了陈独秀鲜明的编辑思想:即提倡科学与民主。从而中国现代新文化运动的序幕由陈独秀拉开了。陈独秀在第1卷所发各篇文章,如《法兰西人与近世文明》《今日之教育方针》《抵抗力》《东西民族根本思想之差异》等均以体现西方资产阶级的科学与民主为中心,深为南社领袖柳亚子所推崇,他在1916年5月21日致南社成员徐梦欧的信中说:"《新青年》杂志中陈独秀君巨著,宜写万本,读万遍也。"③

《青年杂志》出至第1卷第6号,因护法战争爆发而停刊。1916年9月1日,《青年杂志》易名为《新青年》出版。陈独秀发表新版的发刊词《新青年》一文,从这一卷始,陈独秀高举打倒孔家店的旗帜,发表了一系列反孔文章。特别是1917年2月1日《文学革命论》一文的发表,使陈独秀成为中国现代文学史上首举文学革命大旗的第一人(虽然胡适先发表了《文学改良刍议》,但不如稍后之陈独秀的态度鲜明),中国现代文学的第一页也由陈独秀掀开了。他呼吁:

> 推倒雕琢的阿谀的贵族文学,建设平易的抒情的国民文学;推倒陈腐的铺张的古典文学,建设新鲜的立诚的写实文学;推倒迂晦的艰涩的山林文学,建设明了的通俗的社会文学。

并表示:

> 有不顾迂儒之毁誉,明目张胆以与十八妖魔宣战者乎?予愿拖四十二生

---

① 陈独秀:《敬告青年》,《陈独秀著作选编》第1卷,上海:上海人民出版社2009年版,第158页。
② 陈独秀:《敬告青年》,《陈独秀著作选编》第1卷,上海:上海人民出版社2009年版,第162页。
③ 《南社》第20集(1917年7月)。

的大炮,为之前驱!①

在这同时与此后,陈独秀发表了与钱玄同、蔡元培、俞颂华等人讨论新文学、文学革命的通信。1918年3月15日,《新青年》上发表了钱玄同与刘半农的"双簧信"——《给〈新青年〉编者的一封信》和《复王敬轩》,推动了文学革命讨论的深入。不久,即在《新青年》第4卷第4号上发表了中国现代文学史上第一篇白话小说——鲁迅的《狂人日记》,表明了陈独秀倡导文学革命的成功。接着,又发表了显示"文学革命的实绩"的作品,如小说有:鲁迅的《孔乙己》《药》《风波》等;新诗有:胡适的《人力车夫》《你莫忘记》《应该》,刘半农的《相隔一层纸》《三弦》,周作人的《小河》等;散文有:李大钊的《今》《新的旧的》《庶民的胜利》;话剧剧本有:胡适的《终身大事》和杨保三的《一个村正的妇人》。陈独秀改胡适之的"文学改良"为"文学革命",胡适之仍然称赞"他的一往直前的精神,使得文学革命有了很大的收获"②。

《新青年》标举"打倒孔家店"和鼓吹"文学革命",可以看出陈独秀鲜明的编辑导向,就是要完全抛弃旧的而趋向新的。正因为有这种正确的编辑导向,才使得新文化运动得以展开,从而影响了整整一代青年。《新青年》最初只印一千份,后来一再重印,最多一期竟可销到一万五六千本,可见其在青年中的影响。所以胡子承致函陈独秀,盛赞他所办的《新青年》:"独从改革青年思想入手","推翻数千年来盘踞人人脑筋中之旧思想,而独辟町畦,以再造新中国,仆深信大志《新青年》出版之日,乃真正新中国之新纪元也。"③被陈独秀发现,在《新青年》上发表第一篇文章《体育之研究》的青年毛泽东,后来也说:陈独秀"对我的影响也许超过其他任何人"④。

《新青年》不仅在思想上以科学与民主为指导,在编辑业务上,陈独秀也有所创新。为了使文章醒目,易读,决定采用新式标点和分段编排,标点符号的钢模是群益书社的陈子寿和太平洋印刷厂的张秉文商量研究后用外文标点符号作为样板刻就的。当时商务印书馆和中华书局都还没有使用新式标点符号。陈独秀使

---

① 陈独秀:《文学革命论》,《陈独秀著作选编》第1卷,上海:上海人民出版社2009年版,第289、291页。
② 胡适:《陈独秀与文学革命》,载王树棣等编:《陈独秀评论选编》(下),郑州:河南人民出版社1982年版,第293页。
③ 胡子承致陈独秀信,载《新青年》第3卷第3号(1917年5月1日)。
④ (美)斯诺著,董乐山译:《西行漫记》,北京:解放军文艺出版社2002年版,第115页。

《新青年》开了风气之先。分段编排是为了使文章层次分明,比起一通到底的编排自然优越得多,因此,这种编排形式也很快被出版界所接受。陈独秀还曾打算把《新青年》改为横排,自左至右,与英文、法文的写法一样,这是钱玄同向他建议的,由于发行机关群益书社的反对,因为这么一改,印刷工资就要增加一倍。一方面经费上有困难,另一方面内部意见并不统一,所以陈独秀为慎重起见一直未改横排印刷。

(二)拥护"德赛"二先生,宣传马克思主义

从1919年至1921年中国共产党成立,为《新青年》编辑的第二阶段,着重于拥护"德赛"二先生即科学与民主,宣传马克思主义。

这一时期,《新青年》编辑部因陈独秀任北大文科学长而迁往北京。在这里集中了一批新文化运动的成员,陈独秀为了加强编辑力量,遂请李大钊、钱玄同、高一涵、胡适、沈尹默、鲁迅、周作人参加《新青年》的编辑工作。陈独秀在1918年1月曾召集《新青年》编辑部会议,决定改为同人刊物,并在《新青年》第4卷第3号上刊登《本志编辑部启事》,宣布:"本志自第4卷第1号起,投稿章程业已取消,所有撰译,悉由编辑部同人,公同担任。"①鲁迅在《忆刘半农君》一文中也曾提及,他说:《新青年》杂志采取集议制度,"每出一期,就开一次编辑会,商定下一期的稿件"②。鲁迅是应陈独秀的邀请参加这次编辑部会议的,并在会上第一次认识也是刚刚加入编辑部的李大钊。这次会议由陈独秀提议,约从7月(第5卷第1号)开始,《新青年》采取轮流编辑方法,但陈独秀仍是主编,总负责《新青年》事务。这个编辑方法的改变,为陈独秀、李大钊在《新青年》发展的第二阶段宣传马克思主义创造了条件。

1919年1月15日,陈独秀负责主编的《新青年》第6卷第1号出版。轮流编辑的办法也同时公布于众,在本年度第6卷,各期轮流编辑的名单是:第一号陈独秀,第二号钱玄同,第三号高一涵,第四号胡适,第五号李大钊,第六号沈尹默。当时编辑部成员除上述六人外,还有鲁迅、周作人、刘半农等十几人,自然都有参与轮流编辑的资格,因为本年只出六期,故只列了六人名单。陈独秀在这一期上发表了《本志罪案之答辩书》一文,表示要坚决拥护"德赛"(即"科学"与"民主"——引者注)二先生,就要"破坏孔教、破坏礼法、破坏国粹、破坏贞节、破坏旧伦理(忠孝节)、破坏旧艺术(中国戏)、破坏旧宗教(鬼神)、破坏旧文学、破坏旧政

---

① 《新青年》第4卷第3号。
② 鲁迅:《忆刘半农君》,《鲁迅全集》第6卷,北京:人民文学出版社1981年版,第71页。

治(特权人治)"。"我们现在认定只有这两位先生,可以救治中国政治上道德上学术上思想上一切的黑暗。若因为拥护这两位先生,一切政府的压迫,社会的攻击笑骂,就是断头流血,都不推辞。"①文章对反动势力对新文化运动及此一运动的主要成员的攻击进行了反击,却导致北洋政府、反动议员、腐朽卫道文人更加猖狂地攻击陈独秀及其所主编的《新青年》。陈独秀就以《新青年》和他创办的另一刊物《每周评论》,设"通信""特别附录""这是什么话"等专栏形式,对反对势力组织声势浩大的反击,大量摘要转载全国有影响的报纸发表的谴责北洋军阀政府和声援陈独秀的文章。所有这些,包括这时期陈独秀自己写的战斗檄文,为即将到来的五四运动做了思想、舆论等方面的准备。五四运动爆发后,他亲自起草了《北京市民宣言》,并拿着《宣言》传单到处散发。6月11日晚因散发传单而被捕,此事立即引起全国震惊。《新青年》编辑部内部因主编陈独秀的被捕而加速了分化,刊物第6卷第6号也不得不拖延出版。陈独秀被捕引起全国各界爱国人士的愤怒,纷纷要求释放。7月14日,毛泽东在长沙创办了《湘江评论》,在创刊号撰文《陈独秀之被捕及营救》,称誉陈独秀是"思想界的明星",说他的被捕"无非是为着'赛因斯'(科学)和'克莫克拉西'(民主)"②。毫无疑问,陈独秀及其主编的《新青年》对五四运动的爆发有直接的关系。所以,后来毛泽东说:陈独秀"是五四运动时期的总司令,整个运动实际上是他领导的"③。

陈独秀于9月16日出狱,此时的《新青年》编辑部人员已经分化。胡适反对大家轮流编辑,想一人独揽编辑大权,他对沈尹默等人说:"《新青年》由我一个人来编。"对此,鲁迅坚决反对,他对沈尹默说:"你对适之讲:'也不要你一人编。《新青年》是仲甫带来的,现在仍旧还给仲甫,让仲甫一个人去编吧!'"④所以陈独秀出狱后在胡适的寓所召集《新青年》编辑部会议,决定《新青年》自第7卷第1号起,仍由陈独秀一人来编⑤。这就保证了《新青年》原来的方向。

---

① 陈独秀:《〈新青年〉罪案之答辩书》,《陈独秀著作选编》第2卷,上海:上海人民出版社2009年版,第10、11页。
② 中共中央文献研究室、中共湖南省委《毛泽东早期文稿》编辑组:《毛泽东早期文稿》,长沙:湖南出版社1990年版,第305页。
③ 毛泽东:《中国共产党第七次全国代表大会的工作方针》,《毛泽东文集》第3卷,北京:人民出版社1996年版,第294页。
④ 见《访问沈尹默谈话记录》,鲍昌、邱文治著:《鲁迅年谱》(上),天津:天津人民出版社1979年版,第147页。
⑤ 《周作人日记》(1919年10月5日),又《知堂回想录》(下),石家庄:河北教育出版社2002年版,第408页。

《新青年》在6卷5号上,出了《马克思主义研究专号》,介绍了《共产党宣言》《政治经济学批判》,刊载了8篇关于马克思主义的文章,其中李大钊的重要论文《我的马克思主义观》对马克思主义的政治经济学、阶级斗争学说和历史唯物主义的基本内容进行了扼要的阐述。这些文章引起胡适的不满,他在《每周评论》第31期上发表了《多研究些问题,少谈些主义》一文,这样就引起了一场"问题与主义"之争。当时,《新青年》由陈独秀一人来编,他是站在李大钊一边的,主张宣传马克思主义,表示中国必须走俄国革命的道路,彻底推翻军阀主义。在他编辑的《新青年》第7卷第4号上,他发表了《马尔塞斯人口论与中国人口问题》一文,就认为马克思主义"在鼓吹一种理想实际运动的时候……很有力量、价值","有一方面的真理",它对于社会是"一种救济的学说"①。在《新青年》第7卷第6号上,他编辑出版了《劳动节纪念号》,发表《上海厚生纱厂湖南女工问题》,论述了资本主义社会的危机,主张中国工业的发展不应"走欧美日本人的道路",而应采用马克思提出的社会主义制度。他还邀请在中国第一个翻译马克思《共产党宣言》的陈望道参加《新青年》编辑部的工作,使《新青年》牢牢掌握在具有共产主义思想的知识分子手中。1920年5月,陈独秀在上海发起成立"马克思主义研究会",发起组织中国共产党,由陈独秀担任临时中央局书记,决定把《新青年》杂志作为中国共产党的公开的机关刊物。从而,《新青年》进入了一个新的发展时期。

(三)中国共产党的机关刊物

从1921年中国共产党成立至1926年7月停刊,为《新青年》编辑的第三阶段,此时《新青年》杂志已成为中国共产党的机关刊物。

1920年9月1日,陈独秀提议的新青年社成立,为了不受群益书社在经济上的控制,陈独秀决定《新青年》自第8卷第1号起,脱离群益书社,由新青年社独立出版,自此开始,《新青年》成为中国共产党的机关刊物,陈独秀对《新青年》的编辑方针也更明确,即以宣传马克思主义理论,研究中国革命的纲领和策略为主要内容。1920年12月17日,陈独秀乘轮船去粤,遂把《新青年》交由陈望道主编。他在致《新青年》北京同人李大钊、胡适等九人的信函中说:"弟日内须赴广州,此间编辑事务已请陈望道先生办理,另外新加入编辑部者,为沈雁冰、李达、李汉俊

---

① 陈独秀:《马尔塞斯人口论与中国人口问题》,《陈独秀著作选编》第2卷,上海:上海人民出版社2009年版,第201页。

三人。……以后来稿请寄编辑部陈望道先生收不误。"①1921年10月1日,《新青年》出至9卷6号停刊。1922年7月以后,《新青年》几次停刊和改版,到了1923年6月15日,《新青年》改为季刊,仍作为中国共产党的机关刊物,瞿秋白发表了《〈新青年〉之新宣言》,宣称:"《新青年》杂志是中国革命的产儿。中国旧社会崩坏的时候,正是《新青年》的诞辰。""《新青年》曾为中国真革命思想的先驱,《新青年》今更为中国无产阶级革命的罗针。"②自此以后,《新青年》由瞿秋白主编,陈独秀只是主要撰搞人,不再负责编辑事务。

陈独秀主编《新青年》时期,其编辑的主导思想由开始的宣传民主与科学发展为宣传马克思主义。在五四运动时期和中国共产党成立后一段时期,陈独秀的编辑思想是随时代而进步的。

二、新青年社与《新青年丛书》

新青年社是在陈独秀的提议下于1920年9月1日成立的。它的成立带有某种偶然性。陈独秀主编的《新青年》第7卷第6号《劳动节纪念号》因为页数比平时多得多,原出版社群益书社擅自加了价,引起陈独秀的不满,他决定《新青年》自第8卷起脱离群益书社,由自己成立新青年社来独立发行,新青年社总发行所设在上海法大马路大自鸣钟对面,于法租界环龙路渔阳里2号另设编辑部,陈独秀在《新青年》第8卷每一号《本志特别启事》里郑重声明:"凡直接在本社总发行所定购一卷以上者,在此期限内发行的特别号,例如前次的《劳动节纪念号》,概不加报价及邮费。"陈独秀成立新青年社有两方面的原因:一是原出版者纯粹怀着营利的目的,而他却着眼于进步思想的宣传;二是《新青年》编辑部的成员已经分化,陈独秀组织新青年社是表示断然拒绝胡适有意改变《新青年》编辑方针的主张。这是深层的原因。

陈独秀成立了新青年社,把《新青年》以及《劳动者》《伙友》等通俗刊物交由新青年社出版。同时他还为新青年社主编了一套《新青年丛书》于1920年开始出版。这套丛书共出了10种:(1)《社会主义史》,[英]克卡朴原著、[英]辟司增订,李季译,蔡元培序。该书为32开,650页,约22万字,列为《新青年丛书》第1种。(2)《社会主义讨论集》,新青年社编辑部编,是发表于《新青年》杂志的26篇有关

---

① 陈独秀:《致李大钊、钱玄同、胡适等》,《陈独秀著作选编》第2卷,上海:上海人民出版社2009年版,第317页。
② 瞿秋白:《〈新青年〉之新宣言》,载《新青年》(季刊)第1期(1923年6月15日)。收入《瞿秋白文集·政治理论编》第2卷,南京:江苏省瞿秋白研究会1987年印,第6、12页。

社会主义讨论文章的汇编,如陈独秀《关于社会主义的讨论》、李达《马克思派社会主义》、施存统《唯物主义在中国的应用》、许兴凯《共产主义与基尔特社会主义》等等。该书32开,510页,列为《新青年丛书》第2种。(3)《疯狂之心理》,哈蒂著,汪敬熙译。该书仅见于书目广告,也被列为《新青年丛书》第2种。(4)《哲学问题》,[英]罗素著,黄凌霜(即黄天俊)译,张申甫阅,张伯坚校。该书32开,164页,列为《新青年丛书》第3种。(5)《俄罗斯研究》,仅见于书目广告,标明在印刷中,列为《新青年丛书》第4种。(6)《工业自治》,柯尔著,张慰慈、高一涵合译。仅见于书目广告,也被列为《新青年丛书》第4种。(7)《到自由之路》,[英]罗素著,李季、黄凌霜、雁冰译。该书32开本,列为《新青年丛书》第5种。(8)《欧洲和议后之经济》,[英]坎斯著,陶孟和、沈性仁译。该书32开本,列为《新青年丛书》第6种。(9)《工团主义》,[英]哈列著,李季译。该书32开本,列为《新青年丛书》第7种。(10)《阶级争斗》,[德]柯祖基(即考茨基)著,恽代英译。该书32开本,列为《新青年丛书》第8种①。

陈独秀主编的这套丛书,大多在1920年9月至1921年1月间出版,估计只出过8种,有些仅见于书目广告而编号又重复的,看来并未正式出版。这套丛书的基本内容包括政治、哲学、经济等领域,选题比较庞杂,编辑思想也显得混乱,缺点是很明显的。但陈独秀在新青年社草创仅半年时间内,就推出这么多译著,其艰苦的努力和劳动的成绩也是十分明显的。

陈独秀除了创立新青年社主编一套《新青年丛书》外,他还与李大钊发起组织新时代丛书社。1921年6月28日的《晨报》刊登了陈独秀、李大钊等人署名的启事《〈新时代丛书〉编辑缘起》:《新时代丛书》是"以增进国人普通知识为宗旨","普及新文化运动","为有志研究高深些学问的人们供给下手的途径";"节省读书界的时间与经济"②。该书社于1922年1月开始出书。

行文至此,我们可以引述瞿秋白在1928年中共第六次全国代表大会上所做的《政治报告讨论之结论》对陈独秀与其《新青年》作一"结论":"五四运动的《新青年》杂志以来,他(指陈独秀——引者注)对中国革命有很大的功绩。"③

---

① 曹予庭:《〈新青年丛书〉与〈新青年社丛书〉》,《上海出版工作》1981年第6期。
② 《〈新时代丛书〉编辑缘起》,载《晨报》1921年6月28日。收入《李大钊全集》第5卷,北京:人民出版社2006年版,第362—363页。
③ 瞿秋白:《政治报告讨论之结论》,《瞿秋白文集·政治理论编》第5卷,南京:江苏省瞿秋白研究会1987年印,第601页。

第三节 《每周评论》《劳动界》《向导》及其他

陈独秀在主编《新青年》的同时,还创办了《每周评论》《劳动界》《向导》,对并非自己编辑的报刊,也给予了极大的支持和帮助。

一、"主张公理,反对强权"的《每周评论》

《每周评论》1918年12月22日创刊于北京。在创刊前,陈独秀在北大他的文科学长办公室里召开了《每周评论》创刊会议。参加者有李大钊、高一涵、高承元、张申府、周作人等。会议公推陈独秀为书记及编辑,其他人为撰述,后来胡适、彭一湖、张慰慈等人也参加了进去。发行所设在骡马市大街米市胡同79号,编辑部则设在沙滩北京大学新楼文科学长办公室①。有了《新青年》,陈独秀为什么还要再办《每周评论》呢?张申府回忆道:

> 为了发刊比它(指《新青年》——引者注)更迅速,刊期短,与现实更直接,就在五四的前一年(民国七年)十二月间,就在北大图书馆主任室(即所谓红楼的第一层的东南端),由李大钊与我与陈仲甫三人共同商定,再办一个《每周评论》。这样,就在十二月二十一日,第一号编好,当夜就由李大钊与我,同到宣外大街印刷地点(即北京《晨报》所在地),从事校对。直到深夜四点,校完印好,……十二月二十二日,一张新的《每周评论》的第一号,在北京街上出售了。②

《每周评论》的《发刊词》为主编陈独秀所撰写。他说:"《每周评论》的宗旨,也就是'主张公理,反对强权'。"③为适应新文化运动迅速发展的趋势,及时反映和评论迫切的政治问题的需要,陈独秀与另一主编者李大钊在《每周评论》上开设了"国外大事述评""国内大事述评""社论""文艺时评""随感录""新文艺""通信""评论之评论""读者论坛"等诸多栏目,他还给周作人去信,要他和鲁迅向该

---

① 《周作人日记》(1918年11月27日)。
② 张申府:《五四运动的今昔》,载《新文学史料》1979年第3期。(张的回忆记错了会议的时间、地点。)
③ 陈独秀:《〈每周评论〉发刊词》,《陈独秀著作选编》第1卷,上海:上海人民出版社2009年版,第453页。

刊的"文艺时评"栏投稿①。在五四运动爆发以后,陈独秀与李大钊一起,在《每周评论》上组织舆论支援学生的斗争,开辟"山东问题"专栏,报道和评论山东问题交涉经过,及时总结运动的情况和经验,指导运动的发展。《每周评论》与《新青年》相配合,在传播马克思主义,介绍苏联和全国工人运动状况方面,也产生了广泛的影响。

陈独秀因散发传单被捕后,李大钊也避难出京。这时,胡适接办了《每周评论》的编辑工作。他一上来就在第26期上取消了原刊头而代之以"杜威演讲录"五个特大号字;并从此起,取消了"国内大事述评""国外大事述评"专栏,对反映当前政治斗争的报道和评论文章也一概取消。在第31期《每周评论》上,胡适发表了那篇《多研究些问题,少谈些主义》的文章,从而完全改变了陈独秀和李大钊的编辑方针,这当然要遭到陈独秀和李大钊的批评。由于《每周评论》具有强烈的政治性和社会主义倾向性,尽管胡适后来改变了刊物的导向,仍然被北洋军阀政府于1919年8月31日查封,共出39期。

陈独秀对《每周评论》的版式作了新的设计。这是一种小型周报,每期出4开1张,分4版,每版有4个栏目。他安排的这种版面形式,后来为长沙毛泽东的《湘江评论》,上海沈玄庐的《星期评论》,杭州俞秀松等人的《浙江新潮》等许多进步杂志所仿用。

二、"做我们工人的喉舌"的《劳动界》

《劳动界》是由陈独秀主编的又一刊物。陈独秀于1920年5月在上海发起组织中国共产党,《劳动界》就是陈独秀为中共上海发起面向工人进行宣传教育的通俗刊物,这也是中国第一个以马克思主义为指导的工人刊物。它于1920年8月15日在上海创刊,为周刊,32开,16页,担任撰稿的人有李汉俊、陈望道、戴季陶等人。陈独秀在《劳动界》创刊号上撰写了《两个工人的疑问》一文,宣传"劳工神圣"的思想:

> 劳动是什么?就是做工。劳动者是什么?就是做工的人。劳动力是什么?就是人工。……总而言之,我们吃的粮食,住的房屋,穿的衣裳,都全是人工做出来的。②

---

① 《周作人回忆录》,长沙:湖南人民出版社1982年版,第337页。
② 陈独秀:《两个工人的疑问》,《陈独秀著作选编》第2卷,上海:上海人民出版社2009年版,第243页。

陈独秀与该刊的一些撰稿人就是用这样通俗浅显的语言向工人进行宣传,解释劳动创造价值的道理,部析资本家剥削剩余价值的奥秘,指出资本主义必然为社会主义代替的前途。他还广泛介绍了国内外工人运动和上海工人运动的情况,动员工人联合起来。陈独秀还在刊物上发表了一些直接来自工人之手的稿件。陈独秀这样做,表现了一个编辑者独具的眼光。正因为如此,《劳动界》才在工人中产生很大的影响。上海杨树浦路电灯厂的工人致函陈独秀,说:"我们苦恼的工人,……从前受资本家的压逼,不晓得有多少年了!……有话不能讲,有冤无处申!现在有了你们所刊行的《劳动界》,我们苦愤的工人,有话可以讲了,有冤可以申了,做我们工人的喉舌,救我们工人的明星啊!"①《劳动界》的最后一期是1921年1月23日出版的第24期。

三、"呼号于国民之前"的《向导》

《向导》周报是在陈独秀的领导下出版的。1922年9月6日,陈独秀找汪孟邹商谈有关出版《向导》周报一事②。陈独秀在致函汪原放信中说:《向导》"周报用最好的报纸印四千份,需款若干,请向各印局询明示知"③。不久又派李达到亚东图书馆与汪原放商定《向导》的排印问题。汪提议就"照《新青年》,十六开的好"④。在陈独秀的积极筹备下,《向导》周报于1922年9月13日在上海创刊,陈独秀撰写了《本报宣言——〈向导〉发刊词》,在最后他宣称:

> 本报同人依据以上全国真正的民意及政治经济的事实所要求,谨以统一、和平、自由、独立四个标语呼号于国民之前!⑤

《向导》周报在陈独秀的领导下由蔡和森、瞿秋白、彭述之先后担任主编。陈独秀在《向导》上发表了大量文章,在所有撰稿人中是写文章最多的一个。《向

---

① 《劳动界》第5册。
② 《孟邹日记》1922年9月6日:"九月六号,晴。访仲甫,与我谈周刊事甚详。"汪原放说:"仲甫谈的'周刊事',就是《向导》周刊。"参见汪原放著:《亚东图书馆与陈独秀》,上海:学林出版社2006年版,第81页。
③ 陈独秀:《为印刷〈向导〉事致信汪原放》,《陈独秀著作选编》第2卷,上海:上海人民出版社2009年版,第471页。
④ 汪原放:《亚东图书馆与陈独秀》,上海:学林出版社2006年版,第81页。
⑤ 陈独秀:《本报宣言——〈向导〉发刊词》,《陈独秀著作选编》第2卷,上海:上海人民出版社2009年版,第478页。

导》出至1927年7月18日第201期后停刊。

《每周评论》《劳动界》《向导》这3个刊物都是在陈独秀主持下创办的。《每周评论》作为《新青年》的姊妹刊物,《劳动界》和《向导》则是作为中国共产党的宣传刊物,陈独秀为它们的编辑出版付出了巨大的劳动。

四、对其他刊物的指导与帮助

陈独秀除了自编刊物外,对其他一些刊物也给予热情的指导与帮助。在新文化运动中,最早得到他支持的杂志是《新潮》。这是一份在"五四"前以反对封建伦理和封建文化为主要内容的新文化刊物。1918年秋,《新潮》杂志的编辑者傅斯年等北大学生创办《新潮》,因缺乏经费事找陈独秀,陈说:"只要你们有办的决心和长久支持的志愿,经济方面,可以由学校担负。"①给予他们以积极的支持。1919年11月,郑振铎与瞿秋白一起创办起了《新社会》旬刊。为了把握办刊物的方向,郑振铎等人带着《新社会》创刊号特地到北京箭杆胡同拜访陈独秀向他请教。陈独秀指出,《新社会》应当办成给劳动界商界灌输新知识的通俗性报纸,对社会改造运动要做切实的工作,不要说空话②。同年冬,对恽代英在武昌创办"利群书社"和翌年7月毛泽东在长沙创办"文化书社"也给予支持,并分别为这两个书社向亚东图书馆作了300元营业额的担保。1920年8月,陈公博、谭平山在广东想创办《广东群报》,他们写信给陈独秀请求帮助。陈独秀回信给予鼓励,并指出:"广东和广州是我国重要的省城,在历史上是革命的策源地,曾多次起过先驱作用,做出过重要的贡献,而今更应顺应历史潮流,发挥更大作用。"③10月20日,《广东群报》出版时,陈独秀又致书祝贺,希望他们继承历史传统,激流勇进,以为民先驱的精神肩负开启民智的重任,扫除旧社会一切陈规陋俗,决不随波逐流,做帝国主义列强和封建军阀资本家之应声虫④。在创刊号上,陈独秀发表了《敬告广州青年》一文。对谭平山等人创办的另一刊物《劳动与妇女》周报,陈独秀也给予了具体的指导,并经常为该刊撰稿,宣传妇女解放与男女平等的思想。1921年10月,陈独秀对中国现代文学史上第一个文学社团文学研究会的机关刊物《小说月报》提出建议。此时的《小说月报》主要刊登外国小说的译文和评论,对国内的

---

① 傅斯年:《〈新潮〉之回顾与前瞻》,《新潮》第2卷第1号(1919年9月)。《傅斯年文选》,成都:四川文艺出版社2010年版,第24页。
② 刘小中、丁言模编著:《瞿秋白年谱详编》,北京:中央文献出版社2008年版,第53页。
③ 转引自唐宝林、林茂生:《陈独秀年谱》,上海:上海人民出版社1988年版,第121–122页。
④ 谭天度:《回首往事话当年》,《广东文史资料》第1期。

创作发表的较少,一般读者反映看不懂,批评尤烈。主编者沈雁冰向《小说月报》的印刷发行机关商务印书馆的总编辑提出辞职。就在这种情况下,陈独秀一方面劝说沈雁冰继续主编《小说月报》,另一方面提出改革的建议:"可以放得普通(通俗)一些。"对此,沈雁冰是完全接受的,他在致周作人的信中说:"仲甫先生谓普通一点,乃指程度不妨放低之意,如论文,史传,创作登载标准,不妨用初步的浅显的,以期初学者可以入门,此意弟以为很是。"①1925年6月,瞿秋白创办中共中央第一张日报《热血日报》也是在陈独秀的帮助下办起来的。陈还在报上发表了多篇不署名的文章。至于像《共产党》《前锋》等刊物创刊时,创刊号的发刊词都是由陈独秀撰写的,明确地提出了每个刊物的办刊宗旨。

陈独秀在北大任文科学长时,在主编《新青年》之余还担任了北大的校办刊物《北京大学日刊》的编辑,出任了北京大学附设国史馆编纂股主任。这个编纂股的任务是编纂辑要中国通史,拟定纂辑条例,审定稿件等事项。1921年10月,应王云五和沈雁冰的邀请,担任商务印书馆的名誉编辑。

五四运动前到中国共产党成立时期,陈独秀创办主编的数种刊物《新青年》《每周评论》《劳动界》《向导》等,对新文化运动的开展,马克思主义在中国的传播和中国共产党的成立,确实作出了重大的不可磨灭的贡献。从中国现代编辑出版史的角度来看,陈独秀这一时期的编辑思想与办刊方针基本上是正确的,他对编辑事务所作的某些改革也是值得称道和肯定的。作为一个编辑家,陈独秀那种"一往直前"(胡适语)的编辑精神也是很难得的。

毛泽东在《中国共产党第七次全国代表大会的工作方针》一文中说:

> 北伐胜利轰轰烈烈。可是这一时期的末尾一段,我们党搞得不好,出了一个陈独秀主义。后来,陈独秀反对我们,搞成托陈取消派。②

陈独秀成为托派头目后,在1930年3月1日创办了《无产者报》,在1931年9月5日和12月5日又创办了《火花报》和《热潮》周刊,并担任这3个刊物的主编。刊物的内容,已无甚可说;在编辑出版史上,这三个刊物也早已湮没无闻了。这是他主编的最后3个刊物,到1942年陈独秀去世,11年中他没有再编过一个刊物。

---

① 沈雁冰致周作人的信(1921年8月11日,10月12日,10月22日),《鲁迅研究动态》1981年第3期。
② 毛泽东:《中国共产党第七次全国代表大会的工作方针》,《毛泽东文集》第3卷,北京:人民出版社1996年版,第294页。

陈独秀是一个悲剧性的历史人物。他一生的功过,历史自会作出结论。本书只是研究他的报刊编辑活动及其编辑思想。从1903年主编《国民日日报》到1931年主编《热潮》,陈独秀在近30年的编辑生涯中,主编过9个刊物,组建过新青年社和人民出版社(此社后来由李达主持),编辑出版了《新青年丛书》和《新时代社丛书》,指导帮助近10个刊物的创办。陈独秀后来创建中国共产党,以主要精力投身于社会革命活动,他"以编辑为生"的初志并没有改变,陈独秀于中国现代的编辑出版事业作出了可贵的贡献。作为一个出色的编辑家,陈独秀是不应被忘记的。

第四章

鲁迅：以"思想革命"来办刊物

鲁迅(1881—1936)是中国近现代革命史上伟大的编辑家,他那崇高的编辑目的、编辑牺牲精神和为中国近现代编辑事业作出的巨大贡献,奠定了他在编辑出版史上光辉的地位。鲁迅在其还未从事文学创作之前,即已投身于编辑活动,他抱着伟大的编辑目的:即"转移性情,改造社会"①,"改变精神"②,来从事编辑工作,这一神圣而庄严的目的一直贯穿他30年编辑活动的始终,成为他自觉的人生追求。在这一编辑目的指导下,他编辑了数十种文学期刊、书籍和丛书,对现代木刻版画作品进行了具有开拓意义的编辑出版。即使辑录古籍也不离宗旨。鲁迅在从事编辑的同时,还不时地对编辑出版界的恶劣现象予以批判,以对现代革命编辑活动进行正确的引导;另一方面,他又注意总结编辑经验,培养扶持青年编辑,为革命的编辑战线"输血"。可以说,鲁迅的一生除了创作、翻译外,就是编辑出版工作,这构成他整个生命的一个重要的组成部分。鲁迅的编辑历程,恰似一部近代特别是现代文艺编辑史的缩影;而研究鲁迅的编辑活动,既有助于对编辑史的认识,更重要的是继承其编辑精神,为当代的编辑出版事业提供宝贵的借鉴经验。

第一节　提倡文艺,"唤起我国人之精神"
（1902—1909）

一、提倡文艺运动的先声(1902—1905)

（一）向《俄事警闻》进言

鲁迅于1902年3月东渡日本求学,此时正是甲午战争、戊戌变法之后,满清

---

① 鲁迅:《〈域外小说集〉序》,《鲁迅全集》第10卷,北京:人民文学出版社1981年版,第161页。
② 鲁迅:《〈呐喊〉自序》,《鲁迅全集》第1卷,北京:人民文学出版社1981年版,第417页。

王朝政治腐败,中国社会日益黑暗,鲁迅为了寻找救国救民的道路而出国留学。这在他与许寿裳、陶成章等人联名发出的《绍兴同乡公函》中表明了出来:"求智识于宇内,搜学问于世界",以"惊醒我国人之鼾梦,唤起我国人之精神"①。此时的日本汇聚了大批的中国的仁人志士,既有变法失败后流亡于日本的改良派领袖如梁启超等,也有主张排满反清的革命派人物如章炳麟等,更有大批的要求革命的留日学生,这种环境对鲁迅思想的影响是很大的。当时各省学生以及革命志士为宣传革命思想出版了各种革命刊物,如《浙江潮》《革命军》《新湖南》《江苏》《湖北学生界》《译书汇编》《俄事警闻》等,鲁迅都广泛购阅。鲁迅曾回忆说,当时的留学生中:

> 有些人是办报,有些人是钞旧书。所钞的大抵是中国所没有的禁书,所讲的大概是明末清初的情形,可以使青年猛省的。久之印成了一本书,因为是《湖北学生界》的特刊,所以名曰《汉声》,那封面上就题着四句古语:撼怀旧之蓄念,发思古之幽情,光祖宗之玄灵,振大汉之天声!②

可见鲁迅对这些革命刊物是多么的关注。对改良派的刊物如梁启超等创办的《清议报》《新民丛报》等报刊也注意阅读。早在戊戌变法时期,鲁迅就很留意改良派的《知新报》《时务报》,现在则关注的是革命民主派与主张改良的保皇派的斗争。直到1906年,章炳麟主编《民报》与梁启超主编《新民丛报》展开大论战,鲁迅更是特别关注,觉得章炳麟在《民报》上发表的许多驳难梁启超等人的战斗论文,读了"真是所向披靡,令人神旺"③。鲁迅在此期间,广泛阅读进步书刊,这为他不久即自身从事报刊编辑活动,奠定了坚实的革命的思想基础。而在阅读的过程中,他又能积极地参与编辑活动,注意刊物的编辑思想导向。如对蔡元培在上海创办的《俄事警闻》日报就提出过批评。当时,日俄战争已爆发,但有人痛恨沙俄强占我国东北,而对日本帝国主义的看法尚不一致,甚至对日本寄予同情与幻想。鲁迅则看出了日本军阀野心勃勃、包藏祸心,如果沙俄失败,那么日本独霸东亚,中国人就要更受其苦。而蔡元培却没有看到这一点,在他主编的《俄事警闻》日报上袒护日本而抑压沙俄。鲁迅敏锐地发觉这种编辑思想导向是错误的,就向

---

① 刘运峰编:《鲁迅佚文全集》(下),北京:群言出版社2001年版,第800、801页。
② 鲁迅:《略谈香港》,《鲁迅全集》第3卷,北京:人民文学出版社1981年版,第432-433页。
③ 鲁迅:《关于太炎先生二三事》,《鲁迅全集》第6卷,北京:人民文学出版社1981年版,第546页。

《俄事警闻》提出三点忠告：一、持论不可袒日；二、不可以"同文同种"，口是心非的论调欺骗国人；三、要劝国人对国际时事认真研究①。后来《俄事警闻》采纳了这些意见，调整了编辑思想，持论也有所转变。鲁迅十分注意和坚持正确的办刊方向，在这里就已初露端倪了。

（二）为《浙江潮》撰文

就在鲁迅到达日本的同年11月，他受当时"排满革命"浪潮的影响，与许寿裳、陶成章等浙江籍留日学生101人在东京共同组成浙江同乡会，会上决定出版月刊杂志《浙江潮》，鲁迅是该刊的积极支持者和重要撰稿人。《浙江潮》于1903年（光绪二十九年）2月17日于日本东京正式创刊，由孙翼中、蒋方震、许寿裳等人主编，发刊词中说：壬寅"岁十月，浙江人之留学于东京者百有一人，组织一同乡会，既成，眷念故国，其心恻以动，乃谋集众出一杂志，题曰《浙江潮》"②。刊名取"革命潮汹涌"之意，内设"社说""论说""学术""大势""谈丛""记事""杂录""小说""文苑""日本闻见录""新浙江与旧浙江""图书"等12类栏目。初创时，宣传反帝爱国，深刻揭露："近顷以来，无论天之涯地之角，有一事之起则无不是帝国主义者为之根。"1903年"苏报案"发生后，大力鼓吹民主革命，抨击清廷腐败黑暗"直如木偶傀儡"，批评梁启超的"新国必先新民"之说，是"倒因为果"；指出拯救中国危亡只有一途，即"革命造反"③。1903年12月8日出版第12期后停刊。

《浙江潮》鲜明的革命倾向使它成为留学生界宣传革命的重要的刊物之一，鲁迅作为浙乡会的成员共为《浙江潮》译作了3篇文章，有翻译的小说《斯巴达之魂》《哀尘》（《浙江潮》第5期）和《地底旅行》（第一、二回）（《浙江潮》第10期），有论文《说镭》《中国地质略论》（《浙江潮》第8期）等。这些文章或与当时的拒俄运动相呼应，或对人吃人的社会加以鞭笞，或借小说形式宣传科学知识，使读者"获一斑之智识，破遗传之迷信，改良思想，补助文明"④。而论文《说镭》则是我国最早介绍居里夫人对"镭"的发现的论文之一。《中国地质略论》也是我国最早系统介绍本国矿产的一篇科学论文，文章痛斥清政府"引盗入室，助之折桷挠栋，以速大厦之倾"的卖国罪行，指出："中国者，中国人之中国。可容外族之研究，不容

---

① 据沈飚民：《鲁迅早年的活动点滴》，载《上海文学》1961年10月号。
② 转引自汤志钧编：《章太炎年谱长编》（上册），北京：中华书局1979年版，第153页。
③ 转引自甘惜分主编：《新闻学大辞典》，郑州：河南人民出版社1993年版，第299页。
④ 鲁迅：《〈月界旅行〉弁言》，《鲁迅全集》第10卷，北京：人民文学出版社1981年版，第152页。

外族之探捡；可容外族之赞叹，不容外族之觊觎。"①文章充满了反帝反封建的革命激情，与《浙江潮》的革命倾向是完全一致的。鲁迅虽然没有直接编辑《浙江潮》，但由于《浙江潮》是会刊，鲁迅又是会员，写过数篇文章，因而，对《浙江潮》的编辑导向也有一定的影响。从他所发表文章的内容来看，一是推动革命，一是主张科学，这二者都为当时的中国所急需，他在后来自己的编辑活动中也贯彻了这两点。

鲁迅在这期间，先在弘文学院学习，后到仙台医专学医，还没有直接从事编辑活动。但他广泛阅读革命报刊，向《俄事警闻》进言，为《浙江潮》撰文，却又都与编辑活动有关，这可看做是他为提倡"文艺运动"从事编辑工作的准备阶段。

二、弃医从文，"改变精神"乃"第一要著"（1906—1909）

1906年1月，鲁迅在细菌学课上看"日俄战争教育幻灯片"受到强烈刺激，不久即申请退学。因为他"觉得医学并非一件紧要事，凡是愚弱的国民，即使体格如何健全，如何茁壮，也只能做毫无意义的示众的材料和看客，病死多少是不必以为不幸的。所以我们的第一要著，是在改变他们的精神，而善于改变精神的是，我那时以为当然要推文艺。"②在"改变精神"乃"第一要著"的思想指导下，他终于决定弃医从文，决心利用文艺唤醒人民，改造社会。

（一）"并未产生的《新生》"

鲁迅认为当时的中国"应该有较为广大的运动……先提倡新文艺"③。而提倡新文艺首先要解决的是筹划创办刊物，以为活动的阵地，这就是《新生》杂志。最初杂志的名称拟采用《离骚》的词句"赫戏"或"上征"，但觉得不易懂，遂改名为《新生》。鲁迅曾回忆说：

> 在东京的留学生很有学法政理化以至警察工业的，但没有人治文学和美术；可是在冷淡的空气中，也幸而寻到几个同志了，此外又邀集了必须的几个人，商量之后，第一步当然是出杂志，名目是取"新的生命"的意思，因为我们那时大抵带些复古的倾向，所以只谓之《新生》。④

---

① 《鲁迅全集》第8卷，北京：人民文学出版社1981年版，第16、4页。
② 鲁迅：《〈呐喊〉自序》，《鲁迅全集》第1卷，北京：人民文学出版社1981年版，第417页。
③ 鲁迅：《鲁迅自传》，《鲁迅全集》第8卷，北京：人民文学出版社1981年版，第304页。
④ 鲁迅：《〈呐喊〉自序》，《鲁迅全集》第1卷，北京：人民文学出版社1981年版，第417页。

鲁迅为了办好《新生》，从刊名、封面设计、书内插图等各个方面都一丝不苟地做了细致的安排。第一期的插图已拟定用英国19世纪画家瓦支题为《希望》的一幅油画。画面上是一个诗人，包着眼睛，抱了竖琴，跪在地球上面①，以此象征"新生"。遗憾的是《新生》终未能出版。文艺运动的第一声呐喊因"逃走了资本"而夭折，鲁迅不无感伤地说：

>《新生》的出版之期接近了，但最先就隐去了若干担当文字的人，接着又逃走了资本，结果只剩下不名一钱的三个人。创始时候既已背时，失败时候当然无可告语，而其后却连这三个人也都为各自的运命所驱策，不能在一处纵谈将来的好梦了，这就是我们的并未产生的《新生》的结局。②

（二）编译《域外小说集》

《新生》流产后，鲁迅转向对外国文学的翻译，希望通过介绍外国文学来唤醒中国人民的觉醒。为此他编译出版了《域外小说集》，于1909年3月和7月分别出版了两集。这是他与周作人合译的小说集。全书共2集，收翻译小说16篇，计英、美、法各1人1篇，俄4人7篇，波兰1人3篇，波斯尼亚1人2篇，芬兰1人1篇，所有译文都经过鲁迅的修改并誊清一遍。其中鲁迅翻译的有俄国安特莱夫的《谩》《默》2篇，俄国迦尔洵《四日》1篇，波兰显克微支《镫台守》中诗歌部分。这些作品的编译出版部分地实现了他筹办《新生》杂志以提倡文艺运动的计划。鲁迅在第1集还作有《序言》、《略例》及《杂识》二则，其中《序言》对编译目的作了介绍：

>《域外小说集》为书，词致朴讷，不足方近世名人译本。特收录至审慎，迻译亦期弗失文情。异域文术新宗，自此始入华土。使有士卓特，不为常俗所囿，必将犁然有当于心，按邦国时期，籀读其心声，以相度神思之所在。③

在《略例》中介绍了译作所及范围："所录……北欧（按：包括俄国）最盛……

---

① 据周作人：《鲁迅的故家·鲁迅在东京》，《鲁迅回忆录·专著》（中册），北京：北京出版社1999年版，第1050页。
② 鲁迅：《〈呐喊〉自序》。文中的"三个人"，指鲁迅、许寿裳、周作人。据许寿裳《亡友鲁迅印象记》，《鲁迅回忆录·专著》（上册），北京：北京出版社1999年版，第227页。
③ 《鲁迅全集》第10卷，北京：人民文学出版社1981年版，第155页。

次及南欧暨泰东(按:远东)诸邦。"①鲁迅当时从中国革命的实际需要出发,特别注重东欧、北欧那些受压迫的弱小民族,他后来在1933年3月5日所写的《我怎么做起小说来》一文中,更明确地谈到了当时编译《域外小说集》的想法,他说:编译《域外小说集》"尤其注重于短篇,特别是被压迫的民族中的作者的作品"。"因为所求的作品是叫喊和反抗,势必至于倾向了东欧,因此所看的俄国、波兰以及巴尔干诸小国作家的东西就特别多。"②另一方面则是想用自己准确的翻译纠正当时中国流行的林琴南用古文翻译外国小说所造成的误译。这一点许寿裳也看到了并给予很高的评价。他说:"我曾将德文译本对照读过,觉得字字忠实,丝毫不苟,无任意增删之弊,实为译界开一个新时代的纪念碑"。③除了上述大端者外,这本书在装帧艺术上也颇为讲究。鲁迅亲自设计封面,选用青灰色,上端印有长方形希腊图案,书名用篆文撰写,右起横排;下端标第一(二)册。扉页右上角印两行文字:"《域外小说集》第几册,会稽周氏兄弟纂译"。版权页上不用公历,亦无宣统年号。全书采用新式标点,这是具有革新意义的方式;装帧为"毛边书"式,即"三面任其自然,不施切削;故虽翻阅数次绝无污染"。书页天地头很宽广,多留空白;内文排版各篇,"前后首尾,各不相衔,他日触视其邦国古今之别,类聚成书。且纸之四周,皆极广博,故订时亦不病隘陋"。这一点极能反映鲁迅的编辑美学思想,并成为他一生在编辑出版中所基本坚持的原则。鲁迅原计划自一二册售出后,"待到卖回本钱,再印第三第四,以至第X册的。如此继续下去,积少成多,也可以约略绍介了各国各家的著作了"④。然而,由于当时读者对于外国短篇小说还有隔膜,两册书在上海和东京寄售不佳,结果"大为失败,第一集(印一千册)卖了半年,总算卖掉二十册。印第二集时,数量减少,只印了五百本,但最后也只卖掉二十册,就此告终"⑤。于是第三册也"只好停版"。

《域外小说集》的编译出版,虽然在国内没有产生什么大的影响,但在日本,当第一集刚出版不久,就引起了日本文学界的注意。1909年5月1日,日本东京出

---

① 《鲁迅全集》第10卷,北京:人民文学出版社1981年版,第157页。
② 鲁迅:《我怎么做起小说来》,《鲁迅全集》第4卷,北京:人民文学出版社1981年版,第511页。
③ 许寿裳:《亡友鲁迅印象记·杂谈翻译》,《鲁迅回忆录·专著》(上册),北京:北京出版社1999年版,第255页。
④ 鲁迅:《〈域外小说集〉序》,《鲁迅全集》第10卷,北京:人民文学出版社1981年版,第161页。
⑤ 鲁迅致增田涉信(1932年1月16日),《鲁迅全集》第14卷,北京:人民文学出版社2005年版,第196页。

版的《日本及日本人》杂志第508期登出了一则消息：

> 在日本等地，欧洲小说是大量被人购买的，中国人好像并不受此影响，但在青年中还是常常有人在读着。住在本乡的周某，年仅二十五六岁的中国兄弟俩，大量地阅读英、德两国语言的欧洲作品，而且他们计划在东京完成一本名叫《域外小说集》，约卖三十钱的书，寄回本国出售，现已出版了第一册。当然，译文是汉语，一般中国留学生爱读的是俄国的革命的虚无主义的作品，其次是德国、波兰那里的作品，单纯的法国作品之类的好像不太受欢迎。①

这说明编译《域外小说集》的方向仍然是对的，只是由于译文用的是文言，更重要的原因是中国社会，中国人的思想还没有发展到鲁迅期望的阶段。当历史发展到20世纪20年代初，情形就大为不同了。此时正值"五四"时期，人们的思想经受"五四"新文化运动的冲击，特别是《新青年》《新潮》《每周评论》等宣传新文化新思想的刊物的影响，人们迫切地希望更多地了解外国，于是《域外小说集》两册合集就于1920年3月由上海群益书社列为《现代文学丛刊》出版了，此时鲁迅在《〈域外小说集〉序》中回顾了印行的经过，再次强调文艺应发挥"转移性情，改造社会"的作用。同时他又谈到重印《域外小说集》的原因：一是"他的本质，却在现在还有存在的价值，便在将来也该有存在的价值"；二是因为几个友人"劝告重印，以及想法张罗"②。这里所说的几个友人，指陈独秀等《新青年》同人。陈独秀于1920年3月11日致周作人信中谈到"重印《域外小说集》，群益很感谢你的好意"。到1936年又由中华书局收为《现代文学丛刊》再次重印出版。从这里可以看出，鲁迅对自己的编译工作是十分自信的，而这种编译工作也确实是有益于改造中国社会，转移人的性情的。因而，鲁迅的这一编译工作及其所表现的编辑思想是经得起历史的检验的。许寿裳认为："鲁迅实在是绍介和翻译欧洲新文艺的第一个人。"③正是对其早期从事编译活动的最好评价。

（三）"深有裨于祖国"的《中国矿产志》

鲁迅在这时期，还与顾琅合编了《中国矿产志》一书，实际上是托名顾琅，由鲁

---

① （日）藤井省：《日本介绍鲁迅文学活动最早的文字》，见上海《复旦学报》1980年第2期。
② 《鲁迅全集》第10卷，北京：人民文学出版社1981年版，第162页。
③ 许寿裳：《我所认识的鲁迅·鲁迅的生活》，《鲁迅回忆录·专著》（上册），北京：北京出版社1999年版，第458页。

迅一人完成的,于1906年5月4日由上海普及书局出版发行,并附《中国矿产全图》。鲁迅非常重视科学知识的介绍,希望借科学来打破迷信,启蒙民智,并结合大群起而兴业,这虽有"科学救国"的倾向,但与当时流行的"科学救国"论不同。鲁迅编著此书目的至为深切,马良在序中写道:《中国矿产志》"罗列全国矿产之所在,注之以图,陈之以说,使我国民深悉国产之所有,以为后日开采之计,致富之源,强国之本,不致家藏货宝为他人所攘夺。用心至深,积虑至切","深有裨于祖国"①。可见鲁迅是用切实的科学著述来表达他的爱国主义思想。为了方便读者,鲁迅在书首写有《例言》,后附《中国矿产志》广告,《中国矿产全图》广告。这份《中国矿产全图》十分珍贵,它是日本农商务省地质矿山调查局的秘本,鲁迅发现此图后,"急转借摹绘,放大十二倍,付之写真钢板,以供祖国。图中并附世界各国地质构造图二张,尤便于学者之参考"②。全图横直各107公分,道林纸铜版套色精印,光绪三十二年闰四月十五日印刷,四月二十日发行,封套上印有"国民必读,中国矿产全图,江宁顾琅、会稽周树人合纂"。由于该书分述了全国地质状况及矿产分布的详细情况,且附有矿产分布图,编辑体例合理,非常便于阅读与对照,所以书出版后,就受到广大读者的欢迎,年底增订再版,1907年正月又增订三版,在8个月内,连续3次出版。清政府农工商部认为此书对中国地质源流言之甚详,绘图精审,通饬各省矿务,商务界购阅;学部批准此书为中西学堂参考书。可见此书影响之大。

鲁迅因《新生》杂志没有办成,原来准备用来出刊的文章,有的编入《域外小说集》,还有的则寄给《河南》杂志,作为对这份新创刊的留学界宣传革命的刊物的支持。《河南》月刊共9期,鲁迅为其撰写了《人之历史》《摩罗诗力说》《科学史教篇》《文化偏至论》《破恶声论》《裴多菲诗论(翻译)》等6篇论文。鲁迅在这些论文中,介绍了当时进步的自然科学、社会科学和文学;比较集中地反映了他早期的哲学、政治和文学观点,表现了他敢于向帝国主义侵略者和国内封建统治者以及一切反动腐朽势力进行坚决斗争的革命思想和爱国主义精神。

从1902年到1909年,鲁迅在日本留学7年,受到当时反清排满思潮的影响,特别是受章炳麟主编的《民报》的影响,鲁迅积极参加中国近代的民主革命运动,开始形成反帝、反封建的革命民主主义思想,这一思想成为他筹办刊物、编译(著)

---

① 马良:《〈中国矿产志〉序》,刘运峰编:《鲁迅佚文全集》(上),北京:群言出版社2001年版,第28-29页。
② 鲁迅:《〈中国矿产全图〉广告》,刘运峰编:《鲁迅佚文全集》(上),北京:群言出版社2001年版,第26页。

书籍的指导思想;在行动上,他放弃了"医学救国"的道路,而走上通过编辑书刊提倡新文艺运动来"改变精神""改造社会","以起其国人之新生"①的途径。这使鲁迅一开始从事编辑活动就形成了鲜明的编辑个性,就是以革命思想家来进行编辑工作,而成就为一个伟大的编辑家。近代史上还没有哪一个编辑像鲁迅那样一开始就有深刻的思想和博大的胸怀,他超越了当时的激进革命派,在其掌握了马克思主义之后,则有了更新的发展。

鲁迅编辑活动之始,确是一个伟大的开端。因为他从事的是"改变精神""改造社会"的编辑壮举。

第二节 辑录古籍,从现实转向历史
（1910—1917）

一、辛亥革命的回响

鲁迅于1909年8月结束日本留学生活回国,先后在家乡的几所学堂任教,由于环境已不同于日本,社会腐败,空气沉闷,鲁迅于教学之余,开始辑录古籍的工作。当辛亥革命爆发时,鲁迅深藏的革命热情马上被激发出来,他创办《越铎日报》作为对辛亥革命的回应。

辛亥革命在绍兴的胜利,是革命军首领王金发改组了旧绍兴军政分府,自己任都督。然而,不久他就发生了蜕变,"结果是渐渐变成老官僚一样,动手刮地皮"②。于是得到鲁迅支持的"越社"中的几个青年就想办一份报纸,用舆论的力量来监督王金发的绍兴军政分府。"越社"青年宋紫佩来找鲁迅,请鲁迅出任报纸的发起人并希望给予支持,鲁迅鉴于辛亥革命后社会上出现的倒退现象,也希望有一份报纸来警醒世人,于是他慨然允诺,并建议报纸由"越社"来办,报纸的名字叫"越铎",取义于"报为遒铎,亦为警钟",即希望报纸能够在政治上起警钟的作用,同时鲁迅被聘请担任了名誉总编辑。

几乎与辛亥革命领袖孙中山宣告中华民国成立的同时,在1912年1月1日、2日的《全浙公报》上就发表了《〈越铎日报〉出版布告》,宣称:"本报专以监督行政,促进共和,鼓吹军国精神,提倡实业教育为宗旨。"随之1月3日《越铎日报》就正

---

① 鲁迅:《摩罗诗力说》,《鲁迅全集》第1卷,北京:人民文学出版社1981年版,第99页。
② 鲁迅:《这个和那个》,《鲁迅全集》第3卷,北京:人民文学出版社1981年版,第141页。

式创刊了。鲁迅在创刊号上用黄棘笔名,发表了《〈越铎〉出世辞》。《越铎》是辛亥革命的产物,所以鲁迅在发刊词中热情地歌颂辛亥革命,他说:

  国士桓桓,则首举义旗于鄂。诸出响应,涛起风从,华夏故物,光复太半,东南大府,亦赫然归其主人。

接着他声明创办《越铎日报》的缘由,是鉴于当时封建"桎梏顿解,卷挛尚多","专制永长,昭苏非易",所以他揭示办报的宗旨在于:

  纾自由之言议,尽个人之天权,促共和之进行,尺政治之得失,发社会之蒙覆,振勇毅之精神。灌输真知,扬表方物。①

希望这份报纸起到唤醒民众监督当地军政分府的"警钟"作用。鲁迅为这份刚"出世"的《越铎》制定了明确的编辑导向和宣传纲领,它也比较完整地反映了鲁迅的思想在回国后的发展和变化:既保持着上一个时期以启蒙主义来"转移性情"改造国民性的思想,又增加了新的思想因素,即要促进共和,改革政治,从思想领域的斗争,进展到社会政治斗争。鲁迅在下一个阶段更明确地提出报刊及其编辑要大胆开展"文明批评"和"社会批评",正是此时思想的自然延伸。《越铎日报》本着鲁迅"纾自由之言议……"精神,"开首便骂军政府和那里面的人员;此后是骂都督,都督的亲戚,同乡,姨太太……"②1月7日发表《杜海生污我浙水》,抨击了前绍兴府中学堂监督、秋瑾案的告密者之一的杜海生的罪行;1月15日发表《呜呼章介眉》,揭露了劣绅、秋瑾的谋害者章介眉的丑恶面目。作为名誉总编辑的鲁迅则主动承担了"西方译电"栏目的编辑工作,并提议开辟专载短文的《稽山镜水》《禹域秋阳》等专栏,自己用文言文为报纸撰写社论和抨击时弊的短评多篇,如《军界痛言》等。鲁迅后来回忆说:从日本回国后,"还给日报(即《越铎日报》)之类做了些古文,自己不记得究竟是什么了"③。这些讥刺时弊的短评可算是他最早的"杂文"。由于《越铎日报》大胆揭发社会的腐败现象和不良倾向,加之有

---

① 鲁迅:《〈越铎〉出世辞》,《鲁迅全集》第8卷,北京:人民文学出版社1981年版,第39、40页。
② 鲁迅:《朝花夕拾·范爱农》,《鲁迅全集》第3卷,北京:人民文学出版社1981年版,第314页。
③ 鲁迅:《集外集·序言》,《鲁迅全集》第7卷,北京:人民文学出版社1981年版,第4页。

鲁迅的正确引导,报纸出版后受到群众的欢迎,很快销到1 700多份,这在当时的绍兴是一个相当可观的数字。1912年2月,鲁迅离开绍兴去南京教育部供职,与《越铎日报》逐渐疏远,后来"越社"内部也发生分化,宋紫佩等人受排挤,报纸失去了革命性。同年8月,又发生了绍兴军政分府都督王金发捣毁报社事件。此后报纸为旧派人物王文灏所把持,他彻底改变鲁迅为该刊制定的编辑方向和宣传纲领,把报纸办成拥护袁世凯、反对孙中山、打击王金发的工具,把地方绅士与革命先烈遗像"相杂厕",刊于《越铎日报》,招摇撞骗,鲁迅看到这期报纸(1913年1月5日),感到这种行为十分"可笑",他说:"近人之妄亦可怖也。"表达了对王文灏改变编辑方向的愤慨。此时,鲁迅已随部到京,与《越铎日报》完全脱去关系。该报出至1927年3月停刊。

鲁迅在担任"越社"主办的《越铎日报》名誉总编辑的同时,还为"越社"编辑了一集《越社丛刊》,于1912年2月在绍兴出版。书为线装本,内分"文录"和"诗录"两部分,共收柳亚子等15人作品,其中有鲁迅的《辛亥游录》和《〈古小说钩沉〉序》。"越社"创始人宋紫佩被排挤出《越铎日报》后,与人创办了《民兴日报》和《天觉报》,都得到鲁迅支持,鲁迅还为《天觉报》写了创刊祝词:"敬祝《天觉》出版自由。"①

鲁迅在日本就很注意于科学知识的介绍,回国后,他就计划编辑出版"新知识的外文丛书"。像他在《〈越铎日报〉出世辞》中所说:"灌输真知,扬表方物。"周建人曾回忆说:1911年7月鲁迅辞去绍兴府中学堂职务,着手"收集一些好的,有益于读者的翻译出来,在什么书局出版"②,以普及科学知识。但因辛亥革命爆发,出版家大都收缩营业,加之人力、财力、物力的缺乏而未果。

鲁迅说,辛亥革命发生时自己"没有做过什么工作,只是高兴得很"③。鲁迅虽没有参加过领兵打仗式的革命,但他发起创办《越铎日报》等编辑活动,赞扬辛亥革命"首举义旗",希望通过办报来"纾自由之言议,尽个人之天权,促共和之进行,尺政治之得失";而他计划编辑"新知识的外文丛书",也是为了"发社会之蒙覆,振勇毅之精神",以期辛亥革命创建的新社会能健康发展,而这一点同样具有重要意义。王金发的蜕变,袁世凯的复辟,即是反证。因而鲁迅的这些举动正是对辛亥革命的热烈响应,仍具有鲜明的革命意义。

---

① 刘运峰编:《鲁迅佚文全集》(上),北京:群言出版社2001年版,第262页。
② 周建人:《绍兴光复前鲁迅的一小段事情》,载《人民文学》1961年7、8号。
③ 据景宋:《民元前的鲁迅先生》,《鲁迅回忆录·专著》(上册),北京:北京出版社1999年版,第100页。

二、转向古籍的沉默

鲁迅回国后曾一度辑录古籍,辛亥革命起而热烈响应,但很快就失望。毕竟中国封建社会"专制永长,昭苏非易",不是一场革命就能"发社会之蒙覆,振勇毅之精神"的。现实环境仍是那么恶劣,"人人心中存一界或(原文如此,引者注)",他感到"希冀既亡","越中棘地不可居"①了。到了北京,窃得辛亥革命胜利果实的袁世凯又倒行逆施,大捕革命党人,到处弥漫着恐怖的气氛,鲁迅更深地感到"希冀既亡"的悲哀,于是再次沉入对古代典籍的辑录整理工作。从1910年7月开始"翻类书,荟集古逸书"②,直到1917年底参加《新青年》前,整整7年的时间,鲁迅从现实转向历史,辑录整理了大量的古代文化典籍,于沉默中对中国的文化事业作出了独特的贡献。

(一)辑录整理古代文化典籍

鲁迅辑录古籍遍及自然科学与社会科学两方面,可分为六个大类。

1. 自然科学类

(1)《南方草木状》,晋嵇含撰,鲁迅抄录3卷,分为草、木、果、竹4门。

(2)《岭表录异》3卷,唐刘恂撰,鲁迅纂辑校勘,并作《拾遗》18条和校勘记。该书主要记载岭南的草木虫鱼,间及地理气候,风土人情。

(3)《桂海虞衡记》,宋范成大撰,鲁迅抄录1卷,分为13门,记叙广西的岩洞、金石、香、酒、器、禽、兽、虫、鱼、花、果、草木、杂物和少数民族等。此书在1922年,鲁迅又以明抄本《说郛》校过一遍,并在抄校稿上写道:"颇有佳胜者。"

(4)《说郛录要》,是鲁迅从《说郛》中辑录所成。《说郛》为元末陶宗仪编,选集汉魏至宋元的笔记小说等古书编成,原书已佚,鲁迅据明抄残本《说郛》从中抄出王方庆《园林草木疏》1卷,李翱《何首乌录》1卷,杨天惠《彰明附子记》1卷,戴凯之《竹谱》1卷,赞宁《笋谱》2卷,陈仁玉《菌谱》1卷,傅肱《蟹谱》2卷。这些手稿和别人所抄录的《魏王花木志》等19种合订为2册,并对其中的周氏《洛阳花木记》1卷,赵时庚《金彰兰谱》1卷,周氏《洛阳牡丹记》1卷,陈翥《桐谱》1卷,又据明抄《说郛》原本批校,然后题名为《说郛录要》。

---

① 鲁迅致许寿裳信(1911年4月12日、3月7日),《鲁迅全集》第11卷,北京:人民文学出版社1981年版,第335、334页。
② 鲁迅致许寿裳信(1910年11月15日),《鲁迅全集》第11卷,北京:人民文学出版社1981年版,第327页。

(5) 抄录清郝懿行《记海错》1卷,内容记山东登州莱州的水产。又抄其《燕子春秋》和《蜂衙小记》各1卷。

(6) 抄录清程瑶田《释虫小记》。

鲁迅辑录自然科学方面的古书,有这几方面的原因与目的:

一是他少年时代就有这方面的兴趣。他看过《毛诗草木鸟兽虫鱼疏》《释草小记》,最爱看的是植物书《花镜》,曾从《唐代丛书》中选抄陆羽《茶经》3卷,陆龟蒙《五木经》和《耒耜经》各1卷。这种兴趣自此不辍。

二是他为了有助于教学。鲁迅从日本回国后担任浙江两级师范学堂生理学和化学教员,兼任日本教员铃木圭寿的植物学翻译。课余经常和这位日本教员带领学生到西湖附近的山上去采集植物标本,以培养学生实事求是的科学态度。而纂辑这些自然科学方面的古书,则为教学和翻译提供了丰富的资料。

三是为了普及科学知识,这是最主要的。鲁迅在日本就翻译、编著了数种自然科学书籍,一回国又计划编辑出版"新知识的外文丛书",从古籍中大量辑录,说明他对科普工作是多么重视。此后也还不断地提起过。1925年,他在一封通讯中说:

> 我觉得至少还该有一种通俗的科学杂志,要浅显而且有趣的。可惜中国现在的科学家不大做文章,有做的,也过于高深,于是就很枯燥。现在要Brehm的讲动物生活,Fabre的讲昆虫故事似的有趣,并且插许多图画的。①

在他生命的后期他还翻译了《药用植物》(1930年),写作了《"蜜蜂"与"蜜"》(1933年)等文章,并谆谆告诫文学青年要多看科学书籍,他说:

> 专看文学书,也不好的。先前的文学青年,往往厌恶数学,理化,史地,生物学,以为这些都无足轻重,后来变成连常识也没有,研究文学固然不明白,自己做起文章来也糊涂,所以我希望你们不要放开科学。②

由此可见,对于科学的重视贯于他的一生。鲁迅正是有感于近代中国的迷信

---

① 鲁迅:《通讯》,《鲁迅全集》第3卷,北京:人民文学出版社1981年版,第25页。
② 鲁迅致颜黎民信(1936年4月15日),《鲁迅全集》第13卷,北京:人民文学出版社1981年版,第357页。

与落后,科学技术不发达,所以大力倡导科学,破除迷信,开启民智,以科学拯救落后的祖国,所谓"转移性情,改造社会",这种启蒙主义的科学思想是他全部思想的一个重要部分;而表现在行动上则是编译和辑录,外国的采取"拿来主义",中国古代的则不怕费时地抄录批校和纂辑。这里所述他辑录的数种古代自然科学类书籍正是为此。

2. 古代历史和地理逸书

(1)地方史传地志学著作

有《会稽郡故书杂集》,内辑录会稽先贤的著作逸文 8 种。即:①谢承《会稽先贤传》,原书已失传,鲁迅辑录了记载严遵、董昆、陈业、阚泽等 8 人事迹的逸文。②虞预《会稽典录》,原书已逸,鲁迅辑录记载范蠡、严光、王充、张京等 41 人(卷上)和阚泽、谢承、朱育等 31 人的事迹及彭山等 4 则材料(卷下)。此外,篇末还附有关于陈嚣、沈丰、贺纯、沈震等存疑材料。在鲁迅所辑 4 种会稽郡人物传记中,本书的逸文最多。③钟离岫《会稽后贤传记》,原书已逸,鲁迅辑录了记载孔愉、孔群、孔坦等 5 人事迹的逸文。④贺氏《会稽先贤像赞》,原书已逸,鲁迅辑录记载董昆、綦母俊事迹的逸文 2 则。以上 4 种着重记载人物事迹。⑤朱育《会稽土地记》,原书已失传,鲁迅辑录逸文 2 则。⑥贺循《会稽记》,原书失传,鲁迅辑录了记载禹井、石簧等逸文 5 则。⑦孔灵符《会稽记》,原书失传,鲁迅辑录记载会稽山、秦望山、射的山等地理名胜的逸文 50 余则。⑧夏侯曾先《会稽地志》,原书失传,鲁迅辑录记载萧山、上虞、余姚等县的山川地理和传说的逸文 30 余则。以上 4 种着重记载山川地理和名胜传说。

鲁迅从 1910 年开始辑录至 1914 年编成。在《〈会稽郡故书杂集〉序》中,他说:"幼时,尝见武威张澍所辑书,于凉土文献,搜集甚众",受此启发,开始搜集散失的会稽古籍。中间停顿了下来,一方面原因是外出求学,另一方面原因则是有人认为这种工作是"夸饰乡土,非大雅所尚"。谢承的《会稽先贤传》,被批评为兼收"名宦"与"乡贤"的"猥杂"①;虞预的《会稽典录》则被讥为"矜其乡贤,美其邦族"②,不能为外地人所爱好。有鉴于此,所以没有继续搜集下去。自日回乡后,看到"大禹勾践之遗迹故在",而"士女敖嬉,睥睨而过",对故乡乡贤的高风亮节、言行美德以及故乡的美好风土则"殆将无所眷念"。有感于此,鲁迅再次着手辑

---

① 清·章学诚:《文史通义·永清县志政略序例》,贵阳:贵州人民出版社 1997 年版,第 1010、1011 页。

② 唐·刘知几:《史通·杂述》,贵阳:贵州人民出版社 1997 年版,第 542 页。

录,于1915年2月在绍兴正式木刻刊行。鲁迅还撰写了总序和8则引序(先贤传序、典录序、后贤传记序、象赞许、土地记序、贺记序、孔记序、地志序)①,概述了他编集本书的意图和经过,考证了8种逸文的原书和作者的情况。在总序中他说:"会稽古称沃衍,珍宝所聚,海岳精液,善生俊异。"表达了他对故乡贤俊名人和美好风土的景仰和热爱。他又说:"书中贤俊之名,言行之迹,风土之美","用遗邦人,庶几借其景行,不忘于故。"②正是他辑录此书的目的,表现了他善于发掘我国历史遗产的爱国精神和科学态度。从这里也可以探寻出鲁迅精神鲁迅思想的一个重要来源。鲁迅很早就铭记古书上所说的:"越乃报仇雪耻之国,非藏垢纳污之地。"在日本时,他参加反清组织"浙学会"(后之"光复会")积极鼓吹革命,誓做"革命之骁将",受到同学们的钦佩,称赞他:"斯诚越人也,有卧薪尝胆之遗风。"③鲁迅继承了先贤的精神美德,他还要让先贤的精神为后之人也来"景行",所谓"振勇毅之精神",这仍是他"转移性情,改造社会""改变精神"的编辑思想在纂辑古籍中的反映。

(2)一般历史学著作

辑录有《谢承〈后汉书〉》、《谢沈〈后汉书〉》和《虞预〈晋书〉》。关于《谢承〈后汉书〉》,鲁迅从1912年4月至1914年3月先后据不同辑本抄校过。据《隋书·经籍志》所录,《后汉书》有8家,即三国吴谢承《后汉书》、吴薛莹《后汉记》、晋司马彪《续汉书》、晋华峤《后汉书》、晋谢沈《后汉书》、晋张莹《后汉南记》、晋袁山松《后汉书》和范晔《后汉书》。除范晔一书外,都已散逸。谢承《后汉书》(凡130卷)在8家中出现最早,到了宋代即已失传。鲁迅"笃恭"这位乡贤,对他这部书颇为推重,先后做了大量的纂辑校勘工作,编成6卷,并写下了《关于汪辑本〈谢承后汉书〉》(1912年8月15日)和《谢承〈后汉书〉序》(1913年3月27日)。在前文中引录了崔国榜《七家〈后汉书〉序》中的一段话,说明了清朝诸家对谢书辑补的情况;在后文中,鲁迅说:谢承《后汉书》"今一一校正,厘为六卷,先四卷略依范书纪传次第,后二卷则凡名氏偶见范书或所不载者,并写入之"。说明所记谢书的体例和新异之处。接着又说道:"《隋志》录《后汉书》八家,谢书最先,草创之功,足

---

① 《鲁迅全集》第10卷,北京:人民文学出版社1981年版,第32-44页。
② 鲁迅:《〈会稽郡故书杂集〉序》,《鲁迅全集》第10卷,北京:人民文学出版社1981年版,第32页。
③ 沈瓞民:《回忆鲁迅早年在弘文学院的片段》,《鲁迅回忆录·散篇》(上册),北京:北京出版社1999年版,第46页。

以称纪。"①对谢书的"草创之功"作了充分的肯定。《谢承〈后汉书〉序》还对谢承的生平、《后汉书》的散逸以及自己的辑校情况作了较详细的介绍。鲁迅对另外辑录的两本史书《谢沈〈后汉书〉》和《虞预〈晋书〉》也分别写了序。在《谢沈〈后汉书〉序》(1913年3月)中介绍了谢沈的生平及其著作考证的情况;在《虞预〈晋书〉序》(1913年3月)中记叙虞书的流传情况,介绍作者虞预的经历。

鲁迅在1912年到1913年陆续辑纂了《谢承〈后汉书〉》、《谢沈〈后汉书〉》和《虞预〈晋书〉》,目的当然不是"信而好古",借古书来麻醉自己,而是进行纯正的学术研究。鲁迅的这些辑本,据专家评定认为都较清人的辑本精密、完备,为研究汉代、晋代的历史提供了重要的资料。

3. 佛学

鲁迅抄录了《出三藏记集》《法显传》,刻印了大乘经书《百喻经》100部。《百喻经》是一部寓言性质的作品,天竺(印度)僧伽斯那撰,南朝萧齐时,印度留华僧人求那毗地由印度大乘佛经译出。全书以故事为导引而后敷衍说法,劝谕世人,故不少地方,牵强附会,但条理清晰,文笔简练。所以,鲁迅在《〈痴华鬘〉题记》中说:"佛藏中经,以譬喻为名者,亦可五六种,惟《百喻经》最为条贯。"②鲁迅的母亲信佛教,为庆祝母亲60生辰,鲁迅托金陵刻经处刻印了此书。全书分上下两卷,上卷29页,下卷27页,每页2面,每面10行,每行20字,线装1册,毛边纸印。然而鲁迅刻印《百喻经》又不单是为母亲祝寿,据当时与鲁迅接近的常惠、钱稻孙回忆,鲁迅认为《百喻经》与《伊索寓言》近似,译笔较好,可供翻译外国文学借鉴③。许广平也说:"从刻印《百喻经》我们看出,鲁迅是从哲理、文学来研究,也就是从佛书吸取其精华,去其糟粕,处处从滋养着想而介绍给人。"④

鲁迅在1914年这一年大量购买了佛学书,不仅用功猛读,而且抄录刻印,目的不在信佛,而是"对于佛经只当做人类思想发达的史料看,藉以研究其人生观罢了。……他的信仰是在科学,不是在宗教"⑤。

---

① 鲁迅:《谢承〈后汉书〉序》,《鲁迅全集》第10卷,北京:人民文学出版社1981年版,第6页。
② 《鲁迅全集》第7卷,北京:人民文学出版社1981年版,第101页。
③ 参见《访问常惠、钱稻孙谈话记录》1960年8月27日,未刊稿,载鲍昌、邱文治著:《鲁迅年谱》(上册),天津:天津人民出版社1979年版。
④ 许广平:《鲁迅回忆录·北京时期的读书生活》,《鲁迅回忆录·专著》(下册),北京:北京出版社1999年版,第1121页。
⑤ 许寿裳:《亡友鲁迅印象记·看佛经》,《鲁迅回忆录·专著》(上册),北京:北京出版社1999年版,第247页。

4.诗文集

鲁迅在这时期辑录的诗文集有唐代的书法名家虞世南的《虞世南诗》,唐沈亚之的《沈下贤集》,南宋戴复古的《石屏集》《石屏诗集》等,而用力最深、历时最久的则是《嵇康集》。

嵇康是三国魏末著名作家。他推崇老庄,抨击孔孟;又和魏宗室通婚,任过中散大夫,引起当时想夺魏朝政权的司马氏的忌恨。当他替友人吕安辩冤,被牵连下狱时,司马氏集团便用"言论放荡,非毁典谟""害时乱教"的罪名杀害了他。作品传于世的有《魏中散大夫嵇康集》《嵇康集》《嵇中散集》《嵇康文集》,通名《嵇康集》。原有15卷,至宋代仅存10卷,现存刊本以明嘉靖间黄省曾辑刻的10卷本为最早,凡诗1卷,文9卷,别有明薛应旂刻1卷本,张燮刻6卷本,张溥刻1卷本等。鲁迅则据明吴宽丛书堂抄本精校各本而成《嵇康集》10卷。从1913年开始至1931年最后一次以涵芬楼影印宋本《六臣注文选》校勘,历时18年,前后共校7次,"参照诸本,不厌精详,所以成为校勘最善之书"①。

鲁迅校勘《嵇康集》的最后完成虽然不是在这一时期,但是从此时开始的,因此一并在此叙述。鲁迅校勘《嵇康集》的特点:

一是参照诸本互校。鲁迅使用的本子有明吴宽丛书堂抄本《全三国文》、明刻1卷本、明刻6卷本《嵇中散集》、赵味沧校本、程荣刻本、黄省曾刻本、涵芬楼影印宋本《六臣注文选》等。从他写的《〈嵇康集〉著录考》一文中可以看出,鲁迅对各种本子都进行过研究,真是搜罗宏富,竭泽而渔。

二是题跋、题序、题考,使辑录校勘与学术研究相结合。鲁迅先后写过《〈嵇康集〉跋》(1913年10月20日),《〈嵇康集〉逸文考》《〈嵇康集〉著录考》(1924年6月前),《〈嵇康集〉序》(1924年6月11日),和《〈嵇康集〉考》(1926年11月14日)。《跋》说明丛书堂抄本《嵇康集》的原貌和鲁迅的校订体例;《逸文考》辑录了散见于古籍中的《嵇康集》逸文,并考证它是否出于嵇康之手;《著录考》则辑录从隋以后各种书目中关于《嵇康集》所作的题解和提要;《序》说明历代《嵇康集》流传的情况以及自己校正的经过、方法和所采用的各种版本;《集考》全文分三部分:"一、考卷数及名称","二、考目录及阙失","三、考逸文然否",对《嵇康集》的本来面目及流传情况进行了详细准确的考证。这些文章辑录了一些新的材料,对进一步研究嵇康的思想和著作是有帮助的。

---

① 许寿裳:《亡友鲁迅印象记·整理古籍和古碑》,《鲁迅回忆录·专著》(上册),北京:北京出版社1999年版,第243页。

鲁迅为什么要花大量的时间和精力辑录、校勘嵇康的诗文集呢？在鲁迅辑录的《古小说钩沉》中有一段关于嵇康的故事：

> 嵇中散夜灯火下弹琴，忽有一人，面甚小，斯须转大，随长丈余，黑单衣皂带。嵇视之既熟，吹火灭，曰："吾耻与魑魅争光。"

这则故事很能说明嵇康的性格和为人。嵇康是一个"越名教而任自然"的人，这一点很为鲁迅称赏。鲁迅老友许寿裳就曾说：

> 鲁迅对于汉魏文章，素所爱诵，尤其称许孔融和嵇康的文章，……为什么这样称许呢？就因为鲁迅的性质，严气正性，宁愿覆折，憎恶权势，视若蔑如，皜皜焉坚贞如白玉，懔懔焉劲烈如秋霜，很有一部分和孔嵇二人相类似的缘故。①

嵇康在魏朝末年时，正值司马氏集团专权，宣扬"礼教"，欲篡魏自立。嵇康看出司马氏野心，所以"非汤武而薄周孔"，公开提出"《六经》未必为太阳"，这话对司马氏篡位是很不利的，因而引起司马氏集团的忌恨，终于被杀。鲁迅所处的环境正与嵇康有点相似。辛亥革命后，袁世凯窃国篡位，大肆尊孔，滥捕滥杀。"北京城里，连饭店客栈中，都满布了侦探；还有'军政执法处'，只见受了嫌疑而被捕的青年送进去，却从不见他们活着走出来。"②鲁迅"无日不处忧患中"。在此背景下，鲁迅借辑录校勘《嵇康集》来隐约地表示对袁氏篡权的不满，其意义已超出了一般的校勘与学术研究，而寄寓着反抗黑暗现实的积极意义。

5. 笔记小说及传奇

鲁迅为撰写《中国小说史略》，对中国古小说做了大量的纂辑、整理工作，他辑录的笔记有《云谷杂记》，小说有《穆天子传》《小说备校》《古小说钩沉》《小说旧闻钞》，传奇有《唐宋传奇集》。

（1）《云谷杂记》

此书是宋人张淏撰写的一部笔记小说。内容多记叙当代史事、人物故事及考

---

① 许寿裳：《亡友鲁迅印象记·整理古籍和古碑》，《鲁迅回忆录·专著》（上册），北京：北京出版社1999年版，第243页。
② 鲁迅：《〈杀错了人〉异议》，《鲁迅全集》第5卷，北京：人民文学出版社1981年版，第94页。

辨艺文等。此书《宋史·艺文志》《文献通考》《直斋书录解题》等皆不见著录,原书久佚。鲁迅据明抄残本《说郛》第30卷辑录出《云谷杂记》1卷,"多为聚珍版本所无,惜颇有讹夺耳。内有辨上虞五夫村一篇,甚确"。所谓"聚珍版本"指从《永乐大典》中辑出,用清代武英殿聚珍版印行的版本。两种本子在条目多少,字句详略,标题有无等方面,均出现不同情况,鲁迅认为明抄本考辨详实,而聚珍本则颇有讹夺。鲁迅从1913年5月开始辑录至1914年3月写成定本,并撰《〈云谷杂记〉跋》(1913年6月1日)和《〈云谷杂记〉序》(1914年3月11日)两篇文字,说明辑录《云谷杂记》的来源、经过及此书版本的殊异(《跋》文),介绍了作者张淏的生平并考证《云谷杂记》各种刻本的谬误(《序》文)。鲁迅辑《云谷杂记》1卷总41页,14 000余字,于正文后附《札记》20条,有一定的参考价值。

(2)《穆天子传》

此为古小说,是西晋时河南汲县人从战国魏襄王墓中发掘所得,撰人不详,旧题郭璞注。今存6卷,前5卷记周穆王驾八骏西征的故事,后1卷专写盛姬之死及返葬的故事。鲁迅于1911年6月始抄录《穆天子传》,第二年又作《穆天子传校补》,并附所摘录的刘师培《穆天子补释》及其所校《穆天子传·读道藏记》。

鲁迅用功最深,用力最勤的是辑录《古小说钩沉》《小说旧闻抄》《唐宋传奇集》这几部书。

(3)《古小说钩沉》

此书是鲁迅于1909年6月至1911年底辑成,是中国第一部校辑唐代以前小说的总集。此书共辑录周《青史子》至隋候白《旌异记》等小说36种,每种1卷,共有135则故事,20余万字。所载自秦汉迄东晋江左人物言行与杂事传说,多是细事,为史书所略,前引关于嵇康故事一则略见此书之一斑。鲁迅还写有《〈古小说钩沉〉序》一文发表于1912年2月他编辑的《越社丛刊》第1集上,鲁迅在《序》中说:"余少喜披览古说,或见讹夺,则取证类书,偶会逸文,辄亦写出。虽丛残多失次第,而涯略故在。"①可见他很早就着手辑录古小说了,从此书可见他辑录校订古小说的几个特点:

一是材料搜罗宏富。鲁迅从《太平御览》《太平广记》《初学记》《北堂书钞》《艺文类聚》《法苑珠林》等16种古书中辑录出《青史子》(青史子)、《语林》(裴启)、《郭子》(郭澄之)、《俗说》(沈约)、《小说》(殷芸)、《笑林》(邯郸淳)、《水饰》

---

① 《鲁迅全集》第10卷,北京:人民文学出版社1981年版,第3页。

(杜宝)、《列异传》(曹丕)、《甄异传》(戴祚)、《灵鬼志》(荀氏)、《志怪》(祖台之)、《志怪》(孔氏)、《鬼神列传》(谢氏)、《志怪记》(殖氏)、《古异传》(袁王寿)、《齐谐记》(东阳无疑)、《幽明录》(刘义庆)、《宣验记》(刘义庆)、《述异记》(祖冲之)、《冥祥记》(王琰)、《神录》(刘之遴)、《集灵记》(颜子推)、《旌异记》(侯白)、《汉武故事》(班固)、《妒记》(虞通之)、《异闻记》(陈实)、《玄中记》(郭氏)、《异林》(陆氏)、《志怪》(曹毗)、《神异记》(王浮)、《集异记》(郭季产)、《神怪录》、《续异记》、《录异传》、《杂鬼神志怪》、《祥异记》等36种佚文，相当完备，为研究古代小说提供了可靠的材料。对此郑振铎评价道：《古小说钩沉》"较之《玉函山房辑佚书》和《黄氏逸书考》的草草成书，大有天渊之别，不仅前无古人，即后来有作，也渐难越过他的范围和方法的"①。

二是校辑周密精详。《古小说钩沉》的底本现存，上面朱墨灿然，校雠一字不苟。其方法深为史家所称赏："这是乾嘉诸大师用以辑录周秦古籍的方法，而用来辑录校古代小说的，却以鲁迅先生为开山祖。而其校辑的周密精详，至今还没有人能够追得上他。"②

三是反传统的小说史观。中国古小说十分丰富，但散失也很严重，这与以班固为代表的错误的小说史观有很大关系。鲁迅在此书序文中说："小说者，班固以为'出于稗官'，'闾里小知者之所及，亦使缀而不忘，如或一言可采，此亦刍荛狂夫之议'。"这种观点影响甚大，后人以小说为小道即源于此。虽然小说到了近三百年有了突飞猛进的发展，"然论者尚墨守故言"。鲁迅则一反传统之论，充分肯定小说的社会作用。他说："稗官职志，将同古'采诗之官，王者所以观风俗知得失'矣"，即小说可以使人们了解社会。鲁迅还从发展的唯物史观看小说，认为古小说虽"人间小书，致远恐泥"，但后来的鸿篇巨著正是由此发展来的，"而洪笔晚起，此其权舆"。"心行曼衍，自生此品，其在文林，有如舜华，足以丽尔文明，点缀幽独，盖不第为广视听之具而止。"③鲁迅已看到了小说不限于增广见闻的工具作用，还具有使民族文化增光添彩的意义。这已完全扫除了鄙视小说的旧小说史观，从而奠定了小说在古代文化中的地位。

《古小说钩沉》辑成后，鲁迅本打算署周作人名刊行，由于刻费而搁置，托书店出版又未成。后来他去厦门大学任教时，曾希望厦大将它印出，由于校方言行不

---

① 郑振铎：《中国小说史家的鲁迅》，载《人民文学》1949年10月创刊号。
② 郑振铎：《中国小说史家的鲁迅》，载《人民文学》1949年10月创刊号。
③ 鲁迅：《〈古小说钩沉〉序》，《鲁迅全集》第10卷，北京：人民文学出版社1981年版，第3页。

一未能实现。1935年,有人建议排印,鲁迅考虑到"一则放弃已久,重行整理,又须费一番新工夫;二则此种书籍,大约未必有多少人看,不如暂且放下,待将来有闲工夫时再说"①。鲁迅逝世后,1938年始初步整理出版,收入《鲁迅全集》第8卷。

鲁迅于辑录《古小说钩沉》的同时,1911年还从《北堂书钞》《初学记》《西阳杂俎》三书中抄录了古小说《搜神记》《搜神后记》《十洲记》《神异经》《异苑》《王子年拾遗记》《洞冥记》7种,并撷取类书所引,题名为《小说备校》,因是未完成的散稿,鲁迅生前亦未能刊行。

(4)《小说旧闻钞》

这本重要的古小说史料集虽辑录于下一个时期,出版于1926年,再版于1935年,然与上述为同类,关联甚密,故一并在此叙述,以见鲁迅纂辑古小说之全貌。《小说旧闻钞》是一部关于中国古代小说史料的结集,初版39篇,前35篇辑录了从《大宋宣和遗事》到《二十年目睹之怪现状》共38种古代小说的有关资料,后4篇是有关于小说的"源流""评刻""禁黜""杂说"等方面的史料及其"引用书目"。鲁迅为此书写有《〈小说旧闻钞〉序言》(1926年8月)说明此书搜集校订的过程、原则以及印行的原因;还有一篇《〈小说旧闻钞〉再版序言》(1935年1月4日),此文回顾了采辑《小说旧闻钞》史料时"锐意穷搜"的心情,说明再版时所增订的内容和十多年中的一些新发现。

《小说旧闻钞》在辑录上的特点表现在:

一是"摭自本书,未尝转贩"②。鲁迅辑录、整理古代小说史料从来都是查明原著,以获得第一手材料,不"转贩"抄录第二手材料。

二是"废寝辍食,锐意穷搜"③。从引用书目看,鲁迅参考了92种书籍,共1575卷。他把许多旧笔记、旧集子以及其他古书里有关中国古代小说的记载、史料、考证等,摘录下来,编成是书。

三是附加按语,补证史料错误。在鲁迅此书出版前,商务印书馆于1915年曾印行了蒋瑞藻所编的《小说考证》(共3集),篇幅虽多,但不精审,把戏剧、弹词的材料也混入小说中,显得零乱。所以鲁迅评论说:"惜其并收传奇,未曾理析,校以

---

① 鲁迅致郑振铎信(1935年3月30日),《鲁迅全集》第13卷,北京:人民文学出版社1981年版,第98页。

② 鲁迅:《〈小说旧闻钞〉序言》,《鲁迅全集》第10卷,北京:人民文学出版社1981年版,第65页。

③ 鲁迅:《〈小说旧闻抄〉再版序言》,《鲁迅全集》第10卷,北京:人民文学出版社1981年版,第146页。(鲁迅于文中,"钞"与"抄"通用,早期用"钞",后期用"抄"。)

原本,字句又时有异同。"但鲁迅则不然,他这部书,"通卷俱论小说"①,篇幅虽不很大,但搜集之功极深,选择眼光极严,所附34条按语,对史料上的错误加以补证,凡是浮词无根的传闻之词,全部剔除,因而更见精纯。其严谨的体例也影响了后作,如孔另境的《中国小说史料》,汪辟疆的《唐人小说》,谭正璧的《中国小说发达史》和阿英的《晚清小说史》等。

(5)《唐宋传奇集》

此书是鲁迅辑录的唐宋时期短篇小说的总集。1912年鲁迅着手积累材料,从唐代沈亚之的《沈下贤文集》中抄录了《湘中怨辞》《异梦记》《秦梦记》等传奇作品。1927年8月,鲁迅对多年积累的材料进行整理编辑,并撰写《稗边小缀》,9月10日编就《唐宋传奇集》并作《序例》。1927年12月,1928年2月由北新书局分上下两册出版。全书辑录唐宋两代单篇传奇小说45篇,分为8卷,每卷分若干种,数目不同。卷一,收《古镜记》等5种;卷二,收《柳氏传》等5种;卷三,收《古岳渎经》等9种;卷四,收《莺莺传》等10种;卷五,收《冥音录》等3种;卷六,收《隋遗录》等4种;卷七,收《绿珠传》等2种;卷八,收《流红记》等7种。此书的编辑特点在于:

一是"发意匡正","斥伪返本"②。唐宋传奇作品大都散见于《太平广记》《文苑英华》《太平御览》《全唐文》等总集里,明清以来坊间据此编辑出版了一些有关唐宋传奇小说的书往往谬误百出。如明陆楫编《古今说海》,明桃源居士辑《唐人说荟》《五朝小说》,清马俊良辑《龙威秘书》,清顾氏刊印《艺苑捃华》等,正如鲁迅所说,这些书多是"贾人贸利,撮拾彫镂",因而"往往妄制篇目,改题撰人",致使"晋唐稗传,黩剿几尽"。古人如此,今人所编书往往亦有错误。著名文学史家郑振铎所编《中国短篇小说集》扫除了蒙在中国小说上的烟尘,摒弃了许多错、假材料,"惜《夜怪录》尚题王洙,《灵应传》未删于逖,盖于故旧,犹存眷念"。可见旧籍的错误仍被承袭,鲁迅感到任其发展下去,"固贻害于谈文,亦飞灾于考史",加之"近数年中,能恳恳顾及唐宋传奇者,当不多有",一方面是错误,另一方面则是古代文化将少人顾及。有鉴于此,鲁迅这才"发意匡正",务要"黜其伪欺","斥伪返本",编一个"较之通行本子,稍足凭信"的《唐宋传奇集》。

二是考订作者时代,探究故事源流。鲁迅所写的《稗边小缀》有两万多字,可

---

① 鲁迅:《〈小说旧闻钞〉序言》,《鲁迅全集》第10卷,北京:人民文学出版社1981年版,第65页。
② 鲁迅:《〈唐宋传奇集〉序例》,《鲁迅全集》第10卷,北京:人民文学出版社1981年版,第140、141页。(本节引文均见此序)。

谓长篇巨制。这篇札记考证了作者的生平和创作意图,探究本事的演变及其对后代戏曲的影响,鉴别版本的不同,比较文字的优劣,简述有关评论的得失,特别是订正了明清刻本恣意删改原作的谬误。这不仅恢复了原作面貌,而且对读者阅读研究唐宋传奇提供了很多的帮助。如《枕中记》在《太平广记》《文苑英华》中均有篇名,撰人,而《唐人说荟》竟改称作李泌作。鲁迅写道,这是"莫喻其故也"。他评论说:"《文苑英华》不收传奇文,而独录此篇及陈鸿《长恨传》,殆亦以意主箴规,足为世戒矣。"①他又指出《搜神记》也有相类的事,此外还谈了这作品对以后创作的影响。又如《虬髯客传》,向来都认为是张说作,鲁迅根据材料断定为唐末五代的道士杜光庭作。此类考证极为郑振铎称赏,他赞扬鲁迅"那眼光是极为犀利而正确的",鲁迅的考证比他编的《中国短篇小说集》所作的校订、考证更为周详。

三是鲁迅在《序例》中对《唐宋传奇集》的取材以及编辑原则作了详细说明,这一点是上述诸书所略的,故详录如下,以便于了解鲁迅在辑校古籍方面的编辑思想。

一,本集所取资者,为明刊本《文苑英华》;清黄晟刊本《太平广记》,校以明许自昌刻本;涵芬楼影印宋本《资治通鉴考异》;董康刻士礼居本《青琐高议》,校以明张梦锡刊本及旧钞本;明翻宋本《百川学海》;明钞本原本《说郛》;明顾元庆刊本《文房小说》;清胡珽排印本《琳琅秘室丛书》等。

一,本集所取,专载单篇。若一书中之一篇,则虽事极煊赫,或本书已亡,亦不收采。如袁郊《甘泽谣》之《红线》,李復言《续玄怪录》之《杜子春》,裴铏《传奇》之《昆仑奴》《聂隐娘》等是也。皇甫枚《飞烟传》,虽亦是《三水小牍》逸文,然《太平广记》引则不云出自何书,似曾单行,故仍入录。

一,本集所取,唐文从宽,宋制则颇加决择。凡明清人所辑丛刊,有妄作者,辄加审正,黜其伪欺,非敢刊落,以求信也。日本有《游仙窟》,为唐张文成作,本当置《白猿传》之次,以章矛尘君方图版行,故不编入。

一,本集所取文章,有複见于不同之书,或不同之本,得以互校者,则互校之。字句有异,惟从其是。亦不历举某字某本作某,以省纷烦。倘读者更欲详知,则卷末具记某篇出于何书何卷,自可覆检原书,得其究竟。

---

① 鲁迅:《〈唐宋传奇集〉稗边小缀》,《鲁迅全集》第10卷,北京:人民文学出版社1981年版,第83页。

一，向来涉猎杂书，遇有关于唐宋传奇，足资参证者，时亦写取，以备遗忘。比因奔驰，颇复散失。客中又不易得书，殊无可作。今但会集丛残，稍益以近来所见，并为一卷，缀之末简，聊存旧闻。

一，唐人传奇，大为金元以来曲家所取资，耳目所及，亦举一二。第于词曲之事，素未用心，转贩故书，谅多讹略，精研博考，以俟专家。

鲁迅纂辑的《唐宋传奇集》是唐宋传奇的较好的版本，常为研究者所用，如刘开荣著《唐代小说研究》，"所选用小说是用的鲁迅所校录的《唐传奇小说》本"①（应是《唐宋传奇集》——引者注），就因为鲁迅曾用数种可靠的本子精选过。

鲁迅辑校的《古小说钩沉》《小说旧闻钞》《唐宋传奇集》等史料，真是开拓了前人未至的境域，创获是空前的。其"搜罗的勤勉，考证的认真，允推独步。近年来研究小说者虽渐次加多了，宋以后的史料虽有新获了，但是搜辑古逸之功，还未见有能及鲁迅的呢。"②正是据此信实的第一手史料"长编"，鲁迅著作了中国第一部纪念碑式的《中国小说史略》，同时也为后之研究中国古代小说者提供了十分丰富的史料。

6. 古代美术与书法史料

鲁迅对中国古代的美术书法史料的搜集也有着极其浓厚的兴趣，他搜集的汉代画像、六朝造像和金石拓片等，据统计总数达5 000张，这是十分宝贵的民族文化遗产。鲁迅对其中的大部分初步整理编目，编辑成《俟堂专文杂集》（已刊行），《六朝造像目录》《六朝墓志目录》《汉画像》等（均未刊行）。另据清末杨守敬《寰宇贞石图》整理出232种拓片，帖成5册，并序。

这一搜集工作的进行在1910年即已开始，先后搜集到《秦始皇会稽刻石》《王羲之兰亭刻石》《唐刻尊胜经幢》《元临海王烈妇碑》等砖刻碑文拓本。到1915年，他开始大量抄碑，大规模搜集汉魏六朝画像石拓本，有《射阳门画像拓本》《武氏祠堂画像并题记拓本》等数十种。到1917年仅两年时间，他就搜集了《吴谷朗碑拓本》《唐邕写经碑》《栖岩寺舍利塔碑》《杂砖拓片》《泰山秦篆残石》《阎立本帝王图》等画像、画册达2 100余种。此后还不断地注意搜集，直至逝世前不久，他还在致王正朔信（1936年8月18日）中，告知寄来的南阳汉画像拓片一包共67张

---

① 刘开荣:《唐宋小说研究·序论》,台北:台湾商务印书馆1973年版,第1页。
② 许寿裳:《亡友鲁迅印象记·整理古籍和古碑》,《鲁迅回忆录·专著》(上册),北京:北京出版社1999年版,第243页。

已收到,并特别希望王正朔能将南阳市北关魏公桥桥基石刻拓出,"桥基石刻,亦切望于水消后拓出"①,可见鲁迅对这份民族文化遗产的重视。鲁迅搜集编辑汉魏画像,金石拓片是有目的的。

首先,是用于研究。鲁迅从拓本上抄写本文,与《金石萃编》等相校,"一方面可以研究中国字体史,另方面,可以作为写中国文学史的风俗习惯的正确了解的一面"②。对于汉魏六朝石刻不仅注意其文字,还特别注意研究其画像和图案,以了解那个时代的历史风貌,这就远非旧时代那些考据家、鉴赏家可比,这是鲁迅在金石研究中的独辟蹊径。蔡元培说:"金石学为自宋以来较发达之学,而未有注意于汉碑之图案者。鲁迅先生独注意于此材料之搜罗。"③蔡元培还回忆说:"他在北京时,已经搜辑汉碑图案的拓本。从前记录汉碑的书,注重文字;对于碑上雕刻的花纹,毫不注意。先生特别搜辑,已获得数百种。"④

其次,是为了增强民族自信心。鲁迅认为汉画像的图案,美妙无伦,为日本艺术家所采取,西洋名家看了就说日本的图案如何了不得,哪怕是一鳞一爪也交口赞许。殊不知日本图案的渊源本来就出于我国的汉画,因而搜辑汉魏画像毫无疑问可以增强我们中华民族的自信心。

再其次,是为青年木刻家提供艺术的借鉴。鲁迅在后期把自己搜辑的汉魏画像,砖石拓片推荐给木刻青年,使"取法于欧洲"的创作木刻在画像石刻上,学习到绘画和镌刻的优秀传统。他在30年代初提倡新兴木刻时指出:"我的意思,是以为倘参酌汉代的石刻画像,明清的书籍插画,并且留心民间所赏玩的所谓'年画',和欧洲的新法融合起来,许能够创出一种更好的版画。"⑤他自己身体力行,曾运用石碑上的云纹图案设计了他翻译的《桃色的云》的封面,运用石刻图案为北京大学《国学季刊》设计了封面,这都是当时十分新颖的创举。

鲁迅生前对自己搜辑的数千枚墓志、碑帖、造像、画像、石刻拓片计划复印出版,以利于文化的传播和艺术的借鉴,绝没有把它们当做可居的奇货以牟利。许广平曾回忆说:"关于造像及墓碑等,陆续搜集到的不下数百种。有些是前清达官

---

① 《鲁迅全集》第13卷,北京:人民文学出版社1981年版,第407页。
② 许广平致胡冰信,见胡冰《鲁迅研究札记》,上海:新文艺出版社1958年版,第56页。
③ 蔡元培:《鲁迅先生全集序》。
④ 蔡元培:《记鲁迅先生轶事》,《鲁迅回忆录·散篇》(上册),北京:北京出版社1999年版,第101页。
⑤ 鲁迅致李桦信(1935年2月4日),《鲁迅全集》第13卷,北京:人民文学出版社1981年版,第45页。

端方所保存,后来落到先生之手,极为珍贵,有人曾恳请割爱,终未允诺的。"①又说:

> 他……以为一些人的对碑帖视为奇货作专利想,自己印了几张,就把那印过的碑石敲坏,以独得完整自豪的自私心情,对文化负无穷罪愆。而这些破坏者,仅做到"收藏"二字而已。有一张碑帖,下首就盖以"端方"名字(端方是清朝的达官,并不精研艺术),流落出来,到鲁迅手,鲁迅却与其他碑帖造像等同研究,从拓片择取部分拿来做书的封面,已甚精美,并屡屡说石刻中的许多艺术品不加利用,甚是可惜。②

鲁迅的这种对待民族文化的态度,与封建达官端方之流真不啻有天渊之别。鲁迅的出版计划在其生前终未能如愿,早在北京时,他就与蔡元培"商量到付印的问题,因印费太昂,终无成议"③。此后他又数次谈到出版这些画像拓片:

> 印汉至唐画象,但唯取其可见当时风俗者,如游猎,卤簿,宴饮之类,而著手则不大易。④

> 我陆续曾收得汉画象一箧,初拟全印,不问完或残,使其如图目,分类为:一,摩厓;二,阙,门;三,石室,堂;四、残杂(此类最多)。材料不完,印工亦浩大,遂止;后又欲选其有关于神话及当时生活状态,而刻划又较明晰者,为选集,但亦未实行。⑤

鲁迅为研究我国的文化发展史,搜辑了大量的古代画像,墓志碑帖,编辑成《六朝造像目录》《六朝墓志目录》《汉画像目录》《石刻目录》《唐造像目录》等,终

---

① 许广平:《关于造像汉唐石刻画像》,见《鲁迅研究资料》第 1 辑。
② 许广平:《鲁迅回忆录·北京时期的读书生活》,《鲁迅回忆录·专著》(下册),北京:北京出版社 1999 年版,第 1122 页。
③ 蔡元培:《记鲁迅先生轶事》,《鲁迅回忆录·散篇》(上册),北京:北京出版社 1999 年版,第 101 页。
④ 鲁迅致台静农信(1934 年 6 月 9 日),《鲁迅全集》第 12 卷,北京:人民文学出版社 1981 年版,第 453 页。
⑤ 鲁迅致台静农信(1935 年 11 月 15 日),《鲁迅全集》第 13 卷,北京:人民文学出版社 1981 年版,第 249 页。(此信中,"画象",原文如此)

因时间和资力所限,未能出版,这在他一直是引以为憾事的。

（二）"回到古代去"的深刻原因

鲁迅从日本回国后到1917年这六七年时间,只有辛亥革命时兴奋过,但很快就失望,感到了"寂寞"和"痛苦",而这"寂寞"和"痛苦"又不可不驱除,"于是",鲁迅说道:"用了种种法,来麻醉自己的灵魂,使我沉入于国民中,使我回到古代去。"①从热烈地倡导新文艺运动转到辑录古代典籍的沉默,这是有深刻的社会历史原因的。

首先,回国初,社会现状仍很腐败,他经历的"木瓜之役",两次学潮,"无辫之灾"等,都说明了封建势力的顽固,他感到"技俩奇觚,鬼蜮退舍。……上自士大夫,下至台隶,居心卑险,不可施救"②。于是"惟搜采植物,不殊曩日,又翻类书,荟集古逸书数种"③。是现实迫使他"回到古代去"。

其次,辛亥革命成功后的倒退,袁世凯的窃国篡权,为复辟帝制,滥捕滥杀。此时,"北京文官大小一律受到注意,生恐他们反对或表示不服,以此人人设法逃避耳目,大约只要有一种嗜好,重的嫖赌蓄妾,轻则玩古董书画,也就多少可以放心"。因此鲁迅"回到古代去"辑校古书,抄录古碑,搜集汉魏画像,可以"避人注意,叫袁世凯的狗腿看了觉得这是老古董,不会顾问政治的"④。鲁迅后来在《〈呐喊〉自序》中说:"许多年,我便寓在这屋里钞古碑,客中少有人来,古碑中也遇不到什么问题和主义。"这是政治原因迫使他"回到古代去",转向辑录古籍古碑的沉默中去。

再其次,整理民族文化遗产以研究中国的文化发展史。《中国小说史略》正是此时"回到古代去"后的产物。

当然鲁迅此时也并没有完全"沉溺"到"古代"去,即使是辑校古籍,如《嵇康集》,他也借此书来表示对袁世凯篡权复辟的不满。至于为周作人译稿《劲草》作序,助其所译《炭画》出版,把他的《童话略论》刊载于《教育部编纂处月刊》1卷8期上,说明他提倡文艺运动的心并没有因辑录古籍的沉默而冷却。特

---

① 鲁迅:《〈呐喊〉自序》,《鲁迅全集》第1卷,北京:人民文学出版社1981年版,第418页。
② 鲁迅致许寿裳信(1911年1月2日),《鲁迅全集》第11卷,北京:人民文学出版社1981年版,第331页。
③ 鲁迅致许寿裳信(1910年11月15日),《鲁迅全集》第11卷,北京:人民文学出版社1981年版,第327页。
④ 周遐寿:《鲁迅的故家》,《鲁迅回忆录·专著》(中册),北京:北京出版社1999年版,第1064页。

别是当鸳鸯蝴蝶派的小说风行一时时,鲁迅利用自己担任教育部通俗教育研究会小说股主任和审核干事的权力,通令查禁代表这个文学流派专提倡"聚钗光鬓影,能及时行乐"的淫乐思想的杂志《眉语》,以及黄色小说《金屋梦》《鸳鸯梦》。而对周瘦鹃编译的《欧美名家短篇小说丛刊》则大加称赏,他与周作人为此书合拟的《评语》说道:"其中意、西、瑞典、荷兰、塞尔维亚,在中国皆属创见,所选亦多佳作。又每一篇署著者名氏,并附小像略传,用心颇为恳挚,不仅志在娱悦俗人之耳目,足为近来译事之光。""当此淫佚文字充塞坊肆时,得此一书,俾读者知所谓哀情惨情之外,尚有更纯洁之作,则固亦昏夜之微光,鸡群之鸣鹤矣。"①此时正是他参加《新青年》前的 1917 年 11 月 30 日。他已经打破了沉默,将以自己的"微光"照亮黑暗,以冲天的"鸣鹤"参加《新青年》的编辑,迎接一个新的时期的到来。

第三节 "撕去假面",文坛需要"文明批评"和"社会批评"(1918—1927)

一、以"思想革命"来办刊物

(一)参编《新青年》与对胡适的斗争

1.受邀参编《新青年》

当鲁迅"一个人孤独地坐在山会邑馆的槐树底下,成天默默地整理旧书,抄录碑帖"时,他"青年时期激昂慷慨的热情,完全被深沉的忧郁和艰难的探索所代替了。但他的思想是愤激的"②。这种"愤激"很快找到了喷火口,那就是参编《新青年》与为其撰稿。鲁迅在 1917 年即已接触到了《新青年》,1918 年 1 月,应该刊主编陈独秀的邀请正式参与《新青年》的编辑,并成为重要撰稿人之一。

《新青年》1915 年 9 月 15 日创刊于上海,月刊,主编陈独秀,初名《青年杂志》,次年更名为《新青年》。1917 年 1 月因陈独秀任北大文科学长,编辑部随之迁往北京。杂志发刊《文学改良刍议》《文学革命论》而开始倡导文学革命运动。

---

① 刘运峰编:《鲁迅佚文全集》(上),北京:群言出版社 2001 年版,第 289 页。
② 许广平:《鲁迅回忆录·五四前后》,《鲁迅回忆录·专著》(下册),北京:北京出版社 1999 年版,第 1087 页。

1918年1月,《新青年》编辑部改组扩大,由陈独秀一人主编改为《新青年》同人组成的编委会负责编辑,鲁迅即是此时加盟《新青年》。1920年9月《新青年》成为上海共产主义小组机关刊物,迁至上海出版。1921年初移至广州,次年7月1日出至第9卷第6期停刊。1923年6月改为季刊复刊,成为中国共产党中央委员会的理论性机关刊物,由瞿秋白主编,出至1926年7月终刊。鲁迅与《新青年》的关系主要是从1918年至1921年这几年时间。作为撰稿人鲁迅第一篇白话小说也是现代文学史上第一篇小说《狂人日记》就发表于1918年《新青年》4卷5号上,此后"一发不可收拾",到1921年8月止,近3年多的时间里,陆续发表了小说5篇,新诗6篇,随感录23则,论文2篇,通信、翻译文学作品等其他文字10余篇,共计50余篇。鲁迅在总结《新青年》倡导文学革命的作用时说:

> 凡是关心现代中国文学的人,谁都知道《新青年》是提倡"文学改良",后来更进一步而号召"文学革命"的发难者。……从一九一八年五月起,《狂人日记》、《孔乙己》、《药》等,陆续地出现了,算是显示了"文学革命"的实绩。①

鲁迅在后来的《热风·题记》《华盖集·通讯》《二心集·上海文艺之一瞥》《南腔北调集·〈守常全集〉题记》《准风月谈·"中国文坛的悲观"》《且介亭杂文·忆刘半农君》《集外集·渡河与引路》《集外集拾遗补编·自传》等文中都或详或简地谈到自己与《新青年》的关系。

2. 在斗争中捍卫《新青年》的编辑方向

鲁迅参与《新青年》的编辑活动最主要的表现在与封建复古派对《新青年》的攻击及与资产阶级右翼文人胡适试图改变《新青年》方向的斗争。

首先,是与封建复古派的斗争。《新青年》杂志是既倡导文学革命又倡导思想革命的刊物。它揭起"科学与民主"的旗帜对腐朽的封建礼教和封建文化的猛烈批判,引起了封建卫道者的恐惧。北大教授刘师培在政治上出卖革命党人,助袁世凯推行帝制;在文化上提倡国粹。此时他创刊《国粹丛编》②专向《新青年》论战。为捍卫《新青年》倡导新文化运动的思想成果,鲁迅对这些封建复古文人进行了坚决的斗争。他说:

---

① 鲁迅:《〈中国新文学大系〉小说二集序》,《鲁迅全集》第6卷,北京:人民文学出版社1981年版,第238页。
② 《国粹丛编》是指刘师培等人计划复刊《国粹学报》和《国粹汇编》,但此事事后未能实现。1919年3月,他们另办《国故》月刊,鼓吹"昌明中国固有之学术",与新文化运动相对抗。

中国国粹、虽然等于放屁、而一群坏种、要刊丛编、却也毫不足怪。

阅历已久、无论如何复古、如何国粹、都已不怕。但该坏种等之创刊屁志、系专对《新青年》而发、则略以为异、初不料《新青年》之于他们、竟如此其难过也。然既将刊之、则听其刊之、且看其刊之、看其如何国法、如何粹法、如何发昏、如何放屁、如何做梦、如何探龙、亦一大快事也。①

鲁迅对"国粹"的猛烈抨击，维护了《新青年》在新文化运动中的地位。后来有一个叫思孟的在北京《公言报》上刊文《息邪》(1919年8月6日至13日)取孟子的"我亦欲正人心息邪说"之意，攻击《新青年》"引过激派学说，昌共产主义"以蛊惑，胡说《新青年》倡导文学革命是"覆孔孟，蔑伦常"的大逆不道。鲁迅则针锋相对，在《国民公报》(1919年8月12日)"寸铁"栏发表《寸铁》4则予以驳斥。鲁迅在文中指出：思孟以鬼蜮伎俩，"做些鬼祟的事"，这也只不过是"小邪"，"算不得大邪"；虽然"造谣说谎诬陷中伤也都是中国的大宗国粹"，但随着历史的发展，这点"鬼祟著作却都消灭了"。思孟这类"不肖子孙"②，至今不悟，依然袭用老制，是只能与时俱亡的；而《新青年》则将与时而俱进。鲁迅后来回忆说："记得当时的《新青年》是正在四面受敌之中，我所对付的不过一小部分。"③正是指此类的封建复古派。

其次，是与胡适的斗争。鲁迅与胡适的斗争，直接关系到《新青年》的编辑方向。鲁迅对胡适的斗争有三次。

第一次，是反对胡适企图垄断《新青年》的阴谋。为引起关于文学革命之争论推动文学革命向前发展，《新青年》在4卷3号(1918年3月15日)上同时刊载王敬轩(钱玄同化名)《给新青年编者的一封信》和刘半农的《复王敬轩书》。来信故意将当时封建复古派反对白话文之谬论一一罗列，复信则痛快淋漓地予以驳斥，时称之为"双簧信"。然而这却触怒了胡适，他抗议《新青年》发表这种"有失士大夫身份"，"不能登大雅之堂"的文章，并极力要由他一人来包办《新青年》。对此鲁迅坚决反对。"鲁迅是支持玄同和半农的，听见了'胡博士'的话，马上斩钉截铁地告诉他，这个杂志如果归你一手包办，我们就坚决不投稿。这样一来，'胡博士'

---

① 鲁迅致钱玄同信(1918年7月5日)，《鲁迅全集》第11卷，北京：人民文学出版社1981年版，第351页。(鲁迅于此信的标点，多用顿号。)
② 鲁迅：《寸铁》，《鲁迅全集》第8卷，北京：人民文学出版社1981年版，第89页。
③ 鲁迅：《热风·题记》，《鲁迅全集》第1卷，北京：人民文学出版社1981年版，第291页。

便知难而退了。"①

第二次，仍是反对他试图独揽《新青年》的编辑大权。1919年1月，《新青年》从6卷1号起，改陈独秀一人主编为李大钊、陈独秀、胡适、沈尹默、钱玄同、高一涵6人轮流值编，每人负责一期编务。1919年5月《新青年》出版第6卷第5号，由李大钊担任这一期编辑。恰好五四运动爆发，为配合这场新文化运动和传播马克思主义，李大钊把6卷5号的《新青年》编成《马克思研究专号》，并发表了《我的马克思主义观》一文，阐述了马克思主义的唯物史观、政治经济学和科学社会主义。这就与胡适编辑的《新青年》6卷4号发表《实验主义》一文宣扬英美实用主义哲学的观点针锋相对。鲁迅在6卷5号上发表小说《药》，随感录《"来了"》《现在的屠杀者》《人心很古》《"圣武"》等5篇作品，作为对李大钊宣传马克思主义的支持。在《随感录五十九·"圣武"》一文中，他赞扬列宁领导的苏联十月革命是"新世纪的曙光"②。这期《新青年》因主编陈独秀被捕，《新青年》编辑部遭搜查而延至9月出版。由于这一期鲜明的马克思主义观，使胡适大为不满。不久，即在10月5日的《新青年》杂志编辑部召开的会议上，胡适提议，不用大家轮流编辑，由他一人来主编《新青年》，企图独揽编辑大权，从而改变《新青年》宣传马克思主义的编辑方向。鲁迅看穿胡适的这一用心，就在会前对沈尹默说："你对适之讲：'也不要你一人编。《新青年》是仲甫（陈独秀）带来的，现在仍旧还给仲甫，让仲甫一个人去编吧！'"③会议结果与鲁迅的意愿一致。同年12月，《新青年》自7卷1期起仍由陈独秀一人来编，挫败了胡适的企图，从而捍卫了《新青年》宣传马克思主义的编辑方向。

第三次，是反对胡适要求《新青年》"不谈政治"的主张。《新青年》仍由陈独秀编辑后，在7卷1号上发表宣言，大体上确定了刊物的宣传社会主义方向。1920年9月，《新青年》编辑部自北京迁往上海，从8卷1期起，杂志成为上海共产主义小组的机关刊物，在8卷4期上曾出"社会主义讨论"专栏。据统计，从1919年下半年到1921年上半年，《新青年》发表的关于马克思主义、十月革命和中国工人运动的论文、通讯有130余篇。这又引起胡适的反感。1921年1月2日，胡适写信给陈独秀（陈此时由沪返穗），此信在寄给陈独秀前，曾请在京的鲁迅等《新青年》同人传阅并征求意见，故于此日鲁迅又得到胡适的信。胡适在信中说："《新青年》

---

① 沈尹默：《鲁迅生活中的一节》，载《文艺月报》1956年第10期。
② 《鲁迅全集》第1卷，北京：人民文学出版社1981年版，第356页。
③ 见《访问沈尹默谈话记录》，鲍昌、邱文治著：《鲁迅年谱》（上），天津：天津人民出版社1979年版，第147页。

'色彩过于鲜明'……今虽有意抹淡,似亦非易事。北京同人抹淡的工夫决赶不上上海同人染浓的手段之神速。"①所谓"《新青年》'色彩'"即是指该刊宣传马克思主义和社会主义的色彩;而"鲜明"在胡适看来是刊物谈政治谈主义太过分了,殊不知这恰恰正是《新青年》的特点。毫无疑问,胡适对《新青年》倾向于政治宣传的编辑方向是反对的,因而他这封信就直接关系到《新青年》的性质和前途了。为此,胡适在信中提出改变《新青年》性质的三条意见:"一、听《新青年》流为一种有特别色彩之杂志,而另创一个哲学文学的杂志";"二、若要《新青年》'改变内容',非恢复我们'不谈政治'的戒约,不能做到。但此时上海同人似不便做此一着,兄(按指陈独秀)似更不便,因为不愿示人以弱。但北京同人正不妨如此宣言。……于九卷一号内发表一个新宣言,略根据七卷一号的宣言,而注重学术思想艺文的改造,声明不谈政治"。三、"暂时停办"②。鲁迅阅后当即复信,反对他的分裂《新青年》活动和要求声明《新青年》"不谈政治"的主张。鲁迅说:"发表新宣言说明不谈政治,我却以为不必,这固然小半在'不愿示人以弱',其实则凡《新青年》同人所作的作品,无任何宣言,官场总是头痛,不会优容的。"③很鲜明地表达了自己欲"谈政治"的主张。其实也并非"欲谈",实质上是由《新青年》自创刊就宣扬"打倒孔家店""反对旧礼教"的主张"思想革命"(包括"政治革命"在内)的性质所决定的。胡适看鲁迅不为其《新青年》'色彩过于鲜明'",赶紧"不谈政治"的言论所动,于当月25日再次寄信给鲁迅等人,大肆攻击《新青年》,说什么"今《新青年》差不多成了 Soviet Russia(美国进步刊物《苏俄》周刊——引者注)的汉译本,故我想另创一个专关学术艺文的杂志。"鲁迅看后认为"《新青年》的趋势是倾于分裂的,不容易勉强调和统一","所以索性任它分裂"④。《新青年》中的同人李大钊也反对胡适分裂《新青年》的团结,陈望道(在上海主编《新青年》)表示对胡适"不能信任",陈独秀则不赞成胡适欲把《新青年》移至北京编辑。由于鲁迅等人坚决毫不妥协的斗争,胡适欲改变《新青年》的政治性质和编辑方向的企图再次遭到挫败。结果,《新青年》继续坚持原来的编辑方向,并得到鲁迅等北京同人的积

---

① 《胡适的信》,载《陈独秀著作选编》第2卷,上海:上海人民出版社2009年版,第318-319页。
② 《胡适的信》,载《陈独秀著作选编》第2卷,上海:上海人民出版社2009年版,第319页。
③ 鲁迅致胡适的信(1921年1月3日),《鲁迅全集》第11卷,北京:人民文学出版社1981年版,第371页。
④ 《胡适的信》,载《陈独秀著作选编》第2卷,上海:上海人民出版社2009年版,第320、321页。

极支持。而胡适从此与《新青年》分道扬镳，于1922年另办《努力周报》。鲁迅为维护和捍卫《新青年》的编辑方向而对胡适的三次斗争皆以胜利而告终。

3. 总结《新青年》的编辑特色

鲁迅总结《新青年》的编辑特色有两点：

第一个特色是以"思想革命"来办刊物①。《新青年》始以标举"民主和科学""打倒孔家店"，继则鼓吹"文学革命"，宣传马克思主义和社会主义，体现了《新青年》鲜明的"思想革命"的编辑特色。鲁迅大量随感录正是《新青年》主张"思想革命"的产物，他对封建复古派和资产阶级右翼文人的斗争是对《新青年》以"思想革命"为办刊宗旨的正确贯彻。《新青年》的这一编辑特色为鲁迅所继承，对他后来的编辑思想和编辑实践活动也产生了一定的影响。

第二个特色是有"学术思想艺文的气息"②。《新青年》初始所发文章无论是宣扬西方的民主与科学，还是批判中国的孔教，都还是从"学术思想"着眼的；之后《文学改良刍议》《文学革命论》问世，带出了《狂人日记》等新文学第一批宁馨儿，刊物的"艺文的气息"也随之越来越浓了。由于"五四新文化运动"的兴起，为适应马克思主义、社会主义的尽快传播，《新青年》大量刊载这方面的文章，并终于成为中国共产党中央的理论机关刊物。此时《新青年》实际上已经完成了早期的"思想革命""文学革命"的宣传任务，而转向政治理论的宣传，是很自然的事（"五四"后宣传新思想新文化的刊物大量涌现，担任了《新青年》刊载文艺作品的这一功能）。鲁迅所说的"艺文的气息"是指1921年前的《新青年》的编辑特色，仍是很恰当的。

（二）编辑新书以推动新文化运动

《新青年》以鲁迅的《狂人日记》揭开了中国新文学的序幕，之后不但鲁迅"一发而不可收拾"，新的作家、新的文学刊物、新的文学社团也如雨后春笋，不断涌现，新文学运动已蓬蓬勃勃开展起来。鲁迅在日本提倡新文艺运动未能如愿，创办《新生》流产，而在此时，《新青年》与五四运动为鲁迅倡导新文艺运动提供了契机。在《新青年》同人的"劝告"下他重印了《域外小说集》以应介绍外国文学之需，同时在新序中，再次强调"文艺是可以转移性情，改造社会的"这一起初就认定的编辑宗旨。另一方面又着手编译《爱罗先珂童话集》《现代小说译丛》《现代日本小说集》等，校订《人间的生活》和《往星中》等外国文学；对中国新文学那些稚

---

① 鲁迅：《通讯（致旭生）》，《鲁迅全集》第3卷，北京：人民文学出版社1981年版，第22页。
② 《鲁迅全集》第11卷，北京：人民文学出版社1981年版，第371页。

嫩的幼苗也热心培植,为他们校稿作序。他的这些编校活动对新文学运动是有力的支持和推动。

1. 编校外国文学

鲁迅于1922年1月编订《爱罗先珂童话集》,并作序,同年7月作为《文学研究会丛刊》之一由上海商务印书馆出版。爱罗先珂是俄国诗人、童话作家。1921年8月来我国,不久与鲁迅结识,住进北京八道湾鲁迅家中。在京期间,爱罗先珂一方面在北大世界语讲习班任教;另一方面还积极参加各种社会活动,常往一些高校讲演,介绍俄国文学,宣传反对帝国主义的侵略,支持北京青年的爱国斗争。所有这些很为鲁迅赞赏,因而结下了深挚的友谊,并热心地把他的童话翻译介绍给中国读者。《爱罗先珂童话集》共收12篇作品,其中鲁迅译9篇,胡愈之译2篇,汪馥泉译1篇。鲁迅在序言中欣慰地说:"爱罗先珂先生的童话,现在辑成一集,显现于住在中国的读者眼前了。这原是我的希望,所以很使我感谢而且喜欢。"爱罗先珂的作品反映出作者"所要叫彻人间的是无所不爱,然而不得所爱的悲哀"。作者那"童心的,美的,然而有真实性的梦"①格外为鲁迅所看重,因而也就格外想编译这些作品以助中国童话的创作。对于编译《爱罗先珂童话集》的目的,鲁迅后来还说道:"其实,我当时的意思,不过要传播被虐待者的苦痛的呼声和激发国人对于强权者的憎恶和愤怒而已,并不是从什么'艺术之宫'里伸出手来,拔了海外的奇花瑶草,来移植在华国的艺苑。"②"对于他的作品的内容,我自然也常有不同的意见。"③

除《爱罗先珂童话集》外,鲁迅还编辑了《现代小说译丛》和《现代日本小说集》。

《现代小说译丛》为外国短篇小说集,是鲁迅与周作人、周建人于1920年、1921年部分译作的汇编,仅出第1集,共收30篇,鲁迅译9篇,它们是俄国作家阿尔志跋绥夫的《幸福》《医生》,契里珂夫的《连翘》《省会》,安特来夫的《暗淡的烟霭里》《书籍》;芬兰作家亚勒吉阿的《父亲在亚美利加》,明娜·亢德的《疯姑娘》;保加利亚作家跋佐夫的《战争中的威尔珂》。除《省会》一篇外,其余8篇鲁迅均写了译后记。该书于1922年5月列为商务印书馆的《世界丛书》之一出版。

---

① 鲁迅:《〈爱罗先珂童话集〉序》,《鲁迅全集》第10卷,北京:人民文学出版社1981年版,第197页。
② 鲁迅:《坟·杂忆》,《鲁迅全集》第1卷,北京:人民文学出版社1981年版,第224页。
③ 鲁迅:《看了魏建功君的〈不敢盲从〉以后的几句声明》,《鲁迅全集》第8卷,北京:人民文学出版社1981年版,第114页。

《现代日本小说集》也是鲁迅与周作人合译的日本短篇小说集,作为商务印书馆的《世界丛书》之一于 1923 年 6 月出版。该书收日本小说 30 篇,鲁迅译 11 篇,它们是:夏目漱石的《挂幅》《克莱喀先生》;森鸥外的《游戏》《沉默之塔》;有岛武郎的《与幼小者》《阿末的死》;江口涣的《峡谷的夜》;菊池宽的《三浦右卫门的最后》《报仇的话》;芥川龙之介的《鼻子》《罗生门》。鲁迅在该书的《附录》中对他所译的夏目漱石等六个日本作家的生平及其文艺主张和创作特色作了介绍。

这两部书的编译,一侧重于欧洲,一侧重于日本,对中国新文学运动提供了有益的借鉴。

另外鲁迅还为毛咏棠、李宗武合译的《人间的生活》(日本武者小路实笃著)和李霁野译的《往星中》(俄国安德列夫著)进行了认真仔细的校阅,目的在给中国培养切实的翻译工作者。

2. 培植新文学幼苗

对新文化运动中涌现出来的青年作家的新作品,他更是格外爱护,为他们校改,帮助联系出版。这期间他校改过汪静之新诗集《蕙的风》,孙伏园散文集《山野掇拾》,孙福熙散文集《大西洋之滨》等。

汪静之的《蕙的风》于 1922 年 8 月由亚东书局出版后,因其是中国第一部情诗集,反映了被五四运动唤醒的青年反抗封建礼教的要求,遭到胡梦华(时为东南大学学生)的非议,认为《蕙的风》是像"《金瓶梅》一样""堕落轻薄"的作品,是"变相的提倡淫业","应该严格取缔"①。鲁迅为此写了《反对"含泪"的批评家》(1922 年 11 月 17 日)对胡梦华的错误论调予以严正批驳,他指出:

> 我以为中国之所谓道德家的神经,自古以来,未免过敏而又过敏了,看见一句"意中人",便即想到《金瓶梅》,看见一个"瞟"字,便即穿凿到别的事情上去。然而一切青年的心,却未必都如此不净。②

这就揭穿了虚伪腐朽的封建道德,维护了作者及其作品《蕙的风》的声誉,使《蕙的风》的出版为中国新文学的纯粹的爱情诗题材开辟了一条道路。

鲁迅为这些青年作者的翻译和创作,总是逐字逐页地批改文稿,逐字逐句地

---

① 见胡梦华《读了〈蕙的风〉以后》和《悲哀的青年》,分别载 1922 年 10 月 24 日《时事新报》副刊《学灯》和 1922 年 11 月 3 日《民国日报》副刊《觉悟》。

② 《鲁迅全集》第 1 卷,北京:人民文学出版社 1981 年版,第 403 页。

校勘译稿。他半生的工夫几乎都耗在这上面,目的就是为给中国培养出切实的翻译家和作家,为中国的文学运动注入新鲜的血液,推动新文学运动健康发展。

(三)支持《新潮》与批判《灵学》

1.对新文学期刊的支持

新文学运动的兴起与发展有赖于新的文学期刊、文学社团(着重于编辑出版)的出现,相互竞争,推波助澜,促成新文学运动的深入与前进。鲁迅除了自编期刊书籍外,对有助于新文学运动的新期刊(副刊)也给予了积极的支持,如《新潮》《晨报副刊》《浅草》《语丝》等,或为其撰写文章,或为其提供书稿,或指导其编辑方针,甚或出资以助其刊行。

(1)《新潮》

这是直接受《新青年》影响在新文化运动中较早出现的一个刊物。1919年1月创刊,由北京大学新潮社编,1922年3月停刊。《新潮》初期曾介绍新文化新思潮,高举"伦理革命"与"文学革命"旗帜,反对封建伦理道德,宣扬个性解放、婚姻自由,反对封建文学,提倡新文学,在新文化运动中,引起广泛影响。所以鲁迅高兴地说:"近来出杂志一种曰《新潮》,颇强人意。"①鲁迅对这个刊物给予了极大的关怀。为它作小说《明天》(载《新潮》2卷1号)和译文《察拉图斯忒拉的序言》(载《新潮》2卷5号)予以支持。他还把自己的小说集《呐喊》,译著《桃色的云》作为新潮社的《文艺丛书》出版。特别是他把学术专著中国小说史的开山之作《中国小说史略》交新潮社于1923年12月正式出版,表示出鲁迅的极大支持。鲁迅更为关心的是《新潮》的编辑方向。他在《对于〈新潮〉一部分的意见》(载《新潮》1卷5号)中指出:《新潮》应当"讲科学而仍发议论",要把讲科学同封建顽固派的斗争结合起来,"最好是无论如何总要对于中国的老病刺他几针",而且"还是毒重的好",以便使那些"鼓吹少年专讲科学,不要议论"的"老先生"们"不得安稳"。这就是要《新潮》坚持科学精神和批判精神,这与他认为《新青年》是以"思想革命"来办刊物是一脉相承的(对《新青年》的姊妹刊物《每周评论》,他特别看重的也就在它"重在批评事实"的特色)。同时对《新潮》发表的小说《雪夜》《这也是一个人》以及新诗提出了具体意见,认为《新潮》适应了新文学的潮流,注意发表一些好的作品,"这样下去,创作很有点希望"②,肯定了《新潮》杂志坚持新文学运动的

---

① 鲁迅致许寿裳信(1919年1月16日),《鲁迅全集》第11卷,北京:人民文学出版社1981年版,第357页。

② 《鲁迅全集》第7卷,北京:人民文学出版社1981年版,第225、226页。

方向。只是五四运动后,《新潮》逐渐右倾,大背鲁迅提出的"讲科学发议论"的编辑方向。

(2)《晨报副刊》

《晨报副刊》与鲁迅发生关系较早,在其早期也得到鲁迅的大力支持。《晨报》创刊于1916年8月15日。1919年2月《晨报》改革第7版作为文艺副刊出版,由李大钊、孙伏园担任编辑,鲁迅就在这一年的12月开始为《晨报》副刊撰稿,发表小说、杂文、译作等十余篇予以支持。《晨报》副刊还转载了鲁迅在《新青年》杂志发表的小说《狂人日记》和《故乡》,显示出《晨报》副刊的编辑方向。1921年12月,《晨报》第7版宣告独立,改为日出4开4版单张,由孙伏园主编。刊头根据鲁迅的提议命名为《晨报副刊》,出版时由《晨报》总编辑蒲殿俊(伯美)题为《晨报副镌》,为尊重鲁迅的意见,报眉则题为《晨报副刊》。鲁迅对独立的《晨报副刊》极为重视,他在1921年8月21日致周作人信中说:"我们此后译作,每月似只能《新》(按即《新青年》)、《小》(按即《小说月报》)、《晨》副各一篇,以免果有不均之诮。"鲁迅的著名的中篇小说《阿Q正传》即发表在《晨报副刊》上,第一章载《晨报副刊》"开心话"栏,第二章起移载"新文艺"栏,从1921年12月4日至1922年2月12日刊完,共9期。这部小说奠定了鲁迅在中国现代文学史和世界文学史上的地位,也使刊载它的《晨报副刊》在众多的文艺刊物中树立了权威,成为当时著名的新文化运动中四大文艺副刊(《京报副刊》、《民国日报》副刊《觉悟》、《时事新报》副刊《学灯》)之一。1924年末因《晨报》代理总编辑刘勉己擅自抽掉已确定刊用的鲁迅《我的失恋》一诗,孙伏园愤而辞去副刊编辑职务,至此鲁迅在《晨报副刊》上共发表了五十余篇作品。此后《晨报副刊》为现代评论派所把持,发表攻击鲁迅的文字,遭到鲁迅的痛击(这在下文叙述)。从1919年到1924年整个新文化运动时期,鲁迅都与《晨报副刊》保持非常密切的关系。后来鲁迅在编辑《中国新文学大系·小说二集》时,曾选入《晨报副刊》刊登的小说多篇,并在《序》中肯定了《晨报副刊》在促进新文学创作方面所作的努力,称赞《晨报副刊》是继"《新青年》和《新潮》的人们,风流云散"之后,"露出头角"①来的新文化刊物。

(3)《浅草》与《语丝》

在新文学运动初期出现的文艺刊物得到鲁迅关心与支持的还有《浅草》与《语丝》。

---

① 《鲁迅全集》第6卷,北京:人民文学出版社1981年版,第245页。

《浅草》季刊1923年3月25日创刊于上海,1925年2月停刊。由鲁迅的学生陈炜谟等人负责编辑,每期寄到北京都由陈炜谟亲自面送鲁迅。所以,鲁迅在《一觉》(1926年4月)中写道:"两三年前","一个并不熟识的青年,默默地给我一包书,打开看时,是一本《浅草》。就在这默默中,使我懂得了许多话。阿,这赠品是多么丰饶呵!"①表现出他对《浅草》出版的兴奋和对青年的热爱。鲁迅对《浅草》杂志的评价也甚好,他认为《浅草》所坚持的文艺编辑方向是应予肯定的,《浅草》"每一期都显示着努力:向外,在摄取异域的营养,向内,在挖掘自己的魂灵,要发见心里的眼睛和喉舌,来凝视这世界,将真和美歌唱给寂寞的人们"②。

《语丝》1924年11月17日创刊于北京,鲁迅在起始出资十元赞助刊物的出版,鲁迅与《语丝》的关系较深较久,主要在1927年《语丝》移至上海由鲁迅编辑,故放在下一个时期评述。

2. 对抵抗新文化运动的刊物的批判

新文艺运动的生长与发展,并非一帆风顺的,她一开始就遭到代表封建腐朽势力的刊物的咒骂与攻击,如《灵学丛志》《国粹丛编》《学衡》等;而发行《礼拜六》《小说世界》等鸳鸯蝴蝶派的刊物以及贩卖古书对抗介绍新文艺的刊物,则是封建卫道者的另一手,无论是正面恶詈还是出刊贩书,都遭到鲁迅的无情批判,为新文艺刊物沿着正确的编辑方向发展扫荡前进道路上的障碍。

(1)《灵学丛志》

这是较早对抗新文化运动的一个刊物,1917年10月,封建复古派的俞复、陆费逵等人在上海设盛德坛扶乩,组织"灵学会",于次年1月刊行《灵学丛志》,宣扬"鬼神之说不张,国家之命遂促"。在盛德坛成立的当天扶乩中,称"圣贤仙佛同降","推定"孟轲"主坛",大力反对科学。鲁迅在《灵学丛志》一出版,就看出它借助鬼神来反对新思想新文化传播的反动性。他在1918年3月10日致许寿裳信中说:

> 仆审现在所出书,无不大害青年,其十恶不赦之思想,令人肉颤。沪上一班昏虫又大搞鬼,至于为徐班侯之灵魂照相,其状乃如鼻烟壶。人事不修,群趋鬼道,所谓国将亡听命于神者哉!③

---

① 《鲁迅全集》第2卷,北京:人民文学出版社1981年版,第224页。
② 鲁迅:《〈中国新文学大系〉小说二集序》,《鲁迅全集》第6卷,北京:人民文学出版社1981年版,第242页。
③ 《鲁迅全集》第11卷,北京:人民文学出版社1981年版,第348页。

随后,他在《新青年》5卷2号、5卷4号上分别发表了《我之节烈观》(1918年7月20日)和《随感录·三十三》(1918年9月26日)两篇文章予以痛击。鲁迅指出:《灵学丛志》"请'孟圣矣乎'的鬼来画策",是"全靠着鬼话"来反对科学;《灵学丛志》"最恨科学,因为科学能教道理明白,能教人思路清楚,不许鬼混,所以自然而然的成了讲鬼话的人的对头"。因而鲁迅认为:《灵学丛志》"信口开河,造谣生事;使国人格外惑乱,社会上罩满了妖气"。"要救治这'几至国亡种灭'的中国",就只有大力提倡科学①。《新青年》的其他同人也发表文章(有陈百年的《辟灵学》,钱玄同、刘半农的《斥灵学丛志》等)批判《灵学丛志》,扼制了这股封建逆流。随后的《国粹丛编》又专向《新青年》论争,被鲁迅痛斥为"该坏种之创刊屁志"而鸣金收兵,已如上述。

(2)《学衡》

对新文化新文学运动抵抗最力的是《学衡》杂志。该刊的编撰人是梅光迪、胡先骕、吴宓等人,大不同于那些满脑子冬烘的封建复古派。他们都是留学欧美,接触西方现代文明,标榜"学贯中西""博古通今"的东南大学教授。1922年1月,他们在南京创刊《学衡》杂志,自称以"昌明国粹,融化新知"为编辑宗旨,实质上宣扬尊孔读经,反对新文化运动和文学革命。该刊先后发表了胡先骕的《中国文学改良论》《评〈尝试集〉》,梅光迪的《评提倡新文化者》,吴宓的《论新文化运动》等文,攻击白话文和新文化运动的倡导者,诋毁介绍进来的外国进步思想。吴宓还自我吹捧所编之《学衡》以及《民心周报》等6种复古主义刊物②。《学衡》的编辑方向是导向封建主义的"国粹"。鲁迅对这副打着学习外国本领的旗帜行保存中国封建传统旧习之实的刊物面孔是深恶痛绝的。他写了《估〈学衡〉》(1922年2月9日)和《"一是之学说"》(1922年11月3日)等文章,对《学衡》杂志进行了揭露和批判。鲁迅首先揭露《学衡》的编辑宗旨所谓"昌明国粹,融化新知"的实质不过是"掊击新文化而张皇旧学问",编辑的文章,内容荒谬,文理不通,"更要惭惶煞人!"鲁迅进一步辛辣地讽刺道:"所谓《学衡》者,据我看来,实不过聚在'聚宝之门'左近的几个假古董所放的假毫光","'衡'了一顿,仅仅'衡'出了自己的铢两来,于新文化无伤,于国粹也差得远。"③在《"一是之学说"》一文中,则干脆把

---

① 鲁迅:《随感录·三十三》,《鲁迅全集》第1卷,北京:人民文学出版社1981年版,第298、301页。
② 吴宓:《新文化运动之反应》,载1922年10月10日《中华新报》。
③ 《鲁迅全集》第1卷,北京:人民文学出版社1981年版,第377、379页。

《学衡》看做是与鸳鸯蝴蝶派一丘之貉,以视轻蔑。《学衡》杂志最后虽然苦撑到1933年7月才停刊,但早已臭名在外,名存实亡了。

封建复古派除了出版《灵学丛志》《学衡》之类的刊物直接对抗新文化和新文学运动外,他们的另一手则是贩卖"国学"古董,兜售鸳蝴文学,企图挽住已经腐朽的封建文化的颓运。对此鲁迅也是毫不留情地加以批判。

(3)所谓"国学"

他在《所谓"国学"》(1922年10月4日)一文中,开列出"国学家"们的所谓"国学":"一是商人遗老们翻印了几十部旧书赚钱,二是洋场上的文豪又做了几篇鸳鸯蝴蝶体小说出版。"然后揭露其实质,商人遗老们编印书籍是使书籍古董化,其所看重的不在书籍本身而在于它们是老古董,他们所刻印的书上也没有标明民国的年月,因而也就分不清是元版书还是清版书,就在于它的古董性质。鲁迅对那些"借此获利"的商人"用坏纸恶墨别印什么'菁华'什么'大全'之类来搜刮",指斥为"简直是拿少年来开玩笑"①。这一类专用来"赚钱"的"古董性质"的"旧书",有在当时"印而又印,流行到'不亦乐乎'"的《唐人说荟》。这种书鲁迅在《破〈唐人说荟〉》(1922年10月3日)一文中揭破道:

《唐人说荟》也称为《唐代丛书》,早有小木板,现在却有了石印本了,然而反加添了许多脱落,误字,破句。全书分十六集,每集的书目都很光怪陆离,但是很荒谬,大约是书坊欺人的手段罢。②

接着文章列举事实从七个方面确切地指出它的错误,对汇辑者乱删、乱改小说原文的恶劣作风作了尖锐的批评,谴责了商人们将旧书当古董以"赚钱""搜刮"的奸诈行为。

(4)《礼拜六》

至于鸳鸯蝴蝶体小说在当时也是大量泛滥,刊载这类文学的刊物有《礼拜六》《半月》《快活》《星期》《红杂志》《紫罗兰》《心心相印》《游乐世界》《长青》《晶报》《小时报》《小申报》,以及稍后之《小说世界》。其中创刊最早,最能代表鸳鸯蝴蝶体文学的刊物是《礼拜六》,文学史上把围绕《礼拜六》杂志的一些作家称之为"礼拜六派"。该刊1914年6月在上海创办,1916年4月出至第100期停刊。正值新

---

① 《鲁迅全集》第1卷,北京:人民文学出版社1981年版,第388页。
② 《鲁迅全集》第1卷,北京:人民文学出版社1981年版,第106页。

文化和新文学运动发展时,《礼拜六》又于1921年3月复刊,专刊才子佳人相悦相恋的故事。鲁迅看出了作为"近顷风起云涌的书报"①之一的《礼拜六》的复刊,其意是在对抗新文学运动的,因而他告诫青年作家,《礼拜六》的"主持者都是一班上海之所谓'滑头',不必寄稿给他们"②。而在《礼拜六》一类刊物上发表鸳鸯蝴蝶体小说的"文豪",也就是鲁迅在《所谓"国学"》一文中所说的第二种人,也只不过是些"以拆白饷阅者的文士"③。

(5)《小说世界》

稍后起的《小说世界》创刊于1923年1月,是当时一些人专为与革新后的《小说月报》相抗衡而创办的。然而就在创刊的当月鲁迅就发表了《关于〈小说世界〉》一文,指出在众多的鸳鸯蝴蝶派刊物中《小说世界》只不过是"蝇飞鸟乱"的东西,不值得对这样的东西再费唇舌了。因为"凡当中国自身烂着的时候,倘有什么新的进来,旧的便照例有一种异样的挣扎"。"上海之有新的《小说月报》,而又有旧(?)的《快活》之类以至《小说世界》,虽然微细,也是同样的事。"他指出了这类专门维护封建的旧思想旧文化的刊物"挣扎"的腐朽性,以至不愿意再去对这类刊物"有许多议论",表示了极大的轻蔑。对于文学运动中的青年作家来说"第一件事是创作或介绍",这才是最重要的④。

"要催促新的产生,对于有害于新的旧物,则竭力加以排击。"⑤这就是鲁迅在"五四"新文化运动和文学革命时期,对于《新潮》《晨报副刊》与《灵学丛志》《学衡》《礼拜六》《小说世界》等的态度。

二、"撕去旧社会的假面"(1925—1927)

(一)莽原社与《莽原》

1925年在鲁迅的编辑生涯中是非常重要的一年,鲁迅早年创办《新生》未成,创办《越铎日报》不久即脱离,《新青年》也只是参与编辑,而此时是鲁迅进入了一个完全独立的自组社团自办刊物的新的编辑时期。这一年,鲁迅先后组织了莽原

---

① 鲁迅:《"一是之学说"》,《鲁迅全集》第1卷,北京:人民文学出版社1981年版,第393页。
② 鲁迅致宫竹心信(1921年8月26日),《鲁迅全集》第11卷,北京:人民文学出版社1981年版,第393页。
③ 鲁迅:《所谓"国学"》,《鲁迅全集》第1卷,北京:人民文学出版社1981年版,第389页。
④ 鲁迅:《关于〈小说世界〉》,《鲁迅全集》第8卷,北京:人民文学出版社1981年版,第111、112页。
⑤ 鲁迅:《我和〈语丝〉的始终》,《鲁迅全集》第4卷,北京:人民文学出版社1981年版,第167页。

社和未名社两个社团,创办编辑《莽原》周刊和出版《未名丛刊》《乌合丛书》等,前者用期刊的形式对于中国的"文明"与"社会"加以批评,后者用出书的形式对于"五四"新文化运动和文学革命运动后寂寞新文苑再吹些生气。

1. "率性而言,凭心立论"的《莽原》

莽原社是鲁迅于1925年4月17日在北京组织的。成员除鲁迅外,还有向培良、高长虹、章依萍、荆有鳞,一周后,鲁迅创办了《莽原》周刊,担任主编。开始作为《京报》的副刊发行,出了32期后,因《京报》停止副刊以外的小幅而中断。1926年1月10日复刊,改为半月刊,卷期另起,由鲁迅组织的未名社出版独立发行。同年8月鲁迅离京赴厦门任教,由韦素园接编,出至1927年12月25日第48期终刊,前后共出80期。《莽原》刊名近于"旷野",由一个8岁的孩子书写。为该刊撰稿的有周建人、许广平、许寿裳、李霁野、冯文炳、冯沅君、台静农等。1925年4月21日,鲁迅撰写的《〈莽原〉出版广告》首先在《京报》上发表,4月24日正式创刊出版。

关于《莽原》创办的目的,鲁迅在《〈华盖集〉题记》中说:

> 我早就很希望中国的青年站出来,对于中国的社会,文明,都毫无忌惮地加以批评,因此曾编印《莽原周刊》,作为发言之地。①

又在《两地书·十七》中说:

> 中国现今文坛(?)的状况,实在不佳,但究竟做诗及小说者尚有人。最缺少的是"文明批评"和"社会批评",我之以《莽原》起哄,大半也就为了想由此引些新的这一种批评者来,虽在割去敝舌之后,也还有人说话,继续撕去旧社会的假面。②

这里的"文明批评"也就是思想批评。可见鲁迅对当时的中国社会的现状感到非常失望。"五卅"惨案的发生,"女师大风潮"的被镇压,"浙奉战争"的爆发等等,这些都反映出中国在军阀政府统治下社会是如何的黑暗。鲁迅分析总结了辛亥革命后的中国社会,认为辛亥革命时"确是光明得多",到了1913年"二次革命

---

① 《鲁迅全集》第3卷,北京:人民文学出版社1981年版,第4页。
② 《鲁迅全集》第11卷,北京:人民文学出版社1981年版,第63页。

失败之后,即渐渐坏下去","旧相又显了出来"①。因此,他把北洋军阀政府统治下的中国比做"漆黑的染缸"。指出这种漆黑的染缸不打破,中国即无希望;而要"打破""这种漆黑的染缸",就需要更多的旧社会的"毁坏者"。而创办《莽原》正是为了让青年对中国的"社会""文明"加以"批评"与"毁坏"。

关于《莽原》的内容,鲁迅把它规定为"思想及文艺之类",尤其注意那些"发议论"善批评的杂文。当时写杂文的人还不多,这不免使鲁迅感到有点失望,"我所要多登的是议论,而寄来的偏多小说、诗。先前是虚伪的'花呀''血呀'的诗。呜呼,头痛极了!"他对许广平倾诉了编辑《莽原》周刊的苦恼。因而对于重要的批评文字他亲自做,对来稿中近于议论的文章他还要亲自审阅、修改。他说:"我近来常与周刊之类相关,弄得看书和休息的工夫也没有了,因为选用的稿子,也常须动笔改削。"②为了编好刊物,他常常"拼命地做,忘记吃饭,减少睡眠,吃了药来做编辑、校对、作文"。这么大的编辑工作量,目的只是为了使刊物的内容要贴近社会现实,真正发挥"批评""毁坏"的作用。

关于《莽原》的编辑风格,鲁迅提出要"率性而言,凭心立论,忠于现世,望彼将来"③。当《莽原》改为半月刊时,鲁迅又发表了《〈莽原〉半月刊出版预告》,再次说明要坚持刊物"想什么就说什么,能什么就做什么"④的编辑风格,主张对于旧社会"毫无忌惮地加以批评"。

《莽原》的创刊宗旨、刊物内容及编辑风格,在鲁迅自己的杂文中得到了最鲜明的体现。鲁迅在《莽原》上共发表了五十多篇作品,最著名的杂文《论"费厄泼赖"应该缓行》即发表在《莽原》上。此外还有《春末闲谈》《灯下漫笔》《答KS君》等重要杂文,历史小说《奔月》《铸剑》以及后来收入《朝花夕拾》中的十篇散文也都发表于《莽原》。

2.《莽原》停刊的原因

《莽原》的发展并不很顺利,高长虹的分裂活动导致了《莽原》的过早停刊。

---

① 鲁迅致许广平信(1925年3月31日),载《两地书》,《鲁迅全集》第11卷,北京:人民文学出版社1981年版,第31页。
② 鲁迅致许广平信(1925年4月22日),载《两地书》,《鲁迅全集》第11卷,北京:人民文学出版社1981年版,第55页。
③ 鲁迅:《〈莽原〉出版预告》,《鲁迅全集》第8卷,北京:人民文学出版社1981年版,第424页。
④ 刘运峰编:《鲁迅佚文全集》(上),北京:群言出版社2001年版,第373页。

高长虹是《莽原》周刊时代"奔走最力者"①。在筹办《莽原》周刊期间,高长虹做了不少具体工作。由于向培良不久南去,章依萍又不大做文章,所以《莽原》的编辑出版主要靠鲁迅、高长虹,还有荆有麟。《莽原》周刊从创刊到终刊,共32期,几乎每期上都有高长虹的作品,有时甚至一期同时刊登几篇。鲁迅对高长虹的成长也倾注了很大的心血,给予很大的帮助。出版《莽原》周刊时是没有编辑费和稿费的,由于高长虹"奔走最力",又由于穷,鲁迅特意关照给他一点钱用,每月十元、八元不等。此外还赠给他书,资助他旅费。为了帮助高长虹出版《心的探险》一书,鲁迅从选定篇目、校对文字到设计封面都付出了很多劳动,以至"吐了血"②,后来把它收在自己主编的《乌合丛书》中。然而高长虹却与鲁迅发生冲突终于决裂了。一件事是:1925年8月,韦素园编辑的北京《民报》副刊登出广告:"特约中国思想界之权威者鲁迅……诸先生随时为副刊撰著。"这则广告并未征得鲁迅同意,却惹起高长虹的不满,他攻击道:"……'思想界权威者'的大广告便在《民报》上登出了,我看了真觉'瘟臭'痛惋而且呕吐。试问,中国所需要的正是自由思想的发展。岂明这样说,鲁迅也这样说。然要权威者何用?"③高长虹是个无政府主义者,"他很能做文章,但大约因为受了尼采的作品的影响"④,也有了尼采的"超人"的思想,他想与鲁迅相抗衡,因而不满有人把鲁迅作为"思想界权威",只是此时的高长虹"尚未以'超人'自命"⑤,还需要鲁迅,在为自己做广告时也不得不称鲁迅为"思想界先驱者"。第二件事是:鲁迅于1926年8月离京赴厦门,将《莽原》半月刊交韦素园接编,因韦素园压下了向培良的独幕剧《冬天》,又惹起高长虹的攻击。高长虹于鲁迅离京后又于同年秋背离鲁迅与莽原社去上海复刊《狂飙周刊》,搞起了"狂飙运动"。他在1926年10月10日《狂飙周刊》创刊号上宣称:该刊"重要工作在建设科学艺术,在用科学批评思想"。"次要工作在用新思想批评旧思想,在介绍欧洲较进步的科学艺术到中国来。"紧接着就在第2号上发表了《通讯》二则,

---

① 鲁迅:《〈中国新文学大系〉小说二集序》,《鲁迅全集》第6卷,北京:人民文学出版社1981年版,第250页。
② 李霁野:《鲁迅先生和青年》,载《鲁迅先生与未名社》,北京:人民文学出版社1984年版,第228页。
③ 高长虹:《走到出版界》,上海:泰东图书局1928年版。又见鲁迅:《〈走到出版界〉的"战略"》,《鲁迅全集》第8卷,北京:人民文学出版社1981年版,第142页。
④ 鲁迅致许广平信(1925年4月28日),载《两地书》,《鲁迅全集》第11卷,北京:人民文学出版社1981年版,第62页。
⑤ 鲁迅:《〈中国新文学大系〉小说二集序》,《鲁迅全集》第6卷,北京:人民文学出版社1981年版,第251页。

《给韦素园先生》和《给鲁迅先生》,一方面表白自己对《莽原》的功绩,一方面则大骂韦素园,"《莽原》须不是你家的!林冲对王伦说过:'你也无大量之材,做不得山寨之主!'"对鲁迅则进行要挟,要他表态,后来改成背信弃义把鲁迅为他选编的《心的探险》一书从《乌合丛书》中抽出,称作是"自作自编"的,并易名为《从荒岛到莽原》,改交光华书局出版。还在《戏答》一诗中对鲁迅进行攻击,影射鲁迅为独霸《莽原》的"女妖"。鲁迅开始采取了忍让的态度,对"压稿事件",鲁迅在厦门没有表态,"这是只要有一点常识,就知道无从说起的,我并非千里眼,怎能见得这么远"①。高长虹的进一步无理取闹,捣乱,鲁迅曾想将《莽原》改名另出,以避免纠纷,但高长虹的攻击反而更加肆无忌惮,逼得鲁迅不得不回击。他在致韦素园信(1926年12月5日)中说:"对于《莽原》……我想,如果大家有兴致,就办下去罢。当初我说改名,原为避免纠纷,现长虹既挑战,无须改了,……退步须两面退,倘我退一步而他进一步,就只好拔出拳头来。"②为此鲁迅写了《所谓"思想界先驱者"鲁迅启事》在《莽原》半月刊第23期(1926年12月10日)发表,并同时发表于《语丝》《北新》《新女性》等期刊。声明对高长虹为出版抬高自己的刊物《弦上》,妄称与"思想界先驱者鲁迅","合办""《乌合》、《未名》、《莽原》、《弦上》四种刊物外特在上海筹办《狂飙丛书》及一篇幅较大之刊物"的行为予以揭露:

  我在北京编辑《莽原》、《乌合丛书》、《未名丛刊》三种出版物,所用稿件,皆系以个人名义送来;对于狂飙运动,向不知是怎么一回事:如何运动,运动甚么。今忽混称"合办",实出意外;不敢掠美,特此声明。③

在《〈走到出版界〉的"战略"》一文中,鲁迅摘录了高长虹对鲁迅从吹捧到诽谤,从利用到谩骂的种种文字,加以编排对照,揭露他别有用心的"战略"和卑劣的手段。另外在小说《奔月》,杂文《新时代的放债法》《新的世故》和给许广平的信中对高长虹的恶劣行为进行揭露和斥责。由于高长虹一开始复刊《狂飙周刊》就攻击鲁迅与《莽原》,加之经济上的支绌,他本人"后来却日见其自以为'超越'了。

---

① 鲁迅:《新的世故》,《鲁迅全集》第8卷,北京:人民文学出版社1981年版,第153页。
② 《鲁迅全集》第11卷,北京:人民文学出版社1981年版,第512页。
③ 鲁迅:《所谓"思想界先驱者"鲁迅启事》,《鲁迅全集》第3卷,北京:人民文学出版社1981年版,第391页。

然而拟尼采样的彼此都不能解的格言式的文章,终于使周刊难以存在"①。《狂飙周刊》仅出了17期,就于次年(1927年)1月20日停刊。而《莽原》也因高长虹借题闹事,分裂捣乱等原因于1927年底停刊。

《莽原》出刊的80期中,坚持了鲁迅的"文明批评"和"社会批评"的编辑宗旨。鲁迅后来在编《中国新文学大系·小说二集》时还选了《莽原》刊登的小说多篇,并肯定了《莽原》在新文学创作方面所作的努力。

(二)未名社与《未名丛刊》《乌合丛书》

1. 中国文坛"最用力"的未名社

未名社是紧接着莽原社之后于1925年夏由鲁迅发起组织的,但与莽原社有区别,未名社的主要成员除鲁迅外,还有韦素园、李霁野、台静农、韦丛芜、曹靖华等六人。莽原社主要是出《莽原》杂志,而未名社重在出版书籍兼发行出售刊物,其成立宗旨在译介、出版外国进步文学,尤以介绍苏联文学为重心。关于社名,鲁迅解释说:未名社是因《未名丛刊》而得名,"因这丛书的名目,连社名也叫了'未名'——但并非'没有名目'的意思,是'还没有名目'的意思,恰如孩子的'还未成丁'似的"②。在开办之初,为筹集《未名丛刊》的出版经费,鲁迅一下子承诺350元,而实际出了466元。鲁迅为办好未名社付出了大量的劳动,他共为未名社主编了《未名丛刊》、《乌合丛书》和《未名新集》;《莽原》改为半月刊由未名社出版,仍由鲁迅编辑;鲁迅赴厦门后,还关心着未名社的发展,或为其撰稿,或指导其社务。《莽原》停刊改为《未名》半月刊,也得到鲁迅的大力支持,鲁迅一度曾想把该刊移至上海由他自己来编辑,"转为攻击态度(对于文学界)","因为文坛大须一扫,但多造敌人,则亦势所必至"③。因印行等方面的困难而作罢。《未名》半月刊出至1930年第2卷第12期于1930年4月30日停刊。而未名社则于1928年4月被张作霖军阀政府作为共产党机关查封,恢复后又因经营不善,韦丛芜不顾社务,滥支社款,造成经济亏损,工作停滞,使远在上海的鲁迅深感失望,遂于1931年5月声明退出,未名社也无形解散。

从成立到退出,这6年间,鲁迅与未名社保持着非常密切的关系,在他的日记中关于未名社的记事有700则,寄未名社成员的书信有300多封。他后来对未名

---

① 鲁迅:《〈中国新文学大系〉小说二集序》,《鲁迅全集》第6卷,北京:人民文学出版社1981年版,第251页。
② 鲁迅:《忆韦素园君》,《鲁迅全集》第6卷,北京:人民文学出版社1981年版,第64页。
③ 鲁迅致李霁野信(1929年7月8日),《鲁迅全集》第11卷,北京:人民文学出版社1981年版,第677页。

社评价也甚好,认为它与创造社、沉钟社是当时中国文坛上最"用力的","这三社若沉默,中国全国真成了沙漠了"①。之所以能取得引起出版界瞩目的成绩,是因为"未名社的同人"虽然"没有什么雄心和大志",但是,有"愿意切切实实的,点点滴滴的做下去的意志"②。

2. 致力于出版外国进步文学的《未名丛刊》

鲁迅在未名社期间共编了《未名丛刊》23 种,《乌合丛书》8 种(实出 7 种)和《未名新集》6 种。

《未名丛刊》是鲁迅在未名社成立之前(1924 年 12 月)即已着手编了,当时是既收翻译又收创作的。他编辑此丛刊的目的,是想打破文坛的寂寞,"想使萧索的读者,作者,译者,大家稍微感到一点热闹。内容自然是很庞杂的,因为希图在这庞杂中略见一致,所以又一括而为相近的形式,而名之曰《未名丛刊》"。只是到了后来与北新书局分家,才"将这分为两部分了。《未名丛刊》专收译本;另外又分立了一种单印不阔气的作者的创作的,叫作《乌合丛书》"③。丛刊由未名社印,丛书则由北新书局印。鲁迅编辑的《未名丛刊》专收翻译,共收 23 种,鲁迅译《苦闷的象征》(日本厨川白村著),列为丛刊第一种由北新书局 1924 年 12 月出版。鲁迅后来在《忆韦素园君》中说:"出版者和读者的不喜欢翻译书,那时和现在也并不两样,所以《未名丛刊》是特别冷落的。恰巧,素园他们愿意绍介外国文学到中国来,便和李小峰(北新书局经理)商量,要将《未名丛刊》移出,由几个同人自办。"④这才有后来鲁迅编辑的未名社出版的《未名丛刊》的陆续问世。这套丛刊除《苦闷的象征》外,还有鲁迅译文艺评论集《出了象牙之塔》(日本厨川白村著),长篇童话小说《小约翰》(荷兰望·葛覃著),任国桢译《苏俄的文艺论战》,董秋芳译小说散文集《争自由的波浪》(俄国高尔基等著),韦丛芜译长篇小说《穷人》(俄国陀思妥耶夫斯基著),李霁野译小说《黑假面人》《往星中》(俄国安特莱夫著),韦素园译中篇小说《外套》(俄国果戈理著),和北欧诗歌小品集《黄花集》,胡斅译长诗《十二个》(俄国勃洛克著),曹靖华译短篇小说集《烟袋》(苏联爱伦堡等著)和中篇小说集《第四十一》(苏联拉甫列涅夫著)等。另外,鲁迅还把以前所译俄国阿尔志

---

① 鲁迅致李霁野信(1927 年 9 月 25 日),《鲁迅全集》第 11 卷,北京:人民文学出版社 1981 年版,第 583 页。
② 鲁迅:《忆韦素园君》,《鲁迅全集》第 6 卷,北京:人民文学出版社 1981 年版,第 64 页。
③ 鲁迅:《〈未名丛刊〉与〈乌合丛书〉广告》,《鲁迅全集》第 7 卷,北京:人民文学出版社 1981 年版,第 453 页。
④ 《鲁迅全集》第 6 卷,北京:人民文学出版社 1981 年版,第 63-64 页。

跋绥夫著的中篇小说《工人绥惠略夫》，俄国爱罗先珂著的三个童话剧《桃色的云》，日本武者小路实笃著剧本《一个青年的梦》等书，原来均属商务印书馆印行的《文学研究会丛书》，后归北新书局，现在也收入《未名丛刊》中。这套丛书的编辑出版对当时读书界不重视外国文学是个不小的冲击。1925年初《京报副刊》请当时学术界、教育界知名人士为青年推荐必读书，梁启超、胡适等人把《论语》《孟子》等儒家经典，列为"青年必读书"。1925年7月，镇压女师大学生运动的章士钊复刊《甲寅》周刊，鼓吹"尊孔读经""读经救国"。在这种情况下，鲁迅一面写了《青年必读书》等文章告诫青年；另一方面则编辑出版了这套专收外国作品的《未名丛刊》，以给青年提供思想养料，因而编辑这套丛书有针对这股复古逆流的意义。《未名丛刊》的紧随其后陆续问世，已超出了编辑出版的意义而有了思想史的价值。就编辑本身来看，鲁迅为这套丛刊花费的精力是巨大的。他在编完后，为许多书写有《小引》或《后记》，如《〈穷人〉小引》《〈争自由的波浪〉小引》《〈十二个〉后记》《题〈外套〉》《〈苏俄的文艺论战〉前记》等，或介绍作者的创作思想，或提示作品的内容，或指出某一本书的出版对变革中国社会的意义。这里值得特别一提的是鲁迅校订任国桢译《苏俄的文艺论战》一书。任国桢是中共党员，曾领导过工人罢工斗争。1931年9月在山西发动群众进行抗日武装斗争，不幸被捕牺牲。任国桢在北大读书时（专修俄文，于1920年曾听鲁迅讲授《中国小说史略》课）与鲁迅认识并开始了合作。鲁迅经常帮助他修改文稿，他则帮助鲁迅收集外文书籍和资料。1924年下半年任国桢从苏联报刊上选择了三篇（另外一篇附录）有关文艺论战的文章，编成《苏俄的文艺论战》一书。此书刚刚编完，党派他到东北，鲁迅便承担了该书的全部编校工作，为它的出版、发行耗费了大量的时间和精力。在为这本书写的《前记》中，鲁迅指出，在当时人们对苏俄新文化缺乏了解的情况下，"任国桢君独能就俄国的杂志中选译文论三篇，使我们借此稍稍知道他们文坛上论辩的大概，实在是最为有益的事"①。1927年7月16日，鲁迅在广州知用中学讲《读书杂谈》时，向青年读者推荐此书。后来在《〈奔流〉编校后记（一）》中，鲁迅还将自己翻译的《苏俄的文艺政策》看做此书的"续编"，可见他对任国桢译的这本书的重视。

3. "单印不阔气的作者的创作的"《乌合丛书》

鲁迅说《乌合丛书》是"专收创作"，而且是"一种单印不阔气的作者的创作

---

① 鲁迅：《〈苏俄的文艺论战〉前记》，《鲁迅全集》第7卷，北京：人民文学出版社1981年版，第267页。

的"。当时创作界的状况是比较寂寞的。五四运动之后,文学革命的高潮已经过去,而新的文学创作队伍尚没有形成,文坛一时犹如沙漠。收入《乌合丛书》的鲁迅的第二本小说集《彷徨》上的题词,再明白不过地概括了鲁迅当时的心境和当时文坛的状况:"寂寞新文苑,平安旧战场。两间余一卒,荷戟独彷徨。"后来鲁迅在《自选集·自序》中又回忆了创作《彷徨》时的思想情况和文坛状况:

> 后来《新青年》的团体散掉了,有的高升,有的退隐,有的前进,我又经验了一回同一战阵中的伙伴还是会这么变化,并且落得一个"作家"的头衔,依然在沙漠中走来走去。①

文坛的寂寞,创作状况的不景气,使鲁迅感到"成了游勇,布不成阵了"。"新的战友在哪里呢?"因此鲁迅组织莽原社,组织未名社,出版杂志,编辑丛书,"拼命地做,忘记吃饭,减少睡眠,吃了药来编辑,校对",就是想造成大批的文艺战士,"对于中国的社会,文明","毫无忌惮地加以批评",以"撕去旧社会的假面"。所以,鲁迅把编辑《乌合丛书》的重点放在"不阔气的作者的创作"方面。这套丛书计划有鲁迅的《呐喊》《彷徨》《野草》,许钦文的《故乡》,高长虹的《心的探险》,向培良的《飘渺的梦及其他》,淦女士的《卷葹》。原来还有一本尚钺的《斧背》,后被作者抽走,故实出七种,1926年初由北新书局出版,至1927年7月出齐。其中许钦文的《故乡》,鲁迅在1924年即已编阅了,并托孙伏园将稿交周作人,作为北大新潮社《文艺丛书》之一出版。鲁迅在致孙伏园信(1924年1月11日)中说:

> 钦文兄小说已看过两遍,以写学生社会者为最好,村乡生活者次之;写工人之两篇,则近于失败。如加淘汰,可存二十六七篇,更严则可存二十三四篇。现在先存廿七篇,兄可先以交起孟,问其可收入《文艺丛书》否?而于阴历年底取回交我,我可于是后再加订正之。
> 总之此集决可出版,无论收入与否。但须小加整理而已。②

---

① 鲁迅:《〈自选集〉自序》,《鲁迅全集》第4卷,北京:人民文学出版社1981年版,第456页。
② 鲁迅致孙伏园信(1924年1月11日),《鲁迅全集》第11卷,北京:人民文学出版社1981年版,第422页。

此后鲁迅对此书再加编校,"选而又选"①,又将陶元庆的一幅富有绍兴地方色彩的画稿荐作封面,并用《呐喊》的版税代为垫付印刷费作为《乌合丛书》之一于1926年5月出版。对《卷葹》《飘渺的梦及其他》或写序,或在后来的《〈中国新文学大系〉小说二集序》中提到并给予中肯的评价。背叛鲁迅的高长虹,不顾鲁迅"吐了血"为他编的第一本书《心的探险》选定篇目、校对文字、设计封面的事实,反诬鲁迅主张去掉的几篇"不能领会"的作品,是书中的成功之作,后来竟将该书从《乌合丛书》中抽出易名出版。他到上海另组狂飙社,出版丛书和刊物,利用鲁迅名义为自己的刊物做广告,谎称自己曾与鲁迅合办《乌合》《未名》。鲁迅说:

  这两种书,是只因由我编印,要用相似的形式,所以立了一个名目,书的著者译者,是不但并不互相认识,有几个我也只见过两三回。我不能骗取了他们的稿子,合成丛书,私自贩卖给别一个团体。②

这段话表现了鲁迅对编辑出版工作的严肃态度,既尊重了著译者,又维护了他们的著译权,对高长虹的欺世盗名的行为也是一个打击。

另外,鲁迅在编《莽原》时,曾打算编《莽原丛刊》,看来是考虑到高长虹的原因,才改变了书名为《未名新集》。他在给李霁野的信(1926年11月23日)中谈到了这一想法:"《莽原丛刊》,我想改作《未名新集》;《坟》不在内,独立,如《中国小说史略》一般。该集以《君山》为第一部。"③《未名新集》也为鲁迅所编定,与《乌合丛书》一样专收创作,所不同的是《未名新集》所收的都是未名社成员的作品,有韦丛芜的诗集《君山》,台静农的短篇小说集《地之子》和《建塔者》,鲁迅的散文集《朝花夕拾》等六种。鲁迅对《未名新集》中的一些作品,从繁荣创作培养新人的角度出发赞扬道:"在那时候,也都还算是相当可看的作品。""在文苑里却至今没有枯死的。"④

《乌合丛书》和《未名新集》的出版,为寂寞的创作界吹嘘了一些生气,确实使"大家稍微感到一点热闹"。达到了当初组织未名社的目的;也使得未名社因其

---

① 鲁迅致许钦文信(1925年9月30日),《鲁迅全集》第11卷,北京:人民文学出版社1981年版,第457页。
② 鲁迅:《新的世故》,《鲁迅全集》第8卷,北京:人民文学出版社1981年版,第153页。
③ 《鲁迅全集》第11卷,北京:人民文学出版社1981年版,第508页。
④ 鲁迅:《忆韦素园君》,《鲁迅全集》第6卷,北京:人民文学出版社1981年版,第68页。

"出版多"和"出版的书可靠"①而在出版界立足,并得到读者的欢迎②。

莽原社主要是出版《莽原》周刊,半月刊,因对外的需要才立了一个社名,而并无社团的活动,这一点是不同于稍后之既出刊物,又印书籍,同时兼营业的未名社的。《莽原》改为半月刊即交未名社出版,鲁迅南下后,又将此刊交由未名社的韦素园编辑,《莽原》停刊后,也就意味着莽原社的不复存在。而未名社则"实地劳作,不尚叫嚣"③,"宁愿作为无名的泥土"④,在文苑里辛勤耕耘。这就难怪未名社到了后来把书籍、版权卖给别人,鲁迅是多么惋惜,"未名社开创不易,现在送给别人,实在可惜"⑤。

(三)"催促新生"与"排击旧物"

鲁迅在这个时期还对许多报刊给予大力支持。中国在北洋军阀政府统治下愈来愈黑暗,他非常希望有更多新生的报刊加入到毁坏这旧世界的行列,因而光靠手中的《莽原》与《未名丛刊》等是远远不够的,必须扩大阵地。于是,他对《国民新报副刊》《民众文艺周刊》《民报副刊》《猛进》《豫报》《沉钟》《波艇》《鼓浪》等报刊,或参与编辑,或提供文稿,或帮助出版,或给予指导,使这些报刊在社会上制造了声势,发挥了有力的战斗作用,也使鲁迅组织的莽原社和未名社不至于孤军作战而有了强大的友军的精神鼓舞。

1. 扩大阵地,支持友军

(1)《国民新报副刊》

"以主张国民救国,宣传民族自决,打倒帝国主义,锄除黑暗势力为宗旨"的《国民新报》创刊于1925年8月5日,由北京的国民党左派主办。其所出的《国民新报副刊》乙刊由鲁迅(与张定璜)主编,注重于文学艺术,于1925年12月,每周二、四、六出版。鲁迅主编该刊即以此为阵地发表了《这个和那个》《"公理"的把戏》《古书与白话》《送灶日漫笔》等十余篇杂文,针砭时弊,揭露抨击北洋军阀的

---

① 鲁迅致韦素园信(1926年12月5日),《鲁迅全集》第11卷,北京:人民文学出版社1981年版,第512页。
② 鲁迅致台静农信(1927年9月25日)中说:"未名社出版物,在这里有信用。"在他处也曾谈到。《鲁迅全集》第11卷,北京:人民文学出版社1981年版,第580页。
③ 鲁迅:《曹靖华译〈苏联作家七人集〉序》,《鲁迅全集》第6卷,北京:人民文学出版社1981年版,第553页。
④ 鲁迅:《〈中国新文学大系〉小说二集序》,《鲁迅全集》第6卷,北京:人民文学出版社1981年版,第255页。
⑤ 鲁迅致曹靖华信(1931年10月27日),《鲁迅全集》第12卷,北京:人民文学出版社1981年版,第59页。

反动统治。同时鲁迅又修改发表了不少进步青年的作品,大力培养新生力量。1926年"三·一八"惨案发生后,北京报纸曾披露段祺瑞政府将要通缉文化教育界进步人士五十人(其中有鲁迅)和禁止《国民新报副刊》《语丝》《京报副刊》等报刊的消息,鲁迅特作《大衍发微》一文,引此为证揭露段祺瑞执政府的反动嘴脸。此文就发表于1926年4月16日,当月北京国民党党部被封闭,《国民新报副刊》乙刊也随之停刊。由此可见鲁迅编辑的《国民新报副刊》的战斗性。鲁迅与《国民新报》还有一层关系,是他收藏了数份《国民新报副刊》的甲刊,该刊由陈启修主编,注重社会科学,曾刊载马列主义经典著作和介绍十月革命后苏俄情况的文章,鲁迅收藏的《国民新报副刊》甲刊中,即有所载的列宁《国家与革命》原序至第二章第二节的译文,说明鲁迅对甲刊也非常重视。

(2)《京报副刊》

遭到段祺瑞执政府禁止的《京报副刊》也是得到鲁迅支持的一个刊物,上面提到的《大衍发微》就发表在《京报副刊》上。1924年末孙伏园愤而辞去《晨报》编辑职务,到《京报》(邵飘萍主办的具有进步色彩的报纸,1918年10月创刊于北京,1926年4月被奉系军阀张作霖查封)主编《京报副刊》。鲁迅像支持孙伏园编《晨副》一样支持他编《京副》,并成为《京副》的主要撰稿人之一,使《京副》成为当时有名的一个副刊。鲁迅后来把《京报副刊》所刊载的多篇小说选入他编辑的《中国新文学大系·小说二集》中,并对其在新文学建设中所做的努力给予肯定,用赞扬的口吻说:在《晨报副刊》之后,"《京报副刊》露出头角来了"①。

(3)《民众文艺周刊》

《京报》除《京报副刊》外,还有一个副刊叫《民众文艺周刊》,由胡也频编辑,主要刊载表现民众思想及以民众为材料的文艺作品。1924年12月9日创刊,至1925年11月24日终刊,共出47期。鲁迅从该刊一创办就参与其中,担任自创刊号至第16期的编校工作。就在第16期该刊改为《民众文艺》(后又改为《民众周刊》《民众》),鲁迅在第20期上发表《一个"罪犯"的自述》,对该刊提出期望:"《民众文艺》虽说是民众文艺,但到现在印行的为止,却没有真的民众的作品,执笔的都还是所谓'读书人'。民众不识字的多,怎会有作品,一生的喜怒哀乐,都带到黄泉里去了。"②这里既有精神的"忏悔",也有对劳动人民没有文化的同情,更

---

① 鲁迅:《〈中国新文学大系〉小说二集序》,《鲁迅全集》第6卷,北京:人民文学出版社1981年版,第245页。
② 《鲁迅全集》第7卷,北京:人民文学出版社1981年版,第277页。

有对《民众文艺》坚持为民众服务的宗旨真正担负起宣传民众文艺责任的希望。《京报》是与鲁迅主编的《国民新报副刊》乙刊同时被封的,鲁迅共为《京报副刊》、《民众文艺周刊》以及《京报》的其他栏目、副刊撰写了四十多篇文章,表示着鲁迅对整个《京报》的支持。

(4)《民报副刊》

《民报》与《国民新报》性质相似,创刊时间也大致同时而略早(1925年7月,另说创刊于1924年底)。它系由冯玉祥国民军系统与国民党合办的报纸,其宗旨为:"本国民救国之精神,主张打倒帝国主义,锄除黑暗势力。"1925年8月5日起增出综合性《民报副刊》一张,"专登学术思想及文艺等"。时正物色副刊编辑,鲁迅就托徐旭生向民报馆推荐了未名社成员韦素园,很快就被录用。鲁迅认为这又是一个可以利用的阵地,不管它是哪家的政治背景,只要有可利用的版面,就发表自己的意见和思想,不受到限制、干涉,就办下去,没有思想言论自由,就放弃。这是一种"有灯就点"的办刊思想,目的就是利用时机,开展"社会批评"和"文明批评"。他就刊物的编撰人员和思想风格指示韦素园说:"必须多注意培养新生力量……最好多登些具有现实意义的富有战斗性的杂文,把副刊办得活泼一些;这样自然不免多树敌,但这是无可避免,也不应避免的。"①韦素园走马上任,即照鲁迅的话去做,副刊因得到鲁迅的支持,立即产生轰动效应,"民报馆增加了好几个临时工作人员写订报单,订报的读者还是拥挤不堪,排成长蛇阵"。可见影响之大。正当办得兴旺之时,1925年8月23日,《民报》错登了张作霖病故的消息,总编辑陈友仁被捕,《民报》及其副刊随即停刊。

(5)《猛进》

鲁迅通过徐旭生介绍了韦素园担任《民报副刊》编辑,而徐旭生主编《猛进》又得到鲁迅的鼎力相助。《猛进》1925年3月6日在北京创刊,1926年"三·一八"惨案后于次日停刊,共出53期。该刊为政论性周刊,注重社会文化及思想的批判,揭露旧社会的假象,有进步倾向。鲁迅评价说:"《猛进》很勇,而论一时的政象的文字太多。"②正是指其这一特点。主编徐旭生在创刊伊始就将《猛进》第一期寄赠鲁迅,并向鲁迅约稿,与鲁迅建立了联系。鲁迅对该刊表现出极大的热情,他当即致信(1925年3月12日)徐旭生,对刊物的编辑方向和刊物内容提出自己

---

① 李霁野:《〈民报副刊〉及其他》,载《鲁迅先生与未名社》,北京:人民文学出版社1984年版,第234-235页。

② 鲁迅致许广平信(1925年3月31日),见《两地书》,《鲁迅全集》第11卷,北京:人民文学出版社1981年版,第32页。

的看法。鲁迅认为五四运动后社会生活思想领域有种种封建复辟逆流的猖獗活动,"看看报章上的论坛,'反改革'的空气浓厚透顶了,满车的'祖传'、'老例'、'国粹'等等,都想来堆在道路上"。因而非常有必要再来一次"思想革命"。鲁迅在信中希望徐旭生"用那几年以前《新青年》上已经说过的'思想革命'"来办好《猛进》,这是唯一的办法。"我希望于《猛进》的,也终于还是'思想革命'。"①鲁迅在信末再次强调这一编辑方针。对此,徐旭生表示赞同,"'思想革命',诚者是现在最重要不过的事情",他在回信中向鲁迅提出把《猛进》与鲁迅发起创办的《语丝》、胡适派《现代评论》合起来"办一个专讲文学思想的月刊"②。鲁迅对此提出严肃批评,因为这是一个关系到刊物的方向性的问题。《语丝》是一种"不愿意在有权者的刀下,颂扬他的威权"③的刊物,而《现代评论》则与帝国主义、北洋军阀以及后来的国民党反动派有密切关系,这两种刊物冰炭不相容,怎么能联合到一起去呢？鲁迅在给徐旭生第二封信中明确表示坚决反对《语丝》还有《猛进》与《现代评论》联合,因为那样一来"即不免有互相迁就之处",而刊物也就"很容易变为和平中正,吞吞吐吐的东西,而无聊之状于是乎可掬"。鲁迅认为,各种小刊物,独立存在,"虽然量少力微,却是小集团或单身的短兵战,在黑暗中,时见匕首的闪光,使同类者知道也还有谁还在袭击古老坚固的堡垒,较之看见浩大而灰色的军容,或者反可以会心一笑。在现在,我倒只希望这类的小刊物增加,只要所向的目标小异大同,将来就自然而然的成了联合战线,效力或者也不见得小"④。鲁迅从现实出发,从时代斗争的需要出发,把刊物坚持正确的方向看作是刊物存在的生命。徐旭生接受了鲁迅的意见,确实把《猛进》办得"很勇"。鲁迅则在《猛进》上发表了《十四年的"读经"》《碎话》等杂文多篇,给《猛进》以实际的支持和方向性的思想引导,使《猛进》具有了"思想革命"的特色。

(6)《豫报副刊》

当鲁迅在北京支持《猛进》用"思想革命"来办刊物,创办《莽原》提出要开展"文明批评"和"社会批评"的时候,很快就在河南开封得到了响应。莽原社成员向培良在参与了《莽原》周刊的筹备工作后,即去开封,与高歌编辑《豫报副刊》。《猛进》是政论性的,所以要"思想革命",《豫报副刊》是文学性的,"专注意新文化

---

① 鲁迅:《通讯》,《鲁迅全集》第3卷,北京:人民文学出版社1981年版,第21、22页。
② 徐旭生致鲁迅信,见《鲁迅全集》第3卷,北京:人民文学出版社1981年版,第23页。
③ 鲁迅:《我和〈语丝〉的始终》,《鲁迅全集》第4卷,北京:人民文学出版社1981年版,第169页。
④ 鲁迅:《通讯》,《鲁迅全集》第3卷,北京:人民文学出版社1981年版,第24页。

运动"，所以主张"用大胆无畏的态度，来批评社会的一切"①。这一点与《莽原》的精神一脉相承，也正是鲁迅所希望多增加的"小刊物"之一。该刊创办于1925年5月4日，随《豫报》（日报）逐日发行。撰稿人有曹靖华、尚钺、徐玉诺、张目寒等，鲁迅也被列为长期撰稿人之一。该刊在创办前，《豫报》主编吕蕴儒曾于1925年4月中旬写信给鲁迅征求意见，鲁迅于同年4月23日复信说："我极快慰于开封将有许多骂人的嘴张开来，并且祝你们'打将前去'的胜利。"所谓"骂人"也就是对"社会""文明"加以批评。这封祝"骂人"报纸开张的信以《通信（复吕蕴儒）》为题，就发表于5月6日的《豫报副刊》上。1925年5月5日，吕蕴儒、向培良给鲁迅寄去两份《豫报》，并函请鲁迅提意见，给予支持。鲁迅复信（5月8日）说："昨天收到两份《豫报》，使我非常快活，尤其是见了那《副刊》。因为它那蓬勃的朝气，实在是在我先前的预想以上。你想：从有着很古的历史的中州，传来了青年的声音，仿佛在预告这古国将要复活，这是一件如何可喜的事呢？"鲁迅在信中表现出极大的兴奋，他鼓励副刊的编辑者要敢于直面现实与人生，"蔑弃古训"，用大胆的反抗来开拓新生的道路。对于为《豫报副刊》撰稿，他表示"倘使我有这力量，我自然极愿意有所贡献于河南的青年"。此信又以《北京通信》②为题刊于1925年5月14日的《豫报副刊》上。这两封信既是对《豫报副刊》的支持，又对刊物的内容予以肯定。特别欣赏并希望《豫报副刊》坚持"骂人"，即"用大胆无畏的态度，来批评社会的一切"的主张。《豫报副刊》现存有140期，至1925年8月30日停刊。

（7）《沉钟》《波艇》《鼓浪》

像《豫报副刊》这样的小刊物在这时期正像鲁迅所期望的那样不断"增加"，如《沉钟》《波艇》《鼓浪》等。

《沉钟》是《浅草》的继续，1925年10月10日在北京创刊，共出10期。1926年8月又改为半月刊，继续出版，此后断续出至1934年2月第34期终刊。该刊的编辑陈炜谟等基本还是《浅草》的原班人马，在《浅草》出至4期停刊后，陈炜谟等人组织沉钟社出版《沉钟》，发表文学作品，特别致力翻译介绍外国文学，请求鲁迅支持，鲁迅特致信陶元庆，请他为《沉钟》设计一幅封面，鲁迅把陈炜谟等人送他《浅草》看作是"丰饶的赠品"，对她的姊妹刊物《沉钟》则充分肯定它与黑暗社会抗争的精神，敢于不息地在"风沙溴洞中，深深地在人海的底里寂寞地鸣动"③。

---

① 见1925年5月4日《〈豫报〉广告》。
② 《鲁迅全集》第3卷，北京：人民文学出版社1981年版，第51页。
③ 鲁迅：《一觉》，《鲁迅全集》第2卷，北京：人民文学出版社1981年版，第224页。

而沉钟社则是"中国最坚韧、最诚实、挣扎得最久的团体"。这是对沉钟社的评价，当然也即是对《沉钟》的评价。

鲁迅离京赴厦门大学任教，对厦大学生组织的文学社团与出刊物也同样地热情支持。《波艇》月刊与《鼓浪》周刊就是厦大的两个学生文学团体泱泱社与鼓浪社分别创办的两个刊物，前者创刊于1926年11月，仅出两期。鲁迅参与了《波艇》的筹办和编务，为青年学生审改稿件，帮助编辑了第1期，并介绍由上海北新书局代印代发。后者是鼓浪屿《民钟日报》的一种副刊，1926年12月1日创刊，至次年1月5日终刊，共出6期，鲁迅也是热心地为他们审改稿件，指导编辑。鲁迅把这称之为"为文学青年打杂"。他说："我先前在北京为文学青年打杂，耗去生命不少，自己是知道的。但到这里，又有几个学生办了一种月刊，叫作《波艇》，我却仍然去打杂。"① 所说"先前在北京为文学青年打杂"，即指上面所述的组织莽原社、未名社以及编辑出版书刊等。鲁迅之所以甘愿"打杂"，是寄希望于青年，他在许多地方不止一次地讲过："我早就很希望中国的青年站出来，对于中国的社会、文明，都毫无忌惮地加以批评"，以"撕去旧社会的假面"。

2. 对《现代评论》与《甲寅》的批判

鲁迅在"催促"这些"新生"的小刊物增加的同时，也在"排击旧物"以及卫护这旧物的《现代评论》与《甲寅》。20年代中叶鲁迅对现代评论派与甲寅派以及《现代评论》与《甲寅》的斗争是他思想中最光辉的时期。

(1)《现代评论》

这是一种综合性周刊，内容包括政治、经济、法律、哲学、教育、科学、文艺等方面。1924年12月13日创刊于北京，1927年7月移至上海出版，1928年12月29日终刊，共出9卷209期。

《现代评论》是现代评论派的刊物，该派在政治上先是依附于北洋军阀政府，后倒向国民党政府。参与《现代评论》编辑的人员大多是大学教授，欧美留学生如陈源等，而胡适则是《现代评论》的精神领袖。《现代评论》开始是以"老段净友"的面目出现的，对段祺瑞，以及袁世凯、吴佩孚、阎锡山、郭松龄这些现代史上臭名昭著的大军阀大肆吹捧②。"五卅"惨案后，全国人民愤怒声讨北洋军阀政府的投降媚外政策，高呼"驱逐段祺瑞"的口号，焚烧研究系的《晨报》馆，而《现代评论》

---

① 鲁迅致许广平信(1926年11月15日)，《鲁迅全集》第11卷，北京：人民文学出版社1981年版，第199页。
② 参见西滢：《闲话》，《现代评论》3卷53、54期。

对人民的反帝爱国的革命行为恶毒污蔑,胡说这一运动是"暴民运动",扬言要"消灭这种暴徒的团体"①。从1926年底开始,《现代评论》转向投靠右翼国民党,连篇累牍地吹捧新军阀蒋介石②。对国民党的党治主义也不遗余力地大加宣传,扬言"在中国只能有一个国民党","一党专政必须强健,才能有成功的希望",为蒋介石的法西斯独裁政策制造舆论③。《现代评论》在帝国主义面前奴颜婢膝④;对学生爱国运动则凶相毕露,公然宣称"学潮是不当的行为"⑤,希望军警"阻止他们的胡闹"⑥。这就是现代评论派及其《现代评论》周刊在政治上的表现。鲁迅对《现代评论》的批判也集中在这方面。在刊物的政治导向问题上,鲁迅是绝对不会放过的,在《新青年》时代即是如此,对《现代评论》也不例外。鲁迅在一开始就坚决反对徐旭生要将《猛进》《语丝》与《现代评论》这几种代表不同政治倾向的刊物联合起来,已如前述。后来孙伏园在《京报副刊》发表《救国谈片》(1925年6月13日)一文,吹捧《现代评论》,并把《猛进》《语丝》《现代评论》三家说成是"兄弟周刊"。鲁迅对此十分不满,批评孙伏园"大有卖《语丝》以予《现代》拉拢之观"⑦。表现出鲁迅坚持政治原则的鲜明立场。鲁迅在这一时期写的收在《华盖集》《华盖集续编》中大部分文章就是与现代评论派及其《现代评论》交战的记录。在《坟》《两地书》《野草》《朝花夕拾》《集外集》《集外集拾遗》等书中也收有这方面的内容。鲁迅揭露了《现代评论》"不主附和""不尚攻讦""不尚空谈"的办刊宗旨的假相,其真实面目不过是"用了公理正义的美名,正人君子的徽号,温良敦厚的假脸,谎言公论的武器,吞吐曲折的文字,行私利己"⑧罢了。对《现代评论》在北京女师大风潮,五卅运动及"三·一八"惨案中诋毁人民革命斗争和攻击鲁迅的言论,鲁迅在1925年至1926年间发表了《并非闲话》《"公理"的把戏》《杂论管闲事·做学问·灰色等》《我还不能"带住"》《"公理"之所在》等一系列文章,同《现代评论》反动的政治导向进行了坚决的斗争,揭露其为反动军阀"奔走"的帮凶行径。

---

① 参见西滢:《闲话》,《现代评论》2卷45期,燕树棠:《爱国运动与暴民运动》,2卷52期。
② 参见《现代评论》6卷141、147期,7卷159、161、168期。
③ 山本:《党治的铁律》,《现代评论》6卷134期。
④ 参见《现代评论》3卷66期,6卷141期。
⑤ 召:《对爱国运动的谣言》,《现代评论》2卷28期。
⑥ 参见西滢:《闲话》,《现代评论》3卷55期。
⑦ 鲁迅致许广平信(1925年6月13日),《鲁迅全集》第11卷,北京:人民文学出版社1981年版,第90页。
⑧ 鲁迅:《我还不能"带住"》,《鲁迅全集》第3卷,北京:人民文学出版社1981年版,第244页。

1926年底,当北伐战争节节胜利,北洋军阀政府濒临倒台的时候,《现代评论》马上改变了腔调,鲁迅在《庆祝沪宁克服的那一边》一文中揭露道:"去年年底,《现代评论》,不就变了论调了么？和'三一八惨案'时候的议论一比照,我真疑心他们都得了一种仙丹,忽然脱胎换骨。"①唤醒革命人民对《现代评论》投机革命保持高度警惕。鲁迅是有一种"不克厥敌,战则不止"的精神的。《现代评论》于1927年"四·一二"反革命政变后,为择新主子而迁至上海出版,它在北京《新晨报》刊登广告,一方面大诉受北洋军阀迫害之苦;另一方面则向国民党反动派献媚邀宠。鲁迅将其过去攻击广东革命政府的行径与此时的表白两相对照,活画其投机嘴脸:"《现代评论》也不但不再预料革命之不成功,且登广告云:'现在国民政府收复北平,本周刊又有销行的机会（谨案:妙极）了'了。"②《现代评论》的这则广告刊登于1928年9月12日,在鲁迅和革命文化阵营的攻击下,仅存三个月就于当年的12月29日寿终就寝了。

(2)《甲寅》

鲁迅后来称《现代评论》为"老段诤友"③,那是因为《现代评论》在创刊时曾通过北洋军阀政府的教育总长章士钊接受了段祺瑞的1 000元津贴,故而对"老段"大献殷勤。而章士钊则是创办《甲寅》以反对新文化运动,提倡复古主义的甲寅派首领。这两股势力的结合正证明着他们本是一丘之貉,都是北洋军阀政府的代言人。因而鲁迅对《甲寅》也给予毫不留情的痛击。《甲寅》初为月刊,1914年5月,章士钊在日本东京创办,仅出10期。1925年章士钊担任北洋军阀段祺瑞政府的教育总长,遂于同年7月将《甲寅》改为周刊在北京复出,封面印有黄斑老虎标志,杂载政论、诗词、公报、呈文、通信等,宣称"文字须求雅驯,白话恕不刊布"④,宣扬封建复古思想,主张尊孔读经,提倡文言文,诽谤白话文,反对五四运动以来的进步思潮,并诋毁人民群众的革命斗争,被称为新文化运动的"拦路虎",遭到以鲁迅为代表的新文化阵营的抨击。鲁迅看到新文化运动已深入人心有不可阻挡之势,《甲寅》倒行逆施,是根本难成气候的,所以,鲁迅在该刊刚出来的时候,就揭露该刊借名人广销路的拙劣伎俩及其"不值驳诘"的穷途。鲁迅说:

---

① 《鲁迅全集》第8卷,北京:人民文学出版社1981年版,第162－163页。
② 鲁迅:《大衍发微》,《鲁迅全集》第3卷,北京:人民文学出版社1981年版,第581页。
③ 鲁迅致章廷谦信(1929年8月17日),《鲁迅全集》第11卷,北京:人民文学出版社1981年版,第682页。
④ 见《甲寅》周刊《复刊启事》。

《甲寅》周刊已出,广告上大用"吴老头子"(按指吴稚晖)及"世"(按指蔡元培)之名以冀多卖,可怜也哉。闻"孤松"(按指章士钊)公之文大可笑。然则文言大将,盖非白话邪宗之敌矣。此辈已经不值驳诘,白话之前途,只在多出作品,使内容日渐充实而已。①

新文化运动中的一员杰出大将郁达夫是最先揭发《现代评论》与章士钊、段祺瑞之间那一段肮脏交易的,他此时写的《咒〈甲寅〉》则是一篇痛快淋漓的文章,很为鲁迅所欣赏。鲁迅仍本着《甲寅》"不值驳诘"的态度,断言它长久不了。他在《答KS君》一文中指出:《甲寅》的体式非常滑稽,"前载公文,接着就是通信,精神虽然是自己广告性的半官报,形式却成了公报尺牍合璧了";所用"文字庞杂",多有语句不通"陋弱可哂"之处,鲁迅用揭露《学衡》杂志一样的手法,指出提倡复古主张文言的章士钊"连成语也用不清楚",那么他创办的《甲寅》"这种东西,用处只有一种,就是可以借此看看社会的暗角落里,有着怎样灰色的人们"。鲁迅进而断言:"倘说这是复古运动的代表,那可是只见得复古派的可怜,不过以此当做讣闻,公布文言文的气绝罢了。"②确实,《甲寅》虽有北洋军阀政府撑腰,但在北伐的胜利声中,即于1927年2月停刊了。

鲁迅对《现代评论》与《甲寅》的批判,从编辑学的角度看,主要着眼于刊物的政治导向方面。他反对《猛进》《语丝》与《现代评论》联合是如此,他后来拒绝为基督教青年会刊物《青年之桴》撰稿③,讨厌为现代评论派所把持的《晨报副刊》以及新月社所出书的一副"徐志摩式",也是为此。对于这些卫护旧物的刊物,鲁迅一律加以"排击"。

整个20年代,鲁迅从沉默的古籍整理中走了出来,大声呐喊,组织社团,主编报刊,出版书籍,扶持一个个新生的小刊物,打击《灵学》《甲寅》之流,开辟了一个个进行"思想革命"、开展"文明批评与社会批评"的战场,在中国现代革命编辑出版史上写下了光辉的篇章。

---

① 鲁迅致钱玄同信(1925年7月20日),《鲁迅全集》第11卷,北京:人民文学出版社1981年版,第452页。
② 鲁迅:《答KS君》,《鲁迅全集》第3卷,北京:人民文学出版社1981年版,第112页。
③ 陈敦仁谈话记录稿(1978年10月23日),参见鲍昌、邱文治著:《鲁迅年谱》(上),天津:天津人民出版社1979年版,第332页。

第四节　上海十年,全面推动革命文艺运动
（1927.10—1936.10）

一、新文艺运动的一束《朝花》(1927—1929)

（一）接编《语丝》与创办《奔流》

鲁迅在"四·一二"政变之后,眼看他资助的《做什么》杂志的主编毕磊和一大批青年惨遭杀害,对"革命策源地"的广州已失去希望,对南京有人叫他去编什么期刊,他也拒绝了①。他决定到上海去重新开辟战场,把他早年倡导以"转移性情,改造社会"为目的的文艺运动进行下去。他一到上海,就接编了《语丝》,接着创办《奔流》,组织朝花社,发起成立中国左翼作家联盟,主编了"左联"的许多刊物,创办了大量丛书,大力扶持新兴的木刻运动,直到他去世的1936年,他还创办并主编《海燕》,全面推动中国的革命文学运动和革命美术运动。对国民党政府颁布的恶出版法,以及编辑出版界的逆流,鲁迅与之进行了坚决的斗争。上海十年,是鲁迅编辑生涯中最光辉的时期。

1."任意而谈,无所顾忌"的《语丝》

鲁迅于1927年10月到达上海,而《语丝》就在这个月在北京被军阀张作霖查禁。同年12月,鲁迅把《语丝》接到上海复刊,并担任主编。鲁迅与《语丝》有着非常密切深厚的关系。该刊是在鲁迅的支持下于1924年11月17日创刊的,在经济方面,鲁迅也给《语丝》以很大的帮助。"在《语丝》第一期出版后,先生就付了十元印刷费,比商定的多付了二元。"②该刊的刊名是从字典上随便查到的,但其宗旨却是非常明确的,就是想:"冲破一点中国生活和思想的昏浊停滞的空气",要以"简短的感想和批评","发表自己所要说的话",反抗"一切专断与卑劣","提倡自由思想,独立判断,和美的生活"。在文体方面"也兼采文艺创作以及关于文学美术和一般思想的介绍与研究",也可"发表学术上的重要论文"。从这则《发刊词》

---

① 鲁迅致章廷谦信(1927年7月28日),《鲁迅全集》第11卷,北京:人民文学出版社1981年版,第564页。
② 川岛:《忆鲁迅先生和〈语丝〉》,《鲁迅回忆录·散篇》(上册),北京:北京出版社1999年版,第275页。

可知，《语丝》主要刊载杂文和短论，注重社会批评和思想批评，与鲁迅要求《猛进》的和自编的《莽原》，在精神上是完全一致的。《语丝》从创刊到被禁，鲁迅是其指导者和重要撰稿人之一。鲁迅反对把《语丝》与《现代评论》联合，表现了他在坚持刊物的政治方向上的坚定性和不妥协性。他指导《语丝》编辑孙伏园扩大组稿范围，留心登载"那种替政治问题做背景的思想学术言论"①。当孙伏园把《语丝》说成与《现代评论》是"兄弟刊物"时，鲁迅又严肃地批评了他，维护了《语丝》的独立与尊严。当北洋军阀教育总长章士钊被迫下台时，周作人在《语丝》56期的《失题》中说："打落水狗（吾乡方言，即打死老虎之意）也是不大好的事。"林语堂立即在该刊57期上发表《论语丝的文体——稳健骂人及费厄泼赖》表示赞同周作人的意见，表明他们要在对反动势力的斗争中打退堂鼓了。这时鲁迅发表了著名论文《论"费厄泼赖"应该缓行》，提出"痛打落水狗"的主张，表示要坚持刊物的战斗精神。在撰文方面，鲁迅在《语丝》上发表了百余篇文章，散文诗《野草》中的23篇即首刊于此。1925年至1926年，鲁迅同反动的封建军阀段祺瑞和现代评论派及其刊物《现代评论》的斗争，就是以《语丝》为主要阵地的。《语丝》记录了鲁迅自五卅运动至"四·一二"政变这一段历史时期的战斗足迹和风貌。

从鲁迅在上海复刊《语丝》，亲任主编开始，《语丝》进入了一个新的发展阶段。

首先，在版式的改革上。《语丝》最初的版式是16开8面。1926年5月24日第80期后，改为32开16面，直出至被北洋军阀查封。鲁迅接编后，从4卷1期开始，版式改为25开，篇幅一下子增加为96页。这样就为批评的内容提供了更大的阵地。

其次，在撰稿人方面。《语丝》最初列名撰稿的有鲁迅、钱玄同、江绍原、川岛、斐君女士、王品青、衣萍、曙天女士、孙伏园、李小峰、淦女士、顾颉刚、春台、林兰女士、林语堂、周作人等16人。这些人政治态度、观点并不相同，后来只剩下五六人。鲁迅接编后，则着意培养新的作者队伍，如柔石、白薇等人，则成了后期《语丝》的重要撰稿人，保持了《语丝》的战斗特色；而鲁迅则始终站在《语丝》的最前线，以战斗者的姿态，严肃地、不屈不挠地和黑暗作殊死的斗争，又发表了大量的文章。

第三，在内容上，鲁迅大胆发表那些富有革命性和战斗性的作品，一改《语丝》

---

① 孙伏园：《语丝的文体》，见《语丝》1925年第25期。

在五卅运动后同人分化、内容日趋消沉的作风。在第4卷第12期（1928年3月19日）的《语丝》上，鲁迅刊出了白薇的独幕剧《革命神受难》，通过剧中革命神的口，愤怒谴责了蒋介石国民党屠杀人民的反动本质。白薇是这样写的：

> 啊！原来你是民国英雄！是革命军的总指挥么？……你阳装革命的美名，阴行你吃人的事实。……你阳称和某某伟人一致努力北伐，打倒军阀，打倒帝国主义，实行彻底革命，阴则昼夜在想方法，将要怎样地去残杀同类，怎样地剥夺国力……给你一个人无忧无虑地做军阀以上的帝王！

这完全是一篇极富战斗性的讨蒋檄文，发表这样的剧本没有大无畏的革命精神是不可想象的。鲁迅发表这个剧本，正鲜明地揭示了《语丝》的反对蒋介石专制独裁的政治立场。

第四，在编辑精神上敢于反抗压迫。1928年8月6日，鲁迅在《语丝》第4卷第32期上，刊载了读者冯珧《谈谈复旦大学》一文，该文揭露了复旦大学内部的一些腐败情况。这就惹怒了曾就学于该校的国民党浙江省党部党务指导委员会委员许绍棣，他竟动用国民党浙江省党务指导委员会的名义，以"言论乖谬，存心反动"的罪名，于1928年9月在浙江查禁了《语丝》。鲁迅后来回忆说：

> 经我担任了编辑之后，《语丝》的时运就很不济了，受了一回政府的警告，遭了浙江当局的禁止……警告的来由，我莫名其妙，有人说是因为一篇戏剧；禁止的缘故也莫名其妙，有人说是因为登载了揭发复旦大学内幕的文字，而那时浙江的党务指导委员老爷却有复旦大学出身的人们。①

> 也许是还带着一点私仇，因为杭州省党部的有力人物，久已是复旦大学毕业生许绍棣老爷之流，而当《语丝》登载攻击复旦大学的来函时，我正是编辑，开罪不少。②

鲁迅的这两段话，正表明了他编辑的《语丝》是与所谓的"政府""当局"对着

---

① 鲁迅：《我和〈语丝〉的始终》，《鲁迅全集》第4卷，北京：人民文学出版社1981年版，第170页。
② 鲁迅：《且介亭杂文二集·后记》，《鲁迅全集》第6卷，北京：人民文学出版社1981年版，第461页。

干的,敢于"开罪"也正是敢于碰硬,敢于反抗的意思。《语丝》虽在浙江被禁,但在别处仍照常发行,正反映出主编者鲁迅的那种不畏强权的编辑反抗性格。

鲁迅接编了一年后,自1929年1月《语丝》交由柔石、李小峰编辑,至1930年3月10日出版了第52期后停刊,前后共出265期。鲁迅在《我和〈语丝〉的始终》一文中,全面回顾了《语丝》创刊的缘由及自己与《语丝》的渊源和关系,指出了《语丝》的编辑态度,总结了该刊的编辑特色。鲁迅认为,语丝派及其周刊《语丝》的编辑态度就在于"不愿意在有权者的刀下,颂扬他的威权,并奚落其敌人来取媚"。对段祺瑞,对章士钊,对现代评论派及其刊物《现代评论》,以至到了上海对蒋介石,对国民党的"政府""当局",就是采取的这种态度。而刊物的编辑特色则是"任意而谈,无所顾忌,要催促新的产生,对于有害于新的旧物,则竭力加以排击"①。这样也就形成了《语丝》的具有战斗性和革命性的编辑风格。

2. "把新鲜的血液输到旧中国去"的《奔流》

鲁迅接编《语丝》半年后,与郁达夫创办奔流社,合编《奔流》文学月刊。郁达夫精力他顾,主编《大众文艺》去了,鲁迅提供译作给予支持,而《奔流》月刊则实际由鲁迅一人主编。这是鲁迅初到上海创办并主编的第一个文学刊物,因而投入了大量的时间和精力。《奔流》于1928年6月20日在上海创刊,1929年12月20日出至第2卷第5期停刊,共出15期。鲁迅在创刊号上发表《〈奔流〉凡例五则》一文,阐明了该刊的宗旨为"揭载关于文艺的著作、翻译,以及绍介"。

鲁迅主编《奔流》有以下几个特点:

一是着重介绍欧美及日本等国具有进步倾向的作家作品,如苏联作家高尔基,法国雕塑家罗丹,法国诗人波里耐尔,匈牙利革命者马察,日本文艺评论家藏原惟人等人的作品。这些作品引起了读者的广泛注意。

二是出版专题增刊,以扩大影响。如《H·伊孛生诞生一百年纪念增刊》(第1卷第3期)、《莱夫·N·托尔斯泰诞生百年纪念增刊》(第1卷第7期)、《译文专号》(第2卷第5期)等。鲁迅还在《编校后记》中说明出版增刊的目的,对易卜生指出其作品在中国的影响,"五四"时期《新青年》杂志之所以介绍易卜生是因为他"敢于攻击社会,敢于独战多数"。而现在出版纪念增刊是为了"追怀这曾经震动一时的巨人"②。对于托尔斯泰,则指出这位19世纪的俄国巨人对中国的影响

---

① 《鲁迅全集》第4卷,北京:人民文学出版社1981年版,第169、167页。
② 鲁迅:《〈奔流〉编校后记(三)》,《鲁迅全集》第7卷,北京:人民文学出版社1981年版,第163、164页。

"其实也还是等于零"。"所以这回是意在介绍几篇外国人——真看过托尔斯泰的作品,明白那历史底背景的外国人——的文字,可以看看先前和现在,中国和外国,对于托尔斯泰的评价是怎样的不同。"①鲁迅还针对我国文坛有些人对托尔斯泰不切实际的指责,以及不务实际的空喊口号的倾向给予了批评。鲁迅正是通过编辑这两期专题增刊,以引起中国读者对这两位文坛巨人的正确认识。

三是注意介绍有关苏联的文艺理论,这方面鲁迅自己就用力甚深。他在第1卷第1至第5期上连续刊载了自己翻译的《苏俄的文艺政策》等文。鲁迅在《编校后记》中把自己译的这部书看作是曾由他编入《未名丛刊》中《苏俄的文艺论战》一书的续编,指出"从这记录中,可以看见在劳动阶级文学大本营的俄国的文学的理论和实际,于现在的中国,恐怕是不为无益的"②。

四是附有精美的插图以与内容和谐,收到图文并茂的效果。如1卷2期上印了高尔基画像插图,1卷4期上选登了罗丹的4幅作品作插图,1卷6期上,选了3幅外国名画家的插图,1卷7期是托尔斯泰诞生百年纪念增刊,其中印有10幅插图等。这些插图或向"东方图书馆"借,或从外国去寻,目的就是要千方百计把书刊编得文图并茂,有利于外国文艺在中国普及和中国文艺运动的开展。

五是大力培养青年作者、译者队伍。鲁迅历来重视发现和扶持青年作者,组织莽原社、未名社,支持浅草社、沉钟社,在期刊上发表青年作者作品,就是为了催促新的产生,建立一支文艺新军,以攻击旧社会。他在致陈君涵的信(1929年6月21日)中说:"上海出期刊的,有一种是一个团体包办,那自然就不收外稿。有一种是几个人发起的,并无界限。《奔流》即属于后一种。""至于必须名人介绍之弊,却是没有的。"③很明确地表达了他的那种开放的广采博收的编辑意识。因而像后来成为著名讽刺作家的张天翼的小说处女作《三天半的梦》,以及柔石、杨骚、白薇、梁遇春、裘柱常等人的作品,都经鲁迅之手发表在《奔流》上。鲁迅与"红色鼓动诗人"殷夫的友谊正是从《奔流》开始的。鲁迅最初从《奔流》来稿中,看到他译自德文的裴多菲传记,因为要核对原文,殷夫便送来了附有原文的《裴多菲诗集》,由此二人相交。为了有助于殷夫的翻译,鲁迅还特意把从德国买来的裴多菲散文集送给他,希望他今后介绍一本裴多菲的诗到中国来。后来殷夫果然译了几

---

① 鲁迅:《〈奔流〉编校后记(七)》,《鲁迅全集》第7卷,北京:人民文学出版社1981年版,第171、172页。
② 鲁迅:《〈奔流〉编校后记(一)》,《鲁迅全集》第7卷,北京:人民文学出版社1981年版,第159页。
③ 《鲁迅全集》第11卷,北京:人民文学出版社1981年版,第670页。

首,发表在《奔流》2卷5期上。殷夫去世后,鲁迅在《为了忘却的记念》一文中记述了和殷夫交往的经过,寄托了自己的哀思。

六是撰写《编校后记》,这形成该刊一个很鲜明的特点。鲁迅为《奔流》共写有12篇《编校后记》,或介绍有关外国作家作品,以助阅读;或说明编辑意图,以便读者理解;或顺便一击,以揭露文坛不良现象。如1卷2期的《后记》在介绍本期登载的几幅画像时,对叶灵凤经常生吞活剥外国画家作品的不良作风提出批评。在1卷5期的《后记》中答复社会上对于《奔流》编者、译者和刊物的种种意见,认为文艺及其刊登文艺作品的刊物应当有它的"趣味"性。在2卷3期的《通讯——关于莱蒙托夫诗的翻译》一文,虽不是《编校后记》,但与编辑《奔流》有直接关系,很类似于12篇《编校后记》,鲁迅在信中一方面表示接受一位读者提出的"关于孙用先生的几首译诗"的批评意见,另一方面特别说明《奔流》杂志不同于《新月》之类的特点。鲁迅说,《奔流》杂志,"介绍些名家所不屑道的东欧和北欧文学","尤其是巴尔干诸小国的作品。原来的意思,实在不过是聊胜于无,且给读书界知道一点所谓文学家,世界上并不止几个受奖的泰戈尔和漂亮的曼殊斐尔之类"①。这与鲁迅在日本编译《域外小说集》的精神是一贯的。

《奔流》的上述几个特点使它在"期刊已渐渐的少见"②状况下深受读者欢迎。《奔流》每期150页,销行2 000余册,这个数字在当时来说是相当可观的,就在这数字的后面,包含着鲁迅所付出的巨大的劳动。鲁迅在一封致章廷谦的信(1928年8月2日)中说:"白天汗流,夜间蚊咬,较可忍耐的时间,都用到《奔流》上去了。"③还是他的战友许广平了解得最深,她说:鲁迅"初到上海,以编《奔流》花的力量最多,每月一期,从编辑、校对,以至自己翻译,写编校后记,介绍插图,或亲自跑制版所,及与投稿者通讯联系,代索稿费,退稿等等的事务工作,都由他一人亲力亲为。目的无非是为了要把新鲜的血液输到旧中国去,希望从翻译里补充点新鲜力量"④。

(二)朝花社与《朝花》

1. 朝花社成立的目的及"社事告终"的原因

朝花社是鲁迅继奔流社后于1928年11月组织的又一个文艺团体,成员除鲁

---

① 《鲁迅全集》第7卷,北京:人民文学出版社1981年版,第129页。
② 鲁迅:《二心集·序言》,《鲁迅全集》第4卷,北京:人民文学出版社1981年版,第189页。
③ 《鲁迅全集》第11卷,北京:人民文学出版社1981年版,第631页。
④ 许广平:《鲁迅回忆录·为革命文化事业而奋斗》,《鲁迅回忆录·专著》(下册),北京:北京出版社1999年版,第1208页。

迅外还有柔石、崔真吾、王方仁和许广平。鲁迅组织朝花社有两个目的：一是为了开展革命文艺运动，需要"绍介东欧和北欧的文学，输入外国的版画"，"扶植一点刚健质朴的文艺"①；二是为了"替青年们打下一个文学园地的基础"（许广平语），帮助青年们发展文化事业。

任何社团的活动和出版刊物都需要经费，鲁迅像支持前面几个社团一样给予朝花社以经济上的大力援助。朝花社五人除崔真吾、王方仁各出一份外，鲁迅一人拿出三人的资金，使该社得以出版《朝花》周刊、《朝花》旬刊、《艺苑朝华》以及丛书等。经费问题解决了，鲁迅又为该社编刊物，写文章。据许广平回忆说："选木刻、制图、选材料等，离不了先生的苦心经营。""出书时的自任校对，奔走接洽都任劳任怨之外"，"又拼命译作"，辛苦如此。然而朝花社在"左联"成立前却失败了，原因是，当时朝花社成员"王方仁以有哥哥在上海四马路开教育用品社的方便为词，请求由他的社代买纸张及代为销售，这个建议众人以为是合理，有内行人便利的多"。结果所用的纸张"多是从拍卖行兜来的次货，油墨也是廉价的"。用来印刷木刻图版影响了质量，结果刊物"收不回本钱，而且还要赔一笔款"②。朝花社只得于1930年1月"社事告终"。鲁迅不无感伤地说："这是一部分人上了一个人的当，现已将社停止了。"③

2. 朝花社的业绩

然而，朝花社是停了，朝花社的业绩还在。这个业绩就是在鲁迅主持下出版的《朝花》文艺刊，《艺苑朝华》画刊和《朝花小集》、《近代世界短篇小说集》等书刊。

(1)《朝花》文艺刊

《朝花》初为周刊，16开本，1928年12月6日在上海创刊，出了20期后，又于1929年5月16日改为旬刊，32开本，页数、字数增加一倍，期数另起，出至1929年9月21日第12期停刊，前后共出32期。它是由鲁迅创办与柔石合编的一个文艺性刊物，其创刊宗旨在于"扶植一点刚健质朴的文艺"。编辑眼光放在介绍外国的文学艺术，尤其是北欧、东欧等弱小民族的文学作品和版画，也发

---

① 鲁迅：《为了忘却的记念》，《鲁迅全集》第4卷，北京：人民文学出版社1981年版，第482页。
② 许广平：《鲁迅回忆录·为革命文化事业而奋斗》，《鲁迅回忆录·专著》（下册），北京：北京出版社1999年版，第1208—1209页。
③ 鲁迅致李霁野信(1930年1月19日)，《鲁迅全集》第12卷，北京：人民文学出版社1981年版，第2页。

表新文学创作。撰稿人除朝花社成员外还有冯雪峰、楼适夷、林语堂等人。鲁迅发表译著十余篇。

其编辑特点是：一、从创刊号起一切均是鲁迅亲自筹划。如创刊号，封面即由鲁迅亲自设计，选用美国阿瑟·拉克哈姆的一幅画做刊头，"朝花"两个美术字也由鲁迅书写，非常符合编辑美学的原则。每期的编排格式，刊头图案插图等，也由鲁迅亲自安排、选定。二、选用版画，开美术新风气。鲁迅在刊物上共选登了欧美和日本13个画家的木刻作品，还有绘画作品22幅，插图的精美与内容的"刚健质朴"得到了和谐的统一，对我国新兴木刻的发展起到了推动作用。

(2)《艺苑朝华》画刊

而《艺苑朝华》画刊则是《朝花》选用版画的放大与集中。该刊也由鲁迅与柔石编辑。鲁迅亲自撰写了《〈艺苑朝华〉广告》一文，说明编选该美术丛刊的计划：

> 要绍介些国外的艺术作品到中国来，也选印中国先前被人忘却的还能复生的图案之类。有时是重提旧时而今日可以利用的遗产，有时是发掘现在中国时行艺术家的在外国的祖坟，有时是引入世界上的灿烂的新作。每期十二辑，每辑十二图，陆续出版。①

一句话，就是要选印中外优秀艺术遗产、世界杰出新作，以及被中国画家剽窃的原作。《广告》目录列出画辑十二种，实际只出五种，鲁迅为这五种画刊写了五篇《小引》和两篇《附记》。

这五种画刊是：

《近代木刻选集(1)》，为《艺苑朝华》第1期第1辑。这是鲁迅选编的一组美国当代木刻作品，共12幅。鲁迅编《奔流》时，曾搜集了一些西欧的版画作插图，此集即是从中选编的。鲁迅为此写有《小引》和《附记》②，概述了版画发展的历史，表明提倡木刻艺术的决心；简介所收木刻的作者及作品的特色。

《蕗谷虹儿画选》，为《艺苑朝华》第1期第2辑。此画册系鲁迅从日本现代画家蕗谷虹儿的画集《睡莲之梦》《悲凉的微笑》《我的画集》中选编出来的。内还附有画家自己的诗和散文诗（即配画诗）11首，由鲁迅译为中文附在各图之前。在《小引》中鲁迅介绍了蕗谷虹儿绘画的特色和过分"幽婉""纤细"的缺点。鲁迅特

---

① 《鲁迅全集》第7卷，北京：人民文学出版社1981年版，第457页。
② 《鲁迅全集》第7卷，北京：人民文学出版社1981年版，第319-324页。

别说明选编这本画册的目的,是为了戳穿模仿甚至剽窃蕗谷虹儿作品的"中国几个作家"的假画,"发掘"出这些"时行艺术家在外国的祖坟",将蕗作原貌"陈在读者的眼前,就算一面小镜子",以促使中国"真的创作"的产生①。

《近代木刻选集(2)》,为《艺苑朝华》第1期第3辑。该集是鲁迅从英、法、俄、美、日诸国的木刻作品中拣取12幅编选而成。鲁迅在《小引》中强调木刻艺术的"力之美",指出"有精力弥满的作家和观者,才会生出'力'的艺术来。'放笔直干'的图画,恐怕难以生存于颓唐、小巧的社会里的"②。

《比亚兹莱画选》,为《艺苑朝华》第1期第4辑。此集系鲁迅收集美国现代画家比亚兹莱所作的装饰画及插图12幅编成。在《小引》中,鲁迅说明编选此画册的意图,是针对"新的流氓画家""撕剥"比亚兹莱作品而发,因而出版本辑就在于"略供爱好比亚兹莱者看看他未经撕剥的遗容"③。上列四种画册均出版于1929年。

《新俄画选》,为《艺苑朝华》第1期第5辑。这是鲁迅最早编选介绍十月革命后苏联革命版画的一本画集。鲁迅在《小引》中简评了苏联十月革命前后美术界各派和美术创作思潮的变迁,指出苏联版画之介绍到中国来这还是第一本。至于此辑画册"多取版画"的原因之一,是由于"当革命时,版画之用最广,虽极匆忙,顷刻能办"④。也就是说目的着眼于革命。这册画刊于1930年5月朝花社告终之后由光华书局出版。

另外还有七种已列入出版计划,也因朝花社解散而未能出,它们是:《法国插画选集》、《英国插画选集》、《俄国插画选集》、《近代木刻选集》(3)(4)、《希腊瓶画选集》和《罗丹雕刻选集》。

鲁迅如此重视美术丛刊的编辑出版,这与他此时正在倡导中国新兴的木刻美术运动(新文艺运动的一部分)有很大关系。早在1918年,鲁迅就在《每周评论》第2号"新刊评论"栏里发表了《〈美术杂志〉第一期》一文,对上海图画美术学校出版的《美术》杂志做了具体分析,肯定其成绩与特色,并"希望从此能够引出许多创造的天才,结得极好的果实"⑤。然而,"创造的天才"并没有出现,中国的美术运动一直发育不良。有的文学刊物虽然偶有插图,大多是登些文学家的肖像,文

---

① 《鲁迅全集》第7卷,北京:人民文学出版社1981年版,第326页。
② 《鲁迅全集》第7卷,北京:人民文学出版社1981年版,第333页。
③ 《鲁迅全集》第7卷,北京:人民文学出版社1981年版,第340页。
④ 《鲁迅全集》第7卷,北京:人民文学出版社1981年版,第345页。
⑤ 刘运峰编:《鲁迅佚文全集》(上),北京:群言出版社2001年版,第292页。

学插图或小装饰之类以补补空白,离真正的绘画艺术还相距甚远。所以鲁迅感叹地说:"中国至今竟没有一种较好的美术杂志"①,"论理,以中国之大,是该有一种(至少)正正堂堂的美术杂志,一面绍介外国作品,一面,绍介国内艺术的发展的,但我们没有。"②为了改变这种状况,鲁迅先是翻译了日本的美术史论家板垣鹰穗著的《近代美术史潮论》,内有插图作品140幅,都是19世纪欧洲美术发展中的代表作,出版后很受一些美术爱好者和初学西画的青年的欢迎。接着就是在《奔流》《朝花》等文学刊物上选登了英、俄、法、美、德、捷克、瑞典、挪威、意大利和日本等国画家的作品数十幅。但这还不是专门美术刊物。《艺苑朝华》画刊的编辑出版正好弥补了这方面的缺憾,也部分地实现了鲁迅想出美术杂志的心愿。鲁迅十分珍爱《艺苑朝华》,在出版时注重质量,用模造纸精印画页,每页前衬以轻磅道林纸印说明,16开毛边,以丝线穿订打结,装帧设计非常美观大方。正是在《艺苑朝华》的基础上,才有"左联"成立后新兴木刻运动的蓬勃发展。所以当1933年鲁迅编印《木刻纪程》时,他在《小引》中对《艺苑朝华》美术丛刊的出版对我国新兴木刻运动所起的推动作用做了充分地肯定。他说:

> 中国木刻图画,从唐到明,曾经有过很体面的历史。但现在的新的木刻,却和这历史不相干。新的木刻,是受了欧洲的创作木刻的影响的。创作木刻的绍介,始于朝花社,那出版的《艺苑朝华》四本(按应五本),虽然选择印造,并不精工,且为艺术名家所不齿,却颇引起了青年学徒的注意。③

随后就出现了中国最初的木刻讲习会和木铃社、野穗社、无名木刻社、M·K木刻研究会等木刻团体。可见,《艺苑朝华》确是30年代鲁迅倡导革命美术运动的先声。

3. 未出齐的几种丛书

在书籍编辑出版方面,鲁迅也有很大的计划,然而也如《艺苑朝华》未能出齐一样,随着朝花社的倒闭而未能尽如所愿。如他曾计划编辑《北欧文艺丛书》四

---

① 鲁迅致孟十还信(1935年2月24日),《鲁迅全集》第13卷,北京:人民文学出版社1981年版,第64页。
② 鲁迅致李桦信(1934年12月18日),《鲁迅全集》第12卷,北京:人民文学出版社1981年版,第608页。
③ 鲁迅:《〈木刻纪程〉小引》,《鲁迅全集》第6卷,北京:人民文学出版社1981年版,第47页。

种,未果。《朝花小集》丛书原计划出三种,也只出了一种,即崔真吾译《接吻》(捷克斯惠忒拉著),是狭长的64开本,鲁迅设计封面,"接吻"二字为鲁迅所题美术字。第二种原定为《小彼得》,后转让给春潮书局出版,封面、开本、装帧设计都与《朝花小集》相同,只是没有"朝花小集"四字。鲁迅后来说,朝花社停办后,"有三种书交春潮书局出卖"①,即包含此书。《近代世界短篇小说集》也未出齐,共出两集。第一集又名《奇剑及其他》,内收俄、苏、捷克、匈牙利、比利时、法国等国小说13篇,其中有鲁迅译作5篇。署名朝花社同人而为鲁迅所写的《〈近代世界短篇小说集〉(一)小引》一文,除说明了短篇小说的地位和作用,还申明编译此书的目的是在促进我国短篇小说创作的发展,"只要能培一朵花,就不妨做做会朽的腐草"②。第二集又名《在沙漠上》(扉页题为《在沙漠上及其他》),该集编选了捷克、法国、南斯拉夫、苏联、西班牙、犹太等国家与民族的11位作家的短篇小说12篇,其中有鲁迅翻译的4篇。鲁迅亦为该集写有《小引》(署名同上集)。根据预告,原计划出三集,第三集名《果树园及其他》,后因朝花社倒闭改由现代书局印行。这几册已刊行的书所编译的内容侧重于东欧、北欧国家的作品,与他编辑《朝花》周刊、旬刊时的宗旨是一致的。这是作为他倡导革命文学运动的一面而介绍的。

朝花社历史虽短而于革命文艺运动的功绩却不小,其在编辑出版史上的主要特色表现为:在鲁迅直接主持和大力资助下,朝花社最早把外国的版画艺术介绍到中国来,并大力提倡这门艺术;鲁迅也正是以此为阵地,倡导起中国新兴木刻艺术运动。从而"我国创作木刻运动从一九二九年翻开了光辉灿烂的篇章的第一页"③。

(三)新军联合与《科学的艺术论丛书》

1."与创造社联合起来,造一条战线,更向旧社会进攻"

鲁迅到达上海的第二个月即1927年11月9日,创造社成员郑伯奇、蒋光慈、段可情受郭沫若之托拜访鲁迅,提出要与鲁迅联合起来,组织一个统一战线,创办一个新刊物,以提倡新的文艺运动。这个意见是在大革命失败后,中国革命暂时处于低潮的时代背景下提出来的。当事人郑伯奇有过很清晰的回忆:

---

① 鲁迅致李霁野信(1930年1月19日),《鲁迅全集》第12卷,北京:人民文学出版社1981年版,第2页。
② 《鲁迅全集》第4卷,北京:人民文学出版社1981年版,第131页。
③ 王观泉:《鲁迅与美术》,上海:人民美术出版社1979年版,第78页。

大革命失败以后……我们觉得这么多进步作家聚集上海,大家联合起来,共同办一个刊物,提倡新的文学运动,一定会发生相当大的影响。政治革命暂时受了挫折,先从文艺战线上重整旗鼓,为迎接将来的革命高潮准备条件,岂不很好吗?蒋光慈和段可情也有同样的想法。我们取得沫若同志的同意和支持,同去访问鲁迅先生,谈出联合的意见,鲁迅先生立即欣然同意,他并且主张不必另办刊物,可以恢复《创造周报》,作为共同园地,他将积极参加,我们都非常高兴,沫若也表示非常欢迎。①

对鲁迅来说,他是早有过与创造社联合的愿望的。1926年当他离开厦门前往广州时,在致许广平的信中就说,他打算到广州后"与创造社联合起来,造一条战线,更向旧社会进攻"②。次年又与创造社的成仿吾、王独清等共同发表了《中国文学家对于英国知识阶级及一般民众宣言》,这份《宣言》就登在创造社刊物《洪水》第3卷第30期上。他还在来上海前不久致李霁野的信中欣慰地说:"创造社和我们,现在感情似乎很好。"接着又很感慨地说:"他们在南方颇受迫压了,可叹。看现在文艺方面用力的,仍只有创造、未名、沉钟三社,别的没有,这三社若沉默,中国全国真成了沙漠了。"③鲁迅对创造社在新文学运动之初编辑出版的大量创作与翻译的作品,其成绩是欣赏的。当新文学的第一部白话短篇小说集《沉沦》作为创造社丛书于1921年10月出版的时候,曾遭到封建卫道者的猛烈攻击,鲁迅发表了《对于批评家的希望》一文为《沉沦》作了辩护。鲁迅觉得创造社努力于文艺,在政治上又受着"政府"的"迫压",不同于叭儿狗式的现代评论派及其《现代评论》,因而,若联合起来,一致对敌,对中国的"社会""文明"展开批评,必将收到更大的效力。所以,郑伯奇等人的来商议组织联合战线,出版新刊物,鲁迅自然是"欣然同意",表现出极大的热情。这次商谈决定后,即于当年的12月3日,在上海《时事新报》上,鲁迅与郭沫若、郑伯奇、成仿吾、蒋光慈等联合发表了《创造周报》复刊广告,鲁迅列名为撰述员之一。1928年1月1日,鲁迅又与郭沫若、成仿吾等人在《创造周报》第1卷第8期上联名发表《创造周报复活了》的预告,这次鲁迅列名为编辑委员。将要复活的《创造周报》,其宗旨是:"根据新的理论,发扬新的精神,努力新的创作,建设新的批评。"正当紧锣密鼓眼看就要拉开新文艺运动

---

① 郑伯奇:《创造社后期的革命文学活动》,见《中国现代文艺资料丛刊二集》。
② 鲁迅:《两地书·六九》,《鲁迅全集》第11卷,北京:人民文学出版社1981年版,第191页。
③ 鲁迅致李霁野信(1927年9月25日),《鲁迅全集》第11卷,北京:人民文学出版社1981年版,第583页。

帷幕的时候,却很遗憾地转向了反面。由于"后期创造社的几位朋友回国了,他们以新进气锐的姿态加入阵线……认为《创作周报》的使命已经过去了,没有恢复的必要,要重新另起炉灶。……和鲁迅的合作,就这样不仅半途而废,而且不幸的是更引起了猛烈的论战,几乎弄得来不可收拾。"①他们那时"把鲁迅作为了批判的对象",又另外创办了《文化批判》,并组织了太阳社,因而形成了"语丝社、太阳社、创造社,三分鼎立,构成了一个混战的局面"②。这场历时一年之久的关于"革命文学"的论战,结果不是新月派所希望的分裂,而是达到新的更大的联合。这个"新"就是论战的双方都掌握了马克思主义文艺理论这个科学的思想武器,这个"更大"就是新文艺大军在1930年初成立的"左联"。而这个"联合"的中间人则是冯雪峰。

2.《科学的艺术论丛书》

鲁迅是于1928年底经柔石认识冯雪峰的。当时鲁迅正在与创造社、太阳社论战,极希望掌握马克思主义文艺理论这个科学的方法,于是着手翻译马克思主义文艺理论著作,而冯雪峰此时也正从日文转译马克思主义的文艺理论作品,于是很自然地两人走到了一起,并商量编一个马克思主义文艺理论丛书,一方面是为了介绍和宣传马克思主义文艺理论,以便大家能正确地掌握和使用这个科学锐利的方法和武器;另一方面则是为了"救正我——还因我而及于别人——的只信进化论的偏颇"③。这套丛书也就是后来陆续出版的《科学的艺术论丛书》,又名《马克思主义文艺丛书》,由鲁迅与冯雪峰合编,原意出16种,后因国民党查封,只出了下列几种,即:鲁迅译的《艺术论》(蒲力汉诺夫著)、《文艺与批评》(卢那察尔斯基著)、《文艺政策》(藏原外村辑),冯雪峰译的《艺术与社会生活》(蒲力汉诺夫著)、《文学评论》(梅林格著)、《社会的作家论》(伏洛夫斯基著)、《艺术之社会的基础》(卢那察尔斯基著),苏汶译的《新艺术论》(波格丹洛夫著),戴望舒译的《唯物史观的文学论》(伊可维支著)等。马克思主义的哲学、社会主义学说以及政治经济学说在"五四"新文化运动时期曾得到广泛地介绍,而马克思主义的文艺理论的系统的大规模的介绍与宣传,却是从这场论战开始的。鲁迅觉得创造社、太阳社的成员在进行"革命文学"论争时,往往缺乏先进的理论指导,废话太多,"解剖

---

① 郭沫若:《鲁迅与王国维》,《沫若文集》第12卷,北京:人民文学出版社1958年版,第532－533页。
② 郭沫若:《跨着东海》,《沫若文集》第8卷,北京:人民文学出版社1958年版,第309页。
③ 鲁迅:《三闲集·序言》,《鲁迅全集》第4卷,北京:人民文学出版社1981年版,第6页。

刀既不中腠理,子弹所击之处,也不是致命伤"①。而自己在这场论战中,"看了几种科学底文艺论,明白了先前文学史家们说了一大堆,还是纠缠不清的疑问"②。因而,对于革命文艺新军来说,亟需有一套"科学底文艺论"。鲁迅承担起了这项重大的具有现实意义和历史意义的任务,推出了颇具规模的《科学的艺术论丛书》,为文艺新军提供了切切实实的科学的理论与方法,也为后来"左联"的顺利成立提供了思想基础。

鲁迅与冯雪峰从1929年1月着手编译《科学的艺术论丛书》,同年4月陆续出版,很快就引起创造社、太阳社的关注。这年年底,冯雪峰根据党组织的指示,向鲁迅传达党决定停止这场论争,创造社、太阳社的所有刊物,一律停止对鲁迅的批评,希望鲁迅及其影响下的人与创造社、太阳社联合起来,组成"中国左翼作家联盟"。鲁迅表示完全同意,并认为"左翼"二字用得好,旗帜鲜明。这样,鲁迅倡导的中国革命文艺运动就在一个更鲜明的旗帜下,在一个更强有力的组织的推动下,在一个更广大的范围内开展起来。而鲁迅的编辑活动也进入了最后一个更新更高的阶段,中国现代革命编辑出版史也因而被推向了一个划时代的崭新阶段。

二、冲破黑暗的《海燕》(1930—1936)

(一)主编"左联"刊物以反对文化"围剿"

鲁迅对"北伐成功"后的中国现实有着非常清醒的认识,他在《庆祝沪宁克复的那一边》一文中就提醒过人们"不要因胜利而使脑筋混乱",后来的现实正如他所预见的那样,"北伐总司令"蒋介石发动"四·一二"反革命政变,在南京建立了所谓"国民政府",从此代替了北洋军阀,实行比北洋军阀还更严酷的专制独裁统治。鲁迅对"国民政府"与北洋政府曾作对比说:"北伐成功了,北京属于党国,学生们就都到了进研究室的时代,五四式是不对了。为什么呢?因为这是很容易为'反动派'所利用的。"③就是指蒋介石所代表的国民党政府对人民实行思想钳制。事实也正是如此。1927年"四·一二"反革命政变后,蒋介石政府就对人民在思想、言论、出版方面的自由严加控制。

---

① 鲁迅:《"硬译"与"文学的阶级性"》,《鲁迅全集》第4卷,北京:人民文学出版社1981年版,第209页。
② 鲁迅:《三闲集·序言》,《鲁迅全集》第4卷,北京:人民文学出版社1981年版,第6页。
③ 鲁迅:《论"赴难"与"逃难"》,《鲁迅全集》第4卷,北京:人民文学出版社1981年版,第473页。

1. 国民党的文化"围剿"

首先,是发布令文审查图书。1927年12月颁布了《新出图书呈缴条例》,规定凡新出版的书籍,出版者必须在两个月内"呈送中华民国大学院"审查,否则,将"禁止该图书之发行"。之后,在1928、1929这两年中,又陆续颁布了《取缔各种匿名出版物令》《宣传品审查条例》《查禁反动刊物令》《查禁伪装封面的书刊令》《查禁书刊不许泄露消息令》《取缔销售共产书籍办法令》等9种令文,对图书、杂志、报纸严加检查,稍有"出轨",即行封禁。到1930年"左联"成立后,国民党政府为配合军事"围剿",实行更加严酷的文化"围剿"。光是这类的令文在短短的几年内(1930—1936)就颁布了50件之多①,涉及图书、儿童文学课外读物、文艺书刊、翻印古书印刷业、书店、新闻、电影、剧本等出版业的许多方面。如1930年12月颁布的《出版法》(四十四条)规定,报纸刊物在创刊前必须申请登记,禁止在书刊上发表反对国民党政府的言论,并规定违反这一《出版法》的种种处罚办法。这就对进步书籍、报刊的出版和发行施加了种种限制。1931年11月颁布的《出版法施行细则》,则对《出版法》的原则和方法加以具体规定,更加紧了文化"围剿",打击左翼文化运动。1932年11月,国民党中央宣传部公布《宣传品审查标准》,规定了所谓"反动宣传品"的范围及其处理办法。1933年9月,国民党中央常务委员会通过《重要都市新闻检查办法》,在国防委员会下设置中央检查新闻处(后改属中央宣传部),订立了检查标准并确立每级检查机构的组织系统,实行全面的新闻检查制度。同年10月又通过了《新闻检查标准》,规定了新闻稿件扣留或删改范围。1933年10月初,国民党上海市党部宣传部召集各出版商和杂志主编开会,提出今后不准出版和发表"反动"书刊和文章。为了加紧文化控制,实行文化"围剿",国民党政府还于1934年5月26日在上海成立图书杂志审查委员会,并公布《图书杂志审查办法》,规定一切图书杂志必须将原稿送该委员会审查。1936年3月,南京国民党政府内政部又颁发《图书注册后仍须送内政部备查》的文件。

其次,是严厉查禁进步书刊。除了用条例、法令来加以限制外,国民党政府的另一手就是对限制不住的进步书刊实行严厉查禁。1931年9月,国民党政府以"宣传共产主义""言论反动"等为由,查禁进步书刊228种。1934年出版界出现一种很奇怪的现象:单行本的文艺书籍见不到,而定期刊物则很多,据估计,当时全国各种性质的定期刊物有300多种,其中百分之八十在上海出版,1934年因而

---

① 据《中国新文学大系·史料特辑》第19集(1927—1937)。

被称为"杂志年"。然而,也就在这一年的2月,国民党政府在上海查禁书籍149种,刊物76种,鲁迅、郭沫若、茅盾等28位作家的作品都在查禁之列,并牵涉到25家书店。同年10月,南京国民党政府教育部下达《查禁普罗文艺密令》,紧接着就于下一个月第二次查禁书画、刊物167种。如此文化"围剿"对国民党的"文化繁荣"实在是一个绝妙的讽刺。许多"左联"刊物仅出一期,至多出四五期就被查禁。如《萌芽》月刊、《文艺研究》、《文艺讲座》、《世界文化》、《文学新地》等。鲁迅翻译的《现代新兴文学的诸问题》、《毁灭》、《艺术论》、《文艺与批评》、《文艺政策》及其著作《鲁迅自选集》、《而已集》、《伪自由书》、《二心集》、《南腔北调集》都曾遭到过查禁。

其三,是发起"运动","围剿"革命文艺。颁布条令,查禁书刊,采取的是强硬措施,而发起什么"中国民族主义文学运动",创办《现代文学评论》《前锋周报》《前锋周刊》《文艺月报》等刊物来"围剿"无产阶级革命文艺运动,则采取的是非常拙劣的伎俩了。如《汗血月刊》与《汗血周刊》一唱一和,出版《文化剿匪专号》,向左翼文化大肆进攻。

国民党政府的文化"围剿"确是比北洋军阀及其刊物《现代评论》《甲寅》攻击新文化运动要严酷得多了,也更毒辣得多了。

2. 在"围剿"中领导"左联"从事革命文艺运动

针对国民党的文化专制统治,鲁迅领导"左联"的文艺战士积极开展革命的文艺运动。

首先,针对国民党政府颁布的一系列条例、法令等,鲁迅把它统称之为"恶出版法",以示憎恶。同时在《中国无产阶级革命文学和前驱的血》《黑暗中国的文艺界的现状》《写于深夜里》《中国文坛上的鬼魅》等文中对国民党政府查禁进步书刊、迫害革命作家、"围剿"革命文学的罪行予以无情地揭露。他说:

> 统治者也知道走狗的文人不能抵挡无产阶级革命文学,于是一面禁止书报,封闭书店,颁布恶出版法,通缉著作家,一面用最末的手段,将左翼作家逮捕,拘禁,秘密处以死刑。①

然而就在这种种压迫下,无产阶级的革命文学,中国现代革命的编辑家、出版

---

① 鲁迅:《中国无产阶级革命文学和前驱的血》,《鲁迅全集》第4卷,北京:人民文学出版社1981年版,第282页。

家、著作家并没有因此而有任何的动摇。《新生》周刊事件就是对国民党政府的一个沉重打击。1935年5月,上海《新生》周刊第2卷第15期刊载编辑艾寒松化名易水写的《闲话皇帝》一文,泛论古今中外的君主制度,其中说到现阶段日本的天皇空有其名而无实权,是日本军部借以掩饰罪恶统治的摆设品式的"古董"。日本驻沪领事竟以"侮辱天皇,妨害邦交"为借口,向国民党政府提出严重抗议和惩办《新生》主编等无理要求。南京国民党政府媚外退让,当即查封《新生》周刊社,判处主编杜重远一年零两个月徒刑,以限制出版自由为目的的图书杂志审查委员会也因失职而被解散。国民党中央还电令其各级党部及新闻出版界,加紧查禁抗日言论,取缔抗日活动。事后,《新生》周刊散发《告别读者诸君》传单,要大家记住这一屈辱,《新生》读者组织后援会,揭露事件真相。《新生》事件暴露了国民党政府的软弱无能,连国内独立自主的编辑权都无法保障。鲁迅在《花边文学·序言》和《且介序杂文二集·后记》中称此为"'闲话皇帝'事件",指出这一事件发生后,国民党政府"大约是受了日本领事的警告罢,那雷厉风行的办法,比对于'反动文字'还要严:立刻该报禁售,该社封门,编辑者杜重远已经自认该稿未经审查,判处徒刑,不准上诉的了,却又革掉了七位审查官,一面又往书店里大搜涉及日本的旧书,墙壁上贴满了'敦睦邦交'的告示"①。以此揭露国民党政府唯日本帝国主义之命是从的奴才相。

其次,为争取言论、出版自由而斗争。1930年6月,鲁迅在他主编(与冯雪峰合编)的《新地月刊》创刊号上编发了《左翼作家联盟反对查封艺术剧社宣言》一文,《宣言》大声呼吁:"我们一致争取集会、言论、出版、演剧的自由!"在他去世前不久,鲁迅还签名发表了《文艺界同人为团结御侮与言论自由宣言》②,"要求政府当局,即刻开放人民言论自由,凡是以阻碍人民言论自由之法规,如报纸检查刊物禁扣等,应立即概予废止"。

3. 主编"左联"刊物,以直接反对国民党政府的文化"围剿"

1930年3月2日"左联"成立,大会通过了"左联行动总纲领",其要点是"出版机关杂志及丛书等"。鲁迅领导了这项工作,他直接参与创办、主编了数种"左联"刊物,虽然这些刊物存在的时间都不太长,但都在当时发挥了积极的战斗作用。这些刊物有:

---

① 鲁迅:《且介亭杂文二集·后记》,《鲁迅全集》第6卷,北京:人民文学出版社1981年版,第463页。
② 载《文学》第7卷第4号(1936年10月1日)。

(1)《萌芽》月刊

1930年1月1日在上海创刊,鲁迅与冯雪峰主编。25开本,开始每期220余页,由光华书局发行。创刊号封面由鲁迅设计,在《编者附记》中声明书刊的编辑主张主要是登载"翻译和介绍、创作、评论"。自第1卷第3期起,成为中国左翼作家联盟机关刊物之一,标明是"文艺、文化、社会"的综合性刊物,篇幅随之扩大,主要内容为:

1. 新文艺作品底创作及翻译绍介。2. 科学的文艺理论及一般文化理论底绍介和研究。3. 各国文化底调查,资料收集,并解剖研究。4. 国内现今文艺,文化及社会诸现象底解剖批判。5. 国内各地的情况记载;社会和时事漫画;现代世界名画展绍介。①

1930年5月出至第5期被国民党政府查禁,第6期改名《新地》月刊,仅出一期,又被禁。前后共出6期。

鲁迅主持该刊的编辑工作,其内容上的编辑特色为:

在翻译方面,着重介绍苏联的优秀作家及其他国家的倾向较好的作品,如鲁迅译法捷耶夫的《毁灭》、沈端先译格勒特珂夫的《醉了的太阳》等。

在创作方面,主要是柔石、魏金枝、张天翼、楼适夷等青年作家的小说和白莽等人的诗歌。

在评论方面,则专限于有关"科学的"艺术论的论著、论述各国新兴文艺的文章及国内的社会批评和文艺批评等,如冯雪峰摘译马克思《〈政治经济学批判〉导言》中的《论文化的各种形态(科学、技术、艺术)的不平等发展》(译名为《艺术形式之社会的前提条件》)等。

在介绍方面,开设"地方通讯""文艺界消息""国外文艺事业研究"等专栏,使刊物和国内外的形势息息相通。

在政治导向方面,尤其值得注意。鲁迅为该刊特设"社会杂观"专栏,发表战斗的杂文,直接对某些社会现象进行及时的批评,承继《莽原》时代的开展"社会批评"与"文明批评"的精神,鲁迅写的《张资平的"小说学"》《"丧家的""资本家的乏走狗"》等杂文即刊登在该栏。在同新月派的斗争中,鲁迅认为新月派是继现代评论派之后而投靠"政府"的,因而对其鼓吹的"健康""尊严""人性论"等货色,特

---

① 《〈萌芽〉扩充篇幅及确定今后内容启事》。

在《萌芽》上发表了《新月社批评家的任务》《"硬译"与"文学的阶级性"》等文加以无情抨击。

鲁迅还主持编辑了第 3 期的《三月纪念号》,纪念马克思、恩格斯和巴黎公社;第 5 期的《五月各节纪念号》,纪念"五一"和"五卅"。由此也可见该刊鲜明的政治导向和战斗特色。因而它被国民党政府查禁也就不足为怪了。

《萌芽》在中国现代编辑出版物中,是最重要的革命期刊之一。鲁迅在当时就称《萌芽月刊》为"较急进"的刊物①。他在该刊发表了十余篇杂文,著名的《对于左翼作家联盟的意见》就发表在该刊第 4 期上,成为指导"左联"行动的纲领性文件。

(2)《文艺研究》

1930 年 2 月 15 日在上海创刊(实际出版时间在 5 月),由大江书铺发行。这是鲁迅为"左联"主编的大型文艺理论季刊,25 开本,220 面。仅出 1 期即被国民党政府查禁。鲁迅在创刊号上亲自撰写了《〈文艺研究〉例言》一文,阐明编辑宗旨:"专载关于研究文学,艺术的文字,不论译著,并且延及文艺作品及作者的绍介和批评。"该刊任务"在究明文艺与社会之关系,所以凡社会科学上的论文,倘其中有若干部分涉及文艺者,有时亦仍在绍介之列"。"于中国新出之关于文艺及社会科学书籍,有简明的绍介和批评"。"甚愿文与艺相钩连","多载塑绘及雕刻之作"②。这个《例言》包容甚广,惜其仅出一期而未能完全实施。创刊号全系译文,包括法、德、俄、匈、日等国作家的文艺艺术史论 7 篇,其中有鲁迅译的《车勒芮绥夫斯基的文学观》,陈望道译的《自然主义文学底理论体系》,冯雪峰译的《现代欧洲无产阶级文学底路》《资本主义与艺术》,傅东华译的《美国文学史绪论》等。

(3)《巴尔底山》

1930 年 4 月 11 日创刊于上海,旬刊。为"左联"机关刊物,初由鲁迅主编,自第 4 期起由朱镜我、李一氓等 5 人编辑。出至 5 月 20 日第 5 号即被查禁。据李一氓回忆:发起该刊时曾"商之鲁迅,他首表赞成:一、他拿出一百元借作印刷费;二、大家提了十来个刊名,供选择;其中有'游击队',他选定此名,但嫌太露,改为对音的'巴尔底山'(按即 Partisan 音译);三、'巴尔底山'四字的报头是他亲笔写的。"

---

① 鲁迅致孙用信(1930 年 2 月 14 日),《鲁迅全集》第 12 卷,北京:人民文学出版社 1981 年版,第 3 页。

② 《鲁迅全集》第 8 卷,北京:人民文学出版社 1981 年版,第 302 页。

该刊的主旨"乃以短文、锋利之文,对帝国主义、买办资产阶级及国民党反动派进行狙击"①。其编辑内容主要登载关于国际及国内时事论文,国内各种文化现象及思潮流派的解剖和批判文章等,也有一些社会讽刺诗、讽刺画和来自各地的通信。在创刊号的《编辑后记》中宣称:"这文化领域内的巴尔底山队,总算已经组成基本的队伍,可以进出到这阶级的社会战中,为支持一方的战线的一个小小的支队了。"这支队伍的"基本的队员"有鲁迅、潘汉年、沈端先、阳翰笙、朱镜我、洪灵菲、冯乃超、冯雪峰、白莽、柔石等共30人。真是刊如其名,这是一个16开本,每期10页左右的小型的综合性的战斗刊物。

（4）《世界文化》

1930年9月10日创刊于上海,月刊。在这年3月"左联"刚刚成立,鲁迅即已着手筹办该刊了②。这是鲁迅主编的又一"左联"机关刊物,仅出一期即被禁。这是一个以宣传马克思主义文艺理论,报道国内外革命文化动态,阐述"左联"的任务为主的综合性杂志。创刊号上有鲁迅译的匈牙利A·加伯尔论文《无产阶级革命文学论》,柔石写的及时反映中央根据地红军和人民群众的斗争生活的通讯报告《一个伟大的印象》。

（5）《前哨》与《文学导报》

这是鲁迅与冯雪峰编辑的"左联"机关刊物。关于创办《前哨》的缘起,鲁迅曾对冯雪峰说过:"中国民族过去流的血是实在大的,但大部分血流的结果只是使中国增加了沙漠,很少带来改革的结果;我们现在是要使血为了民族的新生而流。"又说:"革命者不是避免流血,而是要不怕流血牺牲又要看重自己的血的价值。"③1931年2月7日,国民党反动派在上海龙华秘密杀害柔石、殷夫等五位左翼作家和其他革命者共24人。鲁迅这段话就是针对此而说的。因而,他要创办《前哨》来纪念这些革命烈士。1931年4月25日,作为"左联"机关刊物的《前哨》秘密在上海出版。第1期为《纪念战死者专号》,是专为纪念国民党杀害的"左联五烈士"及剧联宗晖而编印的。因而在编辑内容上,《前哨》有其更为鲜明的战斗风格。首先,鲁迅编发了有他参加署名的《为国民党屠杀大批革命作家宣言》和《为国民党屠杀同志致各国革命文学家和文化团体及一切为人类进步而工作的著

---

① 李一氓:《记〈巴尔底山〉》,见1980年5月28日《人民日报》。
② 鲁迅日记1930年3月17日载:"午后议泰东书局托办杂志事,定名曰《世界文化》。"《鲁迅全集》第14卷,北京:人民文学出版社1981年版,第815页。
③ 冯雪峰:《回忆鲁迅》,《鲁迅回忆录·专著》(中册),北京:北京出版社1999年版,第623页。

作家思想家书》等"左联"文件,愤怒谴责国民党反动派的罪行,"反对封闭书店、垄断出版界,及压迫著作家思想家!"其次,刊出鲁迅的《中国无产阶级革命文学和前驱的血》、冯雪峰的《我们同志的死和走狗们的卑劣》,及《被难同志传略》等,向人民公开揭发国民党血腥屠杀的罪行。在印刷发行方面,《前哨》完全是在国民党白色恐怖下秘密进行的。因为没有印刷所敢于承印,便由几个革命的排字工人承担检字,编辑人员守在旁边,排好一段校对一段。刊名《前哨》两个字是鲁迅取定并亲笔书写,是刻成木板后用手工敲印的,印油透过纸背留下了迹印。被难烈士相片是由另一家印刷厂印好后再一份一份贴上去,为此刊物不得不延期出版。《前哨》的影响全出国民党意外。当时国民党杀害柔石等烈士后,曾严密封锁消息,上海的一切中文和西文的报章上,都无记载。但是,鲁迅亲自主编的这期《前哨》,冲破敌人的封锁,不仅在国内,而且向全世界揭露和控诉了国民党的罪行。正因为此,《前哨》仅出一期即被禁,第2期改名为《文学导报》,同年11月出至第8期被迫停刊。改名后仍以发表"左联"文件为主,其中有德、英、奥、美、日的革命作家对于中国白色恐怖及帝国主义干涉的抗议书《革命作家国际联盟为国民党屠杀中国革命作家宣言》,"左联"的《告国际无产阶级及劳动民众的文化组织书》等。同时也兼发重要论文,如瞿秋白的《大众文艺和反对帝国主义的斗争》,鲁迅的《"民族主义文学"的任务和命运》,冯雪峰的《统治阶级的"反日大众文艺"之检查》等。由于是地下出版的秘密刊物,编辑方针明确,政治导向鲜明,具有很强的战斗特色。

(6)《十字街头》

1931年12月11日在上海创刊,4开4版小报。刊头"十字街头"为鲁迅所题,由鲁迅主编。初为双周刊,印第3期改为旬刊,是综合性的通俗刊物。该刊以文艺大众化为实践方向,以刊载具有强烈的现实性和战斗性的短小精悍的杂文、通俗的诗歌为其特色。鲁迅是编辑者,也是主要撰稿者,曾用多种笔名在该刊发表了杂文《沉滓的泛起》《知难行难》,和歌谣《好东西歌》《公民科歌》《南京民谣》《"言词争执"歌》等作品。这些作品针砭时弊,揭露黑暗,体现了该刊的战斗特色。著名的揭露国民党政府卖国投降、杀戮爱国学生的《"友邦惊诧"论》,答沙汀、艾芜的《关于小说题材的通信》及瞿秋白与鲁迅讨论翻译问题的通信都发表在该刊上。1932年1月16日鲁迅致日本增田涉信说:"《十字街头》是'左联'的人们化名写的,恐怕不久就会被禁止。"[①]果不出所料,第3期出后即被查禁。

---

① 《鲁迅全集》第14卷,北京:人民文学出版社2005年版,第195页。

鲁迅除编辑上述"左联"机关刊物外,对"左联"的其他刊物如《文学月报》《文学新地》《文艺新闻》等,对北方"左联"的机关刊物《文学杂志》和《文艺月报》以及东京"左联"主办的《杂文》(《质文》)等刊物,也给予了积极的支持,他的许多杂文都分别发表在这些刊物上。他还协编了《文艺讲座》;对丁玲主编的"左联"机关刊物《北斗》从一开始即给予极大关注。在《北斗》创刊号(1931年9月20日)上,特地选了德国版画家凯绥·珂勒惠支的木刻连续画《战争》(共七幅)中的一幅《牺牲》在该刊发表,作为对柔石等左联五烈士的纪念。鲁迅在《为了忘却的记念》中回忆说:

　　　　当《北斗》创刊时,我就想写一点关于柔石的文章,然而不能够,只得选了一幅珂勒惠支夫人的木刻,名曰《牺牲》,是一个母亲悲哀地献出她的儿子去的,算是只有我一个人心里知道的柔石的记念。①

　　在《写于深夜里》又说:"后来知道,很有一些人是觉得所含的意义的,不过他们大抵以为纪念的是被害的全群。"②鲁迅选印这幅版画,也就为《北斗》规定了战斗的编辑导向。丁玲后来也说:

　　　　《北斗》是左联的机关刊物,是鲁迅领导下的刊物。我是遵照他的意见办事的。杂志开始比较灰色,但团结了各方面的知名作家,发表他们的作品,这都是按照鲁迅的意见办的。③

　　4. 鲁迅编辑"左联"刊物的几个特点

　　一是刊期短,大多是只出了一期即被国民党政府查禁。这既说明国民党对编辑出版自由控制严格,也说明了反文化"围剿"斗争的艰巨性。他在《黑暗中国的文艺界的现状》一文中,谈到国民党政府对进步出版界的迫害,说:"但去年(按指1930年)也就日加迫压了。禁期刊,禁书籍,不但内容略有革命性,而且连书面用

---

① 《鲁迅全集》第4卷,北京:人民文学出版社1981年版,第487页。(鲁迅于此文用"记念")

② 《鲁迅全集》第6卷,北京:人民文学出版社1981年版,第500页。(鲁迅于此文用"纪念")

③ 丁玲:《我便是吃鲁迅的奶长大的》,《丁玲论创作》,上海:上海文艺出版社1985年版,第97页。

红字的,作者是俄国的……连契诃夫(A. Chekhov)和安特来夫(L. Andreev)的有些小说,也都在禁止之列。"①鲁迅编辑的几个刊物都是在1930年刚创办不久就被查禁了。

二是思想内容与政治导向的战斗性。鲁迅主编的每一个刊物都有鲜明的编辑导向,主攻方向也十分明确,对"民族主义文学运动"的批判,对新月派的斗争,等等,鲁迅编发了大量的文章,特别是自己的杂文,显示了刊物的战斗特色。

三是理论性与通俗性相结合。如《文艺研究》是专载研究文艺理论的大型刊物,而《十字街头》则是通俗性的小报,鲁迅并未因为它"通俗"因为它"小"而不重视,他自己就在《十字街头》上发表了好几首歌谣,抨击国民党新军阀,讽刺蒋、汪集团之间的丑态百出的派系斗争。这是鲁迅运用通俗文学形式进行战斗,同样发挥了很好的战斗作用,也使刊物在民众中得以广泛流传。

四是文艺性与综合性相结合。如《萌芽》月刊以文艺性为主,《巴尔底山》《世界文化》则以综合性为主。

从这些特点可以看出,鲁迅是想从各个不同方面,以全方位的编辑视角对中国的"社会""文明"特别是国民党的文化专制主义予以猛烈抨击,以突破其文化"围剿"。

(二)革命文学运动的深入与编辑文学书刊

鲁迅领导的"左联"时期的革命文学运动是在国民党的白色恐怖统治下进行的,它突破层层封锁和文化专制主义而深入发展。在这一时期,鲁迅一方面以杂文为武器,写作了数百篇杂文,编成八九个杂文集以指导这场文学运动;另一方面编辑书刊,把外国文学特别是苏联革命文学有计划有系统地翻译介绍到中国来,以作无产阶级革命文学的借鉴。鲁迅忠实地执行了"左联"的工作方针:"出版机关杂志","吸收国外新兴文学的经验","帮助新作家之文学的训练"。关于前者已如前述,现在我们看看鲁迅在后两项方面的工作情况。

1.编译外国文学作品

(1)《现代文艺丛书》

鲁迅一开始倡导新文学运动,就特别重视外国文学的编译工作,曾出版了《域外小说集》。后来组织未名社、朝花社,又出版了专收翻译的《未名丛刊》和《近代世界短篇小说集》等。鲁迅认为,中国的无产阶级革命文学必须引入外国文学特别是东、北欧那些弱小民族的文学和新兴的苏联革命文学这股活水,才能有活力。

---

① 《鲁迅全集》第4卷,北京:人民文学出版社1981年版,第286页。

所以他不遗余力地从事这方面的工作。在"左联"成立后的第二个月（1930年4月）他就着手编辑一套专收苏联革命文学作品的丛书，即《现代文艺丛书》。鲁迅在《〈铁流〉编校后记》中生动地记述说：

> 去年上半年，是左翼文学尚未很遭迫压的时候，许多书店为了在表面上显示自己的前进起见，大概都愿意印几本这一类的书；即使未必实在收稿罢，但也极力要发一个将要出版的书名的广告。这一种风气，竟也打动了一向专出碑版书画的神州国光社，肯出一种收罗新俄文艺作品的丛书了，那时我们就选出了十种世界上早有定评的剧本和小说，约好译者，名之为《现代文艺丛书》。①

这十种书就是：(1)《浮士德与城》（卢那卡尔斯基作，柔石译）；(2)《被解放的堂·吉诃德》（卢那卡尔斯基作，鲁迅译）；(3)《十月》（雅各武莱夫作，鲁迅译）；(4)《精光的年头》（毕力涅克作，蓬子译）；(5)《铁甲列车》（伊凡诺夫作，侍桁译）；(6)《叛乱》（孚尔玛诺夫作，成文英译）；(7)《火马》（革拉特珂夫作，侍桁译）；(8)《铁流》（绥拉菲摩维支作，曹靖华译）；(9)《毁灭》（法捷耶夫作，鲁迅译）；(10)《静静的顿河》（肖洛霍夫作，侯朴译）。然而，由于国民党政府加紧对左翼作家的压迫，神州国光社也慑于反动派的威胁而毁约，因而实际只出版了四种即《十月》、《铁甲列车》、《浮士德与城》和《静静的顿河》。出版社毁约后，鲁迅仍努力为未出版的几种书寻找出版机会。鲁迅译的《毁灭》交陈望道主持的大江书铺，刚出版就遭查禁，因而其他几部译稿等在大江书铺也无从考虑了。

为了让苏联的这些革命文学作品有助于中国的无产阶级革命文学运动，有助于读者增长战斗的勇气，鲁迅决定冲破国民党政府的文网，自办出版社，自费印书，先印《毁灭》和《铁流》。1931年11月，鲁迅办起了专以出书为名义的"三闲书屋"，亲拟《三闲书屋校印书籍》广告，宣称："本书屋……虚心绍介诚实译作，重金礼聘校对老手，宁可折本关门，决不偷工减料，所以对于读者，虽无什么奖金，但也决不欺骗的。"②表明了忠实于革命文学事业不欺骗读者的宗旨。鲁迅还亲拟了一则《〈毁灭〉和〈铁流〉的出版预告》在"左联"出版的《文艺新闻》周刊第37期（1931年11月23日）发表，上署"上海三闲书屋谨启"。经过这番活动，自费刊印的三闲书屋版《毁灭》就于1931年11月26日正式出版了，该书文前有《作者自

---

① 《鲁迅全集》第7卷，北京：人民文学出版社1981年版，第365页。
② 《鲁迅全集》第8卷，北京：人民文学出版社1981年版，第446页。

传》《著作目录》,日本藏原惟人的《关于〈毁灭〉》,以及作为代序的弗理契的《关于新人的故事》,书后有鲁迅的《后记》。全书用重磅道林纸印,32开本,横排毛边装,卷首有作者法捷耶夫肖像,文中威绥斯拉夫崔夫作插图6幅,封面由鲁迅自己设计,用厚布纹纸。整本书显得厚实、庄重。接着《铁流》也出版了,其规格、装帧、开本都和《毁灭》一样。这两部书的出版,在当时文学界、出版界是一件大事,瞿秋白曾写长信给鲁迅祝贺《毁灭》等书翻译出版的胜利,鲁迅后来也很欣慰地说:

> 总之,今年总算将这一部纪念碑的小说,送在这里的读者们的面前了。译的时候和印的时候,颇经过了不少艰难,……还有《铁流》,我也很喜欢。这两部小说,虽然粗制,却并非滥造,铁的人物和血的战斗,实在够使描写多愁善病的才子和千娇百媚的佳人的所谓"美文",在这面前淡到毫无踪影。①

大型《现代文艺丛书》虽未能如愿全部印成,但已出的六种确如鲁迅所说是"世界上早有定评"的书,它的编辑出版对当时的革命文学运动毫无疑问产生了重要的影响,国民党查禁这些书即是反证。

(2)《高尔基文集》

作为苏联无产阶级革命文学的奠基人高尔基,他的作品也被鲁迅编辑成书为《戈理基文录》,此为他本时期编辑的第二种书,为单行本,1930年8月由上海光华书局出版。内收高尔基的自传及小说、书信、回忆录等8篇,分别由柔石、沈端先、冯雪峰等人翻译。1932年1月再版时,更名为《高尔基文集》。鲁迅曾有过与郁达夫联手翻译出版《高尔基全集》(25卷本)的计划。鲁迅对高尔基极为崇敬,认为他是"新俄的伟大的艺术家","'底层'的代表者","无产阶级的作家"②,并表示"中国的革命的文学界……承认高尔基是我们的导师,我们要向高尔基学习"③。高尔基逝世后,鲁迅同中国其他文艺工作者一道,向莫斯科发去唁电,表示深切的哀悼。

---

① 鲁迅:《关于翻译的通信》,《鲁迅全集》第4卷,北京:人民文学出版社1981年版,第385页。
② 鲁迅:《译本高尔基〈一月九日〉小引》,《鲁迅全集》第7卷,北京:人民文学出版社1981年版,第395页。
③ 《高尔基的四十年创作生活——我们的庆祝》,署名"鲁迅等",载《文化月报》第1卷第1期(1932年1月15日)。

(3)《新俄小说家二十人集》（又名《苏联作家二十人集》）与《苏联作家七人集》

这是鲁迅编译的第三种书,1932 年 9 月编订,1933 年 1 月由良友图书印刷公司出版,此书在编辑上的一个明显的特点是,既收"同路人"作家的作品,又收革命作家的作品,共收苏联中短篇小说 20 篇,其中"同路人"作家的 12 篇,无产阶级作家的 8 篇,后来作为《良友文学丛书》出版时,为使篇幅符合丛书体例,遂分为《竖琴》和《一天的工作》两个分册。又为了使这两册书在篇幅上大体相当,《竖琴》中只收了 10 篇同路人的作品,而把其余 2 篇连同 8 篇无产阶级作家的作品编入《一天的工作》,并分别作《〈竖琴〉前记》及《后记》,《〈一天的工作〉前记》及《后记》。1935 年良友图书印刷公司出《良友文学丛书特大本》时,征得鲁迅同意后将两书合为一册,以《苏联作家二十人集》的书名于 1936 年 7 月出版。鲁迅编译此书的目的,一是着眼于无产阶级作家所反映的革命内容,一是着眼于"同路人"作家的艺术技巧。《一天的工作》共收毕力涅克的《苦蓬》、绥甫林娜的《肥料》、略悉珂的《铁的静寂》、聂维洛夫的《我要活》、玛拉式庚的《工人》、绥拉菲摩维支的《岔道夫》《一天的工作》、孚尔玛诺夫的《革命的英雄们》、唆罗诃夫(今译肖洛霍夫)的《父亲》、班菲洛夫与伊连珂夫合写的《枯煤,人们和耐火砖》等 10 篇作品。其中《一天的工作》《岔道夫》为文尹(杨之华)翻译,其余均为鲁迅翻译。鲁迅在《前记》中说明了无产阶级文学和"同路人"文学的不同,概述了十月革命至 1927 年间苏联无产阶级文学的发展过程,指出"同路人"作家和无产阶级作家,经过现实斗争的熏陶和文学创作的实践,似已渐渐"融洽""接近",但两者所走的道路,"其实是很不相同的"。"同路人""虽写革命或建设,时时总显出旁观的神情",而无产阶级作家"一落笔,就无一不自己就在里边"[1]。至于绥拉菲摩维支"自《铁流》发表后,作品既是划一时代的纪念碑底的作品,作者也更被确定为伟大的无产文学的作者了"[2]。《竖琴》所收均为苏联"同路人"作家的短篇小说,有札弥亚丁的《洞窟》、淑雪兼珂的《老耗子》、伦支的《在沙漠上》、费定的《果树园》、雅各武莱夫的《穷苦的人们》、理定的《竖琴》、左祝梨的《亚克与人性》、拉甫列涅夫的《星花》、英倍尔的《拉拉的利益》、凯泰耶夫的《"物事"》等 10 篇,其中鲁迅翻译有 7 篇,柔石译有 2 篇,曹靖华译 1 篇。所谓"同路人",鲁迅在《〈竖琴〉前记》中解释说:"谓

---

[1] 鲁迅:《〈一天的工作〉前记》,《鲁迅全集》第 10 卷,北京:人民文学出版社 1981 年版,第 356、357–358 页。

[2] 鲁迅:《〈一天的工作〉后记》,《鲁迅全集》第 10 卷,北京:人民文学出版社 1981 年版,第 368 页。

因革命中所含有的英雄主义而接受革命,一同前行,但并无彻底为革命而斗争,虽死不惜的信念,仅是一时同道的伴侣罢了。"①因而,他们对于"革命或建设,时时总显出旁观的神情"。不过"同路人"的作品,在艺术技巧上是"非常卓拔的"②,"他们虽非革命者,而身历了铁和火的试练,所以凡所描写的恐怖和战栗,兴奋和感激,易得读者的共鸣"③。这就对"同路人"作家作品的艺术作了中肯的评价,同时也表明了自己编译本书的宗旨。

另一种与《新俄小说家二十人集》即《苏联作家二十人集》书名相似的是《苏联作家七人集》,这是一本苏联作家中短篇小说集,内收拉甫列涅夫、聂维洛夫、左琴科等7位苏联作家的中短篇小说15篇,原由曹靖华编译。1933年曹靖华把他编译的《第四十一》和《烟袋》交由上海现代书局准备出版,结果稿子被压了两年多,直到1936年4月鲁迅才托人把稿子索回。同年6月,鲁迅亲自向良友图书印刷公司推荐出版,并把《烟袋》和《第四十一》合编成一本,又删去2篇,补入4篇(仍系曹靖华译)共15篇,亲自命名为《苏联作家七人集》。鲁迅在《曹靖华译〈苏联作家七人集〉序》中肯定说:这些作品"在苏联,还都是保有生命的作品,从我们中国人看来,也全是亲切有味的文章"④。可见鲁迅为这本书的编辑出版也是付出了很多的心血的。《苏联作家二十人集》和《苏联作家七人集》可以看做是姊妹篇,它们的编译,表明鲁迅对引进苏俄文学以影响中国革命文学的重视。

(4)《文艺连丛》

鲁迅编的第四种书《文艺连丛》所收也都是苏俄作家作品。鲁迅编辑这套丛书是为了针对当时出版界的投机风气,想出版一种"决不欺骗的小丛书"来为文艺尽力。因此,这套丛书的特色也就表现为"约定的编辑,是肯负责任的编辑;所收的稿子,也是可靠的稿子"⑤。该丛书共出版了三种,即:中篇小说《不走正路的安得伦》(苏联聂维洛夫作,曹靖华译),剧本《解放了的董·吉诃德》(苏联卢那卡尔斯基作,易嘉译),短篇小说故事集《坏孩子和别的奇闻》(俄契诃夫作,鲁迅译)。鲁迅对这三部书分别写有《小引》、《后记》和《前记》,对书的作者及内容加以概括

---

① 鲁迅:《〈竖琴〉前记》,《鲁迅全集》第4卷,北京:人民文学出版社1981年版,第434页。
② 鲁迅:《〈苦蓬〉译者附记》,《鲁迅全集》第10卷,北京:人民文学出版社1981年版,第380页。
③ 鲁迅:《〈竖琴〉前记》,《鲁迅全集》第4卷,北京:人民文学出版社1981年版,第434页。
④ 《鲁迅全集》第6卷,北京:人民文学出版社1981年版,第553页。
⑤ 鲁迅:《〈文艺连丛〉——的开头和现在》,《鲁迅全集》第7卷,北京:人民文学出版社1981年版,第459页。

的介绍。《文艺连丛》从1933年至1936年以野草书屋和联华书局名义自费出版。

(5)《海上述林》

鲁迅生前最关心的一部书是他为瞿秋白的译作所编的《海上述林》,在他去世前两天还谈到该书的出版问题。1936年10月17日致曹靖华信中说:《海上述林》纪念本"卖出大半后,便拟将纸版付与别的书店,用报纸印普及本"。还未及看到《海上述林》下卷出版,鲁迅就不幸辞世了。鲁迅与瞿秋白的友谊是从30年代初一同领导左翼文艺运动开始的。瞿秋白曾编选《鲁迅杂感选集》,并作长篇序言,对鲁迅的思想、杂文创作的成就作了经典性的评价,鲁迅的杂文集,也收有瞿秋白用鲁迅笔名所写的杂文。瞿秋白于1934年离沪去江西,1935年6月不幸被捕牺牲。鲁迅怀着极大的悲痛搜集瞿秋白的译文遗作,于1935年10月22日开始编辑,1936年3月编为《海上述林》上卷,名为《辨林》,并作《上卷序言》。同年4月着手编该书下卷,又名为《藻林》,月底作《下卷序言》。全书的编校工作都是在病中完成的。1936年10月2日,《海上述林》上卷印成,而下卷则因出版迟缓而拖了下来,鲁迅病中催促数次,希望加快排印,以便"了却一事"①,然而"中国人做事,什么都慢",《海上述林》下卷排印一拖"就是一年"②。《海上述林》的出版,一是为了表示对瞿秋白的纪念,二是因为瞿秋白的译作都是马克思主义的文艺理论和苏联革命文学作品,对中国无产阶级的革命文学运动是有大帮助的。《海上述林》上卷收入马克思、恩格斯、列宁、普列汉若夫及拉法格等人的文学论文,以及《高尔基论文选集》《高尔基论文拾补》。卷中译稿多属未发表过,内有插图9幅。下卷收有高尔基的讽刺诗《市侩颂》、别德讷依的讽刺诗《没工夫唾骂》、卢那卡尔斯基的剧本《解放了的董·吉诃德》、高尔基的长篇《克里莱·萨姆京的生活》片段、短篇《二十六个和一个》《马尔华》、散文诗《海燕》以及巴甫连珂的短篇《第十三篇关于列尔孟托夫的小说》,辑录插图12幅。全书从封面设计,编排校对,到选拣插图,搜购纸张,都由鲁迅亲力而为。为了保证质量,译稿在上海先由开明书店的美成印刷厂排字打成纸型,然后托内山书店去日本印刷,全书共印500部,100部皮脊麻布面,400部蓝天鹅绒面。装帧设计十分精美。鲁迅对看到的上卷本很感满意。书的署名为"诸夏怀霜社校印"。诸夏即中国。霜,是瞿秋白的原名。书脊下部及背面正中烙印"STR",此是瞿秋白的笔名"史铁儿"的三个拉丁字缩写。鲁迅

---

① 鲁迅致沈雁冰信(1936年8月31日),《鲁迅全集》第13卷,北京:人民文学出版社1981年版,第418页。

② 鲁迅致曹靖华信(1936年9月7日),《鲁迅全集》第13卷,北京:人民文学出版社1981年版,第422页。

对《海上述林》的上卷格外看重,认为"惟上卷较为重要"①,"其中《写实主义文学论》与《高尔基论文选集》两种,尤为煌煌巨制","足以益人,足以传世"②。因而在出了纪念本后,还打算再印普及本,目的当然在以广流传。

从以上叙述的鲁迅所编几套(种)书看,有几个十分显著的编辑特点:

第一,侧重于编辑俄苏文学特别是苏联十月革命后的无产阶级文学。如《铁甲列车》《静静的顿河》《一天的工作》《苏联作家七人集》等;又如成为世界无产阶级文学名著的《毁灭》,描写的是苏联国内战争时期,在远东一支工人、农民和知识分子所组成的游击队和白匪、日本干涉军进行斗争的故事;《铁流》描写的则是1919年从库班反革命包围下突围出来,越过高加索山脊去与红军会合的达曼军队的行军故事。这些书正是中国新兴的无产阶级文学运动所最急迫最需要的,因此,鲁迅把编辑的视角投向苏联文学,正是从中国革命文学运动的实际出发的。

第二,编辑的规模大,且具有系统性。《文艺连丛》原来也是准备出五种的。《海上述林》虽是上下两卷,然仅上卷就是三十多万字,六百多页。《苏联作家二十人集》《苏联作家七人集》把苏联十月革命前后一些有代表性的作家作品基本上都收进去了。如此有规模有系统性而且还具有革命性和战斗性的书籍的编辑出版,完全是在国民党政府实行文化"围剿"查禁普罗文学的情况下进行的,就更是一件很不简单的事了。鲁迅在《〈铁流〉编校后记》中说:"在这样的岩石似的重压之下","使她在读者眼前开出了鲜艳而铁一般的新花。"③就很能反映他那种兴奋的心情。

第三,编校既精,评价又准。鲁迅从事编辑工作,并非单纯地把文章、书籍凑一凑"编"起来,而是编、校、译、介集于一身的。编有明确的目的,不是为编辑而编辑;校则亲自动手,精细核校。《海上述林》一书,从《鲁迅日记》可知光校对就记了数次:1935年10月22日"下午编瞿氏《述林》起";12月6日,"校《海上述林》(第一部:《辨林》起)";1936年5月13日开始校《海上述林》下卷。在致友人信中也多次谈到该书的校对问题。"《述林》下卷校样……",《述林》下卷"三校居多","印刷局的校员,可怕之至,他于觉得错误处,大抵以意改令通顺,并不查对原稿,所以有时简直有天渊之别。大抵一切校员,无不如此,所以倘是紧要的书,真令人

---

① 鲁迅致曹靖华信(1936年10月17日),《鲁迅全集》第13卷,北京:人民文学出版社1981年版,第448页。
② 鲁迅:《绍介〈海上述林〉上卷》,《鲁迅全集》第7卷,北京:人民文学出版社1981年版,第465页。
③ 《鲁迅全集》第7卷,北京:人民文学出版社1981年版,第374页。

寒心,《述林》有一半无原稿,那就没法了"①。可见鲁迅于校对工作是多么严肃、认真而细心,他校对总是核对原文,确保无误,有"校对老手"之称。鲁迅还对他所编的书写有评介性的文章,体裁往往不拘,有《广告》,有《小引》,有《附记》《前记》《后记》,有《序言》等,达十余篇之多,文字也或长或短。这是为读者着想,反映出鲁迅的编辑读者意识。如《绍介〈海上述林〉上卷》这则广告说:"作者既系大家,译者又是名手,信而且达,并世无两。"文字十分简洁,高度评价了瞿秋白的译作。

第四,内附插图,力求图文并茂,装帧精美。鲁迅喜欢在书内加插图,有的时候往往是因为图很好才去译这本书的,如《毁灭》有威绥斯拉夫崔夫做的插图6幅,《铁流》有毕斯凯莱夫作的木刻4幅。《海上述林》上卷都是理论之作,也有珂罗版插图9幅,《文艺连丛》中的几部书也都有多幅别开生面的精美的木刻插图。

第五,反对出版界投机风气的编辑思想。鲁迅编书着眼于文化事业,着眼于无产阶级的革命文学运动,并非为了赚钱,所以,他反对出版商一味为了盈利投机作风。他用"三闲书屋校印""诸夏怀霜社"的名义自费印书,考虑的是为革命文学运动,为读者大众提供借鉴的经验和精神的食粮,折本出版在所不惜。如《毁灭》和《铁流》出版后,鲁迅委托内山书店和《文艺新闻》社代理部发售,并发出400张特价券,持特价券购书,《毁灭》只需6角(原定价1元2角)。《毁灭》因是鲁迅译的,他不要稿费因此对折出售,这样低的价格是任何一个出版商都不会接受的。为了能出齐《海上述林》,还出资从现代书局赎回瞿秋白的《"现实"——马克思主义文艺论文集》及《高尔基论文选集》两部译稿。"不欺骗读者",这就是鲁迅从事编辑工作的坚定的信念。

2. 编辑中国新文学作品

鲁迅在编辑外国文学作品的同时,也很重视中国新文学作品特别是青年作者的创作作品的编辑工作,因这是革命文学运动另一个重要方面,而且是更主要的方面。鲁迅在这一时期编辑的书及丛书共有《萧伯纳在上海》(1933.3)、《草鞋脚》(1934.3)、《奴隶丛书》(1935.3)、《中国新文学大系·小说二集》(1935.5)和"中国杰作小说"(1936.4)等。

(1)《萧伯纳在上海》

这是一本比较特殊的书。萧伯纳是英国著名讽刺戏剧家和评论家。他的著作大胆地暴露资本主义社会的腐败和罪恶,辛辣地讽刺资产阶级的虚伪和唯利是

---

① 鲁迅致沈雁冰信(1936年8月31日、9月3日),《鲁迅全集》第13卷,北京:人民文学出版社1981年版,第418、420页。

图。政治上,他在第一次世界大战后,曾谴责帝国主义战争;十月革命后,同情社会主义。1931年,他到苏联参观访问,曾写文章批驳资产阶级对当时苏联的造谣和污蔑。1925年我国"五卅"惨案发生后,国际工人后援会从柏林致电中国,痛斥帝国主义者对中国人民的血腥屠杀,萧伯纳是在这个《致中国国民的宣言》上签字者之一。1933年2月,萧伯纳来我国访问,17日下午,鲁迅在宋庆龄的宅邸会见了萧伯纳,并合影留念,中外资产阶级新闻记者纷纷采访报道,其中许多是对萧的歪曲和污蔑。鲁迅先后写了《谁的矛盾》《看萧和"看萧的人们"记》《给文学社信》《关于翻译》《"论语一年"——借此又谈萧伯纳》《颂萧》等一系列文章,无情地揭露了资产阶级反动文人的无耻面目。另一方面则是与瞿秋白一起编辑了《萧伯纳在上海》这本书。在会见萧伯纳的当晚,鲁迅与住在家里的瞿秋白谈及会见的情况。

> 他们痛感中国报刊报导太慢,萧又离去太快,可能转瞬即把这伟大讽刺作家来华情况从报刊上消失,为此,最好有人收集当天报刊的捧与骂,冷与热,把各方态度的文章剪辑下来,出成一书。①

于是便由许广平出去搜罗几天来的报纸,连夜编选,鲁迅亲自作序,用乐雯的名字,自费印书,于1933年3月由野草书屋出版。这本书共分五个部分:一、Welcome;二、呸萧的国际联合战线;三、政治的凹凸镜;四、萧伯纳的真话;五、萧伯纳及其批评。鲁迅在《序言》中指出编辑此书的目的,是想把它当作一面镜子,以照出各种人的原形。他说:《萧伯纳在上海》"也确是重要的文献。在前三个部门之中,就将文人,政客,军阀,流氓,叭儿的各式各样的相貌,都在一个平面镜里映出来了"。鲁迅进一步指出:"英系报,日系报,白俄系报"对萧伯纳的攻击说明"他决不为帝国主义所利用",而有些中国报,不过"原是洋大人的跟丁"②。

这本书在编辑上的一个鲜明特点就是"快"。参与这本书资料收集工作的许广平说:"这书从编、排、校对,以至成书,都可以说一个'快'字,也代表了革命先驱者们的战斗精神,更开辟了由众人合作来编辑一种书籍的优良先例。"③从2月17

---

① 许广平:《鲁迅回忆录》,《鲁迅回忆录·专著》(下册),北京:北京出版社1999年版,第1186-1187页。
② 《鲁迅全集》第4卷,北京:人民文学出版社1981年版,第501页。
③ 许广平:《鲁迅回忆录》,《鲁迅回忆录·专著》(下册),北京:北京出版社1999年版,第1187页。

日鲁迅会见萧,2月28日,鲁迅作序,到3月份即成书出版,确是够快的,这在编辑出版史上大概也是很少见的。这也可见鲁迅那种战斗的编辑风格。

(2)《草鞋脚》与"中国杰作小说"

这两本书,一是应美国人伊罗生之托所编,一是应日本人山本实彦之请所选。《草鞋脚》是一本英译中国现代短篇小说集,由鲁迅、茅盾共同编辑。当时正在上海编辑《中国论坛》杂志的美国人伊罗生向鲁迅提议翻译一本中国现代短篇小说到美国出版,鲁迅认为这恰好是一个机会,可以冲破国民党的文化"围剿",扩大新文学特别是左翼文艺的影响,增进国外读者对中国革命的了解。于是鲁迅与茅盾合作,共同编选,并与伊罗生就此书的选目和编选中的一些具体问题进行反复讨论,提出建议,认为蒋光慈的中篇小说《短裤党》"写得并不好",不如选他的短篇小说,龚冰庐的《炭矿夫》也不好,不如楼适夷的《盐场》好,应多介绍1930年以来的左翼新进作家。至于像"何谷天的《雪地》及沙汀、草明女士、欧阳山、张天翼诸人的作品,我们希望仍旧保留原议"①。由此可见鲁迅编选此书的原则。鲁迅对此书还写有《小引》一文,简述了五四运动以来中国现代小说在斗争中成长的过程。指出"这一本书,便是十五年来的,'文学革命'以后的短篇小说的选集。因为在我们还算是新的尝试,自然不免幼稚,但恐怕也可以看见它恰如压在大石下面的植物一般,虽然并不繁荣,它却在曲曲折折地生长"。同时指出,文学革命者在从起初的追求人性解放到今天的阶级意识觉醒起来的过程中,他们所遭到的迫害也更加厉害:"禁止出版,烧掉书籍,杀戮作家,有许多青年,竟至于在黑暗中,将生命殉了他的工作了。"②从而尖锐地揭露了国民党反动派扼杀中国新文学的罪行。此书共收入鲁迅的《狂人日记》至当时一些青年作家的短篇小说26篇,书名《草鞋脚》是伊罗生从鲁迅的《再论"第三种人"》的讲演中取出来的。1933年2月11日伊罗生编辑的《中国论坛》上有题为《鲁迅在北平的讲演》的报道,文中说:"第四次在师范大学,题目为《再论"第三种人"》,因为有些作家,正自命为'第三种人',要超然于斗争之外,所以鲁迅给以打击,谓他们的立场与为艺术的艺术相通,这些人们,先前曾用皮鞋踏进了中国旧的文艺园地里去,这回却想牢牢坐定,拒绝草鞋脚踏进来。"还说鲁迅在30年代左翼文艺运动中,正是这"草鞋脚"文艺(按指无产阶级文艺)的领导人,他热切盼望这种"草鞋脚"文艺有更大的发展。伊罗生受到

---

① 鲁迅、茅盾致伊罗生信(1934年7月14日),《鲁迅全集》第13卷,北京:人民文学出版社1981年版,第584页。
② 《鲁迅全集》第6卷,北京:人民文学出版社1981年版,第20页。

鲁迅这篇讲演的启发,将小说集取名为《草鞋脚》,得到了鲁迅和茅盾的赞成。书名由鲁迅题写,当时未能出版,直到1974年始由美国麻省理工学院出版,但已非鲁迅与茅盾编选的《草鞋脚》的原貌。

至于"中国杰作小说"并未成书出版,它是鲁迅应日本改造社社长山本实彦之请,所选的中国左翼作家短篇小说,共10篇,于1936年6月在日本《改造》月刊上连载(但只发表了6篇),鲁迅写有《"中国杰作小说"小引》一文,肯定这些小说"从真实这点来看,应该说是很优秀的"①。《草鞋脚》与"中国杰作小说"编选的重点都在30年代的左翼文学,目的都是为了向外国读者介绍中国的革命文学,以扩大左翼革命文艺运动的影响。

(3)《中国新文学大系·小说二集》

这是中国新文学第一个十年创作总结性的编辑工作,由鲁迅担任该集编辑。《中国新文学大系》是良友图书公司计划出的一套书,它包括五四运动以后十年间的主要文学创作和理论文章,分理论、小说、散文、戏剧、诗歌、资料六大部分。根据良友图书公司的统一安排,鲁迅负责《小说二集》的编辑工作。编入此集的是五四运动以来除文学研究会和创造社以外的其他作者的小说,它们包括在《新青年》《新潮》《晨报副刊》《京报副刊》《现代评论》等报刊上发表的作品,以及弥洒社、浅草社、沉钟社、莽原社、狂飙社、未名社等团体中的小说作者33人的59篇作品,约45万字。鲁迅在"选辑的几句话"中表明了他的历史唯物主义的编选原则:一,截止日期(1926年)之后的作品不录,此后作者的作风和思想也不论;二,有些作者自己删去的作品也选收了,"因为我以为就是圣贤豪杰,也不必自惭他的童年;自惭,倒是一个错误";三,有时采用了初稿,"因为我觉得加了修饰之后,也未必一定比质朴的初稿好"②。鲁迅编选此集特别值得一提的是选入向培良的作品,从中很能看出他的那种实事求是的编辑态度。鲁迅在致赵家璧信(1935年2月27日)中说:

> 向培良的《我离开十字街头》是他那时的代表作,应该选入。但这一篇是单行本(光华书局出版),不知会不会发生版权问题。

---

① 《鲁迅全集》第8卷,北京:人民文学出版社1981年版,第399页。
② 鲁迅:《〈中国新文学大系〉小说二集序》,《鲁迅全集》第6卷,北京:人民文学出版社1981年版,第256页。

向培良是鲁迅领导的莽原社的成员。鲁迅对这个文学青年一直热情帮助，谆谆教导，他的第一个短篇小说集《飘渺的梦》就是鲁迅编选列入《乌合丛书》与《呐喊》《彷徨》同时出版的。后来向培良到河南主持《豫报副刊》，鲁迅又给予大力支持。1926年鲁迅离京赴厦门后，向培良与高长虹结成一伙，到上海成立狂飙社，写文章大肆攻击鲁迅，后来又投向国民党走上堕落的道路。鲁迅在编选本书时，并没有因为向培良曾攻击过自己以及政治上的堕落而贬低他早期的创作，还是选入他的前期的某些作品并加以肯定。据赵家璧回忆说：

> 后来，《我离开十字街头》确因版权问题不能收入，但鲁迅在导言中还是从本书里摘录了一大段引文，并对作者早年创作的几个短篇下了实事求是的评价。……向培良名下入选三篇，两篇选自《飘渺的梦》，一篇选入自《莽原》。①

鲁迅编选好本书后，写有长达万余字的《〈中国新文学大系〉小说二集序》，在序中，鲁迅对各个流派的作者的作品，都作了深入中肯的分析与批评，他赞扬了"五四"时期在《新潮》上发表作品的叶绍钧、俞平伯、杨振声等人，认为他们的作品尚幼稚，却"没有一个以为小说是脱俗的文学"，是想要"改革社会"的；也赞扬了以韦素园为骨干的未名社，"是宁愿作为无名的泥土，来栽植奇花和乔木的人"。对于浅草社，一面批评了它的"为艺术而艺术"的宗旨，一面也肯定了它在"摄取异域的营养""挖掘自己的魂灵"方面的"努力"。对于沉钟社，鲁迅予以赞扬，认为它"确是中国的最坚韧，最诚实，挣扎得最久的团体"，但也指出"他们是要歌唱的，而听者却有的睡眠，有的槁死，有的流散，眼前只剩下一片茫茫白地，于是也只好在风尘澒洞中，悲哀孤寂地放下了他们的箜篌"②。这篇长序，是鲁迅对于"五四"以来新文学运动的精辟总结，也是研究中国现代文学史的重要文献。鲁迅编选此书完全是在病重的情况下进行的。从1935年1月2日同意编选，1月24日始读作品，2月20日作《序言》，3月2日完稿。在这一个多月的时间里，鲁迅为此书花费了大量精力和全部时间。他在2月24日给杨霁云的信上就说："在给一个书坊选一本短篇小说——别人的，时日迫促，以致终日匆匆。"2月26日给叶紫的信中

---

① 赵家璧：《回忆鲁迅编选〈中国新文学大系·小说二集〉》，《鲁迅回忆录》二集，上海：上海文艺出版社1979年版。
② 鲁迅：《〈中国新文学大系〉小说二集序》，《鲁迅全集》第6卷，北京：人民文学出版社1981年版，第239、255、242、244页。

又说:"我因为给书店选一本小说,而且约定了交卷的日期,所以近来只赶办着这事,弄得头昏眼花,没有工夫。"①这种为了中国新文学事业而不顾重病在身、认真负责、全力以赴的编辑精神,是永远值得今天的每个编辑者学习的。由于鲁迅的努力,此书终于在 1935 年 6 月出版。这是鲁迅生命后期编辑生涯中的又一杰作。

(4)《奴隶丛书》

如果说鲁迅这一时期编辑外国文学作品大多以丛书的形式出现的话,那么编辑中国文学作品则大多是单本,丛书仅有一种即《奴隶丛书》,也仅收入 3 本,即叶紫的《丰收》、萧军的《八月的乡村》和萧红的《生死场》。取名"奴隶"是取《国际歌》第一句"起来,饥寒交迫的奴隶"之意。1935 年初,叶紫、萧军、萧红在鲁迅的帮助支持下,成立"奴隶社",用这个名称,自费印行自己的作品,他们以上海容光书局作为出版机构,以应付国民党政府的检查。鲁迅为他们编辑了上述 3 本书,并分别写了序言。这几部作品所反映的内容都是现实的,战斗的。叶紫短篇小说集《丰收》收有 6 篇小说,除《杨七公公过年》写的是江北农民逃荒到上海的悲惨遭遇外,其余 5 篇全以作者自己的故乡洞庭湖滨的农村为背景,真实地写出了在地主阶级残酷压迫和剥削下广大农民的苦难生活,以及他们英勇斗争的事迹。鲁迅在序文中说,这些作品"已经尽了当前的任务",它有力地证明了"文学是战斗的!"②萧军的长篇小说《八月的乡村》描写的是东北人民在自己的土地上英勇抗击日本侵略者的斗争生活,揭露和抨击了国民党反动派的不抵抗政策。鲁迅认为:《八月的乡村》是一部很好的小说,"作者的心血和失去的天空,土地,受难的人民,以至失去的茂草,高粱,蝈蝈,蚊子,搅成一团,鲜红的在读者眼前展开,显示着中国的一份和全部,现在和未来,死路和活路。"鲁迅还针对胡适向日本帝国主义献策,要他们先"征服中国民族的心"的卑劣行径指出,这《八月的乡村》却于"'心的征服'有碍"③。萧红的中篇小说《生死场》也是反映东北人民的生活的,小说描写东北人民在地主和反动政权及日本帝国主义压迫下的苦难和斗争,最后他们在抗日的旗帜下团结起来,"不当亡国奴,生是中国人,死是中国鬼",英勇地走上与敌人战斗的革命道路。鲁迅也为此书作了序,肯定了它的成就和意义,并揭露了国民党反动派法西斯文化统治的罪行。这 3 部作品分别于 1935 年 3 月、8 月、12 月由上海

---

① 《鲁迅全集》第 13 卷,北京:人民文学出版社 1981 年版,第 65、67 页。
② 鲁迅:《叶紫作〈丰收〉序》,《鲁迅全集》第 6 卷,北京:人民文学出版社 1981 年版,第 220 页。
③ 鲁迅:《田军(萧军)作〈八月的乡村〉序》,《鲁迅全集》第 6 卷,北京:人民文学出版社 1981 年版,第 287 页。

容光书局出版,它显示了革命文学运动的新收获。而叶紫、萧军、萧红则是在鲁迅的直接关心、培养下成长起来的革命青年作家。鲁迅在"左联"成立大会上的发言提出:"我们应当造出大群的新战士。"根据这个讲话制定的"左联"纲领也把"帮助新作家之文学的训练"当做一项重要任务,鲁迅是这样说的,也是切切实实去做的。叶紫、萧军、萧红是鲁迅培养起来的"大群的新的战士"中的几个特别突出者,他编辑的这套《奴隶丛书》至今在中国现代文学史上仍占着比较突出的地位和具有重要的文学价值。

3. 编辑文学期刊

在30年代的革命文学运动中,鲁迅不仅编辑了大量的中外文学作品,而且还主编了《译文》和《海燕》杂志,担任《文学》《太白》《世界文库》的编委,并支持黎烈文的《申报·自由谈》和巴金的文化生活出版社。

(1)《文学》

这是一份文学性月刊,1933年7月1日在上海创刊,1937年11月10日出至第9卷第4期终刊,共出52期。该刊由郑振铎、傅东华、王统照主编,鲁迅为编委之一,因考虑到斗争需要未公开列名(国民党政府见到署名鲁迅的文章就删,由鲁迅编辑的刊物就砍)。因该刊第1卷第2期发表署名伍实(傅东华的笔名)的文章《休士在中国》,谈到鲁迅有失实之处,鲁迅遂作《答文学社信》说明事实真相,并声明退出编辑委员会,停止供稿。后来出于对敌斗争的需要,自1934年3月1日第2卷第3期又继续为《文学》撰稿,并明确表示:"因为有些人要使它(按指《文学》)灭亡,所以偏去支持一下。"①鲁迅共为《文学》撰写了19篇文章,1934年6月2日,鲁迅致信该刊主编郑振铎,对《文学》所出《中国文学研究专号》予以肯定:"内容极充实,有许多是可以籍此明白中国人的思想根柢的。"

(2)《太白》

这也是一种文学性杂志,为半月刊,1934年9月20日在上海创刊,1935年9月5日出至第2卷第12期停刊,共出24期。该刊由陈望道主编,鲁迅为编委,因迫于环境关系,也未公开列名。鲁迅参与了《太白》的筹办和编务,对有关编辑事宜的议定和解决,起到了一定的指导作用,如《太白》刊名即是由鲁迅拟定的。据鲁迅解释,定名《太白》有三点考虑:一者,当时革命文化界正在提倡大众语文,"太白"有"白而又白","'比白话还要白'的意思";二者,"太白"两字笔画少易识易写,

---

① 鲁迅致萧军信(1935年7月16日),《鲁迅全集》第13卷,北京:人民文学出版社1981年版,第170页。

便于普及;三者,更主要的是"太白"亦即"东方天空的金星",用来隐喻正在黎明前黑暗中战斗的革命者。鲁迅还提议刊头不请人题写,即从字帖中掇取"太""白"二字①。《太白》以刊登散文小品为主,它的出版有与林语堂的《论语》唱对台戏的意思,鲁迅在《太白》上发表了《中国人失掉了自信力了吗》等25篇杂文。鲁迅对《太白》的评价也甚好。1935年2月14日鲁迅致吴渤信说:"现惟《太白》、《读书生活》、《新生》三种,尚可观,而压迫也最甚。"在《花边文学·序言》《且介亭杂文·附记》等文中,鲁迅还谈及为该刊撰稿和有关情况,揭露国民党当局摧残左翼文艺的罪行。

(3)《世界文库》

这是一种大型文学丛刊,由郑振铎主编,1935年5月20日在上海创刊,1936年4月出至第16册之后,在《世界文库》的总名下改出单行本,不久即停刊。该刊以重刊中国古典文学及译载外国文学名著为目的,鲁迅担任该刊编译,他翻译的果戈理长篇小说《死魂灵》(第1部)即连载于《世界文库》第1册至第6册,鲁迅在《〈译文〉复刊词》中称《世界文库》为当时文学翻译界的"鸿篇巨制"。

(4)《译文》

这是一种翻译介绍外国文学的专门性刊物,为月刊,它是在鲁迅的倡导下创办的。1934年6、7月间,鲁迅鉴于国内缺乏正式的文学翻译刊物,向茅盾提议创办《译文》月刊,"以少数志同道合者的力量办一种小刊物……印刷纸张是力求精良,译文亦比较严格"②。茅盾欣然同意,便约黄源等人与生活书店联系,生活书店觉得《译文》由鲁迅编辑是不愁销路的,也答应负责出版。经过一番紧张的筹划,《译文》于1934年9月16日于上海创刊。鲁迅新拟了发刊词《〈译文〉创刊号前记》阐明了该刊的编辑宗旨:

> 原料没有限制:从最古以至最近。门类也没固定:小说,戏剧,诗,论文,随笔,都要来一点。直接从原文译,或者间接重译:本来觉得都行。只有一个条件:全是"译文"。③

本着这样的宗旨,《译文》曾出版了《罗曼罗兰七十诞辰纪念》专辑,《高尔基

---

① 陈望道:《关于鲁迅先生的片断回忆》,《鲁迅回忆录·散篇》(中册),北京:北京出版社1999年版,第1025页。
② 黄源:《鲁迅先生与〈译文〉》,《鲁迅回忆录·散篇》(中册),北京:北京出版社1999年版,第624页。
③ 《鲁迅全集》第8卷,北京:人民文学出版社1981年版,第373页。

逝世纪念特辑》《普式庚特辑》《西班牙专号》等。在鲁迅的编辑指导下,《译文》通过翻译介绍苏俄及其他国家的进步文学作品,进步的文艺理论和马克思主义文艺理论,突破国民党政府在文艺战线上的封锁,传播了进步的文艺思想,对推动当时的革命文学运动起到了一定的作用,颇为编辑出版界所注目。鲁迅在《译文》上发表了自己翻译的《果戈理私观》《死魂灵》(第2部)、《俄罗斯的童话》《表》等20余篇作品,扩大了《译文》的影响。鲁迅除指导编辑和提供译文外,还积极扶植新人造成"新的战士"。如常在《译文》上发表作品的青年翻译家有巴金、丽尼、曹靖华、孟十还、赵家璧、傅东华、徐懋庸、孙用、胡风、姚克、萧乾、耿济之、沈起予、胡愈之、陈占元、许天虹、唐弢,其中巴金、胡风最为鲁迅赏识。作为编辑,鲁迅还亲自与出版者签订合同,精心设计版式,像选刊插图,联系出版印刷事宜,鲁迅都是亲自参与的,因考虑到销路问题,开始的3期都由鲁迅亲任主编,"算是试办"①,待《译文》产生了影响,在编辑出版界立住了足,鲁迅就把它交给了青年翻译家黄源编辑,自己仍负指导责任。《译文》出至1935年9月第2卷第6期后,鲁迅为了培养新生力量,提出要黄源与生活书店续订第二年的合同,实际上是要黄源当主编,而生活书店担心鲁迅不当主编,可能会影响杂志的销路,不同意由黄源主编,甚至提出撤换黄源的要求。对此,鲁迅十分不满,《译文》不得不停刊。在本期上,鲁迅与茅盾合撰了《〈译文〉终刊号前记》,署名"译文社同人公启",该文说明了《译文》暂时中止的原因,向读者表示了告别之意。《译文》停刊了,但"我们也不断的希望复刊。但那时风传的关于终刊的原因:是折本。出版家虽然大抵是'传播文化'的,而'折本'却是'传播文化'的致命伤,所以荏苒半年,简直死得无药可救。直到今年(按指1936年),折本说这才起了动摇,得到再造的运会,再和大家相见了"②。这再"相见"的时间就是1936年3月,《译文》停刊半年后复刊,卷期另起,改由上海杂志公司发行。鲁迅为《译文》的复刊,在这半年中又做了许多工作。鲁迅在致曹靖华信(1935年10月22日)中曾谈到《译文》的纠纷问题:

《译文》合同,一年已满,编辑便提出增加经费及页数,书店问我,我说不知,他们便大攻击编辑(因为我是签字代表,但其实编辑也不妨单独提出要求),我赶紧弥缝,将增加经费之说取消,但每期增添十页,亦不增加译费。我

---

① 鲁迅致徐懋庸信(1934年9月20日),《鲁迅全集》第12卷,北京:人民文学出版社1981年版,第517页。
② 鲁迅、茅盾:《〈译文〉复刊词》,《鲁迅全集》第6卷,北京:人民文学出版社1981年版,第491页。("运会"一词,原文如此。)

已签字了,他们却又提出撤换编辑。这是未曾有过的恶例,我不承认,这刊物便只得中止了。

《译文社丛书》亦被生活书店驱逐。①

可见《译文》的停刊是被迫的。《译文》既然不能在生活书店印刷,就得寻找别的出版社,这就是鲁迅所要做的事。他曾考虑让巴金主持的文化生活出版社来出,但恐其财力不够②。有人建议将《译文》交黎明书局出版,鲁迅表示反对,因黎明出版有法西斯反动书籍,他在致黄源信(1936年2月7日)中说:

黎明书局所印,却又多非《译文》可比之书,彼此同器,真太不伦不类,倘每期登载彼局书籍广告,更足令人吃惊。因思《译文》与其污辱而复生,不如先前的光明而死。③

这里可见鲁迅的那种坚定的政治性和原则性。宁愿"光明而死""不愿污辱复生"的编辑出版精神正体现了鲁迅的文化性格,亦可见章炳麟的"英雄一人狱,天地亦悲秋"的英雄气概对他的影响。一方面为突破国民党政府的文化"围剿"而编辑一个又一个刊物,不怕查禁;另一方面又不愿为出版而牺牲政治原则性。鲁迅的这种文化性格影响了整整一代人。最后鲁迅提议交由上海杂志公司出版,该公司虽是商业性质的,总比印刷法西斯反动书籍的黎明书局好。于是《译文》于1936年3月16日复刊,出特大号,卷期另起,名新一卷一期,鲁迅抱病撰写了《〈译文〉复刊词》,介绍了《译文》出版的背景,所作的努力及影响,指出:《译文》出版的时候,"鸿篇巨制如《世界文学》和《世界文库》之类,还没有诞生,所以在这青黄不接之际,大约可以说是仿佛戈壁中的绿洲"。"虽然不过野花小草,但曾经费过不少移栽灌溉之力。"对《译文》的过去的成绩做了肯定。至于复刊的宗旨和内容,鲁迅指出:"仍如创刊时候的《前记》里所说一样:原料没有限制;门类也没有固定;文字之外多加图画,也有和文字有关系的,意在助趣,也有和文字没有关系的,那就算是我们贡献给读者的一点小意思。"④鲁迅的编辑思想总是一贯的,在这里再次

---

① 《鲁迅全集》第13卷,北京:人民文学出版社1981年版,第235-236页。
② 鲁迅致黎烈文信(1935年10月9日),《鲁迅全集》第13卷,北京:人民文学出版社1981年版,第228页。
③ 《鲁迅全集》第13卷,北京:人民文学出版社1981年版,第303页。
④ 《鲁迅全集》第6卷,北京:人民文学出版社1981年版,第491、492页。

得到证明。鲁迅为《译文》的复刊耗费了巨大的精力,特别是他那种坚定的政治原则性保证了《译文》的编辑导向。遗憾的是《译文》复刊6个月后,鲁迅不幸逝世。到1937年抗战爆发,《译文》出至第3卷第4期最终停刊,前后共出29期。《译文》是鲁迅生命后期亲自编辑与指导编辑时间最长的一个刊物。

(5)《海燕》

鲁迅编辑的最后一个刊物是《海燕》月刊,它创刊于1936年1月20日,由鲁迅与聂绀弩、萧军等人合办,上海群众杂志公司总经售。刊名取自高尔基的著名散文诗《海燕》,由鲁迅亲笔题写。出版时,第1期编辑人署史文青,第2期编辑人署耳耶,化名是为了对敌斗争的需要。这是一种文学性杂志,内容以杂文、通讯、速写、报告为主,所刊发的文章具有鲜明的思想性和战斗性,反映了当时轰轰烈烈的广大人民群众的救国运动,暴露了国民党政权镇压爱国运动,并向日本帝国主义屈膝的行径。如此注重刊物的文化思想批判与社会政治斗争的编辑思想与其早期提倡的"文明批评"与"社会批评"则是一脉相承的。具有丰富编辑经验与斗争经验的鲁迅,深知这种性质的刊物是不会见容于国民党政府的,他在致该刊发行人曹聚仁的信(1936年2月21日)中说:

> 《海燕》虽然是文艺刊物,但我看前途的荆棘是很多的,大原因并不在内容,而在作者。说内容没有什么,就可以平安,那是不能求之于现在的中国的事。其实,捕房的特别注意这刊物,是大有可笑的理由的。①

果然,《海燕》出至第2期(1936年2月)就被捕房"以'共'字罪被禁"②。该刊主要撰稿人,有萧军、萧红、叶紫、吴奚如、陈荒煤、丽尼、胡风、周文、孟十还、欧阳山等,都是一批思想进步的青年,这就是鲁迅所说的被禁的"大原因并不在内容而在作者"。鲁迅在仅出的两期《海燕》上发表了著名的历史小说《出关》以及《文人比较学》、《"题未定"草(六至九)》、《陀思妥耶夫斯基的事》等7篇文章。《海燕》是在《译文》停刊间隙复刊之前出版的,它生命虽短,但在当时的影响却很不小,创刊号出版的当日就销售了2 000册,可见其受读者欢迎的程度。邱韵铎在上海《时事新报·每周文学》第21期(1936年2月11日)上发表的《〈海燕〉读后记》

---

① 《鲁迅全集》第13卷,北京:人民文学出版社1981年版,第317页。
② 鲁迅致杨霁云信(1936年2月29日),《鲁迅全集》第13卷,北京:人民文学出版社1981年版,第322页。

一文肯定《海燕》"是一个进步刊物","以他的进步的姿态和宏亮的声音在沉寂的文坛上叫出了它的第一声"。《海燕》确如冲破黑暗的一只海燕,在国民党统治区向人民传达了战斗的信息,喊出了人民的爱国的心声,呼唤着抗日运动大风暴的到来。

至于曹聚仁的《涛声》、黎烈文主编的《申报》副刊《自由谈》、叶紫等人的《无名文艺》、孟十还的《作家》等,鲁迅或给予支持,或给予批评性指导。特别是巴金主持的文化生活出版社,鲁迅给予极大的关心与支持。鲁迅把自己的历史小说集《故事新编》和译文社的《译文丛书》交其出版,表现了他对巴金的信任。

(三)新兴木刻运动的开展与编印美术画集

鲁迅初到上海是从提倡木刻版画开始他最后十年的文艺活动的。1929年,他创办朝花社编辑出版了《艺苑朝华》5册画集(其中1册因故到1930年出版),开始他领导新兴的革命木刻运动的先声。"左联"成立以后,他又把大量的精力投入对木刻运动的领导,突破国民党政府的层层文化封锁,为中国现代的美术事业作出了卓越的贡献。

1. 举办展览与理论指导

鲁迅对新兴的革命木刻运动的倡导是不遗余力的。从1930年到1933年,鲁迅连续三次举办了木刻展览会,展览的内容有德国珂勒惠支的富有反抗性的组画《农民战争》《职工暴动》等,有苏联的反映十月社会主义革命和建设的版画如《铁流》插图等。三次共展出苏、法、比、葡、英、美、日等国的美术家的数百幅作品,所有这些作品都是鲁迅个人搜集珍藏的。鲁迅搜集的原拓木刻有千幅以上,其中珂勒惠支版画在远东堪称第一,其他如蒙克,高更,格罗斯,麦绥莱勒,梅斐尔德等木刻、铜版、石版画原拓,以及大量的法国、德国和苏联版画、日本现代版画和浮世绘木刻作品等等。鲁迅从中选出数百幅出来展览,目的在使买不起美术作品的木刻爱好者有所参考。这三次展览一次比一次成功。鲁迅在1934年1月6日致希仁斯基等苏联版画家信中表达了他的兴奋的心情:"展览会(按指1933年12月2日举办的第三次展览会)颇获好评,简直轰动一时!连反动报刊对你们的成就亦不能保持沉默。"①1934年4月,鲁迅还把自己收集的中国的美术作品以"中国革命美术展览会"为题推荐到法国展出,这是新兴木刻版画第一次出国展出,扩大了中国木刻在国外的影响,受到了外国观众的好评,取得了相当的成功。为了培养木刻艺术人才,鲁

---

① 《鲁迅全集》第14卷,北京:人民文学出版社2005年版,第413页。(此信为鲁迅写,瞿秋白译。)

迅还于1931年8月组织了一次木刻讲演会,请一位日本人讲课,自己担任翻译,学员有江丰、陈铁耕、陈广、钟步清、陈爱等共13名。这是我国革命美术史上第一个创作木刻讲习会。鲁迅创办的这次木刻讲习会,大大地推动了木刻创作运动。

鲁迅自身不创作木刻,但经他指导的青年木刻艺术家有20人之多,他写给他们的信留下来的就有100多封。这些青年木刻工作者,有的在那黑暗的年代未能尽施才华即被杀害,有的则后来成为新中国美术事业的中坚和领导者。鲁迅对这些青年木刻艺术家的指导除通过举办展览会、讲习会的形式外,还直接体现在木刻的理论指导上。鲁迅对美术理论,中外美术史有着丰富的知识,对木刻更有着很深的研究。概括起来鲁迅对木刻发表的意见主要有以下几点:

其一,木刻家的修养。鲁迅早在"五四"时代就提出:

> 美术家固然须有精熟的技工,但尤须有进步的思想与高尚人格。……我们所要求的美术家,是能引路的先觉,不是"公民团"的首领。[1]

到了30年代鲁迅对木刻美术家提出新的更高的要求:"须致力于社会科学这大源泉"[2],因为社会科学"也可催促它向正确,前进的路"[3]。

其二,木刻的历史。鲁迅认为:木刻是中国早已发明的,"欧洲的木刻,已经很有几个人都说是从中国学去的,其时是十四世纪初,即1320年顷"[4]。这极大地增强了中国木刻艺术家的民族自信心。

其三,木刻的作用。鲁迅以为中国的绘画、木刻也如诗歌一样是可以"观民风"的[5],而"当革命时,版画之用最广,虽极匆忙,顷刻能办"[6],因为它对大众很有益处。

其四,木刻的特点。鲁迅认为木刻的基础是素描,而以黑白为正宗。

其五,木刻的风格。是"刚健",是"分明",在当时那特定的历史环境下,木刻

---

[1] 鲁迅:《随感录·四十三》,《鲁迅全集》第1卷,北京:人民文学出版社1981年版,第330页。
[2] 鲁迅《〈文艺与批评〉译者附记》,《鲁迅全集》第10卷,北京:人民文学出版社1981年版,第302页。
[3] 鲁迅《我们要批评家》,《鲁迅全集》第4卷,北京:人民文学出版社1981年版,第241页。
[4] 鲁迅:《近代木刻选集(一)小引》,《鲁迅全集》第7卷,北京:人民文学出版社1981年版,第319页。
[5] 鲁迅:《上海的儿童》,《鲁迅全集》第4卷,北京:人民文学出版社1981年版,第566页。
[6] 鲁迅:《〈新俄画选〉小引》,《鲁迅全集》第7卷,北京:人民文学出版社1981年版,第345页。

还应具有"气魄",要有"力之美"。他要求木刻艺术应该"真挚,却非固执,美丽,却非淫艳,愉快,却非狂欢,有力,却非粗暴"①。这里体现了鲁迅的辩证的艺术观。

其六,木刻的创新。中国木刻在过去是复制的,待鲁迅倡导新兴木刻运动时,他提出要搞创作木刻。在这方面,鲁迅认为既要学习借鉴外国的特别是苏联的木刻艺术经验,同时又要继承传统,取法于汉唐,"汉人石刻,气魄深沉雄大,唐人线画,流动如生,倘取入木刻,或可另辟一境界也"②。学习与继承,目的在为了创新,而创新又不脱"民族性"和"地方色彩"。鲁迅说:绘画作品要"以新的形,尤其是新的色来写出他自己的世界,而其中仍有中国向来的魂灵——要字面免得流于玄虚,则就是:民族性。"③又说:

> 我以为中国新的木刻,可以采用外国的构图和刻法,但也应该参考中国旧木刻的构图模样,一面并竭力使人物显出中国人的特点来,使观者一看便知道这是中国人和中国事,在现在,艺术上是要地方色彩的。④

因为,"有地方色彩的,倒容易成为世界的,即为别国所注意"⑤。

鲁迅的论述,从思想到艺术,对青年木刻工作者产生了重大的指导作用;特别是最后一点,鲁迅不仅在理论上作了具体的论述,而且还在实践上作出了重要的成绩,那就是编印出版了数种外国木刻作品集和中国的传统画册——两本笺谱,为木刻艺术工作者提供了宝贵的可资参考的实物资料。

2. 编印外国木刻画集以指导青年,推动木刻运动的发展

鲁迅编辑出版的外国木刻画集(画册),足可以和中国现代美术运动史上任何一个专业的美术家相媲美。他以一人之力,耗巨资搜集数千幅原版木刻拓片,自

---

① 鲁迅:《记苏联版画展览会》,《鲁迅全集》第6卷,北京:人民文学出版社1981年版,第483页。
② 鲁迅致李桦信(1935年9月9日),《鲁迅全集》第13卷,北京:人民文学出版社1981年版,第207页。
③ 鲁迅:《当陶元庆君的绘画展览时》,《鲁迅全集》第3卷,北京:人民文学出版社1981年版,第549页。
④ 鲁迅致何白涛信(1933年12月19日),《鲁迅全集》第12卷,北京:人民文学出版社1981年版,第295页。
⑤ 鲁迅致陈烟桥信(1934年4月19日),《鲁迅全集》第12卷,北京:人民文学出版社1981年版,第391页。

己创立出版机构，自费印刷出版。从1930年到1936年，整个"左联"时期，他编印的外国木刻画集(画册)有《梅斐尔德木刻〈士敏土〉之图》(1930.9)、比利时麦绥莱勒木刻集《一个人的受难》(1933.9)、《引玉集》(1934.3)、《死魂灵百图》(1936.7)、《凯绥·珂勒惠支版画选集》(1936.5)、《苏联版画集》(1936.7)等6种。这些画集(画册)的编印无疑是中国现代木刻运动的丰硕成果，它极大地推动了新兴的木刻运动的发展，对国民党的文化"围剿"是一个有力的回击。

上列画集(画册)有4种是鲁迅以"三闲书屋校印"的名义自费出版的。"三闲书屋"是鲁迅于1931年创办，既无编辑部，又无出版部，也无门市部，只是鲁迅自费印书的一个名义。这4种画集(画册)是《梅斐尔德木刻〈士敏土〉之图》、《引玉集》、《死魂灵百图》和《凯绥·珂勒惠支版画选集》，现分述之。

(1)《梅斐尔德木刻〈士敏土〉之图》

德国著名木刻家凯尔·梅斐尔德为苏联作家革拉特珂夫的长篇小说《士敏土》创作了10幅插图版画。鲁迅"为替艺术学徒设想"，从德国购得原拓版画，于1930年9月影印出版。鲁迅在《〈梅斐尔德木刻士敏土之图〉序言》中，赞扬了画家梅斐尔德的革命精神和作品的革命内容，指出他创作的《〈士敏土〉之图》突破了他过去创作中隐约可见的悲悯的心情，"惟这《士敏土》之图，则因为背景不同，却很示人以粗豪和组织的力量"①。《序言》也指出他的插图的不足。该画集共印250部，中国宣纸玻璃版，开本"大至尺余，神彩不爽"。鲁迅亲拟了《三闲书屋校印书籍》广告，称《士敏土》之图"气象雄伟，旧艺术家无人可以比方"。且"定价低廉，较原版画便宜至一百倍"②。然出版后几乎都为德、日两国人士所购，在国内倒流传甚少。后来，鲁迅将图缩小，附印在董绍明、蔡咏裳合译的《士敏土》小说中作插图以广流传。

(2)《引玉集》

这是鲁迅编选的苏联现代革命版画集，内收冈察罗夫、法复尔斯基等11位苏联画家的反映十月革命战斗和苏维埃初期生活的版画作品59幅，均据鲁迅收藏的作者手拓原本用珂罗版翻印，以瞿秋白(化名陈节)摘译的苏联楷戈达耶夫作品《十五年来的书籍版画和单行版画》作为《代序》，鲁迅则写有《〈引玉集〉后记》一文概述了自己辛勤搜集苏联现代版画的经过，《引玉集》成书的过程，美术家的传略以及出版的目的。他说：自1931年以来搜集的苏联现代革命版画"至有一百余

---

① 《鲁迅全集》第7卷，北京：人民文学出版社1981年版，第363页。
② 《鲁迅全集》第8卷，北京：人民文学出版社1981年版，第446页。

幅之多,在中国恐怕只有我一个了,而但秘之箧中,岂不辜负了作者的好意?况且一部分已经散亡,一部分几遭兵火,而现在的人生,又无定到不及薤上露,万一相偕湮灭,在我,是觉得比失了生命还可惜的"。因此,"决计选出六十幅(按实为五十九幅)来,复制成书,以传给青年艺术学徒和版画的爱好者"。鲁迅还说:因为集中所收的版画都是用"宣纸"从作者那里"换来的","所以取'抛砖引玉'之意,谓之《引玉集》"。但是这在中国,"对于木刻的绍介,已有富家赘婿和他的帮闲们的讥笑了"。鲁迅愤慨地指出:

> 历史的巨轮,是决不因帮闲们的不满而停运的;我已经确切的相信:将来的光明,必将证明我们不但是文艺上的遗产的保存者,而且也是开拓者和建设者。①

鲁迅还在1934年6月2日致郑振铎的信中,对于为什么编印《引玉集》亦作了说明:

> 这些画,青年作家真应该看看了。看近日作品,于古时衣服什器无论矣,即画现在的事,衣服器具,也错误甚多,好像诸公于裸体模特儿之外,都未留心观察,然而裸体画仍不佳。……盖中国艺术家,一向喜欢介绍欧洲十九世纪末之怪画,一怪,即便于胡为,于是畸形怪相,遂弥漫于画苑。而别一派,则以为凡革命艺术,都应该大刀阔斧,乱砍乱劈,凶眼睛,大拳头,不然,即是贵族。我这回之印《引玉集》,大半是在供此派诸公之参考的,其中多少认真,精密,那有仗着"天才",一挥而就的作品,倘有影响,则幸也。②

可见,鲁迅出版《引玉集》还有针对当时画坛不良风气的目的,因而,它一出版就产生了"影响",为进步的美术界所普遍重视,在国外也颇负盛名,国外进步美术评论家曾热情地撰文介绍过这部画集。《引玉集》的出版大不同于先前所印《〈士敏土〉之图》的清淡。它于1934年3月初版,印300部,到1935年4月再版印了215部。鲁迅说:出版"《引玉集》,目的是在供学艺术的青年的参考,所以印工不

---

① 《鲁迅全集》第7卷,北京:人民文学出版社1981年版,第414、418-419页。
② 《鲁迅全集》第12卷,北京:人民文学出版社1981年版,第441-442页。

能不精"①。为了确保印刷质量,鲁迅特地托日本友人内山完造送到日本东京洪详社用珂罗版精印,硬纸面精装,书高七吋半,宽六吋,封面前黄后白,鲁迅自作图案,满版白地中间的红色纸用外文印各作者姓名贴附,题字具有画像石刻风味,而白色的封面与黑色的封底相对照,体现了黑白木刻的特点,外附日本式书套。初版300部中有50部为纪念本,印刷更为讲究,不仅比流通本高一吋多,麻布封而,皮脊包角,书名烫金,且纸质更佳,比流通本厚一倍以上。《引玉集》的确是精印复制品,所选的主要是小幅版画,又是原拓本复制,保持了原作神采。在当时是一部具有特殊参考价值的画集。鲁迅为扶植青年美术人才,把这部画集大量地分赠给无力买书的木刻青年,直到逝世前不久还赠了一部给一位因刻木刻遭国民党监狱徒刑多年的革命木刻青年。《引玉集》的出版不但给进步木刻青年以创作上的指导,从而出现不少反映时代的优秀作品;同时,对资产阶级画坛上那些不愿意认真学艺的人也产生了良好的影响。鲁迅原想趁此再出一部题为《拈花集》的苏联木刻集,后因资金问题而未成。

(3)《死魂灵百图》

这是俄国画家阿庚为果戈理长篇小说《死魂灵》所作的插图,由培尔那尔特斯基刻版,计105幅。阿庚是俄国卓越的画家,他以讽刺性插图为手段描绘了尼古拉皇朝统治下的俄国社会生活,并深刻地揭露了有产阶级的真面目和他们的罪行。鲁迅在翻译《死魂灵》的同时,就开始搜集书的插图。后来孟十还在上海的一家旧书店中发现阿庚的《死魂灵百图》,是1839年印的第4版,鲁迅以为难得,就托他用大洋25元买下这部插图集,并于1936年7月自费翻印出版。鲁迅在《〈死魂灵百图〉小引》一文中说明翻印这部画集的目的:"除绍介外国的艺术之外",一是使小说读者借此"更明白十九世纪上半的俄国中流社会的情形";二是"想献给插画家,借此看看别国的写实的典型,知道和中国向来的'出相'或'绣像'有怎样的不同,或者能有可以取法之处"②。鲁迅翻印的这部插画集在书后还附录了梭罗珂夫所作插画12幅,可谓集《死魂灵》画像之大成。鲁迅称《死魂灵百图》的出版,"在中国实为空前之举"③。这不仅是指该画集在中国是第一次翻印,而且在

---

① 鲁迅致韩白罗信(1934年7月27日),《鲁迅全集》第12卷,北京:人民文学出版社1981年版,第494页。
② 鲁迅:《〈死魂灵百图〉小引》,《鲁迅全集》第6卷,北京:人民文学出版社1981年版,第446页。
③ 鲁迅:《〈死魂灵百图〉广告》,《鲁迅全集》第8卷,北京:人民文学出版社1981年版,第463页。

鲁迅以"三闲书屋"名义自费印刷的画册中印数最多的一种,共印普及本1 000册,精装本150册,且出版的"主意非在贸利,定价竭力从廉"①。鲁迅处处为购买者设想。

(4)《凯绥·珂勒惠支版画选集》

这是鲁迅以"三闲书屋"名义自费编印的最后一部画集,也是他整个编辑生涯所编的最后一部画集。该画集于1936年5月出版,5个月后鲁迅就与世长辞了。凯绥·珂勒惠支是德国著名的革命女版画家,其作品内容多反映德国工农劳苦大众的苦难和反抗。她的一幅黑白木刻《牺牲》,就是鲁迅作为对柔石等"左联"五烈士的纪念,推荐登在"左联"新创刊的《北斗》杂志上,这是介绍到中国来的第一幅珂勒惠支版画。为编辑翻印《凯绥·珂勒惠支版画选集》,鲁迅从1931年春开始搜集她的版画原作,到1936年,历时5年,选辑21幅汇印成集。鲁迅请珂勒惠支的好友史沫特莱撰写《序言》(由茅盾译成中文),他自己为画集写了《序目》。在《序目》中鲁迅详细介绍了珂勒惠支的生平和创作历程,世界艺坛对她的版画的评论以及她的版画输入中国的情况,高度赞扬她的杰出成就:"在女性艺术家之中,震动了艺术界的,现代几乎无出于凯绥·珂勒惠支之上——或者赞美,或者攻击,或者又对攻击给她以辩护。"②特别值得注意的是鲁迅对所选的21幅作品作了精当生动的分析说明。编印这部画集的目的,鲁迅在《写于深夜里》一文中曾说,让中国的青年木刻工作者,一、"看见和卓伦(按瑞典画家和雕刻家)截然不同的技法和内容";二、"明白世界上其实许多地方还存在着'被侮辱和被损害的'人,是和我们一气的朋友,而且还有为这些人们悲哀,叫喊和战斗的艺术家";三、看见和希特勒不同的别一种人,"虽然并非英雄,却可以亲近,同情,而且愈看,也愈觉得美,愈觉得有动人之力";四、纪念柔石被害5周年和作者的木刻介绍到中国5周年及作者的70岁③。而其中第三点尤为重要,它反映了鲁迅在当时特殊历史背景下,借美术作品含政治目的,"以表示对希特勒的抗议"④。《凯绥·珂勒惠支版画选集》为4开大本,图版由北京故宫博物院印刷厂用珂罗版和中国宣纸精印,文字部分和封面装帧由鲁迅在上海亲自设计排版格式,数次校订,最后以中国

---

① 鲁迅:《〈死魂灵百图〉广告》,《鲁迅全集》第8卷,北京:人民文学出版社1981年版,第463页。
② 《鲁迅全集》第6卷,北京:人民文学出版社1981年版,第470-471页。
③ 鲁迅:《写于深夜里》,《鲁迅全集》第6卷,北京:人民文学出版社1981年版,第500、501页。
④ 参见唐弢:《晦庵书话》,北京:三联书店2007年版,第82页。

民族传统的线装装订成册。共印103部,其中40部为赠送用,30部在国外发行,仅33部在国内出售,"不久,便取尽,卖完了"①。为满足读者需要,鲁迅决定交文化生活出版社"用铜版复制",缩小开本重印,出版低廉的普及本,分精、平装两种,流传较广。遗憾的是该书出版时鲁迅已去世了。人去书还在。《凯绥·珂勒惠支版画选集》在我国革命美术运动中的影响是极其深远的,可以说几乎所有的进步木刻青年,无论是创作思想还是艺术技法,都受过珂勒惠支作品的良好影响。从搜集到出版珂勒惠支版画,这与鲁迅倡导新兴的革命木刻运动大致相始终。正是在他的不懈努力下,"近五年来,木刻已颇流行了"②,木刻运动冲破国民党的文化"围剿"带着战斗的呼声向前发展,终于迎来了抗日战争更广泛的革命木刻创作的高潮。

除上述以"三闲书屋"名义编印的四种画集外,另两种《一个人的受难》和《苏联版画集》都是由上海良友图书公司印刷出版的。

(5)《一个人的受难》

这是比利时木刻家麦绥莱勒所作木刻故事连环图画,共25幅。描绘一个穷苦的流浪儿走向革命,最后为革命献身的故事。1933年9月出版。鲁迅编印这部画册,目的在反对"第三种人"苏汶对刚刚得到提倡的连环图画艺术的嘲骂和攻击。苏汶说连环图画产生不出托尔斯泰、弗罗培尔,欧化文学无论如何总是要比连环图画进步的形式③。这种将"'连环图画'一笔抹杀"的谬论,将阻碍连环图画的发展,会在美术青年中产生消极影响。因而,鲁迅先后写下了《"连环图画"辩护》等数篇论文,并编印了连环图画故事集《一个人的受难》。鲁迅指出,麦绥莱勒的连环图画创作,"不但可以成为艺术,并且已经坐在'艺术之宫'的里面了"④,连环图画是"可以产生密开朗该罗,达文希那样伟大的画手"⑤。鲁迅像编《凯绥·珂勒惠支版画选集》一样,为《一个人的受难》的25幅画写了简要的说明词,当画册印数达2 000册时,鲁迅大为兴奋,"我希望二千部能于一年之内卖完……

---

① 鲁迅致王冶秋信(1936年9月15日),《鲁迅全集》第13卷,北京:人民文学出版社1981年版,第427页。
② 鲁迅:《写于深夜里》,《鲁迅全集》第6卷,北京:人民文学出版社1981年版,第500页。
③ 苏汶:《"第三种人"的出路》,载《现代》1932年第1卷第3期。
④ 鲁迅:《"连环图画"辩护》,《鲁迅全集》第4卷,北京:人民文学出版社1981年版,第448页。
⑤ 鲁迅:《论"第三种人"》,《鲁迅全集》第4卷,北京:人民文学出版社1981年版,第441页。

这才是木刻万岁也"①。而今天,连环图画则以数万数十万数百万计的印刷量普及于全国。这正是鲁迅所希望的。

(6)《苏联版画集》

鲁迅编印了《引玉集》后,原想再印一本苏联木刻作品《拈花集》,后因资金问题未能如愿以偿,1936年2月,鲁迅参观了苏联版画家展览会,应良友图书公司之请,编印了一本《苏联版画集》,终于一了宿愿。这次展览会共展出苏联版画法复尔斯基、冈察洛夫、叶卡斯托夫、毕珂夫、克拉甫兼柯等十多人的200余幅作品,鲁迅从中精选出184幅,编辑成册。鲁迅把木刻大师法复尔斯基的作品列为第一位,把他对小说《人参》所做插图第2幅作为精装本的装饰画;其中还有克拉甫兼柯所作的3幅描写第聂伯水电站的木刻;亚美尼亚和格鲁吉亚作家的两幅乡土风景画以及《高尔基像》、《柴霍甫像》和《普希金像》等。鲁迅撰写了《〈苏联版画集〉序》,在序言中,他评价了苏联木刻家所取得的成就和苏联木刻的独特风格,说明了这部版画集的编选、作序的情况,并赞扬了所选版画的作者那种"不屈不挠的开拓了这一部门的艺术"的精神,最后希望这部版画集的出版"对于中国的读者有好影响"②。当《苏联版画集》于1936年7月4日出版时,鲁迅对这部画集止不住赞扬道:"在中国现在的出版界情形之下,我以为印刷,装订,都要算优秀的。"③

属于鲁迅自己编选(印)的外国美术作品就这6种。此外,拟出而未出的尚不止上面已经提到的《拈花集》,还有《你的姐妹》木刻组画、《〈城与年〉插图》、《诺阿;诺阿》、《文学家像》、《E·蒙克西选集》、《德国版画集》、《麦绥莱勒漫画集》、《安娜·卡莱尼娜》插图、《铁流》之图等数种。鲁迅的心愿是极大的,他恨不得把外国优秀的进步的美术作品尤其是木刻一下子都输入到中国艺坛来,使青年艺术工作者得到广泛的艺术借鉴,从而促进中国新兴的革命木刻运动健康发展。鲁迅以一个文学家而对中国现代美术事业做出了巨大贡献。

3."复生"中国传统版画,以提高新兴木刻创作艺术

鲁迅对中国木刻的发展曾预言:一是"采用外国的良规,加以发挥,使我们的

---

① 鲁迅致赵家璧信(1933年10月8日),《鲁迅全集》第12卷,北京:人民文学出版社1981年版,第235页。
② 《鲁迅全集》第6卷,北京:人民文学出版社1981年版,第593、594页。
③ 鲁迅致赵家璧信(1936年7月7日),《鲁迅全集》第13卷,北京:人民文学出版社1981年版,第392页。

作品更加丰满";二是"择取中国的遗产,融合新机,使将来的作品别开生面"①。鲁迅为"使我们的作品更加丰满",编印了6种外国美术画集(画册);为了使青年美术工作者能够继承传统,使将来的作品别开生面,又自费编印了两部中国传统木刻集即《北平笺谱》和《十竹斋笺谱》。

(1)《北平笺谱》

鲁迅早在印《艺苑朝华》时就想"选印中国先前被人忘却的还能复生的图案之类。有时是重提旧时而今日可以利用的遗产"②。指的就是要继承我国美术传统,翻印出版我国石刻上的图案艺术以及中国传统绘画和版刻艺术。到30年代他倡导木刻运动时,更想系统地介绍中国传统绘画艺术。他认为传统的水印木刻笺可以研究出一套富有民族特点的套色木刻技法,以发展版画创作;另一方面传统的木刻水印,"不久也将销沉",亟须抢救以"复生"。1933年2月5日他致信在北京的郑振铎建议翻印《北平笺谱》说:

> 倘有人自备佳纸,向各纸铺择尤(对于各派)各印数十至一百幅,纸为书叶形,采色亦须更加浓厚,上加序目,订成一书,或先约同人,或成后售之好事,实不独为文房清玩,亦中国木刻史上之一大纪念耳。③

此后,鲁迅与郑振铎不断通信,就访笺选笺,研究色泽印工,确定书名,选定目次,设计款色,装订办法等,提出建议,到本年12月,这部"木刻史上断代之唯一之丰碑"④凝聚着鲁迅的心血的《北平笺谱》终于问世。鲁迅为此写有《序》与《广告》。序文简介木刻艺术始于中国的历史渊源和笺谱成书的过程,评价了近代北平画笺的艺术价值和作用,并指出,"后有作者,必将别辟途径,力求新生",表明了继承传统推陈出新的态度。这是一部中国古代彩色笺纸选集,共收人物、山水、花鸟笺谱332幅,凡当时流行于北京各纸坊中的清末民初诸画家作的优秀笺,大部分都行收入,真是一部"书幅阔大,彩色绚丽,实为极可宝重之文籍"⑤。

---

① 鲁迅:《〈木刻纪程〉小引》,《鲁迅全集》第6卷,北京:人民文学出版社1981年版,第48页。
② 鲁迅:《〈艺苑朝华〉广告》,《鲁迅全集》第7卷,北京:人民文学出版社1981年版,第457页。
③ 《鲁迅全集》第12卷,北京:人民文学出版社1981年版,第146页。
④ 郑振铎作,鲁迅改:《北平笺谱广告》,载《文学》杂志第1卷第6号(12月1日)。
⑤ 郑振铎作,鲁迅改:《北平笺谱广告》,载《文学》杂志第1卷第6号(12月1日)。

(2)《十竹斋笺谱》

《北平笺谱》的出版在当时的出版界为一大创举,一大盛事,对继承和借鉴中国传统木刻画影响至大。它的畅销和再版促使鲁迅于次年(1934年)又翻印了明版水印木刻图画《十竹斋笺谱》。鲁迅本着"复活一部旧书"①的精神,与郑振铎再次合作,组织《版画丛刊》,列此《十竹斋笺谱》为该丛刊的第一种。

《十竹斋笺谱》系明末安徽胡正言选编的一部彩色诗笺图谱,共280余幅,分4卷,明崇祯十七年(1644年)刊行。但印数不多,流传极少;鲁迅以为,"《十竹斋笺谱》的山水,复刻极佳"②,"近于写意的花卉,尤佳"③,有翻印的价值。遗憾的是,鲁迅生前,只印了第1卷,另3卷至1941年7月才出齐。尽管如此,鲁迅在与郑振铎的通信中,就翻印《十竹斋笺谱》及古代版画提出了很重要的思想。他说:

> 我以为印明本插画是不够的,因为明人所作的图,惟明事或不误,一到古衣冠,也还是靠不住,武梁祠画象中之商周时故事画,大约也如此。

因而有必要:

> (一)选取汉石刻中画象之清晰者,晋唐人物画(如顾恺之《女史箴图》之类),直至明朝之《圣谕像解》(西安有刻本)等,加以说明;(二)再选六朝及唐之土俑,托善画者用线条描下(但此种描手,中国现时难得,则只好用照相),而——加以说明。④

而鲁迅如此想法完全是为青年艺术家着想,希望给予青年以真实的艺术而不致在学艺之初即滑入失真的歧途。

鲁迅还曾想印《陈老莲〈博古叶子〉》《明刻宋人画〈耕织图〉》,因故未出,仅就已出的《北平笺谱》和《十竹斋笺谱》(第1册)来看,在美术界得到甚高的评价,认

---

① 《鲁迅全集》第12卷,北京:人民文学出版社1981年版,第332页。
② 鲁迅致郑振铎信(1934年3月26日),《鲁迅全集》第12卷,北京:人民文学出版社1981年版,第360页。
③ 鲁迅致郑振铎信(1934年6月21日),《鲁迅全集》第12卷,北京:人民文学出版社1981年版,第465页。
④ 鲁迅致郑振铎信(1934年6月21日),《鲁迅全集》第12卷,北京:人民文学出版社1981年版,第465页。(此信中,"画象",原文如此)

为都是中国美术出版史上皇皇巨著。当时许多买不起画册的木刻青年得到鲁迅的这一宝贵的赠品,从中受到良好的传统艺术的熏陶。《北平笺谱》及《十竹斋笺谱》的出版,使中国传统的版画艺术得以"复生",新中国的木刻创作艺术因此而得到创新与提高。

4. 支持青年木刻社,为青年编选木刻创作集

无论是编印外国版画,还是"复生"传统美术,其目的都是为了进步青年木刻工作者。所以,鲁迅还把大量心血直接用在他们身上。从鲁迅倡导新兴木刻运动开始,凡青年创办的进步木刻团体,几乎没有不得到鲁迅的支持的,如一八艺社、春地美术研究所、野风画会、木铃社、M·K木刻研究社、无名木刻社、榴花社、现代版画会、野穗社、铁马社等,鲁迅或为其组织讲习会,或捐款赞助,或发表讲话予以指导,中国新兴木刻运动的发生与发展确是在鲁迅直接领导下进行的。对有的木刻团体创办的刊物,鲁迅更是予以极大的支持。他在致青年木刻者信中曾多次提到希望办一种木刻杂志。如:"鼓吹木刻,我想最好是出一种季刊,不得已,则出半年刊或不定期刊。"①"以中国之大,当有美术杂志固不俟言,即版画亦应有专门杂志。"②"倘有一个团体,大范围的组织起来,严选作品,出一期刊,实为必要而且有益。"③直到他生命的最后一年,他还念念不忘,"真必须有一种全国木刻的杂志才好"④。所以,当他看到李桦办的《现代版画》、郑野夫办的《铁马版画》和唐英伟办的《木刻界》时,其兴奋心情可想而知。像《现代版画》是李桦在广州办的,鲁迅将其推荐到上海内山书店代卖,并对其中的作品进行批评性指导。对青年木刻工作者所出的画集(画册)和书,鲁迅更是悉心爱护,为其题字、作序,推荐出版,光序文就有《一八艺社习作展览会小引》(1931年)、《〈木铃木刻集〉序》(1933年)、《〈木刻创作法〉序》(1933年)、《〈无名木刻集〉序》(1934年)、《〈全国木刻联合展览会专辑〉序》(1935年)等。而《第二次全国木刻联合流动展览会上的讲话》则是鲁迅在去世前不久(1936年10月8日)对青年木刻工作者发表的最后一次重要谈话。一个伟大的文学家的最后一次活动竟是以参观第二届全国木刻流动展览会结束

---

① 鲁迅致陈烟桥信(1934年4月5日),《鲁迅全集》第12卷,北京:人民文学出版社1981年版,第375页。

② 鲁迅致李桦信(1935年4月4日),《鲁迅全集》第13卷,北京:人民文学出版社1981年版,第104页。

③ 鲁迅致郑野夫信(1936年2月17日),《鲁迅全集》第13卷,北京:人民文学出版社1981年版,第311页。

④ 鲁迅致唐英伟信(1936年3月23日),《鲁迅全集》第13卷,北京:人民文学出版社1981年版,第335页。

的。鲁迅以一个木刻"素人"而把自己的一大部分生命贡献给了中国的新兴的木刻运动,这种为革命美术事业献身的精神是多么可贵啊!而作为鲁迅对中国现代木刻永远纪念的是他所编的木刻画集《木刻纪程》。

《木刻纪程》是鲁迅为展示现代木刻艺术所取得的成就并为今后的进一步发展所编选的青年木刻创作集。又是自费印行。鲁迅编印此集前就曾谈过编印中国木刻集的计划和设想,他在致罗清桢信(1934年5月28日)中说:"弟拟选中国作家木刻,集成一本,年出一本或两三本,名曰《木刻纪程》,即用原版印一百本,每本二十幅,以便流传,且引起爱艺术者之注意。"在致郑振铎信(1934年5月31日)中又说:"近正在收集中国新作家之木刻,拟以二十幅印成一本,名之曰《木刻纪程》,存案,以觇此后之进步与否。"经过一番搜集,《木刻纪程》终于以铁木艺术社名义于1934年10月出版,该集内收1933年1934年两年内8个作者何白涛、李雾城(陈烟桥)、陈铁耕、一工(黄新波)、陈普之、张致平(张望)、刘岘、罗清桢等人的黑白木刻24幅。均用原木版由手摇机印刷,宣纸,线装,共印120本。鲁迅在《〈木刻纪程〉小引》中略述了中国木刻艺术的发生发展,评价了朝花社、木刻讲习会、木铃社、野穗社、无名木刻社、M·K木刻社等艺术团体在木刻发展中的作用,说明编印此画集的目的:"本集即愿做一个木刻的路程碑","以为读者的综观,作者的借镜之助。"并对中国新兴木刻指明今后的发展方向,或者"采用外国的良规,加以发挥,使我们的作品更加丰满";或者"择取中国的遗产,融合新机,使将来的作品别开生面"。鲁迅还鼓励木刻作者不断奋发,以"使本集能一程一程的向前走"[①]。

鲁迅真希望《木刻纪程》能一本一本地出下去,但后来却未能续出。仅此一本,也反映了鲁迅对中国新的创作木刻的重视和对青年木刻艺术工作者的爱护。而《木刻纪程》则成了鲁迅自费印刷的唯一的一本中国创作木刻集,它纪录了鲁迅30年代倡导新兴的革命木刻运动的实绩,标志着反抗国民党文化专制主义的胜利。

上海十年,是鲁迅编辑生涯最后的也是最辉煌的十年。这一时期,鲁迅完全是在极其艰难的政治环境下从事编辑出版工作的。他同时在文学与美术两个领域,倡导革命的文艺运动,以巨大的惊人的精力,编辑出版或自费印刷了大量的进步的中外文学书刊和美术画集(画册),在现代编辑出版史上立起了一座座丰碑。而所有这一切,与他青年时代立志提倡新文艺运动以"改革社会""改变国民精

---

① 《鲁迅全集》第6卷,北京:人民文学出版社1981年版,第48页。

神"的思想是直接相呼应的。完全可以说,鲁迅早年的志愿到晚年(30年代)才真正地全面地得以实施,鲁迅不愧为中国现代革命编辑出版史上一面光辉的旗帜。他最后创办并主编的一个刊物《海燕》,确如他自身的写照,他就是冲破国民党黑暗统治的一只海燕,他以编辑出版的大量书刊、画集,预告了黑暗即将过去和光明就要到来。

还是毛泽东的评价最为准确地概括了这一时期的鲁迅的伟大。毛泽东说:

> 第三个时期是1927年至1937年的新的革命时期……这一时期,是一方面反革命的"围剿",又一方面革命深入的时期。这时有两种反革命的"围剿":军事"围剿"和文化"围剿"。也有两种革命深入:农村革命深入和文化革命深入。这两种"围剿",在帝国主义策动之下,曾经动员了全中国和全世界的反革命力量,其时间延长至十年之久,其残酷是举世未有的,杀戮了几十万共产党员和青年学生,摧残了几百万工农人民。从当事者看来,似乎以为共产主义和共产党是一定可以"剿尽杀绝"的了。但结果却相反,两种"围剿"都惨败了。作为军事"围剿"的结果的东西,是红军的北上抗日;作为文化"围剿"的结果的东西,是1935年"一二·九"青年革命运动的爆发。而作为这两种"围剿"之共同的结果的东西,则是全国人民的觉悟。这三者都是积极的成果。其中最奇怪的,是共产党在国民党统治区域内的一切文化机关中处于毫无抵抗力的地位,为什么文化"围剿"也一败涂地了?这还不可以深长思之么?而共产主义者的鲁迅,却正在这一"围剿"中成了中国文化革命的伟人。①

第五节 结束语

从1906年筹办《新生》到1936年主编《海燕》月刊,鲁迅走过了整整30年的编辑历程。他编辑了20多种报刊,主持出版了数十种丛书(单本书籍)画集(画册),组织了7个编辑出版机构,留下了光辉的编辑出版业绩。而更为重要的是鲁

---

① 毛泽东:《新民主主义论》,《毛泽东选集》第2卷,北京:人民出版社1966年版,第662-663页。

首先,在长期的编辑实践中,鲁迅形成了自己的编辑美学思想。他非常讲究书刊的装帧设计的美,注意书刊思想内容与书刊设计形式的统一,为此他常常亲自设计封面。如《呐喊》是鲁迅的第一部小说集,他是这样设计的:封面上一抹红色的底色,配上美术字书名——"呐喊"字样,显得特别醒目。这被公认为是"五四"以后开了现代书籍封面设计的先河的,它与小说所反映的反封建的思想内容做到了和谐的统一。鲁迅还为许多刊物和别人的书籍设计封面或提出设计意见。在印书技术方面,鲁迅也提出并实践了自己的改革主张,就是:"一,是首页的书名和著者的题字,打破对称式;二,是每篇的第一行之前,留下几行空白;三,就是毛边。"①他还戏称自己是"毛边党"。这三项改革主张从最初形成实施一直延续到30年代。鲁迅对编辑美学的追求还表现在书内加插图,做到文图并茂。由鲁迅编辑的许多书刊,都附有十分精美的插图,这些插图大都与内容有一定的联系。一册在手既可阅读其进步的思想内容,又可赏鉴其优美的图画。而鲁迅的这一美学追求,目的也还是便于革命文艺能得到尽快尽普遍的传播。

其次,富有批判精神,是鲁迅鲜明的编辑性格。《灵学丛志》是最早受到鲁迅所批判的一份刊物,到20年代鲁迅主张要像《新青年》那样"以思想革命"来办刊物,开展"文明批评和社会批评"。这种批判精神也一直贯穿始终。受其批判最猛烈的是现代评论派及其《现代评论》杂志。这种批判精神发展到30年代表现得更为强烈。此时的鲁迅身处险恶的政治环境下,随时都有可能被捕,但压迫愈重,反抗愈猛,批判也就愈烈。这时鲁迅把批判的矛头指向三个方面:一是指向国民党的反动出版法及其反动刊物,已如上述。二是指向当时编辑出版界的"为名""为利"的恶劣现象。他在致杨霁云信(1934年5月15日)中说:

> 张资平式和吕不韦式,我看有些不同,张只为利,吕却为名。……近来如哈同之印《艺术丛编》和佛经,刘翰怡之刻古书,养遗老,是近于吕不韦式的。而张式气味,却还要恶劣。②

对于那些粗制滥造地出版"丛书"之类以投机牟利,鲁迅更是给以痛击。如当时开明书店的《中学生丛刊》、世界书局的《大学丛书》等,"但以'大'或'多'或

---

① 鲁迅:《扣丝杂感》,《鲁迅全集》第3卷,北京:人民文学出版社1981年版,第484页。
② 《鲁迅全集》第12卷,北京:人民文学出版社1981年版,第409页。

'廉'诱人,使读者化去不少的钱,实际上却不过得到一大堆废物,这恶影响之在读书界是很不小的"。"凡留心于文化的前进的人,对于这些书应该加以检讨!"①三是指向林语堂创办的小品文杂志。鲁迅指出:"现已非晋,或明,而《论语》及《人间世》(按为林语堂所编)作者,必欲作飘逸闲放语,此其所以难也。"如果"专读《论语》或《人间世》一两年,而欲不变为废料,亦殊不可得也。"②鲁迅还在许多处对林语堂等人及其刊物进行了批评。

第三,在中国现代编辑出版史上,鲁迅最具有那种甘作"人梯"的伟大的编辑品格。他自己就曾说过:"中国之可作梯子者,其实除我之外,也无几了。"鲁迅为了"有英俊出于中国"③,他常常做些打杂的工作,或为青年作者编校稿件,或为其联系出版,甚或自费帮助青年出书,这方面的例子太多了,实在举不胜举。而得到他支持的青年们办的社团刊物也有十数个。最能体现鲁迅对青年关怀的是在思想政治方面。他力阻徐懋庸出任已被反动文人操纵的《自由谈》编辑,他劝阻萧军、萧红向文化特务崔万秋编辑的《大晚报·火炬》投稿。鲁迅是青年的真正的良师益友。不少青年吃了鲁迅的奶,喝了鲁迅的血而背叛了鲁迅,但也有更多的青年踏着鲁迅这副"人梯"而成为中国现代新文艺的杰出人才。鲁迅在致许广平的信(1926年11月15日)中说:"我先前在北京为文学青年打杂,耗去生命不少,自己是知道的,但到这里(按指厦门)又有几个学生办了一种月刊,叫作《波艇》,我却仍然去打杂。"鲁迅耗去自己的生命,为青年"打杂",帮助他们在文学与美术领域成长,这种编辑品格正体现了他那种"俯首甘为孺子牛"的伟大精神。

鲁迅是一个伟大的编辑家,一个思想家型的伟大的编辑家。他的编辑精神编辑思想和编辑经验永远值得学习与继承,他创立的光辉业绩将永载中国现代编辑出版史册。

---

① 鲁迅:《书的还魂和赶造》,《鲁迅全集》第6卷,北京:人民文学出版社1981年版,第231页。

② 鲁迅致郑振铎信(1934年6月2日),《鲁迅全集》第12卷,北京:人民文学出版社1981年版,第443页。鲁迅致郑振铎信(1935年1月8日),《鲁迅全集》第13卷,北京:人民文学出版社1981年版,第11页。

③ 鲁迅致章廷谦信(1930年3月27日),《鲁迅全集》第12卷,北京:人民文学出版社1981年版,第8页。

第五章

李大钊:用铁肩担起"再造神州之大任"

李大钊(1889—1927)在成为伟大的马克思主义者之前,就是一个进步的民主主义者。他早期从事报刊编辑活动,把宣传民主主义思想,反对封建主义专制,作为自己的神圣使命。从1913年到五四运动爆发前的几年时间里,李大钊主编或编辑的《言治》《民彝》《晨钟报》《甲寅日刊》等报刊,都体现了这一鲜明的思想风格。

第一节 代民立言的《言治》

李大钊最早从事报刊编辑活动是从1912年冬筹办《言治》月刊开始的,此时他在天津法政专门学校读书,并担任北洋法政学会编辑部部长,在他"朝暮经画"下,《言治》创刊号遂于1913年4月1日出版。该刊创办于辛亥革命之后,满清王朝虽已推翻,而革命胜利的果实却被少数"骄横豪暴之流"所篡夺,"共和"成了"以暴易暴,传袭至今"的"敲吾骨,吸吾髓"的反动统治,人民则在水深火热之中,"天灾乘之,人祸临之,荡析离居,转死沟洫,尸骸暴露,饿殍横野"[①]。李大钊痛感于"江山依旧是,风景已全非"[②]的现实,在创刊号(1913年4月1日)上发表了"哀吾民之失所"为主旨的《大哀篇》,尖锐抨击当时的军阀官僚政治:

> 革命以前,吾民之患在一专制君主;革命以后,吾民之患在数十专制都督。昔则一国有一专制君主,今一省有一专制都督。前者一专制君主之淫威,未必及今日之都督,其力复散在各省,故民之受其患也较轻。今者一专制

---

① 李大钊:《大哀篇》,载《言治》月刊第1年第1期(1913年4月1日),收入《李大钊全集》第1卷,北京:人民出版社2006年版,第10、11、12页。

② 李大钊:《岁晚寄友》,载《言治》月刊第1年第1期(1913年4月1日),收入《李大钊全集》第5卷,北京:人民出版社2006年版,第235页。

都督之淫威,乃倍于畴昔之君主,其力更集中于一省,则民之受其患也重矣。则所谓民权、民权者,皆为此辈猎取之以自恣,于吾民乎何与也?

李大钊愤怒地指出:

> 所谓民政者,少数豪暴狡狯者之专政,非吾民自主之政也;民权者,少数豪暴狡狯者之窃权,非吾民自得之权也;幸福者,少数豪暴狡狯者掠夺之幸福,非吾民安享之幸福也。
>
> 共和自共和,幸福何有于吾民也。

李大钊猛烈抨击专制,大胆代民立言,使这篇《大哀篇》在创刊号上占有很重要的地位。李大钊一开始就以一个民主主义者的形象出现在中国现代革命史上,此后直到五四运动爆发前,他的思想尽管有了发展与变化,但宣传民主主义是他一直坚持的编辑指导思想。李大钊编辑《言治》月刊时间并不长,从1913年4月到11月,他在《言治》月刊1至6期上发表了20多篇诗文。在这些文章中,或揭露北洋军阀盗窃国权、侵蚀共和的罪恶行为,如《裁都督横议》(载《言治》月刊第1年第3期,1913年6月1日)一文指斥那些盘踞各省的都督,"暴戾恣睢,飞扬跋扈","气焰万丈,咄咄逼人","贱视其治下之民微若蚁蛭,淫威肆虐,惟(为)所欲为"①。或为人民在政治上没有民主,只敢怒而不敢言感到悲愤,在《是非篇》(载《言治》月刊第1年第4期,1913年9月1日)一文中写道:"真理大义,暗而不明,郁而不彰"②,因而在《文豪》(载《言治》月刊第1年第6期,1913年11月1日)一文中,他号召知识分子肩负起历史使命,"以全副血泪,倾注墨池,启发众生之天良,觉醒众生之忏悔。昭示人心来复之机,方能救人救世"③。李大钊的文章"浑厚磅礴为全校冠"④,与他共同编辑《言治》月刊的郁嶷评价其文章说:"同人之文,多拘挛法理糟粕之学,而君则振翰荦荦,发为感慨悲歌之篇,其造意树义,一以民生为念,阐扬先哲贻德为急。览者感发兴起,颂声交至。"⑤《言治》后来改为季刊,

---

① 李大钊:《裁都督横议》,《李大钊全集》第1卷,北京:人民出版社2006年版,第31、32、33页。
② 李大钊:《是非篇》,《李大钊全集》第1卷,北京:人民出版社2006年版,第58页。
③ 李大钊:《文豪》,《李大钊全集》第1卷,北京:人民出版社2006年版,第71页。
④ 见《于树德同志谈话记录》(1956年11月)。
⑤ 郁嶷:《送李龟年游学日本序》,载《言治》第1年第4期(1913年9月1日)。转引自朱文通主编:《李大钊年谱长编》,北京:中国社会科学出版社2009年版,第145页。

李大钊虽在上面发表诗文,但已不再参与编辑工作。

李大钊在1913年暑假从北洋法政专门学校毕业后到北京,创办并主编《法言报》。随着孙中山发动的讨伐袁世凯"二次革命"的失败,李大钊十分苦闷,遂于同年冬东渡扶桑,"专究社会经济学,研考民生凋敝之原,探所以抑强横扶羸弱者,归而造德蛩蛩"①。

第二节 "民宪之基础"的《民彝》

李大钊在日本联络留日学生,成立留日学生总会,并担任该会文事委员会的编辑主任,主编该会机关刊物《民彝》杂志。1916年5月15日《民彝》创刊,李大钊发表了《民彝与政治》的长文,阐述了"民彝"的意义。彝有宗彝,有民彝,"宗彝者宗庙之常器也",它象征帝王贵族的统治;"民彝者,民宪之基础也",它以"民主"与"自由"为其精神。李大钊从进化论观点出发阐述民彝与政治:

吾民彝之屈而不信、郁而不彰于宪典也久矣。兹世文明先进之国民,莫不争求适宜之政治,以信其民彝,彰其民彝。吾民于此,其当鼓勇奋力,以趋从此时代之精神,而求此适宜之政治也,亦奚容疑。顾此适宜之政治,究为何种政治乎?则惟民主义为其精神、代议制度为其形质之政治。

李大钊认为:

古者政治上之神器在于宗彝,今者政治上之神器在于民彝。宗彝可窃,而民彝不可窃也;宗彝可迁,而民彝不可迁也。

宗彝所代表的是专制制度,民彝所代表的是民主制度。李大钊由此进一步指出中国到了近代落后的原因乃"君主专制之祸耳"。李大钊认为只有消灭专制,国家才有新生的希望。他说:

---

① 郁嶷:《送李龟年游学日本序》,载《言治》第1年第4期(1913年9月1日)。转引自朱文通主编:《李大钊年谱长编》,北京:中国社会科学出版社2009年版,第145页。

181

盖民与君不两立,自由与专制不并存,是故君主生则国民死,专制活则自由亡。而专制之政与君主之制,如水与鱼,如胶与漆,固结不解,形影相依。今犹有敢播专制之余烬,起君主之篝火者,不问其为筹安之徒与复辟之辈,一律认为国家之叛逆、国民之公敌,而诛其人,火其书,殄灭其丑类,摧拉其根株,无所姑息,不稍优容,永绝其萌,勿使滋蔓,而后再造神州之大任始有可图,中华维新之运命始有成功之望也。①

这篇洋洋万言长文,猛烈抨击了封建专制制度,充满了民主主义精神,表现了一个爱国主义者和革命民主主义者的战斗本色。它在创刊号上发表,无疑体现了主编者李大钊宣传民主主义、反对君主专制的编辑导向。

就在《民彝》创刊号出版的时候,李大钊已从日本回国,直接从事反对推行君主专制的袁世凯的斗争。此时,袁世凯虽已被迫取消帝制,然"传闻袁氏备战甚急,此则雌雄之决,仍非出于一战不可也"②。因而"益感再造中国之不可缓"③。为了国家与民族的命运,他毅然丢下学业,放弃大学文凭,"返回祖国,做社会革命运动"④。

第三节 "青春中华之创造"的《晨钟》

李大钊回国后,他所进行的工作就是办报,他想通过办报来启蒙民智,传播新知,以达到宣传民主主义思想的目的。李大钊为这份即将诞生的报纸取名为"晨钟",希望"振此'晨钟'",唤起"吾民族之自我的自觉",担当起"青春中华之创造"的使命。经过两个月左右的筹备,《晨钟报》于1916年8月15日在北京创刊,李大钊担任总编辑⑤。

---

① 李大钊:《民彝与政治》,《李大钊全集》第1卷,北京:人民出版社2006年版,第148、149、146-147、163页。
② 李大钊:《致霍侣白》(1916年5月21日),《李大钊全集》第5卷,北京:人民出版社2006年版,第270页。
③ 李大钊:《狱中自述》,《李大钊全集》第5卷,北京:人民出版社2006年版,第226页。
④ 高一涵:《回忆五四时期的李大钊同志》,中国社会科学院近代史研究所编:《五四运动回忆录》,北京:中国社会科学出版社1979年版,第339页。
⑤ 方汉奇称李大钊为"总编辑",《中国近代报刊史》(下),太原:山西人民出版社1981年版,第757页。黄河考证:"编辑主任为李大钊。"《北京报刊史话》,北京:文化艺术出版社1992年版,第41页。徐铸成《报海旧闻》称李大钊为"副刊编辑"。

在创刊号上,李大钊撰写了发刊词《〈晨钟〉之使命——青春中华之创造》,文章大声疾呼,号召青年们要认清当时形势,"旧稘之黄昏已去,新稘之黎明将来",应当担负起创造"青春中华"的历史使命。不能以为袁世凯已死,革命就成功了。"袁氏逆命,谋危共和,未逾数月,义师勃兴,南天震动,而一世之奸雄,竟为护国义军穷迫以死。今虽不敢遽断改革之业,为告厥成功,而青春中华之创造,实已肇基于此。"李大钊认为这是历史提供的良好机遇,青年人应当起来"与境遇奋斗,与时代奋斗,与经验奋斗",来"鼓舞青春中华之运动,培植青春中华之根基"。为了激励青年,李大钊表示要"高撞自由之钟,以助其进行之勇气"。李大钊坦率地告诉青年们《晨钟报》的编辑宗旨:

《晨钟》自身无所谓使命也,而以青年之使命为使命。
《晨钟》之声,即青年之舌。
《晨钟》者,青年之友。青年当努力为国家自重。《晨钟》当努力为青年自勉,而各以青春中华之创造为唯一之使命,此则《晨钟》出世之始,所当昭告于吾同胞之前者矣。①

这篇发刊词热情洋溢,宗旨鲜明,充满民主主义精神。本此精神,李大钊在《晨钟报》上极力倡导民主与自由,介绍外国资产阶级学者托尔斯泰、尼采、达科儿、培根等人的思想。对封建专制独裁,对当时军阀、官僚政客们争权夺利的丑行继续予以猛烈抨击。李大钊还别出心裁,特制了一个古钟的图案,印在每天的社论前面,一天在古钟上换一句警语。他最欣赏的是第6号报上的警语:"铁肩担道义。"这是明代诗人杨继盛的狱中述志诗,原为两句:"铁肩担道义,辣手著文章。"李大钊在《晨钟报》上仅用前句。不久,李大钊又据此作成联语:"铁肩担道义,妙手著文章。"改杨之"辣"为"妙"。那么李大钊的"道义"正是《晨钟》的使命,而李大钊所著的文章,则是抨击专制主义、倡导民主思想的战斗檄文。然而,正是这些文章引起把持《晨钟报》的汤化龙一些人的不满。原来,《晨钟报》是由进步党改组的宪法研究会(即研究系)所办的,因而,主办权掌握在汤化龙等人的手里。他们不能容许自己的报纸骂自己,常常对李大钊的文章擅加删改,使其不能完整发表,迫使李大钊不得不辞去总编辑职务。从创刊到辞职,前后不足一个月,李大钊

---

① 李大钊:《〈晨钟〉之使命——青春中华之创造》,《李大钊全集》第1卷,北京:人民出版社2006年版,第166、167、170页。

在该报上共发表了13篇文章,尽到了自己"铁肩担道义"的责任。

第四节 赋予"新生命"的《甲寅日刊》

李大钊辞离《晨钟报》后,一面应约为《宪法公约》旬刊撰文,一面"在失业时心安理得,天天读书和研究问题,意志绝不向境遇低头"①。到1917年6月,章士钊在北京创办《甲寅日刊》,自任主编,李大钊被邀请担任编辑。

《甲寅日刊》创刊号于1917年1月28日出版,李大钊在创刊号上发表了《〈甲寅〉之新生命》。早在1914年,李大钊留学日本就曾为章士钊的《甲寅》月刊撰写过数篇文章。所以当《甲寅》改为日刊重新出版时,李大钊就写了上面这篇文章,谓《甲寅》之"新",是因为《甲寅日刊》的任务已不完全同于《甲寅》月刊。后者创办于日本,以"条陈时弊、朴实说理"②为主旨,虽也宣传反对袁氏复辟帝制,但主张"有容","不好同恶异",鼓吹"调和立国",这在当时就曾遭到读者的批评。因而,《甲寅日刊》的创刊就应赋予其"新生命"。李大钊认为:

> 《甲寅》者,亦于天演中而有其生存之自能者也。……《甲寅》不能自守于一;……《甲寅》不能自拘于固定;……《甲寅》不能自止于简单;……《甲寅》不能自胶于迟滞;……《甲寅》不能自废于恒久。
>
> 今日世界之进化,其蜕演之度,可谓流动矣,频繁矣,迅捷矣,短促矣。③

因而《甲寅日刊》就应根据"宇宙进化"的规律,用《甲寅》的进化开导国民的进化,继续提倡民主共和,反对封建帝制。这是李大钊始终坚持的编辑思想。

李大钊在《甲寅日刊》上发表了60多篇文章,内容极为广泛,涉及到国内、国际诸多问题,有谴责"军阀主义"、赞扬"民主政治"的《大战中之民主主义(Democracy)》④;有痛斥军阀政客的"腕力主义",倡导"以自由、博爱、平等为持身接物之

---

① 高一涵:《和李大钊同志相处的时候》,载《工人日报》1957年4月27日。
② 转引自朱文通主编:《李大钊年谱长编》,北京:中国社会科学出版社2009年版,第162页。
③ 李大钊:《〈甲寅〉之新生命》,《李大钊全集》第1卷,北京:人民出版社2006年版,第239页。
④ 载《甲寅日刊》第77号,1917年4月16日。收入《李大钊全集》第2卷,北京:人民出版社2006年版,第98页。

信条"的《立宪国民之修养》①;对俄国革命更予以极大的关注,写有《俄国革命之远因近因》②、《俄国共和政府之成立及其政纲》③等文。在《俄国大革命之影响》一文中,李大钊借俄国大革命证明"专制之不可复活,民权之不可复抑,共和之不可复毁,帝政之不可复兴"④的道理,以打击"官僚政治"。李大钊在《甲寅日刊》上一个最重要的活动是对孔子学说的批判。针对北洋军阀大搞"尊孔"活动,保皇党人康有为则趁机上书黎元洪、段祺瑞,主张定孔教为国教,李大钊撰写了《孔子与宪法》《自然的伦理观与孔子》等文章,尖锐指出,孔子是"数千年前之残骸枯骨","历代帝王专制之护符"⑤,"保护君主政治之偶像",把孔教列入宪法,完全违背民主自由的原则,实在是"专制复活之先声"。而孔子的道德代表的是封建"专制社会之道德","已不适于今日之时代精神","其势力迟早必归于消灭"。李大钊表示欲使新道德得以发展,就要对孔子所代表的封建旧道德"少加以人为之力,冀其迅速蜕演,虽冒毁圣非法之名,亦所不恤矣"⑥。李大钊这些思想激进的文章,使主编章士钊大为不满。据高一涵回忆说:

> 章士钊在北京创办《甲寅日报》,约我们替他写社论。……我们在文章中攻击研究系,攻击现政府;而章士钊是维护他们的,他不赞成我们的主张。守常(李大钊的字——引者注)又只顾真理,不顾什么情面,不合心意的,他就要痛骂。章士钊不敢去和守常交涉,便托我去和他商量。这怎么行呢?一个人的主张是不能够随便更改的。⑦

---

① 载《甲寅日刊》第42号,1917年3月11日。收入《李大钊全集》第1卷,北京:人民出版社2006年版,第314页。
② 连载于《甲寅日刊》1917年3月19、20、21日。收入《李大钊全集》第2卷,北京:人民出版社2006年版,第1页。
③ 载《甲寅日刊》1917年3月27日。收入《李大钊全集》第2卷,北京:人民出版社2006年版,第17页。
④ 载《甲寅日刊》1917年3月29日。收入《李大钊全集》第2卷,北京:人民出版社2006年版,第22页。
⑤ 李大钊:《孔子与宪政》(《甲寅日刊》1917年1月30日),《李大钊全集》第1卷,北京:人民出版社2006年版,第242页。
⑥ 李大钊:《自然的伦理观与孔子》(《甲寅日刊》1917年2月4日),《李大钊全集》第1卷,北京:人民出版社2006年版,第247页。
⑦ 高一涵:《回忆五四时期的李大钊同志》,中国社会科学院近代史研究所编:《五四运动回忆录》,北京:中国社会科学出版社1979年版,第339-340页。

李大钊与章士钊在思想上的深刻矛盾是无法调和的，此时政局又发生了新的变化，到张勋复辟时，李大钊就登报声明脱离《甲寅日刊》，章士钊也避居到了天津，《甲寅日刊》出至6月19日停刊。

从1913年创办《言治》，到1917年编辑《甲寅》，李大钊通过编辑的刊物积极宣传民主主义思想，大力介绍西方民主主义思想家，反对封建专制主义，反对袁世凯复辟帝制和北洋政府的"官僚政治"。虽然，李大钊所持的思想武器还是资产阶级的"民主"与"自由"，但在马克思主义尚未传播之前，以它来反封建、反专制仍不失其批判的锋芒，也表明李大钊是一个革命的民主主义战士。表现在编辑风格上，李大钊宗旨鲜明，导向正确，使他主编或编辑的刊物具有强烈的民主主义色彩和民主革命精神。

第六章

郭沫若:"要重新创造我们的自我"

郭沫若(1892—1978)是继鲁迅之后文化战线上一面光辉的旗帜,他继承了鲁迅先生的精神,也继续了鲁迅先生未竟的事业。他是伟大的诗人、戏剧家、学者和杰出的政治活动家,这早已为世人所知,而作为一个编辑家,像鲁迅那样,用编辑报刊书籍的特殊方式向反动的恶势力进行"韧性"的顽强的进攻,郭沫若同样是出色的。他不愧是编辑战线上扛大旗的人物。他一生所从事的编辑活动是与他的创作、研究和政治活动紧密联系在一起的,从发起成立创造社编辑《创造季刊》到主编《甲骨文合集》,他的编辑活动整整跨越了半个多世纪,在中国现代编辑史上留下了不可磨灭的业绩。因而,研究郭沫若,不可不注意他的编辑活动。本章着重就郭沫若一生所从事的编辑活动作一概括性的描述,以期对其编辑思想等方面引起更深入的研究。

第一节 创造十年

一、弃医从文,成立创造社

郭沫若抱着"科学救国"的理想,于1914年赴日留学,"立志学医,无复他顾",因为,他意识到"医学一道,近日颇为重要"①,将来学成归国,可以"作为对于国家社会的切实贡献"②。然而,中国腐败不堪的社会现实把他的"科学救国"的理想之梦击得粉碎,医生有什么用呢?他对朋友说:医生至多不过是医治少数患者的

---

① 郭沫若:《致父母书》(1914年9月6日),《郭沫若书信集》(上),北京:中国社会科学出版社1992年版,第16页。
② 钱潮口述,盛巽昌记录整理:《回忆郭沫若早年在日本的学习生活》,转引自龚继民、方仁念:《郭沫若年谱》(上),天津:天津人民出版社1992年版,第36页。

肉体上的疾病;要使祖国早日觉醒,站起来斗争,无论如何,也必须创立新文学。就这样,郭沫若像鲁迅那样,听从时代的召唤,听从祖国的召唤,毅然"弃医从文",以文艺来唤醒大众,建立新中国。

1918年,郭沫若想"找几个人来出一种纯粹的文学杂志,采取同人杂志的形式,专门收集文学上的作品。不用文言,用白话"①。这几个人就是后来成为创造社骨干的郁达夫、成仿吾、张资平,而这一想法也就成了创造社的"受胎期"。此后,郭沫若曾与同学等组"医学同志会",并准备编辑出版《医海潮》杂志,1919年编辑"夏社"社刊。到了1920年2月,郭沫若仍念念不忘他的那个纯文学杂志的想法,就与成仿吾、郁达夫、何畏、徐祖正、陶晶孙等创办了"一种小小的同人杂志"——Green。此为手抄本,仅供同人传阅,作品的后面均留有空白页,给大家写评语或感想,前后共出了两期。也就在这年,郭沫若接到了成仿吾的一封来信,深感与成仿吾等人尽快创办一种"纯文艺的杂志"的必要。他在致田寿昌的信中兴奋地说:"他这个意见我很具同感,所以创刊底建议,我也非常赞成,不消说我们创刊杂志另外还有多大的目的和使命了。"②于是郭沫若加紧了行动,遂于1921年2月由日返国,独自寓居上海马霍路泰东图书局编译所,交涉办文艺杂志事宜。本来书局有意邀其主编《新小说》月刊,郭沫若也着手接受,并将刊名改为《新晓》,但原编辑不肯放手,而郭沫若初意是以他们在日的几个同人为基础,编辑一种大规模综合性文艺刊物,既然如此,也就只好放弃《新晓》,最后,计划得到泰东书局经理赵南公的同意,郭沫若决计近日与大家商定杂志名称。终于在1921年6月8日下午的一次会议上,中国新文学又一个最重要社团创造社在日本东京郁达夫的寓所"第二改盛馆"里宣布正式成立。出席者有郭沫若、郁达夫、张资平、何畏、徐祖正。会议议决用"创造"作刊名,暂出季刊。由上可见,创造社从发起到成立,郭沫若是起核心作用的。如果没有郭沫若,也就很难有创造社。因此,在创造社成立后的十年活动中,郭沫若一直处在主导的地位。

二、编辑创造社刊物与出版《创造社丛书》

创造社投向社会的第一炮,即是郭沫若编辑出版的《创造社丛书》第一种《女神》诗集,这也是郭沫若的第一本诗集。她的面世立即引起强烈的社会反响,其意

---

① 郭沫若:《创造十年》,《沫若文集》第7卷,北京:人民文学出版社1958年版,第38页。
② 郭沫若:《致田寿昌信》(1921年1月18日),《郭沫若书信集》(上),北京:中国社会科学出版社1992年版,第161页。

义不仅在于她是现代文学新诗的真正代表,而且在编辑出版史上也开创了新生面。此前虽有胡适的《尝试集》出版,但那只是"放开布"的"小脚",远不足以对旧文学的出版界以打击,而《女神》从内容到形式完全是新的革命的,体现了"五四"时代彻底的反帝反封建精神,毫无疑问对当时的编辑出版界产生了巨大的震动。因为,此时"新文化运动已经闹了这么久,现在国内杂志界(当然也包含着编辑界和出版界——引者注)的文艺,几乎把鼓吹的力都消尽了。我们若不急挽狂澜,将不仅那些老顽固和那些观望形势的人嚣张起来,就是一班新进亦将自己怀疑起来了"①。《女神》的出版,从编辑史角度来看,是具有划时代意义的。郭沫若受到这一鼓舞,迅即着手编辑《创造季刊》的创刊号,以实施"出一种纯文艺的杂志"的计划。郭沫若以特别审慎的编辑态度,坚持严格取舍的标准。对有的文稿,他仔细加以修改,有的稿子,经再三考虑而终于弃而不用。就这样,郭沫若把创刊号的稿子大体编好了。但《创刊号》的最后编发却是郁达夫完成的,因郭沫若急要返日,所以催郁达夫前来接编。《创刊号》上仍以郭沫若的诗《创造者》为代发刊词,他要唤起"周代的雅伯""楚国的骚豪""唐世的诗宗""元室的词曹",一同来"努力创造",为"这最初的婴儿"高唱赞歌②。到了《创造季刊》第1卷第2期,又改由郭沫若主编,他特地作了一篇《编辑余谈》,针对第1期出版后,有许多青年读者纷纷写信来要求入社的情况,他阐明:

  我们这个小社,并没有固定的组织,我们没有章程,没有机关,也没有划一的主义。我们是由几个朋友随意合拢来的。我们的主义,我们的思想,并不相同,也并不必强求相同。我们所同的,只是本着我们内心的要求,从事于文艺的活动罢了。朋友们!你们如是赞同我们这种活动,那就请来,请来我们手儿携着手儿走罢!我们也不要甚么介绍,也不经甚么评议,朋友们的优秀的作品,便是朋友超飞过时空之限的黄金翅儿,你们飞来,飞来同我们一块儿翱翔罢!③

---

① 成仿吾1920年致郭沫若的信,转引自《郭沫若书信集》(上),北京:中国社会科学出版社1992年版,第161页。
② 郭沫若:《创造者》,载《创造季刊》第1卷第1期(1922年3月15日),《创造社资料》(上),福州:福建人民出版社1985年版,第465、468页。
③ 郭沫若:《编辑余谈》,载《创造季刊》第1卷第2期(1922年8月25日),《创造社资料》(上),福州:福建人民出版社1985年版,第469页。

郭沫若这一热情洋溢的宣言,把当时青年的心煽得更热了。此后有那么多富有文学才华的青年如周全平、叶灵凤、淦女士(冯沅君)、倪贻德、严良才、白采、邓均吾、柯仲平、敬隐渔等人都汇聚在创造社这面大旗下,正是受了郭沫若等人的号召。就连沉钟社这个青年作家团体也受到了创造社思想倾向的影响。季刊一期又一期问世,使郭沫若更忙了,除了编辑,他还要不断为季刊撰稿、出丛书,可见其创作之勤、工作之巨。当《创造季刊》在社会上引起强烈反响之时,郭沫若深感季刊为期长了一些,不能适应广大青年的渴求。于是,在1923年的3月,郭沫若从日本九州帝国大学医科一毕业,谢绝北京大学的任职,坚拒聘为医生的3 000日元高额薪金,直抵上海,甘愿与郁达夫、成仿吾在哈同路民厚南里泰东图书局编辑所同过"笼城生活",同时议定创办《创造周报》,郭沫若再次写了诗体发刊词——《创世工程之第七日》,在这篇发刊词里,他指责"上帝"在所谓"创造工程之第七日"突然"粗滥贪懒",把人类"制作"得"自私,自相斫杀,冥顽,偷惰","只好与昆虫走兽同科",而"我们是不甘于这样缺陷充满的人生,我们是要重新创造我们的自我",这就要从"第七天上做起"①。表明了郭沫若对丑恶的憎恶与创造的坚强决心。事实也正是如此,郭沫若的创刊热情与他的诗歌创作一样高涨,《创造周报》刚出不久,他又和郁、成二人办起了《创造日》,此系受《中华新报》主笔张季鸾的约请为该报办的文学副刊。郭沫若亲自绘好了标题画,并在《时事新报·学灯》上连续刊载了《〈创造日〉发刊的预告》:"《创造日》专以学理为根据,对文艺社会政治,下严正的批评,同时并发表他们的划分时代的创作。他们是严正的批评者,是不偏不倚的被压迫者的代言者,是新时代的创设者。"②

至此,创造社拥有了《创造季刊》《创造周报》和《创造日》三个刊物,是创造社事业蒸蒸日上的全盛时期,而郭沫若则是这三个刊物的"催生婆婆"。是他那种创造的精神、创造的思想、创造的热情、创造性的贡献、创造性的劳动,才使创造社在中国新文学史上奠定了地位,在中国现代编辑史上永载了《创造》的篇章。

作为创造社的核心和主将,郭沫若除了编辑杂志、撰写文章外,还要编辑丛书。他的第一本诗集《女神》作为《创造社丛书》第一种出版后,他又陆续著译了《少年维特之烦恼》《雪莱诗选》《三个叛逆的女性》《文艺论集》等多种丛书。《少年维特之烦恼》这本歌德的名作一经他翻译出版,立即在全社会掀起一股"维特

---

① 郭沫若:《创世工程之第七日》,载《创造周报》第1号(1923年5月13日),《创造社资料》(上),福州:福建人民出版社1985年版,第475、476页。
② 《中华新报》启:《〈创造日〉发刊的预告》,载《时事新报·学灯》(1923年7月16-19日),《创造社资料》(上),福州:福建人民出版社1985年版,第486页。

热",对当时反对封建礼教的中国青年产生了强烈的影响。在创造社所出的丛书中,无论是出版丛书的数量之多质量之高还是作品的影响之广,都要首推郭沫若,他共著译(含与人合译)出版了46种,对新文化作出了重要的贡献。

随着《创造日》出到一百号,郭沫若发表了《〈创造日〉停刊布告》,不久《创造季刊》《创造周报》也相继停刊,创造社的第一期已告结束,转入了第二期的《洪水》时代。郭沫若的思想在进入这一阶段也发生了质的飞跃。1924年8月,郭沫若致信成仿吾,宣称自己"现在成了个彻底的马克斯主义的信徒了!马克斯主义在我们所处的这个时代是唯一的宝筏"。认为"从前只是茫然地对于个人资本主义怀着的憎恨,对于社会革命怀着的信心,如今更得着理性的背光,而不是一味的感情作用了"。对于文艺的认识则认为必须是"能够促进社会革命之实现"的"革命文艺"[①]。这一思想的转换,不仅对于郭沫若后来投身北伐,就是对于创造社今后的发展,都起到了十分重要的作用。创造社从第二期开始的编辑思想趋向于"革命文艺"的提倡,正是受到郭沫若这一思想的影响。

三、组建创造社出版部

创造社前期几个刊物的停刊,一个重要的原因就是受到泰东书局资本家经济上的超常剥削,所以要恢复和发展创造社,首先必须有自己的出版部,由自己直接经营管理,编辑自己想出版的书。"由于他(郭沫若——引者注)的号召,创造社终于成立了自己的出版部",出版部的业务虽由周全平等人负责,"而出版部的经济基础则全靠沫若、达夫等几个成名作家的书籍,而沫若的著作和翻译尤其有决定的作用"[②]。在创造社出版部的第一次理事会上,郭沫若被选为创造社总社第一届执行委员会总务委员和出版部总部第一届理事会主席。在《创造社出版部章程》中规定:"本部组织之目的在打破出版界恶习,谋社内优良刊物发行之便利。"因此,这不是一个商业化的书局,而是读者和作家的公开的合作机关。

创造社的有出版部,实在是创造社奋斗的重要基础,创造社所以没有像文学研究会和语丝社那样的流于空洞,流于无声无息,出版部的影响是很大的。创造社没有组织,没有机关,可是有了出版部,创造社的力量便无形中凝

[①] 此信以《孤鸿》为题发表在《创造月刊》第1卷第2期,《郭沫若书信集》(上),北京:中国社会科学出版社1992年版,第229、230、238页。
[②] 郑伯奇:《二十年代的一面——郭沫若先生与前期创造社》,《创造社资料》(下),福州:福建人民出版社1985年版,第765-766页。

聚起来强大起来了。①

可见,郭沫若不仅是发起成立创造社的核心人物,而且对成立创造社出版部也起了决定性的作用。

创造社出版部于1926年3月正式成立,首先出了《创造月刊》创刊号,作为《创造季刊》的继续。《创造月刊》是郭沫若与郁达夫等人商议出版的,同时,出版部还从光华书局把《洪水》半月刊接了过来,《洪水》于1924年8月出了一期周刊停刊后,又在1925年9月改为半月刊,由光华书局出版。创造社出版部成立后,自第2卷第13期起改由创造社出版部出版。《洪水》是由潘汉年、周全平等一群青年作家所发起的,但"主要的推动力却仍是沫若。……沫若在当时所负的责任,不单是写稿看稿,而且还须在经济方面想办法。他常常拿商务或其他地方所得的稿费来应付《洪水》的急需。"②由于出版部已经成立,创造社的一切事务都由周全平负责,所以郭沫若南下广州就任广东大学文科学长,并在出席广东大学东方学报社成立大会上,被推为编辑部主任。此时郭沫若的精力主要放在了广东大学"教务之革新"上,不久北伐开始,郭沫若遂投笔从戎,担任政治部的宣传科长,以一枝笔横扫千万军,写出《试看今日之蒋介石》的战斗檄文。

大革命失败后,郭沫若重回创造社,而此时创造社已进入了后期。主持整顿创造社出版部的郁达夫因写了《广州事情》受到了郭沫若的批评,加之其他原因而宣布退出创造社。为了加强创造社,郭沫若一方面"发动了李一氓和阳翰笙来参加";另一方面"又通过郑伯奇和蒋光慈的活动,请求过鲁迅来合作",一同恢复《创造周报》,遗憾的是,鲁迅"慨然允诺",却遭到后期创造社成员的反对而未果③。于是郭沫若又与阳翰笙、李一氓、成仿吾、郑伯奇等人商量重新出一种双周刊,并提议取名为《流沙》,亲手题了刊名,说这个刊名"不单是包含沙漠的意义,汕头附近有这样一个地名,在我们是很可警惕的一个地方"④。郭沫若以他的政治敏感感到了文化战线上隐伏着斗争,所以提醒同志有提高革命警惕的必要。《创

---

① 周毓英:《记后期创造社》,《创造社资料》(下),福州:福建人民出版社1985年版,第793页。
② 郑伯奇:《二十年代的一面——郭沫若先生与前期创造社》,《创造社资料》(下),福州:福建人民出版社1985年版,第765页。
③ 郭沫若:《跨着东海》,《创造社资料》(下),福州:福建人民出版社1985年版,第828页。
④ 郭沫若:《海涛集·离沪之前》,《沫若文集》第8卷,北京:人民文学出版社1958年版,第278页。

造周报》没有复活,而被《文化批判》取而代之,郭沫若仍给予了很大的支持,但由于蒋介石已在秘密逮捕他,不得不出国避难,于1928年2月24日,潜往日本,从而结束了创造社近十年的活动,直到抗战爆发才返国,开始他新的历史时期下的编辑活动。

纵观郭沫若在创造社的十年编辑活动,可以看出他是一个核心人物。他是重大决策的制定者,他不仅编辑刊物,而且还重视创作和理论的建设。从对机关刊物的支持,《洪水》半月刊的产生,到创造社出版部的成立,都是以郭沫若为中心而实现的。因此,郑伯奇这样评价说:

> 创造社毕竟是以沫若为中心而建立起来的,这是不容否认的事实。本来,象创造社这样的团体,组织不拘形式,社员又无须拉拢,似乎应该很便当了,然而实际上却大不然。这种自由结合的组织,成立以前需要有人热心地去打基础,成立以后更需要有人耐心地支持和推动。若没有一个中心,组织不易成立,成立后更难于维持。沫若对于创造社的功绩,不止是起草社章,号召同志,交涉杂志丛书的出版而已;充实刊物,处理人事,以至对于外来攻势的防御,这一切都有赖于沫若的苦心和努力。这样说法丝毫不是蔑视其他朋友的才能或者抹煞其他朋友的业绩的,这只是正确地说明,沫若的工作对于创造社是如何的重要吧了。①

四、创造社之外的编辑活动

郭沫若的精力是无限的,他除了创造社的编务之外,还在社外从事一些编辑活动。如1923年1月,郭沫若收到四川草堂文学研究会寄赠的会刊《草堂》,即复信对家乡第一个新文学团体刊物表示鼓励并寄予希望。同年被选举为"丙辰学社"新成立的学艺丛书委员会委员,"中华学艺社"总事务所编辑科干事。郭沫若参加编辑过一个月刊《长虹》,该刊为上海四川旅沪学界同志会的会刊,只出了两期。1926年5月,郭沫若出席四川革命同志会执行委员和督察委员联席会议,被选为出版部委员长,负责起草成立大会宣言,并筹备会刊。这个会刊即是后来由他担任主编的《鹃血》,初为旬刊,后改为半月刊。北伐期间,郭沫若在汕头接管了

---

① 郑伯奇:《二十年代的一面——郭沫若先生与前期创造社》,《创造社资料》(下),福州:福建人民出版社1985年版,第752页。("吧了",原文如此)

原由国民党右派势力执掌的岭东《民国日报》，将它改为革命委员会机关报《革命日报》，题写报头，自任主笔，亲自撰写了《红军进入了汕头市》一文刊于报端，宣传起义军继承革命传统，与蒋逆汪逆不共戴天，誓将反帝、反封建的斗争进行到底。该报仅出三日即停刊。

郭沫若在其编辑活动的第一阶段即已是一个出色的编辑家。他提出了自己的编辑思想，制定了办刊方针，培养了一大批青年作家，并还对一些刊物如四川的《草堂》、欧阳山的《广州文学》以支持，促进了新文化的健康发展。

第二节 抗战以后

一、"我是社长"的《救亡日报》

抗日战争爆发，郭沫若即结束了十年的流亡生活，迅速返国，投身到抗日救亡的民族战争中。创办报刊，宣传抗日，鼓舞人民的斗志，仍然是郭沫若的一项重要活动。

1937年8月，上海文化界救亡协会主办的《救亡日报》创刊，郭沫若担任社长，夏衍任主编。郭沫若为该报题写了刊头，撰写了不少评论、杂感、诗歌和战地通讯，在广大读者中产生很大的反响，人们争相购阅，以致报摊上常有人不说买什么报纸，而只讲"买郭沫若"。《救亡日报》大大鼓动了上海军民的抗日爱国激情，广大读者纷纷送来丝棉背心和各种慰劳品，要报社转交前方抗日战士。一时间，《救亡日报》四楼成了抗日军民的联络站。《救亡日报》遵循郭沫若的办报指导思想，大量刊载来自前线实际采访的战地通讯和特写，而从不刊登国民党中央社和外国通讯社的报道。在10日19日还出了由郭沫若题写刊名的《国庆慰劳将士特刊》和《鲁迅先生逝世周年纪念特辑》，所有这些都显示了与其他报纸不同的特色。郭沫若除了担任社长，还为我地下党创办的《早报》编副刊，并曾与柳亚子、田汉、夏衍等商议创办宣传国共合作的刊物《熔炉》（因故未成）；为唐瑜、丁聪创办的《民族呼声》题签刊名；亲往国际电台作题为《抗战与觉悟》的演讲，鼓动军民认定"抗战是我们中国唯一的出路，只要我们抗战到底，只要我们继续作长期的全面抗战，最后的胜利一定是属于我们"①。通过这些活动来加强和扩大《救亡日报》的广泛影响。由于淞沪战局终于不可挽回，1937年11月12日上海沦陷，各种救亡

---

① 《郭沫若全集·文学编》第18卷，北京：人民文学出版社1992年版，第133页。

第六章 郭沫若:"要重新创造我们的自我"

刊物和活动都先后停止,《救亡日报》不得不于 11 月 22 日被迫停刊,郭沫若怀着忧伤的心情为《救亡日报》写了"沪版终刊致辞",题为《我们所失掉的只是奴隶的镣铐》,向广大读者表示:"我们决不是放弃了上海,也决不停止了战斗。我们是希图我们的战斗更加有效……我们目前所失掉的并没有什么,只是做奴隶的镣铐而已。"①做完这一切之后,郭沫若决定离开上海孤岛,想转道香港到南洋去,向侨胞筹款,继续从事办报活动以宣传抗日。后来他又改变了这一计划,执行了党组织作出的《救亡日报》在广州复刊的决定,准备先去广州,恢复《救亡日报》,在华南建一座精神堡垒,以便向民众进行广泛而深入的抗日宣传。为了尽快使《救亡日报》复刊,郭沫若不得不违情逆性去与国民党党政军方面人士交涉,争取他们的资助作《救亡日报》的经费。郭沫若早在年前就做好了复刊的准备,12 月 28 日写好了复刊词,重申"救亡就是我们的旗帜,抗战到底就是我们的决心,民族复兴就是我们的信念",表示"我们要在文化战线上摧毁敌人的鬼蜮伎俩,肃清一切为虎作伥的汉奸理论,鼓荡起我们民族的忠贞之气,发动大规模的民众力量,以保卫华南门户,保卫祖国,保卫文化"②。1938 年新年伊始,在郭沫若的积极活动下,粤版《救亡日报》终于与广大读者见面了。

《救亡日报》的工作安排好后,夏衍曾请示郭沫若今后的办报方针,郭沫若说:"一切听恩来同志的指示,具体事情由你负责,只有一条,我是社长,打官司的时候可以找我。"③《救亡日报》是由国共两党合办的,如果"办成像国民党的报纸一样当然不行,办得像《新华日报》一样也不合适。办成《中央日报》一样人家不要看。办成像《新华日报》一样,有些人就不敢看了。"因而就必须以"宣传抗日、团结、进步"为方针,"办出一份左中右三方面的人都要看,都欢喜看的报纸……通俗易懂、精辟动人,讲人民大众想讲的话,讲国民党不肯讲的,讲《新华日报》不便讲的"④。这就是周恩来对《救亡日报》制定的方针。《救亡日报》虽是民报,但在郭沫若思想上是把《救亡日报》按照共产党的方针来办的民报,在一定程度上也就代表党的声音,在具体工作上他敢于大胆放手,不束缚下属的手脚,而对重要的事则敢于承担,所有这些都表现了郭沫若的坚持党性原则和信任同志、勇于负责的一

---

① 《郭沫若全集》第 18 卷,人民文学出版社 1992 年版,第 201 页。
② 郭沫若:《羽书集·再建我们的文化堡垒》,《郭沫若全集》第 18 卷,人民文学出版社 1992 年版,第 207、238 页。
③ 夏衍:《知公此去无遗恨》,《夏衍全集》第 9 卷,杭州:浙江文艺出版社 2005 年版,第 447 页。
④ 夏衍:《巨星永放光芒》,《夏衍全集》第 9 卷,杭州:浙江文艺出版社 2005 年版,第 438 页。

个红色编辑家的风范。

《救亡日报》是民族精神的一个象征,郭沫若与《救亡日报》同在。当日本帝国主义于1938年10月21日侵占广州时,《救亡日报》再次被迫停刊,而郭沫若又再次使她在桂林复刊。首先还是办报经费问题。郭沫若直接找国民党政治部主任陈诚交涉,所得虽不多,只二百元,但借此可以让人知道这是国民党中央机关津贴的报纸,今后地方党部就不敢刁难了。最后又派夏衍去筹款,终于在1939年的元旦,《救亡日报》奇迹般地在广西桂林复刊了。这时的《救亡日报》虽是一张4开小报,但它担负着宣传抗日、团结、进步的重任,力求赢得左、中、右读者的欢迎。当《救亡日报》响应义卖时,郭沫若特地从重庆寄了一首五绝去:"纾难家宜毁,临危命可捐。苟能明大义,何用惜金钱。"①为了让山城的读者能及时看到这份报纸,郭沫若还把他的稿费和生活费节余用来出《救亡日报》重庆航空版,直到印刷所被毁才中断。

《救亡日报》是宣传抗日、坚持抗日、代表人民呼声的报纸,她没有被日本帝国主义扼杀,却被国民党反动派于1941年3月1日强迫停刊了。

二、担任主编的《中原》杂志

郭沫若在担任《救亡日报》社长的同时,还十分关心中华全国文艺工作者协会主办的《抗战文艺》,经常出席《抗战文艺》编委会的座谈会,发表有关编辑的意见。作为国民政府军事委员会政治部文化工作委员会的主任委员,他发表了在其主管下编辑的《世界政治论坛》的发刊词,指出"我们当前最迫切的任务,便是如何用全世界的集体力量,来扑灭法西斯的侵略火焰",希望"大家携起手来,共同发掘真理","配合抗战的要求"争取最后胜利,"以建设自由、平等、幸福的三民主义新中国"②。由于国民党故意制造"皖南事件",以达到在军事上消灭共产党新四军的目的,在文化战线上也同样制造种种麻烦,进步文化工作者出书越来越困难,生活书店、新知书店和读书出版社一再受到打击,党组织为了解决郭沫若的出书难的问题,创办了一个群益出版社,郭沫若担任主办人,他为群益出版社制定了办社方针:"文化之田,易耨深耕,文化之粮,必熟必精。为益人群,不负此生。"③该社除出版郭沫若的著作之外,还出版其他进步作家的作品,同时还编辑出版大型学

---

① 郭沫若:《为〈救亡日报〉复刊作》,王继权、姚国华、徐培均:《郭沫若旧体诗词系年注释》(上),哈尔滨:黑龙江人民出版社1982年版,第237页。
② 文载重庆《扫荡报》1941年9月9日。
③ 吉少甫:《回忆郭老和群益出版社》,《文艺论丛》1980年第10辑。

术性刊物《中原》杂志,郭沫若担任主编。刊物题名"中原",取自陆游的《示儿》诗:"王师北定中原日,家祭无忘告乃翁。"表明《中原》虽搞学术而不忘抗日,一定要恢复中原被占领土。所以他在创刊一号《编者的话》中开宗明义地宣示:本刊对那种"在思想上袒护法西斯主义","即使稍微带些那样的气息"的文稿,一概"敬谢不敏,不能让那样的豪杰来扰乱《中原》"①。由于是郭沫若担任《中原》主编,使国民党很不放心,在短短两个月时间内,一再遭到国民党反动派的干扰、迫害,以致"《中原》二期尚未出,二期以后无望再出,已奉命停刊也"②。

三、医治"时代疟疾"的"社外总编"

抗日战争胜利后,新的内战危机又迫在眉睫,人民并没有因为日本的投降而改变苦难的生活,郭沫若感觉到了"天玄而地黄"。用什么来医治"时代疟疾"呢?"便是民主团结与和平建设,要用这药剂来彻底消除法西斯细菌,天地也才有澄清的希望。"③于是,郭沫若把原来的《救亡日报》改名为《建国日报》,在上海复刊,并写复刊词,着意在宣传和平民主建国的思想,提醒广大人民群众"安不忘危,在陶醉于胜利的时候,我们可不能忘却了建国大业的艰巨",须知保证了胜利并"不一定能够保证和平",因而"希望全国同胞共同惕勉"④。《建国日报》于1945年10月10日发行,出至24日,第15号又被国民党禁止。接着他担任的民盟机关报社任委员会委员的《民主日报》也被国民党特务捣毁,郭沫若感觉到了"零下三十五度的政治冬季"又来临了,山城重新成为"冰雪满地的岩田"⑤。

但是,"书是禁不完的,儒是坑不尽的,秦始皇是快死的。从左间里已经有篝火起来了"⑥,郭沫若并没有因为《建国日报》《民主日报》等进步报刊被国民党查禁而停止他的呼喊。为了迎接解放战争的"篝火",他帮助《文汇报》进行了全面改革。该报于1938年1月25日在上海创刊,是一种大型日报,以宣传抗日救国为主旨。1939年5月被日伪压迫停刊。1945年9月复刊后,值国民党发动全面内战,该报遂响应中国共产党号召,坚决反对内战,支持国民党统治区人民群众的民

---

① 载《中原》月刊创刊号(1943年6月)。
② 郭沫若:《致翦伯赞信》(1943年8月20日),《郭沫若书信集》(上),北京:中国社会科学出版社1992年版,第533页。
③ 郭沫若:《天地玄黄》,《沫若文集》第13卷,北京:人民文学出版社1961年版,第241页。
④ 《复刊之辞》,《建国日报》晚刊1945年10月10日。
⑤ 郭沫若:《天地玄黄·新缪司九神礼赞》,《沫若文集》第13卷,北京:人民文学出版社1961年版,第426页。
⑥ 《自由在我》,见唐弢《回忆·书简·散记》,上海:上海文艺出版社1979年版,第139页。

主爱国运动。郭沫若的改革主要表现在他适应了这一新的政治形势的需要，先后创办了《新思潮》《新文艺》《新社会》《新经济》《新教育》《新科学》等六个周刊，亲自担任总顾问，并负责编辑前两个周刊，为《新文艺》周刊的创刊还作了发刊词，题为《人民至上主义的文艺》，说明了该刊"以人民至上的意识为意识"，"这是我们的至高无上的水准"，宣称要使该刊"尽可能做成一部人民的打字机"①。在他的领导下，国统区一大批进步文化人都集中在了《文汇报》，形成了一股强大的争民主反内战的力量。

　　郭沫若虽人在上海，仍时时关心着香港的《华商报》《文艺生活》海外版等进步报刊，不仅经常为他们撰稿，还不断参加他们的各种活动。如他曾应《华商报》编辑部之邀，出席了"目前新形势与新政协"座谈会，认为目前确"有成立新政协的必要"，"举凡对于人民革命有必需的事，为中共所不能说，不便说，不好说的就由我们说出来"②。由于有郭沫若的热情支持，这两家报纸在当时都产生了很好的影响，郭沫若成了《华商报》《文艺生活》的"社外总编"。其实，郭沫若何止是对这两种报刊予以关心，通过他亲笔题词、题签代作发刊词的报刊有十多种。如为《自由中国》、《少年先锋》、《青年学习》、《战地半月刊》、《青苗》、《消息半周刊》、《民言》半月刊、《时代日报·新语文》、《文艺青年》等报刊题签或题词以示鼓励。有的则致信以支持，如对唐强、柯灵主编的《周报》。当《人民英烈李公朴闻一多先生遇刺纪实》一书编辑出版时，郭沫若作了序文，并题写书名。对共同组建创造社的战友郁达夫的不幸遇难，郭沫若非常关心编印郁达夫全集一事，他向向蜀光建议重印郁达夫全集，表示愿意"负搜罗刊行的责任，这在我诚然是'义不容辞'的。我愿意虔诚地担起这个责任来"，并以此为"光荣的使命"③；直到建国以后，郭沫若还在关心着这个老友的诗词的编辑出版工作。鉴于抗战八年，史料散失严重，郭沫若与胡愈之、冯乃超等香港文化人士发起成立"文化资料室"，并发表《征求资料》的启事。目的在"为要加强今后中国文化思想运动，必须对于过去及目前文化思想发展趋势，有全面的和有系统的考察、研究、批判，与经常注意一切思想倾向的根源及其发展"。所有这些构成他此时从事编辑活动的一个重要部分。

　　整个抗日战争和解放战争时期，郭沫若以极大的热情和精力，投入报刊的编

---

①　郭沫若：《天地玄黄·人民至上主义的文艺》，《沫若文集》第13卷，北京：人民文学出版社1961年版，第460，464页。
②　发言记录载香港《华商报》1948年5月16日，转引自龚继民、方仁念：《郭沫若年谱》（中），天津：天津人民出版社1992年版，第733页。
③　郭沫若：《编印郁达夫全集——答向蜀光先生》，《郭沫若研究》1985年第1辑。

辑出版工作，以刊物为武器，向日本侵略者和国民党反动派发起正义的声讨，同时鼓舞了全国人民的救亡图存、争取解放的斗志和精神。正因为郭沫若在思想文化战线上的突出贡献，所以在重庆时，根据周恩来的指示举行了纪念郭沫若创作二十五周年和五十寿庆的活动，周恩来还在《新华日报》发表了专文《我要说的话》，对郭沫若的创作和思想作出了高度的评价：

> 郭沫若创作生活二十五年，也就是新文化运动的二十五年。鲁迅自称是"革命军马前卒"，郭沫若就是革命队伍中人。鲁迅是新文化运动的导师，郭沫若便是新文化运动的主将。鲁迅如果是将没有路的路开辟出来的先锋，郭沫若便是带着大家一道前进的向导。鲁迅先生已不在世了，他的遗范尚存，我们会愈感觉到在新文化战线上，郭先生带着我们一道奋斗的亲切，而且我们也永远祝福他带着我们奋斗到底的。①

建国以后，郭沫若主持中国科学院的工作以及其他国家事务，但是对于编辑出版之事也并没有完全放弃。如郭沫若亲自主持，把战时专门为了出他的著作的群益出版社与海燕书店、大孚出版公司等联合起来，组成了新文艺出版社。他与周扬合编了《红旗歌谣》，接受中共中央的委托，主编了干部读物《中国史稿》，由周恩来总理根据毛泽东主席的指示，领导制定十二年科研远景规划中的大型项目《甲骨文合编》，郭沫若担任编委会主任委员，兼任主编，该书自1959年始编，直到1976年，郭沫若都关心主持着这件事，作了具体的部署和指示，最后到该书的出版题签书名。到了晚年，郭沫若还就《考古学报》《文物》《考古》三种杂志的复刊写了报告，提出"三种杂志拟复刊，以应国内外之需要"②。至于为一些报刊写发刊词，题签刊名就更多了。

总之，郭沫若的编辑活动是他整个文化活动的重要组成部分。从中我们可以看到一个革命编辑家的伟大风范。他一生编辑过的刊物，主持过的出版社为中国革命所作出的贡献是难以估量的。他的编辑思想、编辑精神、编辑态度、编辑风格是值得我们作深入探讨和研究的课题，也是我们应该继承的一笔丰富的遗产。郭沫若的编辑历程就是一部浓缩的中国现代进步报刊的编辑史，他为中国现代编辑事业留下了永载史册的《创造季刊》《救亡日报》……

---

① 《新华日报》1941年11月16日。
② 手迹载《文物》1958年第7期。

第七章

郁达夫:"以汗水来作天才的养乳"①

郁达夫(1896—1945)是诗人、小说家,是"五四"时期的文学巨匠;同时,他还是一个出色的作家型的编辑家。郁达夫一生与编辑活动结下了不解之缘,从留学日本发起成立创造社,到远赴南洋主编《华侨周报》,前后有22年之久的岁月,从事报纸杂志的编辑,这比他作为小说家所从事文学创作的时间(1921年—1935年)还要长。而且,郁达夫主编、合编的报刊、丛书有十几种,是他一生的事业中极为重要的部分,也是他一生中极其富有革命意义的重要内容。因此,了解郁达夫所从事的编辑活动,对研究郁达夫对现代编辑事业的贡献,研究郁达夫的编辑思想,无疑是有意义的,也为全面研究郁达夫提供一些新的资料和一个新的视角。

第一节 "八高"的校刊编辑

郁达夫的编辑活动是在1920年春,与成仿吾、张资平拟议成立创造社正式开始的。而在这之前,郁达夫就已经有过编辑经验和参与诗社的活动。1915年,当郁达夫还在日本第八高等学校读书的时候,因其在旧体诗(日本人称之为"汉诗")创作方面表现出的特异才华,不仅使同校的日本同学大为惊异,就连"八高"的汉文教师也非常钦佩②。日本著名诗人、诗学家服部担风先生称赞郁达夫"不愧捷才"③。因而,在此时被全班同学推举为校刊的编辑,这是郁达夫最早从事编辑活动的记载。虽然,编辑的还只是校刊,编辑的具体内容不得而知,但是毫无疑

---

① 郁达夫:《编辑者言》,《郁达夫全集》第11卷,杭州:浙江大学出版社2007年版,第306页。
② 郑伯奇:《忆创造社》,《创造社资料》(下),福州:福建人民出版社1985年版,第858页。
③ (日)稻叶昭二:《郁达夫——他的青春和诗》,《郁达夫传记两种》,杭州:浙江文艺出版社1984年版,第240页。

问,它不仅刺激了郁达夫的强烈的创作欲和发表欲,更重要的是培养了郁达夫的编辑能力,为他不久从事正式的报刊编辑活动并成为一个出色的编辑家作了必要的业务准备和实践锻炼。

1916年春,郁达夫不仅在杭州的《之江日报》、上海的《神州日报》等报刊上发表旧体诗作,还由于受到日本的服部担风先生的赏识而能够在他编辑的《新爱知新闻》汉诗栏上发表旧体诗作,并参加了服部担风主持的"佩兰吟社"的定期集会。郁达夫与服部担风有这样一层交往关系,那么他既参与了"佩兰吟社"的集会活动,有没有参与《新爱知新闻》的编辑活动呢?因手头缺乏这方面的资料而难下笃定。不过,我们推想起来,不是没有可能的:一、郁达夫此时已经是"八高"的校刊编辑;二、服部担风又那么欣赏他,与郁达夫常有诗唱和,如郁达夫有《访担风先生道上偶成》:"行尽西郊更向东,云山遥望合还通。过桥知入词人里,到处村童说担风。"服部担风则有次韵:"弱冠钦君来海东,相逢最喜语言通。落花水榭春之暮,话自家风及国风。"①由此可见,服部担风与郁达夫相知之深。那么,郁达夫从服部担风"学诗"进而学习编辑则是极有可能的。即使没直接参与编辑活动,然而参加定期集会,在长期交往中,耳闻目濡担风先生的编辑之事务,看他如何对自己的诗所作的字句改动和诗后评语②,对别人的诗作又是如何审核处理,从中学到实际的审理稿件的方法,为以后从事编辑工作准备了必要的编辑知识编辑技术的条件。

如果说这不足以证明郁达夫已经独立从事编辑活动,那么到了1919年,郁达夫即已跃跃欲试,一展自己在编辑方面的能力。这一年的11月,郁达夫在东京拟与原名古屋第八高等学校的日本同学合作创办日文文学杂志《寂光》,并打算在创刊号发表小说《圆明园之夜》,遗憾的是没能成功。但是,这是一个十分重要的信号,它预示着中国刚刚开始的现代文学即将出现一个文学天才,也即将出现一个文学编辑家。果然,仅仅隔了一年,就全成了现实。

---

① (日)稻叶昭二:《郁达夫——他的青春和诗》,《郁达夫传记两种》,杭州:浙江文艺出版社1984年版,第216、217页。
② (日)稻叶昭二:《郁达夫——他的青春和诗》,《郁达夫传记两种》,杭州:浙江文艺出版社1984年版,第245页。

第二节　从发起到脱离

一、发起成立创造社

在中国现代文学史上,1920年春是该特别书上一笔的。因为这一年,是创造社这一受胎于"五四"而对中国现代文学产生巨大影响的重要文学社团的酝酿筹备时期,也是郁达夫作为小说家走上文坛和作为编辑家走向广大的中国青年的开始。据郁达夫回忆:

> 有一天春天(1920——引者注)的下午,我们三人,约了田汉到我的寓楼上来谈天,打算合起来出一个文学杂志。当时我和资平住在不忍池上的池之端一位同学的二楼上。官费正在闹荒的时候,所以我们穷也穷到了极点。那一天午后,我和资平,二人合起来出了一块钱买了一块钱的橘子,打算开会的时候大家吃的。等到午后二点多钟,仿吾如约来了,而田汉终究不到。我们把橘子吃完,看电灯上了火,田汉还是不来。我与资平,只好自认晦气,白化了一块钱,会终究开不成功。仿吾背上书袋,临走的时候,也只叫了几声"马鹿!马鹿!"
>
> 这时候,沫若在九州帝大的医科,他时常有信和诗寄来,竭力的促成我们结一个团体,来出一种杂志。所以那一天他虽然没有从几千里路跑来参预这一块钱的橘子会,但仿吾却把他的信和诗稿,一齐带来,作他对于我们的提议。①

这一次的"橘子会"虽"终究开不成",但是应该说是创造社酝酿期的最早一次会议。接着郁达夫和成仿吾等,又接连召开过几次会,具体研究了成立组织和出版杂志的计划,还邀请京都的郑伯奇、穆木天、张凤举和徐祖正等人加入,推派田汉回国寻找出版处。1921年,当郭沫若在上海向泰东书局经理赵南公提出创办杂志的计划得到同意后,即于6月初回日本到东京神田骏河台的杏云病院看望因

---

① 郁达夫:《创造社出版部的第一周年——〈新消息〉代发刊词》,《郁达夫文集》第7卷,广州:花城出版社1983年版,第306—307页。

胃病和发烧而住院的郁达夫，并与他商谈，最后两人初步商定杂志用名"创造"，出月刊还是季刊，根据稿源情况再作决定。郭沫若在《创造十年》中说："我看见他这种热情，觉得到东京的目的是已经达到了。"①郁达夫出院后，即于6月下旬在他住的寓所东京第二改盛馆召开了会议，出席者有：郭沫若、张资平、何畏、徐祖正等。也就是在这次会议上，创造社宣告正式成立，会上一致通过了用"创造"作为杂志的名称，先出季刊。笔者之所以详细地叙述创造社从酝酿准备到最后成立的过程，是想在这一重要的文学历史大事件中，展示郁达夫作为主要发起人之一着手编辑活动之初所表现出来的组织才能，以及他所起的积极的作用。而这种组织才能和主导作用正是成为一个现代编辑家所必须具备的。

二、编辑创造社刊物与主持创造社出版部

郁达夫正式登上文坛之前，首先是以一个编辑的面貌出现的。1921年9月初，郁达夫应郭沫若之邀，回国到上海泰东图书局主持负责《创造季刊》的编辑出版事项，实际上担任了继《小说月报》之后中国第二个也是最有影响的纯文学杂志的主编。郁达夫以极大的热情迅速投入紧张的编辑活动。他首先写出《纯文学季刊〈创造〉出版预告》，刊于1921年9月29—30日上海《时事新报》上，预告说：

> 自文化运动发生后，我国新文艺为一二偶像所垄断，以致艺术之新兴气运，澌灭将尽，创造社同人奋然兴起打破社会因袭，主张艺术独立，愿与天下之无名作家共兴起而造成中国未来之国民文学。
>
> 创造社同人：田汉、成仿吾、郁达夫、郭沫若、张资平、郑伯奇、穆木天。②

郭沫若在日本见到这一预告刊出，对郁达夫的果敢精神表示钦佩，他在10月6日(1921年)给郁达夫的信中说：

> 《创造》预告我昨日早在《时事新报》上看见了。……我在上海逗留了四五个月，不曾弄出一点眉目来，你到不两礼拜，便使我们的杂志早有诞生的希望，你的自信力真比我坚确得多呢。③

---

① 《沫若文集》第7卷，北京：人民文学出版社1958年版，第100页。
② 《郁达夫全集》第10卷，杭州：浙江大学出版社2007年版，第20页。
③ 郭沫若：《海外归鸿》，载《创造》季刊第1卷第1期(1922年5月)，《郭沫若书信集》(上)，北京：中国社会科学出版社1992年版，第201页。

又在《创造十年》中说：

> 预告上说季刊准于明年元旦出版……。那一方面使我佩服着我们达夫的勇气，同时也使我感觉着分外的不安，我在上海呆了将近半年总不敢登出的预告，达夫接事仅仅三天，便把它登出来了。①

这里不仅仅表现了郭沫若对郁达夫"自信力"和"勇气"的"佩服"，还表现了对郁达夫作为一个新文学杂志主编的才干的"佩服"。从这一则出版预告中，我们确实看到了郁达夫对担任主编的自信，对创造"中国未来之国民文学"的历史责任感和使命感，看到了郁达夫欲以创办刊物达到批判社会的目的，看到了郁达夫"主张艺术独立"的浪漫主义文学精神。而这正是开宗明义地标示了《创造》的精神，也体现了郁达夫的崭新的编辑思想，即新文学杂志：一、要有批判精神；二、要有创造精神；三、要有艺术精神。毫无疑问，这与近代的报纸杂志在编辑的导向上是截然不同的，与同时的"文学研究会"的《小说月报》的编辑主张也是有所区别的。郁达夫的编辑思想与他作品的出版是完全一致的，他在这一编辑思想指导下，很快出版了自己的第一本小说集《沉沦》，作为《创造社丛书》第三种，此前已经出版了郭沫若的诗集《女神》第一种和朱谦之的《革命哲学》第二种。1922年3月15日，经过紧张的写作和编辑活动，郁达夫主编的《创造季刊》创刊号付印，于5月1日起由上海泰东书局正式发行。在第1期上即以郭沫若的《序诗·创造者》表明了致力新文学创造的宗旨，郁达夫在该期上发表了小说《茫茫夜》和论文《艺文私见》。从此，郁达夫即以一个小说家同时又是一个编辑家的身份而活跃于文学界和编辑界。像鲁迅、郭沫若、茅盾一样，既是编辑型的作家，又是作家型的编辑。

从1920年发起成立创造社到1927年8月15日宣布退出创造社，郁达夫为创造社的几种刊物和出版丛书倾注了大量的才智和心血。《创造季刊》以发表文学创作为主，兼刊理论和翻译文章，体现了郁达夫早就谋划的纯文学杂志的编辑主张。创造社的主要成员郭沫若、成仿吾、张资平等是此杂志的作者。郁达夫的著名小说除前面提到的《茫茫夜》外，《春风沉醉的晚上》《采石矶》等十余篇作品，包括他唯一的剧作《孤独的悲哀》都发表在《创造季刊》上。在这个刊物上，郁达夫培养了一批像王怡庵、倪贻德、王以仁、楼建南、敬隐渔、淦女士（冯沅君）等文学

---

① 《沫若文集》第7卷，北京：人民文学出版社1958年版，第122页。

新秀,为新文学注入了新鲜血液。紧接着《创造季刊》的发行,"立即引起了各方面强烈的反响。沫若、达夫和仿吾的新作品吸引了广大的青年读者。创造社因此奠定了它在文学界的地位"①。郁达夫也赢得了广大青年的尊敬。当《创造季刊》风行之时,1923年的4月,郁达夫从北京回上海,专任创造社各刊物的编辑,并为此投入了全部的时间和精力。5月份,郁达夫提议出版并参加编辑的《创造周报》创刊,7月份,主持编辑的创造社另一报纸副刊《中华日报》副刊《创造日》又相继创刊。郁达夫为此还特地发表了《〈创造日〉宣言》:

> 我们想以纯粹的学理和严正的言论来批评文艺政治经济,我们更想以唯真唯美的精神来创作文学和介绍文学。②

宣言明确地标举出"唯真唯美"的文学主张和艺术创造精神。而从编辑的角度来看,"真"与"美"也是一个编辑家所应该具备的重要编辑思想。唯有把"真"的反映了中国社会现实生活的文学,像中国人民的反抗与斗争,痛苦与希望;唯有把"美"的体现了中华民族优秀道德传统的文学,编辑介绍给广大读者,以吸引读者追求"真"与追求"美",使其成为抛弃了劣根性而具有新的时代精神的现代人,才是编辑的职责和使命。这种编辑思想与晚清的一些编辑家大肆编辑出版黑幕、公案、狭邪之类文学是大异其趣的。因而,郁达夫的这一"唯真唯美"的编辑指导思想,对现代编辑学理论作出了贡献。

至此,创造社同时出版着三种刊物:《创造季刊》、《创造周报》和《创造日》,由郁达夫和郭沫若、成仿吾负责编辑。到这时候是创造社的全盛时期,也是前期创造社最活跃的时期,而这些成绩的取得与郁达夫的创造性的编辑劳动是分不开的。

除了主编《创造季刊》、《创造周刊》和《创造日》三个刊物外,1925年4月,郁达夫为国立武昌师范大学国文系部分师生组织的文学团体"艺林社"编辑的《艺林旬刊》给予指导,并为其介绍附于北京《晨报副镌》出版,表现了他对新文学团体和编辑事业的关心。5月份,郁达夫与成仿吾、张资平商议脱离泰东图书局,设立创造社出版部,复活创造社。当《洪水》于9月份复刊出版半月刊时,郁达夫也参与了编辑。1926年3月,郁达夫又推出了创造社的又一重要的文学创作与文学理论

---

① 郑伯奇:《忆创造社》,《创造社资料》(下),福州:福建人民出版社1985年版,第860页。
② 《郁达夫全集》第10卷,杭州:浙江大学出版社2007年版,第67页。

并重的刊物《创造月刊》，在创刊号的《卷头语》上，他说：《月刊》的创办"消极的就想以我们的无力的同情，来安慰安慰那些正直的惨败的人生的战士，积极的就想以我们的微弱的呼声，来促进改革这不合理的目下的社会的组成"①。这里已体现了从前面的"唯真唯美"的偏重于艺术价值而发展为"安慰""促进"的偏重于社会作用的编辑思想。到了这一年的9月，创造社的出版部第一次理事会在广州分部二楼举行，郁达夫被选为总部理事和编辑委员。11月，任广州中山大学法科教授同时兼中山大学出版部主任，制定了《中山大学小丛书出版计划书》，这完全因为郁达夫主编了《创造季刊》等有巨大影响的刊物的缘故。然而担任这个职务未能很久，即与成仿吾、王独清商议整顿创造社出版部，郁达夫又被推为总务理事，并被创造社出版部的全体人员委以回沪主持创造社出版部工作的重任。

从上面活动的叙述中，郁达夫虽与创造社时有业务上的中断，然而联系仍是非常紧密的，尤其是回沪主持创造社出版部的全部工作，是郁达夫具有主编才干和现代编辑思想的充分证明。

三、脱离创造社

1927年1月，郁达夫一到上海，就开始到出版部查账，解决了社内的一个小刊物的问题，审定了《创造月刊》第6期的稿子，做了一篇《关于编辑、介绍以及私事等等》的文章附于《创造月刊》第6期之后，并陆续编发了《洪水》半月刊3卷第25期至32期的稿子。在创造社出版部成立一周年的1927年3月，郁达夫又创办了一种小型周报《新消息》，专门介绍进步文学和报导创造社的活动（共出3期，其中1、2两期由郁达夫编辑）。在他编辑的这些刊物上，郁达夫发表了《无产阶级专政和无产阶级的文学》，在中国现代文学史上他是较早提出无产阶级文学的作家。此外还发表了《广州事情》《在方向转换的途中》《公开状答日本山口君》《〈鸭绿江上〉读后感》等文章，对反动派进行了无情的痛斥。由此可见，郁达夫主持创造社出版部是多么的投入，工作又是多么的认真，多么的出色。在郁达夫编发的富有战斗性的文章中，可以看到郁达夫作为一个编辑家所难得的勇气和魄力。正因为所发的文章战斗性强，郁达夫受到了国民党反动派的威胁和利诱，先是引诱他"出去做个委员"②，遭到拒绝；接着国民党当局到创造社出版部搜查，逮捕职工数人，并调查郁达夫在杭州的住址。郁达夫在这白色恐怖下，并没有屈服。6月25日，

---

① 《郁达夫全集》第10卷，杭州：浙江大学出版社2007年版，第165—166页。
② 《郁达夫全集》第5卷，杭州：浙江大学出版社2007年版，第174页。

郁达夫又由杭州回到上海继续主持创造社出版部的工作。有人批评郁达夫是个"颓废作家"①,那么从郁达夫的编辑活动中所表现出来的革命性、战斗性以及郁达夫在国民党威胁、搜捕时不屈服、不妥协的精神来看,这一批评是不确当的。虽然郁达夫曾说过:"我不是一个战士,我只是一个作家。"但实际上,他的编辑活动表明他是一个真正的有斗争精神、反抗精神的战士,这一战士本色愈到后来愈鲜明。在民族解放战争时期,他远赴南洋主编报纸,宣传抗战,是他此时的战斗精神的继续与发展。这,我们在下文还要说及。如果说,郁达夫此时是一名优秀的编辑战士的话,那么是毫不过分的。郁达夫是以刊物为武器,向国民党反动的黑暗统治进行斗争的勇敢战士。

由于《广州事情》《在方向转换的途中》这两篇文章的发表,郭沫若、成仿吾认为此时揭露广州政治黑幕未免不合时宜,就撰文批评了郁达夫,使他很不愉快,加之其他一些原因,郁达夫于1927年8月15日,在上海《申报》和《民国日报》上刊登启事,声明退出创造社。在后来的《对于社会的态度》一文中,他毫不掩饰自己当时的立场和观点,并说明自己所以要脱离创造社的原因:

> 我的要和创造社脱离关系,就是因为对那些军阀官僚太看不过了,在《洪水》上发表了几篇《广州事情》及《在方向转换的途中》等文字的原因。当时的几位老友,都还在政府下任职,以为我在诽谤朝廷,不该做如此的文章。后来又有几位日本文艺战线社的记者来上海,我又为他们写了一篇更明显的《诉诸日本无产阶级》的文章,这些文字,本来是尽人欲说的照例的话。而几位老友,都以为我说得太过火了。……我看了左右前后的这些情形,深恐以后再将以文字而招祸,致累及于创造社出版部的事业经营,所以就在去年八月十五日的《申报》、《民国日报》上登了一个完全与创造社脱离关系的启事。这是我和创造社所以要分裂的实情实事。②

郁达夫的脱离创造社,无疑对创造社是一个重大损失,就郁达夫的内心来看,一定也是很痛苦的。从编辑的角度看,郁达夫作为创造社重要发起人之一,也为创造社编辑了数种有影响的刊物,在创造社各种期刊上发表了60多篇著译和文

---

① 苏雪林:《郁达夫论》,载王自立、陈子善编:《郁达夫研究资料》(下),天津:天津人民出版社1982年版,第385页。
② 《郁达夫文集》第6卷,广州:花城出版社,香港:三联书店香港分店1983年版,第60-61页。

章并为创造社作出了巨大的自我牺牲(如辞去中山大学教授和出版部主任)和贡献,从而不仅奠定了郁达夫的文学家地位,也奠定了他作为一个优秀的编辑家的地位。他为刊物而写的《编辑者言》之类文章,或阐发了刊物的宗旨,或发表了文艺的主张,或表明了编辑的思想等等,不管是哪一方面的内容,都丰富了现代编辑学的理论,其直接从事的实践活动,也为今天的编辑提供了值得借鉴的宝贵经验。

第三节 "和鲁迅握手"

一、主编《民众》旬刊,提倡农民文艺

郁达夫虽然脱离了创造社,但是并没有停止编辑活动。1927年8月声明脱离创造社,9月就参加发起《民众》旬刊。这是一种政论性很强的革命刊物,郁达夫担任主编,并作《发刊词》和《谁是我们的同伴者》,态度鲜明地反对蒋介石发动"四·一二"反革命政变,谴责"比旧官僚更恶毒的流氓新政客",拥护工农民众的革命斗争,认为没有发动农民,"是我们革命失败的一个大原因",主张"到农民中间去工作","吸取他们为我们的同伴"①。随后在《民众》第2期上又发表了《农民文艺的实质》,进一步阐述"农民文艺"理论。

这里值得注意的是:一、郁达夫的政治思想决定了他的编辑指导思想。现实的美好已被蒋介石的反革命政变所打破,纯粹的文学刊物不能直接地及时地适应新的政治斗争,因此,郁达夫主编《民众》旬刊,其目的首先着眼于政治和战斗,这是当时社会现实的客观需要。郁达夫的编辑思想按住了时代跳动的脉搏。二、郁达夫的编辑主张从"唯真唯美"的偏重于艺术,发展到了"农民文艺"的提倡。他是中国"农民文艺"最早的倡导者之一。

因而,这一新的编辑主张的提出其革命性的意义是不言而喻的,对其后大众文艺的创作,文艺形式民族化大众化的讨论都起到了一定的影响作用。郁达夫积极倡导"大众文艺",其编辑家的勇气、胆识、魄力于此也可见一斑。

二、与鲁迅合编《奔流》及其他

在郁达夫的一生中,对其影响最大的人物无疑是鲁迅先生。早在1923年,郁

---

① 《郁达夫全集》第8卷,杭州:浙江大学出版社2007年版,第34、35页。

达夫在北京时就与鲁迅结识,其后交往频繁,创造社指责鲁迅时,郁达夫不仅没有参与,反而提出了反批评,认为"鲁迅是中国作家中的第一人"①,从而和鲁迅结下了很深的友谊。他与鲁迅一起共同加入了中国共产党领导的中国济难会;他为鲁迅主编的《语丝》等刊物撰稿;他的《咒〈甲寅〉十四号的评新文学运动》一文驳斥章士钊攻击白话文,反对"五四"文学革命的谬论即是为配合鲁迅批判章士钊的斗争而写的;当鲁迅的《卢梭和胃口》批判梁实秋散布的"卢梭论教育,无一是处,唯其论女子教育,的确精当"的错误观点时,郁达夫又连续发表了《卢骚传》和《卢骚的思想和他的创作》再次配合了鲁迅批判梁实秋的战斗。

现在郁达夫"退出创造社和鲁迅握手"则是很自然的。他说:"我老早就想要和鲁迅出一本好的杂志。"②1928年6月20日,郁达夫与鲁迅合编的《奔流》月刊创刊,鲁迅起草了《〈奔流〉凡例五则》一文,揭示刊物的"关于文艺的著作、翻译、以及绍介"的性质。郁达夫翻译《哈姆雷特和堂吉诃德》作为创刊号的第1篇刊出,鲁迅在《编校后记》中作了介绍:认为这是一篇"极有名"的论文。《奔流》为郁达夫与鲁迅共同编辑,而以鲁迅为主,共出了15期,到1929年12月20日出版第2卷第5期后停刊,所编发的文章给当时的新文学运动注进了新鲜血液。

在鲁迅的全力支持下,郁达夫于9月又创办《大众文艺》,并任主编。在《〈大众文艺〉释名》中说:"文艺是大众的,文艺是为大众的,文艺也须是关于大众的。"表达了郁达夫更为明确更为坚定的编辑思想。这与创办《民众》旬刊的编辑思想是一脉相承的。鲁迅在创刊号上发表了翻译小说《贵家妇女》,郁达夫在《编辑余谈(一)》中对鲁迅的惠稿"表示诚恳的谢意"③。此后,《大众文艺》上时有鲁迅的翻译作品发表,从《大众文艺》第1卷第5期开始,连载了鲁迅所译苏联雅各武莱夫的中篇小说《十月》第1至3节(第6期载完)。同时郁达夫在《编辑余谈(四)》中把鲁迅和但丁、歌德、易卜生、雨果、托尔斯泰等世界著名作家并提,并对那些专想打倒别人的"作家"表示强烈不满,他指出:

> 我们要打倒 Dante, Goethe, Schiller, Ibsen, Hugo, Tolstoi, Turgenev, Dostoivsky,乃至鲁迅,都可以的,不过我想总要先做出一点比上列诸人的作品更

---

① 郁达夫:《对于社会的态度》,《郁达夫文集》第6卷,广州:花城出版社,香港:三联书店1983年版,第62页。
② 黄得时:《郁达夫先生评传》,载王自立、陈子善编:《郁达夫研究资料》(下),天津:天津人民出版社1982年版,第430页。
③ 《郁达夫文集》第7卷,广州:花城出版社,香港:三联书店香港分店1983年版,第316页。

伟大的作品来才行。①

鲁迅先生是民族之魂,是民族精神的象征,郁达夫的《编辑余谈》即表达了对鲁迅的崇敬,也体现了他的卫护民族伟人、宣传民族伟人、扩大民族伟人影响的编辑思想。在鲁迅遭到正面的反面的攻击的时候,郁达夫的这一编辑精神是十分可贵的,也是十分可敬的。作为一个编辑家,不仅要有明确的编辑思想,也要有一种英勇无畏的编辑精神。不为黑暗势力的威胁所屈服,如前面的郁达夫主持创造社出版部;也不为世俗的诟骂而缩头,如此时的主编《大众文艺》,郁达夫的这一编辑精神是值得继承和发扬的。

在郁达夫和鲁迅合作的这一时期里,郁达夫还和钱杏邨共同主编了中国济难会主办的《白华》半月刊,并发表了《〈白华〉的出现》;与作家丁玲、夏丏尊、叶绍钧等一起编辑出版机关志;与戈公振、陈望道等组织中国著作家抗日会,并担任编辑委员;参与郑振铎、傅东华主编的大型文艺月刊《文学》月刊,和陈望道主编的文艺性半月刊《太白》的编辑活动,并与鲁迅同任编辑委员。他还应上海良友图书印刷公司之邀,担任《中国新文学大系·散文二集》的编辑,并撰写了《导言》。任《中国新文学珍本丛书》编辑委员。自《论语》第83期起,郁达夫开始兼任该刊主编,直至1937年2月中止。鲁迅逝世后,郁达夫抵达日本东京,和郭沫若一起出席日本改造社关于翻译出版《大鲁迅全集》的欢迎讨论会,后来为此写了《鲁迅的伟大》一文。此外,郁达夫还主持了福建省政府公报室出版的《建民周刊》;以"福建文化界救亡协会"理事长身份参与编辑福州文救协会的《小民报·文救周刊》和《小民报·救亡文艺》;还担任了《抗战文艺》的编辑委员。

由于民族存亡的大事已摆在目前,一个随时代进步的作家是不会躲到书斋里去搞创作做学问的,郁达夫投身到时代的洪流中,积极地参与各种进步刊物的编辑活动,为抗日作宣传,为救亡而鼓呼。郁达夫是由一个进步爱国的作家而成为一个革命的编辑家的。

三、鲁迅的影响

郁达夫与鲁迅"握手",并共同编辑刊物,互相为对方刊物撰稿,并参与一系列的政治活动,这对郁达夫来说是一个非常重要的时期,是他与鲁迅参与发起了中国自由运动大同盟,鲁迅又提名郁达夫为中国左翼作家联盟的发起人;是他与鲁

---

① 《郁达夫文集》第7卷,广州:花城出版社,香港:三联书店香港分店1983年版,第320页。

迅等联名发表了《上海文化界告世界书》,并与鲁迅等 55 人在《中国著作家为中苏复交致苏联电》上签名;鲁迅逝世后,他又撰文悼念并关心日本改造社翻译出版《大鲁迅全集》事宜等。所有这些,对郁达夫都产生了积极的人生作用。郁达夫后来到达新加坡从事编辑活动,其政治上的坚定性、思想上的战斗性、编辑方针的革命性,与这一时期跟鲁迅的亲密合作与所受的影响是分不开的。在编辑风格上,由编纯文学杂志而兼编政治性的刊物,也明显地学习了鲁迅的战斗精神。

第四节 抗战在南洋

一、星洲三年,编刊十一种

1938 年 12 月,郁达夫应星洲日报社之邀远赴新加坡,直到 1942 年,日军逼近新加坡,与胡愈之、王任叔等人渡海退到荷属小岛——巴美吉里汶,而结束了《华侨周报》主编的编辑活动。郁达夫的后半期都是在国外渡过的,伴随他的活动主要就是几种报纸的编辑。在这段时期,郁达夫完全是作为一个真正的战士投入到伟大的抗日斗争中去的。他所主编的报纸以宣传抗日为中心,团结了一大批文化人共同抗日,这是郁达夫生命最有光彩的时期。他主编的报纸所发挥的战斗作用,使他成为一个真正的人民的编辑家而永载史册。

郁达夫一到新加坡,就应邀去马来西亚槟榔屿参加《星槟日报》创办典礼,接着于 1939 年 1 月 9 日,开始主编《星洲日报》早版的《晨星》副刊和晚版的《繁星》副刊,接编了《星洲日报星期刊》的《文学》周刊和《星槟日报星期刊》的《文艺》双周刊。《星洲日报半月刊》的《星洲文艺》专栏和《星光画报》文艺版,《星洲日报星期刊》的《教育》周刊后来也由郁达夫编辑。同年,郁达夫还担任《星洲十年》的编辑委员。1940 年 7 月,郁达夫代辞职回国的关楚璞担任《星洲日报》的主笔有三个多月。1941 年 4 月起,又主编英政府情报部的《华侨周报》。郁风对他在新加坡三年的编辑活动概述道:

> 他前后一共负责主编过十一种报纸副刊和杂志,从一九三八年十二月到一九四一年底,最多同时编八种,最少时也有三种。所有这些都并非挂名,而

是要自己动手,再加上和国内文艺界通信约稿,甚至没有助理编辑。①

郁达夫不仅以他极大的爱国热情和充沛的精力编辑数种报纸杂志,而且还撰写了400多篇文章②。

二、在星洲建树文化站

郁达夫远赴南洋是有明确目的的,那就是要"在星洲建树一文化站,作为抗战建国的一翼"。这从他在星洲的一系列编辑活动中就可以看得出来。

1. 郁达夫主持下的《晨星》等刊物,以宣传抗日救亡,发动侨胞支援国内抗战为宗旨,并经常发表中国作家茅盾、老舍、艾芜、适夷、柯灵、萧红、姚雪垠、许广平等人的文章,对促进国内和新加坡文艺界之间的交流起到了重要作用。

2. 宣传鲁迅精神以鼓舞抗战中的人民。1939年是鲁迅逝世三周年,郁达夫除了自己撰文纪念外,还致函许广平,希望她为《星洲日报》撰写回忆鲁迅先生的文章。他编辑的报纸上,开辟了纪念鲁迅逝世三周年的专号,连载了萧红的特约稿《鲁迅先生生活散记》和一系列的纪念、回忆文章,如《学习鲁迅先生的精神》(刘菏作)、《纪念革命导师——鲁迅》(谭文郁作)、《鲁迅先生的不妥协》(年作)等。同时,郁达夫先后出席了鲁迅逝世三周年纪念会并致词,还积极参加和组织募款捐助延安鲁迅艺术学院的活动。这些编辑专号和参加纪念会的活动,使人民认识了"鲁迅是我们中华民国所产生的最伟大的文人"③,也鼓舞了人民发扬鲁迅精神与日本帝国主义抗战到底的决心。

3. 撰写了大量的政论和社论,积极地参与抗战救国。郁达夫在《星洲日报半月刊》的《发刊旨趣》上明确指出:"《星洲文艺》的使命,是希望与祖国取联络,在星洲建树一文化站,作为抗战建国的一翼,奋向前进。"④在《星洲日报·晨星》发表《"文人"》一文,痛斥甘心附逆的张资平等所谓"文人",表示了抗战到底的决心。在《星洲日报》上领衔发表《星华文艺工作者致侨胞书》,号召"海内外全体同

---

① 郁风:《盖棺论定的晚期》,载《郁达夫海外文集》,北京:三联书店1990年版,第695页。
② 刘尊棋在《〈郁达夫海外文集〉序》中说:"在一九三九、一九四○和一九四一年内,已经知道他发表在《星洲日报》及其它报刊上的散文有四百多篇。"载郁风编:《郁达夫海外文集》,北京:三联书店1990年版,第4页。
③ 郁达夫:《鲁迅逝世三周年纪念》,载郁风编:《郁达夫海外文集》,北京:三联书店1990年版,第625页。
④ 郁达夫:《〈星洲文艺〉发刊的旨趣》,载郁风编:《郁达夫海外文集》,北京:三联书店1990年版,第597页。

胞坚定'抗战必胜,建国必成'的信念","努力为国家民族的真正解放而奋斗到底"①。郁达夫身为新加坡文化界抗战动员委员会的执行委员,星华文化界抗敌联合会常务主席,为动员新加坡文化界和侨胞奋起抵抗日军入侵做了大量的宣传鼓动和组织工作。

4.培养了许多新加坡的文学青年。郁达夫利用手中多种报纸副刊,为新加坡的文学青年开辟园地,发表作品,并在《星洲日报·星期刊·文艺》上发表回答青年作者如何学习写作的信,向他们介绍中国新文学作品中,鲁迅、茅盾、郭沫若、巴金、冰心等作家的作品是"成功的作品","都可以一读"②,为青年作者指明了创作的方向。郁达夫甚至把《晨星》的编务委托给青年诗人冯蕉衣处理;当冯蕉衣不幸去世后,郁达夫又参加了在武吉智马青山亭举行的冯蕉衣葬礼,并在《晨星》栏刊出《纪念诗人冯蕉衣特辑》,表现了郁达夫作为一个真正的编辑家对青年人的关心、培养和爱护的精神。

郁达夫最早从日本开始了编辑活动,最后又被日本宪兵于1945年杀害而悲剧性地结束了编辑生涯。他一生中主编、参编了至少20种报刊,极大地推动了新文化事业的发展,为抗战宣传作出了巨大的贡献。郁达夫是一个比较典型的作家型的编辑家。他虽没有对编辑理论作专题研究,但他撰写的《编辑者言》之类谈编辑的文章,对自己的编辑主张、编辑思想的阐发,丰富了现代报刊编辑学的理论,是一份宝贵的遗产。尤其是他直接从事的编辑实践活动中所表现出来编辑家的风范和求实的编辑精神是我们应该继承和发扬的,他的成功的编辑经验也有待我们去总结、探讨和研究。

---

① 郁风编:《郁达夫海外文集》,北京:三联书店1990年版,第686页。
② 郁达夫:《致萧玲》,郁风编:《郁达夫海外文集》,北京:三联书店1990年版,第586页。

第八章

徐志摩："毕生行迳都是诗"

徐志摩(1896—1931)于1931年11月19日因飞机失事而不幸遇难身亡，著名教育家蔡元培为其撰写了挽联，说他"谈话是诗，举动是诗，毕生行迳都是诗"①，确是徐志摩一生的真实写照。徐志摩是以诗人名世的，不独写诗，就连所编的刊物也是诗刊。他接编《晨报副刊》后创办了《诗镌》，他主编的最后一个杂志是《诗刊》。作为一个资产阶级民主个人主义者，他所编的刊物不可避免地带有他所属阶级的色彩，而在别一方面，在新诗领域，他所创办的《诗镌》与《诗刊》，虽然时间很短，但对中国新诗的发展，特别是新诗形式的格律化，无疑是产生了积极的影响作用的。

第一节 流产的《理想》与英文杂志

徐志摩是从1925年10月担任《晨报副刊》的主编开始他的编辑生涯的，而在这之前，他曾想创办《理想》周刊与英文杂志，都未能实现。大约是在1924年的年初，徐志摩在北京筹办一个刊物，他设想这个刊物应该办成"大致像伦敦的《国民》杂志那样"，之所以要办这么一个杂志，是因为他看到了"中国现状一片昏暗，到处都是人性里头卑贱、下作的那部分表现"。于是他想做一个理想主义者，并想制造一种能"刺透心魂的挖苦武器，藉此跟现实搏斗"②，这种"武器"就是他想办的刊物，他还为这个刊物取名为《理想》，定为周刊，并打算在1924年的4月份出创刊号。但这个《理想》周刊后来并没有办成。不过，我们由此看到了他办刊物的旨

---

① 蔡元培挽徐志摩联："谈话是诗，举动是诗，毕生行迳都是诗，诗的意味渗透了，随遇自有乐土；乘船可死，驱车可死，斗室生卧也可死，死于飞机偶然者，不必视为畏途。"赵遐秋《徐志摩传》，北京：中国人民大学出版社1989年版，第350页。
② 徐志摩：《致魏雷》，《徐志摩全集》第5卷，南宁：广西民族出版社1991年版，第282页。

意,是想"跟现实搏斗",这样一种编辑思想也还是可贵的。这年4月,《理想》虽未办成,而印度诗人泰戈尔来华访问,在访问期间,他希望担任翻译的徐志摩办一份英文杂志,"藉此建造一条直通的桥梁,一头接新中国以及其中生发的灵感,又期望另一头接其他各国的知识界"①。徐志摩对此确实非常热心。为了能使这份可以促进中外文化交流的杂志办成功,他把主编与撰稿人选都想好了,主编由哲学家金岳霖担任,撰稿人除了中国的英美留学生外,还有外国的知名人士如泰戈尔、罗素、狄更生等,杂志定为季刊。遗憾的是,正当徐志摩着手办的时候,"仗却打起来,一切也就停下来了"②。以后虽想争取机会,也还是没能办成。

从这两个流产的杂志来看,徐志摩对编辑刊物不仅大有兴趣,而且还很有一套自己的主张,"藉此跟现实搏斗","藉此建造一条直通的桥梁",编辑宗旨都十分明确,由这样的宗旨,也可大致推测这两个刊物的性质,前者可能属于社会性杂志,而后者则可能属于文化性杂志。这说明,徐志摩当时虽以诗名闻于当世,却并没有想到去专门办一个诗刊之类的杂志,以张自己的声势。看来他是想以改造社会为己任的。当他接编《晨报副刊》后,在闻一多等人的影响下,才办起了《诗镌》。

第二节 《诗镌》与《剧刊》

一、创刊《诗镌》,倡导新诗格律化

《诗镌》创刊于1926年4月1日,是徐志摩主编的《晨报副刊》的一个专栏。《诗镌》的创办,首倡者是闻一多,在他身边围绕着一批青年诗人即清华大学的"四子":子离(饶孟侃)、子沉(朱湘)、子潜(孙大雨)、子惠(杨世恩),还有刘梦苇等新诗的爱好者。他们常常会面互相批评作品,讨论学理,由此,他们想到要办一个刊物来具体地实践他们的主张。当时办刊物很难,要有钱,又要得到段祺瑞军阀政府的批准,这才议定找当时《晨报副刊》的主编徐志摩,争取在他的刊物上专门开辟一个专栏。于是,闻一多、塞先艾就找了徐志摩,徐志摩当即答应下来。1926年3月27日,这在新诗史上是值得纪念的一天。这一天,一群新诗人在闻一

---

① 徐志摩:《致恩厚之》,《徐志摩全集》第5卷,南宁:广西民族出版社1991年版,第258页。
② 徐志摩:《致恩厚之》,《徐志摩全集》第5卷,南宁:广西民族出版社1991年版,第258页。

多的那间"墙壁涂成一体墨黑,狭狭的给镶上金边,像一个裸体的非洲女子手臂上脚踝上套着细金圈似的"①充满浪漫情调的画室里,具体筹划《晨报副刊·诗镌》。当时决定轮流编辑,每逢星期四出版,徐志摩先编一、二期,闻一多编三、四期。经过这么一番酝酿,《诗镌》创刊号就于4月1日正式问世了。这在中国新诗史上是一件大事,它是中国新诗史上第二个诗刊(第一个是1922年朱自清、叶圣陶、俞平伯等人办的《诗》刊),一经出版就在当时产生了很大的影响。

徐志摩在创刊号上发表了《诗刊弁言》作为发刊词。在这篇发刊词里,他首先从闻一多的画室谈起,叙述了创刊的缘起,然后标举出编辑《诗镌》的宗旨:"我们的大话是:要把创格的新诗当一件认真事情做。"②这确是一个了不得的诗的宣言,它把创造新诗的格律作为刊物编辑的一个任务,这在新文学史上是第一次。徐志摩等人对此充满了自信:

> 我们信诗是表现人类创造力的一个工具,与音乐与美术是同等同性质的;
>
> 我们信我们这民族这时期的精神解放或精神革命没有一部像样的诗式的表现是不完全的;
>
> 我们信我们自身灵性里以及周遭空气里多的是要求投胎的思想的灵魂,我们的责任是替它们搏造适当的躯壳,这就是诗文与各种美术的新格式与新音节的发见;
>
> 我们信完美的形体是完美的精神唯一的表现;
>
> 我们信文艺的生命是无形的灵感加上有意识的耐心与勤力的成绩;
>
> 最后我们信我们的新文艺,正如我们的民族本体,是有一个伟大美丽的将来的。③

在这篇洋洋洒洒的文字里,我们看到徐志摩等人想把《诗镌》编辑成一个倡导新诗形式运动的刊物,一个"专载创作的新诗与关于诗或诗学的批评及研究文章"

---

① 徐志摩:《诗刊弁言》,韩石山编:《徐志摩全集》第2卷,天津:天津人民出版社2005年版,第414页。
② 徐志摩:《诗刊弁言》,韩石山编:《徐志摩全集》第2卷,天津:天津人民出版社2005年版,第415页。
③ 徐志摩:《诗刊弁言》,韩石山编:《徐志摩全集》第2卷,天津:天津人民出版社2005年版,第416页。

的刊物①。如此纯形式的编辑宗旨,可以看出徐志摩等人对矫正"五四"以来新诗不讲格律、不押韵的形式,是多么的热切,并以此引为己任。

《诗镌》虽以形式的创格为目标,但也并没有忘怀于现实,在它的创刊号上,徐志摩就赫然写着:"这一期是三月十八日血案的专号。"在这期由徐志摩主编的纪念专号上,发表了闻一多的《文艺与爱国——纪念三月十八》,表明了徐志摩、闻一多等人是把新诗形式的运动——文艺运动与爱国运动联系在一起的,他们并不想把自己关在象牙之塔里。在这篇文章之后,编发了一组纪念"三·一八"死难烈士的诗作:如饶孟侃的《天安门》,杨世恩的《"回来啦"》,蹇先艾的《回去!》,闻一多的《欺负着了》,刘梦苇的《寄语死者》和《写给玛丽亚》,于赓虞的《不要闪开你明媚的双眼》,徐志摩也撰写了一首诗《梅雪争春——纪念三一八》,这是他前期思想进步性的一个标志。

《诗镌》只出了11期,共发表了84首新体格律诗,其中,闻一多、饶孟侃、杨世恩、刘梦苇、蹇先艾的比较多,徐志摩的除《梅雪争春》外,还有《西伯利亚》《再休怪我的脸沉》《望月》《又一次试验》《半夜深巷琵琶》《在哀克刹脱教堂前》《偶然》等7首。这些诗,最大的特点是都在追求闻一多在《诗的格律》一文中所提出的诗要有音乐的美、绘画的美和建筑的美的主张。闻一多的《死水》、朱湘的《采莲曲》、徐志摩的《半夜深巷琵琶》都是新体格律诗的典范之作。在诗歌理论方面,徐志摩主持《诗镌》发表了朱湘的《新诗评》(第1、3号),邓以蛰的《诗与历史》(第2号),饶孟侃的《新诗的音节》(第4号)、《再论新诗的音节》(第6号),余上沅的《论诗剧》(第5号),闻一多的《诗的格律》(第7号),以闻一多的这篇论文最有影响,最具有代表意义,因为它构建了一个新格律诗的理论体系。《诗镌》从创作到理论都在当时起到了发起一场新诗形式运动的作用。所以,朱自清在《〈中国新文学大系〉诗集导言》中,对徐志摩等人主编的《诗镌》作了这样的概括与评价:

> 他们要"创格",要发见"新格式与新音节"。闻一多氏的理论最为详明,他主张"节的匀称","句的均齐",主张"音尺"、重音、韵脚。他说诗该具有音乐的美,绘画的美,建筑的美;音乐的美指音节,绘画的美指词藻,建筑的美指章句。他们真研究,真实验;每周有诗会,或讨论,或诵读。梁实秋氏说,"这是第一次一伙人聚集起来诚心诚意的试验作新诗"。虽然只出了十一号,留

---

① 徐志摩:《诗刊弁言》,韩石山编:《徐志摩全集》第2卷,天津:天津人民出版社2005年版,第414页。

下的影响却很大——那时大家都做格律诗；有些从前极不顾形式的,也上起规矩来了。"方块诗"、"豆腐干块"等等名字,可看出这时期的风气。①

徐志摩于6月8日第11号的终刊号上发表了《诗刊放假》,对《诗镌》倡导的新格律诗运动作了总结,徐志摩指出《诗镌》编辑的成绩有三点:一是新诗音节——即新诗的格律的发现;二是觉悟到诗是艺术,诗人要自觉地运用某种题材,不是不经心地一任题材支配;三是在倡导新格律诗之初,应当防止形式主义的偏颇。

二、创办《剧刊》,振兴中国戏剧

《诗镌》停刊了,徐志摩接着又创办了《剧刊》。

《剧刊》创刊于1926年6月17日,终刊于9月23日,共15期。《剧刊》仍是作为徐志摩主编的《晨报副刊》的一个专栏。徐志摩在创刊号上发表了《〈剧刊〉始业》,在这篇代发刊词中,他明确提出了《剧刊》的编辑任务:第一是宣传,要给社会一个剧的观念,引起人们的同情与注意,希望得到社会对戏剧的支持;第二是讨论,不论是何派别也不论是哪一类表现法,只要它是戏剧范围内的,都有讨论的价值;第三是批评与介绍,批评国内的剧本,介绍世界的名著;第四是研究,对戏剧艺术的各个方面如剧场的布置、配景学、光影学、导演技术进行研究;第五是推动创作,印行剧本和论剧的著作②。在这一编辑方针指导下,《剧刊》编发了一系列有影响的文章。如在剧论方面有:赵太侔的《国剧》《光影》《布景》,余上沅的《演戏的困难》,闻一多的《戏剧的歧途》,该岱士的《剧场的将来》,陈西滢的《新剧与观众》,邓以蛰的《戏剧与道德的进化》《戏剧与雕刻》,杨振声的《中国语言与中国戏剧》,梁实秋的《戏剧艺术辨证》,马楷的《小剧院之勃兴》,熊佛西的《论剧》《我对于今后戏剧界的希望》,舻客的《论表演艺术》;戏剧史方面的有:顾颉刚的《九十年前的北京戏剧》,顾一樵的《剧话》,恒诗峰的《明清以来戏剧的变迁说略》;戏剧评论方面的有:张嘉铸的《评"艺专演习"》,于上沅的《旧戏评价》《论戏剧批评》《〈长生诀〉序》,王世美的《我记得的学校演剧》,俞宗杰的《旧剧之图画的鉴赏》,杨声初的《上海的戏剧》;关于介绍外国戏的有:叶崇智的《辛额(J. M.

---

① 朱自清:《〈中国新文学大系〉诗集导言》,《朱自清全集》第4卷,长春:时代文艺出版社2000年版,1527页。
② 韩石山编:《徐志摩全集》第3卷,天津:天津人民出版社2005年版,第90页。

Synge1871—1909）》,张嘉铸的《病入膏肓的萧伯纳》《货真价实的高斯倭绥》《顶天立地的贝莱勋爵》,狄更生原著、冯友兰译《希腊之戏剧》,徐志摩的《托尔斯泰论剧一节（附论"文艺复兴"）》,戈登克雷的《剧院艺术》以及黔客的《戏剧轶事》等等,林林总总,确是蔚为戏剧大观。在所编发的文章中,虽有《中国戏剧社组织大纲》(1926年8月19日《剧刊》)所鼓吹的"国剧运动"的弊病,从总的情况来说,徐志摩主办的《剧刊》其贡献还是不小的。这表现在:其一、《剧刊》清除了"轻视戏剧的传统的旧观念,把戏剧提到正宗的艺术的位置";其二、《剧刊》"探讨了话剧理论的种种问题,总结了中国话剧运动的经验教训,评论了现实舞台上的话剧的长处与短处";其三、《剧刊》"介绍了外国戏剧的经验,这也推动了中国现代话剧趋向成熟";其四、《剧刊》呼吁"社会各方都来关心、爱护、帮助戏剧艺术的发展"①。

徐志摩说:"我于戏是一个嫡亲外行,既不能编,又不能演。"②但是在张嘉铸、于上沅等人的帮助下,以他的热心,尤其是他作为《晨报副刊》主编的编辑眼光,他看到了中国戏剧主要是话剧经历了文明戏、爱美剧而衰弱,感到戏剧是一门庄严而高尚的艺术,有振兴的必要,因此,他以办《诗镌》一样的热情办起了《剧刊》,而且取得了成功。

三、主编《晨报副刊》的转向

《诗镌》和《剧刊》的创办与编辑的成功,是徐志摩在主编《晨报副刊》期间最值得肯定的方面,而他在刚接编《晨报副刊》时,组织的关于"苏俄仇友问题"的讨论,关于"闲话"的论争,前者他站在反对苏联的立场上,后者他站在现代评论派陈西滢一边而与鲁迅等对立,表明了他主编《晨报副刊》右的倾向。

徐志摩从1925年10月主编《晨报副刊》,到1926年10月辞离《晨报副刊》,整一年时间（期间由江绍原、瞿菊农代编了两次）。他在1925年10月的《晨报副刊》上发表了《我为什么来办我想怎么办?》一文,作为他接编《晨报副刊》的宣言。他说:

> 我自问我决不是一个会投机的主笔,迎合群众心理,我是不来的,谀

---

① 赵遐秋:《徐志摩传》,北京:中国人民大学出版社1989年版,第207、208页。
② 徐志摩:《〈剧刊〉始业》,载《晨报副刊·剧刊》1926年第1期（1926年6月17日）。韩石山编:《徐志摩全集》第3卷,天津:天津人民出版社2005年版,第91页。

> 附言论界的权威者我是不来的,取媚社会的愚闇与偏浅我是不来的;我来只认识我自己,只知对我自己负责任。我不愿意说的话,你逼我求我,我都不说的,我要说的话,你逼我求我,我都不能不说的:我来就是个全权的记者。①

一句话,他是想把《晨报副刊》变成"我的喇叭"而来的,这就决定了《晨报副刊》在方向上要发生变化。《晨报副刊》原是《晨报》的第7版,于1920年7月,《晨报》为宣传新文化运动,传播"新修养、新知识、新思想"而开辟的。1920年7月以前由李大钊负责编辑,1920年7月以后,由孙伏园负责编辑。该副刊和上海的《民国日报》的《觉悟》,《时事新报》的《学灯》以及《京报》副刊,被人们称为"五四"时期的"四大副刊"。新文学运动的代表作家如鲁迅、冰心、朱自清等都曾在上面发表过作品。冰心的小说《两个家庭》《斯人独憔悴》《秋风秋雨愁煞人》,朱自清的新诗《小鸟》《光明》都是在这个副刊上发表的,特别是鲁迅的著名小说《阿Q正传》就是首次在该刊发表的,从主编到撰稿人可见《晨报副刊》的编辑导向了。1921年12月《晨报》第7版正式独立出来,成为4开4版单张,改名为《晨报副镌》,由孙伏园任主编。刊物左的倾向引起《晨报》负责人陈博生、黄子美的不满,他们想撤换了孙伏园,徐志摩也就是在这种情况下接编下来了《晨报副刊》,并把它变成了"我的喇叭"。这从上面他组织的关于"苏俄仇友问题"的讨论,关于"闲话"的论争就可看出他的政治思想倾向;另外从他约请的撰稿人来看,有梁启超、胡适、陈西滢、傅斯年、罗家伦等人,更可以清楚地看出他主编《晨报副刊》的编辑导向了。

在今天,我们特别看重的是他创办了《诗镌》和《剧刊》,这既是徐志摩(当然还有其他人)为新诗和戏剧作出的可贵的努力,也是他主编《晨报副刊》最鲜明最有个性的特色;另外,徐志摩还很注重副刊的知识性与趣味性,如《家庭周刊》这一专栏就很受欢迎。凡此都可以看出徐志摩对编辑杂志虽是初次上手,却并非外行,他的努力没有白费。

---

① 徐志摩:《我为什么来办我想怎么办?》,韩石山编:《徐志摩全集》第2卷,天津:天津人民出版社2005年版,第136页。

第三节 《新月》与《诗刊》

一、负责《新月》的"总编辑"

《新月》月刊创刊于 1928 年 3 月 10 日,是徐志摩等人为新月社创办的刊物,也是他主编的第 2 个刊物。关于该刊的筹划,梁实秋有一篇文章《新月前后》,发表在 1980 年 7 月 24 日、25 日台湾的《中国时报》上。据该文说:

> 《新月》月刊的筹划,最初是胡适、徐志摩、余上沅负责进行。有了成议之后,余上沅到了闸北斯考特路潘光旦家,宣布杂志由胡适任社长,徐志摩为主编。当时聚集在潘光旦家的闻一多、饶孟侃等表示异议,表面上是因为社长主编未经同人推选,手续不合,实际上是谁也不愿追随在别人之后。

尽管闻一多、饶孟侃有"异议",徐志摩还是担任了《新月》的主编,并且为了该刊的早日问世,在 1927 年的年底,就积极组稿了。他说:"最使我着急的是我们自己的《新月》月刊,至少要八万字,现在只有四万字拿得住,我是负责的总编辑,叫我如何不担心。"①经过一番努力,创刊号终于问世。

徐志摩的发刊词《〈新月〉的态度》,不仅代表了他后期的文艺观点,而且也揭示了他编辑《新月》的主张。徐志摩对《新月》月刊是抱有很大的希望和信心的,所以在发刊词的开头,引了两句话。一句是基督教圣经创世纪的话:"And God said:Let there be light, and there was Light。"即:上帝说,要有光,就有了光。一句是英国诗人雪莱《西风颂》的名句:"If winter comes, can spring be far behind?"即:冬天已经来到,春天还能很远吗? 表达了他对未来的信念。由这种信念,他阐明了创办《新月》月刊的目的:凭这点聚合的力量,他们希望为这时代的思想增强一些体魄,为这时代的生命添亮一些光辉。为此,他针对他认为的一切价值标准都颠倒了的文坛,提出了两个原则:(一)不妨害健康的原则;(二)不折辱尊严的原则。从这两条原则出发,他认为当时有许多思想与他标举的"健康"与"尊严"的原则是不相容的。于是他讨伐了 13 个派别,即:感伤派、颓废派、唯美派、功利派、训世

---

① 韩石山编:《徐志摩全集》第 6 卷,天津:天津人民出版社 2005 年版,第 10 页。

派、攻击派、偏激派、纤巧派、淫秽派、热狂派、裨贩派、标语派、主义派。其中对"纤巧""淫秽""唯美""颓废""伤感"的讨伐还是有道理的。至于另外8个派别中，"功利派和主义派，如同反'党化教育'一样，既指革命文艺，又指反动文艺，其余的，就全是针对革命文艺的了"①。因而，受到鲁迅、彭康等人的批评，如彭康的《什么是"健康"与"尊严"——〈"新月"的态度〉底批评》等。由于徐志摩在政治上思想上，对现实的一切，对社会的各个方面，都持否定的态度，诚如鲁迅在《新月社批评家的任务》一文中所指出的他们恐怕要不满于两种现状了罢，那是说对革命的与反革命的都不满意。确实，《新月》与国民党也唱过对台戏，比如，《新月》第2卷2号发表了胡适的《人权与约法》，第2卷3号发表了梁实秋的《论思想统一》就公开反对国民党的独裁统治。但总的思想倾向，《新月》还是站在革命文艺的对立面的。因此，作为主编，徐志摩的发刊词所定的编辑导向是有一些问题的。

不过，徐志摩虽有很浓的政治意识，又不愿在他主持的《新月》上多谈政治，更不希望把《新月》变成思想政治刊物。这就在编辑方针上，与新月社的胡适、罗隆基发生了矛盾。徐志摩是诗人散文家，他希望《新月》是个文学性刊物，因而坚持《新月》的文学色彩，重视创作和翻译。在他主编《新月》期间，他总是用最多的篇幅发表文艺创作和翻译作品，不仅刊登《新月》同人的作品，还发表了新月社以外的作者的作品，如王鲁彦的小说《微小的生物》(1卷2号)、欧阳予倩的话剧《潘金莲》(1卷4号)以及陆侃如、冯沅君的古典文学论文等等。由于在编辑方针上的分歧，加之在《新月》杂志初办时，徐志摩过于热心，有时不免在手续上不大讲究，令人觉得他是独断独行，颇引起一部分同人的不满。所以，到了1929年7月，徐志摩在编完《新月》月刊2卷5号后，就辞去了主编职务。

从《新月》月刊1卷1号始，至2卷5号终，徐志摩共参与编辑了15期。《新月》的编辑还有闻一多、饶孟侃、梁实秋、潘光旦、叶公超、胡适、余上沅、邵洵美、罗隆基等人，当出到1933年6月的4卷7期时停刊，共出43期。

《新月》月刊是由新月书店出版发行的，徐志摩也是新月书店的创办者和主持人之一。梁实秋在《谈徐志摩》一文中就明确说："胡先生(指胡适，时任新月书店的董事长——引者注)当然是'新月'的领袖，事实上志摩是'新月'的灵魂。"②因而，在徐志摩等人的齐心合力下，新月书店出版了一批颇有影响的著作，如胡适的《白话文学史》、余上沅的《国剧运动》、潘光旦的《中国之家庭问题》等。在文艺创

---

① 赵遐秋：《徐志摩传》，北京：中国人民大学出版社1989年版，第280页。
② 《梁实秋文集》第2卷，厦门：鹭江出版社2002年版，第338页。

作方面,则有胡也频的《圣徒》、陈衡哲的《小雨点》、凌叔华的《花之寺》、陈春随的《留西外史》,以及沈从文的《蜜柑》《爱丽丝中国游记》等等。徐志摩自己的散文集、诗集以及和他人合作的剧本等也是由新月书店出版的。新月书店于1927年春由徐志摩筹办于上海,到1932年转售于商务印书馆。

徐志摩在主编《新月》期间,与杨清馨合编了一个美术刊物《美展汇刊》。该刊于1929年4月10日创刊。徐志摩在创刊号上发表了《美展弁言》代发刊词。在该刊的第5期上徐悲鸿发表了《惑》一文,对塞尚·马蒂斯作品有贬词,徐志摩就作了《我也惑》一文予以反驳,后来李士毅也写了《我不惑》(《美展》第8期)参加讨论,徐悲鸿再次做了《惑之不解》来答辩,形成了美术界关于现代派的一次讨论。这是徐志摩编辑《美展汇刊》值得介绍的一件事。

二、"开拓"新诗的《诗刊》

徐志摩是因编辑方针与新月同人有分歧,而离开《新月》月刊。他没有放弃对文学特别是诗的追求,热切希望在新诗这个领域再开垦一块净土,像过去的那个《诗镌》一样,专门发表诗作,研究诗的理论。1930年1月,他开始和陈梦家、方玮德等青年诗人共同酝酿筹办《诗刊》。他早早就在《新月》月刊第3卷第2号上登出了《〈诗刊〉出版预告》,以张声势。预告说:

> 四年前我们在北京晨报出过十一期的《诗刊》(即《诗镌》——引者)。这四年内文学界起了不少的变化,尤其理论的方面。诗却比较的冷静。有人甚至怀疑新诗没有任何的前途。我们几个《诗刊》的旧友想多约几个对诗有兴味的新友再来一次集合的工作,出一个不定期的《诗刊》,创作当然最注重,理论方面的文章也收,看看新诗究竟还有没有前途。我们已约定的朋友有朱湘、闻一多、孙子潜(大雨)、饶子离(孟侃)、胡适之、邵洵美、朱维基、方令孺、谢婉莹、方玮德、徐志摩、陈梦家、梁镇、沈从文、梁实秋诸位,盼望陆续更有多多相熟与不相熟的朋友们加入。①

可见徐志摩对编辑这样一个纯文学性质的刊物是多么的热心。紧接着他就开始积极组稿,到年底,第1期的稿子已大致完备。他在给梁实秋的信中,说了自己为《诗刊》组稿的情况:

---

① 《徐志摩全集》第5卷,南宁:广西民族出版社1991年版,第568-569页。

《诗刊》以中大新诗人陈梦家、方玮德二子最为热心努力,近有长作亦颇不易,我辈已属老朽,职在勉励已耳。兄能撰文,为之狂喜,恳信到即动手,务于(至迟)十日前寄到。文不想多刊,第一期有兄一文已足,此外皆诗。大雨有商籁三,皆琅琅可诵。子离一,子沅二,方令孺一,邵洵美一或二,刘宇一或二,外选二三首,陈、方长短皆有,我尚在挣扎中,或有较长一首。一多非得帮忙,近年新诗,多公影响最著,且尽有佳者,多公不当过于韬晦,《诗刊》始业,焉可无多,即四行一首,亦在必得,乞为转白,多诗不到,刊即不发,多公奈何以一人而失众望?兄在左右,并希持鞭以策之,况本非驽,特懒怠耳,稍一振蹶,行见长空万里也。①

闻一多于1928年出版了诗集《死水》后,就不再作诗而埋头学术。1929年4月,《新月》月刊编辑部改组,闻一多只编了一期因思想与新月社的人不同而离开了《新月》编辑部,徐志摩创办《诗刊》不忘旧友,闻一多却不过盛情,于久不作诗后,为《诗刊》写出了长诗《奇迹》,令徐志摩大为兴奋。"《诗刊》印得成了!一多竟然也出了《奇迹》。"②1931年1月20日,经过一年的筹备,《诗刊》(季刊)由新月书店出版发行,徐志摩担任主编。

在《诗刊》的创刊号上,徐志摩撰写了发刊词《〈诗刊〉序语》。在这篇《序语》里,他首先指出《诗刊》的前身就是北京《晨报副刊·诗镌》,《诗刊》将继承《诗镌》真而纯粹、实在而不浮夸的精神。接着他本着办《诗镌》、创《新月》的那种信念,阐述他对新诗、对创办《诗刊》的主张:

第一,我们共信(新)诗是有前途的;同时我们知道这前途又不是容易与平坦,得凭很多人共力去开拓。

其次,我们共信诗是一个时代最不可错误的声音,由此我们可以听出民族精神的充实抑空虚,华贵抑卑琐,旺盛抑销沉。一个少年人偶尔的抒情的颤动竟许影响到人类的终古的情绪;一支不经意的歌曲,竟许可以开成千百万人热情的鲜花,绽出瑰丽的英雄的果实。

更次,我们共信诗是一种艺术。艺术精进的秘密当然是每一个天才不依

---

① 徐志摩:《致梁实秋》,《徐志摩全集》第6卷,天津:天津人民出版社2005年版,第415页。
② 徐志摩:《致梁实秋》,《徐志摩全集》第6卷,天津:天津人民出版社2005年版,第416页。

傍的致力,各自翻出光荣的创例,但有时集合的纯理的探讨与更高的技术的寻求,乃至根据于私交的风尚的兴起,往往可以发生一种特殊的动力,使这一种或那一种艺术更意识的安上坚强的基筑,这类情形在文艺史上可以见到很多。①

由此可知,引导诗向正确方向发展,探讨新诗艺术,是《诗刊》的编辑宗旨。徐志摩认为"诗是一个时代最不可错误的声音",确是非常重要的认识,它规定了《诗刊》的编辑导向。

《诗刊》共出 4 期,徐志摩主编了 3 期。除创刊号上的《〈诗刊〉序语》,他在第 2 期发表了《〈诗刊〉前言》,就新诗形式试验的问题发表了意见;在第 3 期发表了《〈诗刊〉叙言》。第 4 期由陈梦家编辑,陈在第 4 期的《叙言》中说,徐志摩感到新诗的题材太狭隘,词藻也太陈旧,他提出对这些问题作一次公开讨论,即:(一)作者个人写诗的经验;(二)诗的格律与体裁的讲究;(三)诗的题材的研究;(四)"新"诗与"旧"诗、词的关系的研究;(五)诗与散文;(六)怎样研究西洋诗;(七)新诗词藻的研究;(八)诗的节奏与散文的研究。凡此,都可以看出徐志摩主编《诗刊》所付出的劳动,也可以看出他编辑《诗刊》的风格,确是"真而纯粹,实在而不浮夸"。梁宗岱在《诗刊》第 2 期上发表了《论诗》的一则通信,对《诗刊》发表的诗作所表现的较高的艺术水平给予了很好的评价。这实际上也是对主编者徐志摩工作的肯定。徐志摩不仅编发了许多好的诗篇(如闻一多的《奇迹》,饶孟侃的《弃儿》,孙大雨的《决绝》,林徽因的《情愿》,卞之琳的《噩梦》等),还注意向外国诗歌学习,吸收西方诗歌的表现技巧(如商籁体、象征手法),使《诗刊》具有开放性的特点,这对中西诗歌的交融起到了沟通的作用。此外,他还做了不少的计划,如印特刊,广征讨论诗艺、西诗、新诗与古诗关系的各种有关诗题材的稿件。这些很能反映他执着于艺术、执着于诗的编辑精神。1931 年 11 月 19 日,徐志摩空难去世,《诗刊》第 4 期成了徐志摩纪念号,至此,徐志摩主编的最后一个刊物——《诗刊》,也随他而终刊了。

徐志摩在其生命的最后两年还主编了两套丛书。1929 年 1 月,他应舒新城约请,为中华书局主编了一套《新文艺丛书》。徐志摩共编出 13 本创作集,17 本翻译集,自印了一本《轮盘》小说集。13 本创作集稿件多数由沈从文审阅,因此,也

---

① 徐志摩:《〈诗刊〉序语》,《徐志摩全集》第 3 卷,天津:天津人民出版社 2005 年版,第 367－368 页。

可以说是他们合作编辑。这套丛书自1930年1月开始由上海中华书局出版。1930年他又担任了上海大东书局的编辑,为其主编了一套《新文学丛书》。这也是他和沈从文合作编辑的,共有13本创作集,5本翻译集。这套丛书自1930年12月开始由上海大东书局出版。这两套丛书都到1934年12月才出齐。

徐志摩短短的六七年编辑生涯,主编或参与编辑了《晨报副刊》(其中的《诗镌》、《剧刊》为他与同人创办)、《新月》、《美展汇刊》和《诗刊》,与沈从文合编了两套丛书。成绩不可谓少,而对新诗的贡献更不可谓小。

第四节　徐志摩的编辑特点

综观他的整个编辑历程,从他主编的《诗镌》、《新月》与《诗刊》,可以看出徐志摩对推动新诗创作尤其是推动新诗格律化运动所作出的积极的贡献。从刊物的角度来看,徐志摩的编辑特点表现在:

一是他对文学,对诗的执着精神。徐志摩所编辑的刊物,多是文艺性的,而以《诗镌》《诗刊》最突出。他主编《新月》也是注重刊物的文学的色彩,大量编发新诗创作。一旦自己的编辑方针与同人有分歧时,他宁可辞职也不肯舍弃自己的对文学、对诗的追求。尽管他编辑的刊物对新诗的形式有偏颇的倾向,但他这种执着的编辑精神还是很难能可贵的。

二是他对编辑工作的热心,他性格的和平和擅长交际使他能找到一批优秀的作者。徐志摩在思想上是属于资产阶级的,在派别上是属于新月社的,但他在编辑刊物时,往往不限派别,到圈子外去找作者。像郭沫若、郁达夫是创造社的,谢婉莹是文学研究会的,鲁彦、沈从文则是无派别的,他都能请他们为其撰稿(除郭沫若没有理会),这对刊物的生存与发展无疑还是有好处的。甚至他把左翼革命文艺作家胡也频的《一幕悲剧的写实》,丁玲的《一个女人》收入他主编的《新文艺丛书》中,也很能反映出他的编辑性格。

第九章

朱自清:造一个《诗》做"歌舞养育之场"

朱自清(1898—1948)是以写诗步入文坛的,同时他又与叶圣陶等人创办了新文学史上第一个专门发表新诗的刊物——《诗》;朱自清是一个优秀的中学、大学教师,同时他又为我们编辑了多种至今仍有参考价值的国文书刊。因此,探讨一下朱自清的编辑活动,对于全面认识朱自清,研究朱自清多方面的贡献,是很有意义的。

第一节 从《诗》到《诗集》

一、"共同讨论"《新潮》

《新青年》杂志的创办标志着中国现代史"新"的时期、"新"的时代的到来。在《新青年》的影响下,一系列宣传新思想、新伦理、新文化的刊物,如《新潮》《新湖南》《新生活》《新社会》《浙江新潮》似雨后春笋相继问世,它们在"五四"新文化运动中形成一股巨大的"新潮"。在这些新杂志中,《新潮》是"五四"时期颇有影响的刊物,它曾得到陈独秀、李大钊、鲁迅的支持。这样一个以提倡革新文词,发扬批评精神,从事"伦理革命",反对封建礼教为内容的刊物,是由北大学生组织的新潮社创办的,而朱自清正是新潮社的成员,他参与了《新潮》的编辑工作。孙伏园对朱自清在《新潮》中的作用有很深的印象,他说:

> 我们比较相熟还是在新潮社共同讨论《新潮》和一般思想学术问题的时候。佩弦(朱自清的字——引者注)有一个和平中正的性格,他从来不用猛烈刺激的言词,也从来没有感情冲动的语调。虽然那时我们都在二十左右的年龄。他的这种性格近乎少年老成,但有他在,对于事业的成功有实际的裨益,

对于纷歧的异见有调解的作用。①

由此可以看出,朱自清对《新潮》的编辑所起到的特殊作用。《新潮》创刊于1919年1月,朱自清加入新潮社参与编辑《新潮》,这可以看作是他编辑活动的开始。

二、创办新文学史上第一个《诗》刊

1922年1月,朱自清与叶圣陶、俞平伯、刘延陵等人组织了现代文学史上第一个诗歌团体——中国新诗社,并在北京创办我国现代文学史上第一个专刊新诗的刊物——《诗》。

《诗》刊的创办是不寻常的。这不仅因为它是"第一个",更重要的在于它是在对封建复古主义的斗争过程中创办的。五四运动以后,封建复古势力猖獗一时。以南京东南大学留美教授胡先骕、吴宓、梅光迪为代表,他们大肆攻击白话新诗,说它仅是白话而不是诗。《南京高等师范月刊》以讨论诗学为名,行攻击新诗之实,大量刊登旧体诗,以所谓"新知"来提倡"国粹",维护"圣道",说新诗"亟待研究之点颇多"。一时间讽刺新诗之论甚嚣尘上。朱自清、叶圣陶此时正是刚刚脱颖的新诗人,又都是文学研究会的成员和文学研究会读书会下设的诗歌组成员,面对这股复古主义势力,他们当然不能坐视不理。为捍卫新文学——新诗的阵地,朱自清、叶圣陶等四人组织了中国新诗社,在得到中华书局左舜生的支持后创办了《诗》月刊。

《诗》刊面世前,朱自清在1921年10月20日《时事新报》副刊《学灯》上用新诗的形式登出了一则《〈诗〉底出版预告》:

> 旧诗的骸骨已被人扛着向张着口的坟墓去了,产生了三年的新诗,还未曾能向人说话呢。
> 但是有指导人们的潜力的,谁能如这个可爱的婴儿呀!
> 奉着安慰人生的使命的,谁又能如这个婴儿美丽呀!
>
> 我们造了这个名为《诗》的小乐园做他的歌舞养育之场。

---

① 孙伏园:《悼佩弦》,转引自姜建、吴为公:《朱自清年谱》,合肥:安徽教育出版社1996年版,第18—19页。

疼他爱他的人们快尽你们的力量来捐些糖食花果呀!

不久《学灯》又登出了《〈诗〉底出版预告(二)》,宣告:"创刊号准予明年1月1日出版",内容为:"一诗,二译诗,三论文,四传记,五诗评,六诗坛消息,七通讯。"这两则预告登出后受到社会的广泛重视,有人写文章表示欢迎。

《诗》的发刊标志着"五四"以来新诗的解放,宣告了新诗的独立存在,对封建复古主义势力是有力的反击。这是朱自清及其同人对新文学特别是新诗作出的积极贡献。从现代文学编辑出版史的角度来看,《诗》刊是一个全新的刊物,是一个富有革命意义的刊物,它以崭新的姿态出现在出版史上。这又是朱自清及其同人对现代文学编辑出版史作出的积极贡献。

《诗》的创刊宗旨,仍是文学研究会的"为人生",它比较广泛地暴露了军阀统治的黑暗,反映了人民的苦难,诉说了知识分子的苦闷,朱自清为该刊写出了大量诗篇。除了创作外,朱自清等人还对诗坛上刚刚萌发的小诗加以倡导和讨论,他的《短诗与长诗》一文就是为此而写的。他在文章中对小诗的创作进行了批评和探讨,指出了流行小诗存在的一些弊病,希望作者不要形式地学习外国小诗,而要用"极自然而又极慎重的态度去写短诗"①。朱自清的意见无疑是正确的,这对小诗创作起到了正确的导向作用,因而,得到许多作家的支持,沈雁冰、胡适、周作人、郑振铎、徐玉诺、王统照等都曾为《诗》写过稿。

三、编辑《中国新文学大系·诗集》

朱自清写诗,创办《诗》刊,1935年7月,他又编辑了《中国新文学大系》的《诗集》。

《中国新文学大系》是上海良友图书公司的文艺编辑赵家璧主编的一套规模宏大的总集,它反映了"五四"以后第一个十年的文学理论、文学创作的实绩。全书分十卷,由蔡元培作总序,其中诗歌卷原定由郭沫若编选,由于他写过《请看今日之蒋介石》的文章,国民党图书杂志审查政治委员会不同意他当《大系》的编选人。于是赵家璧与茅盾、郑振铎商量,决定改请朱自清担任。

朱自清编选《大系·诗集》非常投入。他广泛搜集资料,阅读大量新诗,凡"五四"以来新诗的各种选本,如《新诗集》、《分类白话诗选》及《新诗年选》等,他都设法搞到;对"五四"时期出现的重要文艺期刊,他都翻阅;他把清华大学图书馆存有

---

① 《朱自清全集》第4卷,南京:江苏教育出版社1990年版,第55页。

的所有新诗集都借了出来,清华没有的,赵家璧则从上海给他寄来一些。此外,他还向闻一多、周作人借来许多新诗集。扎实的资料搜集工作为下一步具体的编选诗人诗作奠定了雄厚的基础。由于期刊太多,阅读起来时间不够,于是他就以自己《新文学纲要》讲义为底子,扩大范围,从若干集子和杂志中择选,经过一个多月的紧张工作,终于在8月13日编辑完工。这部《诗集》共收诗人59家,诗选408首。"五四"以来著名的诗人诗作基本上选收无遗。《诗集》择选是客观的,论说是科学的,比较真实地反映了"五四"以后十年间诗歌创作的风貌,概现了一个时期诗人创作的成就。《大系》主编赵家璧原计划每集的编选,"物色每一方面的权威人士来担任,由他择优拔萃,再由他在书前写一篇较长的序言,论述该一部门的发展历史,对被选入的作家和作品进行评价。每个文艺团体有一篇历史,每个重要作家附一段小传,再把这一部门未入选集作品编一详目附于书后,说明出处,好让读者去自己查阅,借此可了解这一部门十多年来的收获"①。但朱自清所编的《诗集》没有完全按此规定,而是在《导言》之后,另附有《编导凡例》、《选诗杂记》、《诗话》和《编选用诗集和期刊》等四篇文章,简要说明编选原则、经过,以及诗人的情况和参考的书刊,具有明显的不同于他人的编辑特色。朱自清撰写的《导言》也不长,仅5 000来字,把"五四"以来的十年诗歌创作分为三派,即自由诗派、格律诗派和象征诗派,精辟地论述了各派崛起的缘由、特点、价值,分析了他们各自的不足。较之其它各家的《导言》来,显得更为简要。

《诗集》的编辑是一项浩大的工程,它与《大系》的其他各集一起构筑起了中国新文学第一个十年的大厦,为后人研究新诗提供了丰富而宝贵的资料。

四、其他编辑活动

朱自清前期的编辑活动,除了创办《诗》月刊和编辑大型的《诗集》,还编辑过其他一些刊物,支持过一些社团创办的刊物。

1924年,朱自清在宁波四中任教,他与夏丏尊一起倡导印行校刊《四中之半月刊》,目的在为学生创造练习和写作的机会。刊物由他们负责编辑,所发表的学生的文章大都经过朱自清的修改润饰。朱自清还对四中的文学社团创办的刊物给予大力支持。如"雪花社"编的《大风》刊物,以宣传民主思想,抨击封建势力为宗旨,朱自清就曾给予过具体的指导。同年,朱自清还与叶圣陶、俞平伯再度合作,

---

① 赵家璧:《话说〈中国新文学大系〉》,《编辑忆旧》,北京:三联书店1984年版,第163-164页。

出版了《我们》杂志,第 1 期由俞平伯主编,第 2 期由朱自清主编。这本杂志很有特色,32 开本,形式如书,装潢精美。封面由画家丰子恺设计,编者为"O·M",实乃"我们"的拼音代号。第 1 期为《我们的七月》,所有文章都没有署名。到第 2 期朱自清主编《我们的六月》时,为了扩大杂志销路和方便读者,文章署上了作者姓名,同时附录了《我们的七月》的目次和作者姓名,在最后的"本刊启事"中,朱自清作了这样的声明:"本刊所载文字,原 O·M 同人共同负责,概不署名。而行世以来,常听见读者们的议论,觉得打破这闷葫芦很不便,愿知道各作者的名字。我们虽不求名,亦不逃名,又何必如此吊诡呢? 故从此期揭示了。"①朱自清还认为:"《我们》诚哉不伟大,但自附于优美的花草,也无妨的。"②这表达了他对该杂志的喜爱。

1926 年 9 月 15 日,立达学会编的《一般》刊物出版,朱自清作为会员,对《一般》的编辑工作自然也非常关心与支持。如作家白采病逝后,朱自清与叶圣陶、夏丏尊等决定在《一般》第 10 号上出版《纪念白采栏》,朱自清撰写了《白采》一文。

30 年代初,朱自清还参加了北平"左联"以"北平西北书店"名义创办的刊物《文学杂志》的编辑。该刊目的在开展北平文艺工作,团结进步作家,由朱自清、郑振铎合作编辑,共出 4 期。鲁迅对他们二人非常满意,认为他们合作得很好。

1934 年 1 月 1 日,《文学季刊》出版发行,该刊由立达书局出版,16 开本,每期300 多页,是当时国内大型的文学杂志,由郑振铎、巴金、章靳以主编,朱自清担任编辑。在编《文学季刊》时,他的"公正拘谨"③给大家留下很深的印象。同年 9 月散文杂志《太白》创刊,朱自清担任该刊的编委,这是一个文艺性半月刊,在当时与《世界知识》《文学》《译文》一起号称生活书店的"四大杂志",朱自清为《文学季刊》和《太白》的编辑又作出了自己的贡献。

朱自清是诗人、散文家,所以他编辑的书与刊物大都与文学有关,在编辑出版界,朱自清作为一个文学编辑为大家所熟知。

---

① 转引自陈孝全:《朱自清传》,北京:十月文艺出版社 1991 年版,第 103 页。
② 朱自清日记(1924 年 8 月 15 日),《朱自清全集》第 9 卷,南京:江苏教育出版社 1998 年版,第 7 页。
③ 李长之:《杂忆佩弦先生》,载朱金顺编:《朱自清研究资料》,北京:北京师范大学出版社 1981 年版,第 282 页。

第二节　编辑国文书刊和《闻一多全集》

一、"以服务为目的"编辑国文书刊

朱自清奉行"人生以服务为目的"①。1940年1月，他在昆明发起创办了以服务社会为目的的《国文月刊》。该刊开始两期由朱自清主编，从第3期起交由余冠英主编，共出了5年40期而止。《国文月刊》停办后，1946年10月，朱自清担任了《新生报》副刊《语言与文学》的主编。这个副刊仍然是以服务社会为目的，刊名的选取与1937年闻一多主编的《语言与文学》相同。当时朱自清对闻一多主编的这个刊物给予了极大的支持，他的著名论文《诗言志说》即由该刊发表。1946年7月15日闻一多惨遭国民党特务暗杀，朱自清为纪念闻一多故取之为副刊的刊名，并作了一篇《周话》作为发刊词②。

40年代初，朱自清与叶圣陶合作编辑并撰写了《精读指导举隅》和《略读指导举隅》两本书，这是受教育科学馆馆长郭子杰的委托而编撰的。编撰这两本书的目的是供中学国文教师作参考。各篇有"指导大概"，扼要说明选文的体制、主旨，作者意念发展的线索，取材的范围、手法、笔调，以及构成本文特殊笔调的因素，并阐明各段文字在全文中的作用，指出在文章理法上有关系的章、节、句，注释比较难懂的字、词、句，还讨论了作者的思想，创作背景，论辩的对象等等。同时也指摘和订正选文中错误的地方，有时也和其他文章进行比较，以助说明。两书比一般教材详明确切，对当时中学语文教师确有很大的帮助。

在朱自清生命的最后一年，他带着重病为开明书店编辑《文言读本》和《高级国文读本》。这是他与叶圣陶的最后合作，同时合作编辑者还有语文学家吕叔湘。朱自清认为学习文言该从基本学起，现代青年人学文言，目的在于阅读文言书籍，不在于练习文言写作。从这一思想出发，朱自清编辑选文就以内容与形式的难易及篇幅长短为序，由易到难，从短到长，先是小说短篇，渐及专书名著，以使学生培

---

① 余冠英：《悲忆佩弦师》，载朱金顺编：《朱自清研究资料》，北京：北京师范大学出版社1981年版，第268页。
② 朱自清：《〈标准与尺度〉自序》："这《语言与文学》副刊……我原定每期写一段儿关于文学和语言的杂话，叫做'周话'。……该是八篇，第一篇实际上是发刊词。"《朱自清全集》第3卷，南京：江苏教育出版社1996年版，第113页。

养阅读文字的能力。每篇后附有"篇题""音义""讨论""练习"等四个项目,并叙作者经历及其风格,供学生自学参考,这项工作朱自清花了很多时间,直到逝世也没有完成。

二、主持整理《闻一多全集》

晚年的朱自清还完成了一项巨大的可以垂世的工程,那就是主持整理并编辑《闻一多全集》。

闻一多是"爱国诗人"(朱自清语),进步学者,他的不幸被害促使朱自清思想的进步。朱自清由此看到了国民党统治的黑暗,他称赞闻一多:"你是一团火,照见了魔鬼;烧毁了自己!遗烬里爆出个新中国!"[①]并亲自担任"整理闻一多先生遗著委员会"的召集人。他在给友人信中说:"一多的事我要负责,要出版他的著作。"这使我们想到瞿秋白逝世后,鲁迅先生抑制悲痛为其编辑了《海上述林》的感人事例。

编辑《闻一多全集》确是很不容易的一件事。这不仅因为闻一多的遗著"见解固然精",而且"方面也广"(朱自清语),编辑起来难度较大。但是为了不愧对死友,朱自清知难而上。第一步工作是整理手稿。第一批手稿从昆明运来时,箱子进了水开始发霉,打开手稿后有的被揭破了些,所幸重要的稿子还完整,不致妨碍编辑。手稿到齐后,即开始编辑。朱自清先拟一个目录,出版则由家属与开明书店接洽,委员会集中整编几部作者未完成的遗著。先分工负责,最后再由朱自清总其成。全集计分"神话与诗""古典新义""唐诗杂论""诗与批评""散文""演讲录""书信""诗选"与"校笺"等八个项目,将古代与现代打通,成为"诗的史"。经过一年的工作,终于编辑完成,朱自清又为《全集》写了一篇题为《闻一多先生怎样走着中国文学的道路》的序文,总结闻一多辉煌战斗的一生。他写道:"闻一多先生为民主运动贡献了他的生命,他是一个斗士。但是他又是一个诗人和学者。这三重人格集合在他身上,因时期的不同而或隐或现。"闻一多同时又是"斗士藏在诗人里","学者中藏着诗人,也藏着斗士"。闻一多的一生"是具体而微的一篇'诗的史'或'史的诗',可惜的是一篇未完成的'诗的史'或'史的诗'!这是我们不甘心的!"[②]朱自清对闻一多全集的编辑花了大量的心血,付出巨大的劳动。所

---

① 朱自清:《悼一多先生》,《朱自清全集》第5卷,长春:时代文艺出版社2000年版,第1803页。
② 朱自清:《开明版〈闻一多全集〉序》,《闻一多全集》第12卷,武汉:湖北人民出版社1993年版,第442、443、451页。

以,吴晗后来回忆说:"为了这部书,他化费了一年的时间,搜集遗文,编缀校正,遗稿由昆北运时,有一部分遭了水渍,请人逐页揭开,请人钞写。他拟定了目录,选编了尺牍,发表了许多篇未刊的遗著。并且,在他领导之下,动员了中国文学系全体同人,分钞分校,分别整理这集子以外的许多著作。一句话,没有佩弦先生的劳力和主持,这集子是不可能编集的。"①

到他去世前的一天,《闻一多全集》早已竣工,但他还惦记着闻一多的遗作,将其手稿都分类编目,一共是254册又2包,存放于清华中文系,目录在校刊上公开发表。闻一多的《全唐诗人小传》是未完成的工作,朱自清计划自1948年暑假后起,由清华中文系同人集体完成,扩充内容,改为《全唐诗人事迹汇编》。朱自清在逝世前一月,在7月15日闻一多死难两周年纪念会上,他报告了《闻一多全集》的编纂经过,他说:"又找到两篇文章没有来得及收进去,很遗憾。"朱自清逝世后,在他的书桌上有一张条子,上书"闻集补遗:(一)《现代美国诗人》序。(二)《匡斋谈艺》。(三)《岑嘉州交游事辑》。(四)《论羊枣的死》"。还又收集到四篇闻一多的作品。《闻一多全集》于1948年8月底出版,而朱自清已于8月12日逝世,未能看到这一宏伟工程的问世,但他真正是"不负死友"的。

综上所述,朱自清从1920年加入新潮社参与编辑《新潮》,到1935年编辑《中国新文学大系·诗集》,主要从事文学编辑;从1940年创办《国文月刊》到临终前编辑《高级国文读本》,主要从事现代语文学的编辑。他一生的编辑活动大致可分为这么两个阶段,同时又是编辑领域的两个方面,在这两个方面他都作出了可观的成绩。他编辑了十多种书籍和杂志,而《诗》刊、《诗集》和《闻一多全集》毫无疑问是朱自清编辑生涯的三座纪念碑。

---

① 吴晗:《开明版〈闻一多全集〉跋》,《闻一多全集》第12卷,武汉:湖北人民出版社1993年版,第453页。

第十章

闻一多："把民主的声音喊得更响一些！"

闻一多(1899—1946)的编辑道路与他的人生道路是同步的,闻一多是诗人、学者、战士,他走过的编辑道路即是证明。他参与主编的《诗镌》,倡导了中国新诗形式的运动;他主编的《语言与文学》,弘扬了中国的学术;特别是他晚年担任《民主周刊》的社长,喊出了中国人民要求民主、争取自由的时代呼声。闻一多在诗歌创作、学术研究与民主斗争的同时,对中国的编辑事业也作出了他应有的贡献。

第一节 《清华周刊》的总编辑

早在清华读书时,闻一多就参与了校刊的编辑工作。从 1916 年起,他担任了《清华周刊》的编委,随后又当选为总编辑。这是闻一多从事编辑活动的开始。

《清华周刊》是一份以反映学校生活和学生思想为主要内容的综合性刊物,由学校出经费,学生自己编辑。五四运动前,周刊受命于学校,只能登一些校内新闻;五四运动后,清华学生有了自己的组织。1920 年春,《清华周刊》正式归学生自己领导,也就是在此一段时间,即 1920 年下学期到 1921 年上学期,闻一多是《清华周刊》的"集稿员",对稿件有决定取舍之权。

闻一多担任《清华周刊》的编辑,对刊物有明确的编辑指导思想。他认为《清华周刊》应发挥舆论作用,成为学校进行教育改良的阵地。他说,学生有了言论的自由,"《周刊》里便有诚恳的、切实的校风底批评同问题底讨论"。"我们知道欲求一种改良底成功,必须有一种实力以为之后盾","舆论不但可以鞭驱,还可以鼓舞;所以同法律比,还是更良的催促社会进步底工具。"①闻一多主张对教育进行

---

① 闻一多:《〈清华周刊〉底地位——一个疑问》,载《清华周刊》第 223 期(1921 年 9 月 15 日)。收《闻一多全集》第 2 卷,武汉:湖北人民出版社 1993 年版,第 324、326 页。

改革,实际上正是五四运动提出的改革社会的时代精神的反映。为此,他针对清华不合理的教育制度、教育方式,在《清华周刊》上发表了数篇文章进行批评,如《旅客式的学生》(第185期)、《中文课堂底秩序底一斑》(第214期)、《恢复伦理演讲》(第218期)、《痛心的话》(第219期)、《美国化的清华》(第247期)等等。闻一多还能坚持正确的编辑导向。《清华周刊》由于受到《新青年》等进步刊物的影响,在五四运动来临之际,紧随时代潮流,宣传了民主与科学的思想,支持新文化运动,刊登白话文作品(如新诗等);对国内国际形势也经常报道;对学校当局时常发表批评的言论,所有这些都引起了美国教职员及校长等人的不满。就在五四运动前不久,校长突然宣布刊物不准刊登批评学校和师长的文章,刊物的编辑人员今后由学校来指定,刊物的经费也由每年一千元削减为五百元(理由是学校不能出钱让学生办刊物来骂自己)。这些措施理所当然遭到闻一多等编委们的坚决反对。关于批评文章问题,闻一多他们认为:"清华是主张民主的,讲民主,就可以发表不同的意见。同学们是尊重学校和老师的,对一些事情表示一点意见,是起码的民主权利,学校不同意也可以一起讨论,周刊也会发表,同学的目的是共同把学校办好,不是同哪一位先生故意为难。"关于编辑人员,他们说:"刊物既是由学生办,自然应由学生按学生会的规定选举,何必要学校操心!"至于办刊经费,他们争之最烈:"周刊办了多年,得到同学的欢迎,也受到社会的重视,削减一半经费,要么延长刊期,把周刊改成半月刊,要么缩减篇幅,减少内容,这两个办法都行不通,同学们不会同意,社会上也会惊异,已经办得有自己风格的周刊怎么突然变了样!对清华的名誉会受到损害,所以经费不能减少!"①他们的争论得到全校绝大多数同学的支持,终于刊物仍旧照常出版。这场关于《清华周刊》的争论,实际上是坚持什么样编辑导向问题的争论,发表观点正确的文章,还是发表内容错误的文章;由思想进步的学生来编辑,还是让思想落后的学生来编辑,这直接关系到刊物能否坚持正确的编辑导向。闻一多在这场争论中,看准了问题的实质,所以他站在同学们的一边,为同学们争得了言论的自由,也为刊物争得了发展的生机。闻一多还把《清华周刊》当作思想阵地,对外国的坏电影进行了激烈的抵制与批判,他的《黄纸条告》(1920年11月12日)、《电影是不是艺术》(1920年12月17日),对《黑衣盗》《毒手盗》这些外国的诲淫诲盗的影片进行了批判。闻一多编辑《清华周刊》还有一点值得注意的是,他的新诗创作与新诗评论活动是从此开始的。写于1920年7月的第一首新诗《西岸》和写于1921年3月的《敬告落伍的诗

---

① 转引自王康:《闻一多传》,武汉:湖北人民出版社1979年版,第41页。

家》与1921年6月的第一篇新诗评论《评本学年〈周刊〉里的新诗》就都发表在《清华周刊》上。

《清华周刊》锻炼了闻一多的编辑才干,也发挥了他的美术专业特长。他在《清华周刊》第187期上发表了《出版物底封面》一文,对刊物的封面设计提出了自己的意见:"须合艺术底法义——为条理(order)、配称(proportion)、调和(harmony)等。须与本书内容有连属的或象征的意义。不宜过于繁缛。"①正因为闻一多担任过《清华周刊》的总编辑,又精通具体的编务,所以在五四运动中,他作为清华的学生代表,南下上海参加全国学联会议;同时,参加了全国学联刊物的编辑工作。除了上述的编辑活动外,闻一多还担任过学术性刊物《清华学报》的编辑工作,在该刊上,他发表了《建设的美术》(《清华学报》第5卷第1期)等论文。

闻一多后来编辑诗歌刊物、学术刊物和政治性刊物,都可以从他编辑《清华周刊》《清华学报》中找到线索。

第二节 发起创办《诗镌》

一、流产的《河图》

闻一多在留美期间,曾想创办一个刊物,用以提倡"中华文化的国家主义"。他认为:

> 我国前途之危险不独政治、经济有被人征服之虑,且有文化被人征服之祸患。文化之征服甚于他方面之征服千百倍之。杜渐防微之责,舍我辈其谁堪任之!②

他为刊物取名为《河图》,意思是"取义于河马负图,伏羲得之演为八卦,作为文字,更进而为绘画等等,所以代表中华文化之所由始也"③。为了在这个未来的《河图》杂志上,提倡他的思想"中华文化的国家主义",闻一多打算放弃在美国学

---

① 《闻一多全集》第2卷,武汉:湖北人民出版社1993年版,第8页。
② 闻一多:《给梁实秋》,《闻一多全集》第12卷,武汉:湖北人民出版社1993年版,第215页。
③ 闻一多:《给梁实秋》,《闻一多全集》第12卷,武汉:湖北人民出版社1993年版,第212页。

习的油画专业,"决意归国后研究中国画,并提倡恢复国画以推尊我国文化。故在第一期内有陈师曾,有拓碑(书法),有旧剧之欣赏,有瓷器,有李义山之精神分析,又有中国绘画在西方之势力"①,而且还要在这个刊物上"于印度则将表彰印度之爱国女诗人奈陀夫人,及恢复印度美术之波士(Nandalal Bose)及太果尔(Abanindranath Tagore)(诗翁之弟)等"②。这是一个"包括各种艺术"的刊物,但没有办成。他回国以后,参加了"大江学会",在《大江季刊》上发表了一系列鼓吹国家主义的诗篇,如《我是中国人》等。闻一多认为:"诗人主要的天赋是'爱',爱他的祖国,爱他的人民。"③因此,他所写的这些诗篇是以自己的祖国为对象发出的颂歌,与该组织所宣扬的国家主义还是有本质不同的。后来《大江季刊》的成员各奔前程,有的成了国社党的骨干,闻一多与《大江季刊》也就脱离了关系。晚年他对自己提倡国家主义深感歉疚,他说:

> 五四时代我受到的思想影响是爱国的,民主的,觉得我们中国人应该如何团结起来救国。五四以后不久,我出洋,还是关心国事,提倡 Nationalism,不过那是感情上的,我并不懂得政治……④

二、"为新诗辟一第二纪元"的《诗镌》

闻一多"不懂政治",但他懂诗。就在他脱离《大江季刊》之后,他和同仁们创办起了我国新文学史上第二个诗歌刊物——《诗镌》,倡导了震惊文坛的新诗形式运动,在当时产生了巨大的影响。

《诗镌》创刊于1926年4月1日,而实际酝酿则在1925年。当时,闻一多与清华"四子"朱湘、孙大雨、饶孟侃、杨世恩以及刘梦苇等一批青年诗人,经常在他那间"墙壁涂成一体墨黑,狭狭的绣镶上金边,像一个裸体的非洲女子手臂上脚踝上套着细金圈似的"⑤充满艺术情调的画室里互相批评诗作,讨论学理。一次,他们

---

① 闻一多:《给梁实秋》,《闻一多全集》第12卷,武汉:湖北人民出版社1993年版,第215页。
② 闻一多:《给梁实秋》,《闻一多全集》第12卷,武汉:湖北人民出版社1993年版,第214-215页。
③ 熊佛西:《悼闻一多先生——诗人、学者、民主的鼓手》,《闻一多纪念文集》,北京:三联书店1980年版,第72页。
④ 闻一多:《五四历史座谈》,《闻一多全集》第2卷,武汉:湖北人民出版社1993年版,第367页。
⑤ 徐志摩:《诗刊弁言》,《徐志摩全集》第2卷,天津:天津人民出版社2005年版,第414页。

在闻一多家里商议办刊物。当时办刊物很难,既要有钱,又要得到段祺瑞军阀政府的批准。于是,他们议定找当时的《晨报副刊》主编徐志摩商量,争取在《晨报副刊》上开辟一个新诗专栏。闻一多、蹇先艾找了徐志摩,诗人徐志摩对办诗刊很感兴趣,一口答应。1926年3月27日,一群新诗人在闻一多的画室具体筹划出刊事宜。当时决定轮流编辑,徐志摩先编一、二期,闻一多编三、四期。仅隔四天,《诗镌》就正式问世了。

闻一多为《诗镌》设计了刊头,一匹飞马,双翼展开,正要腾空而起。它的后腿,还踩在一个圆圈上,里面醒目地写着两个字:诗镌。这显然是新诗坛的象征。这幅精彩的刊头画显示出闻一多等编辑者们的抱负,准备在诗坛上开创新的天地。闻一多充满信心地说:

> 余预料《诗刊》之刊行已为新诗辟一第二纪元,其重要当与《新青年》、《新潮》并视。①

就《诗镌》对新诗形式的革命,对当时所产生的影响以及它在理论与实践方面所取得的成绩来看,闻一多的预言是不虚的。

《诗镌》每周出一次,"专载创作的新诗与关于诗或诗学的批评及研究文章"。徐志摩的发刊词《诗刊弁言》揭示了《诗镌》的宗旨:"我们的大话是:要把创格的新诗当一件认真事情做。"重点在"创格",即创造新诗的格律。创刊号为"三·一八"惨案纪念专号,闻一多发表了重要论文《文艺与爱国——纪念"三·一八"》。他认为,诗刊的第一期就是献给三月十八死难志士的。闻一多特别强调文艺运动应与爱国运动结合起来,这两种运动结合起来便能互收效益。所以《诗镌》的诞生刚刚在铁狮子胡同大流血之后,本是碰巧的,但他希望大家要当它不是碰巧的。他希望爱自由、爱正义、爱理想的热血要流在天安门,流在铁狮子胡同,也要流在笔尖,流在纸上。闻一多把文艺运动与爱国运动结合起来看,因此,这篇文章也可看作是他们编辑刊物的一个纲领。在闻一多文章之后,就是诗人们纪念"三·一八"死难烈士的诗作,有饶孟侃的《天安门》,杨世恩的《"回来啦"》,蹇先艾的《回去》,徐志摩的《梅雪争春》,刘梦苇的《寄语死者》《写给玛丽亚》,于赓虞的《不要闪开你明媚的双眼》,闻一多也发表了诗作《欺负着了》。

---

① 闻一多:《给梁实秋、熊佛西》(1926年4月15日)。《闻一多全集》第12卷,武汉:湖北人民出版社1993年版,第233页。

《诗镌》只出了11期。就"创格"方面说,无论是创作还是理论,都以闻一多最为突出,最有代表性。他的《诗的格律》①提出的"三美"理论,即音乐的美、绘画的美、建筑的美,可以说构建了整个新格律诗的理论体系,至今仍有它的美学意义。他的《死水》则是新格律诗的典范之作。作为刊物的主编之一,他编发的朱湘的《新诗评》、饶孟侃的《新诗的音节》等论文对新格律诗也作出了一定的理论贡献。由徐志摩、闻一多主编的《诗镌》在11期中共发表了84首诗,其中朱湘的《采莲曲》,徐志摩的《半夜深巷琵琶》等是新格律诗的代表作。

　　作为编辑,闻一多编稿是十分认真的,有着学者的严谨的风格。据蹇先艾回忆,遇到同仁开会商量稿件时,闻一多态度诚恳,热情鼓励青年作者,一旦发现好的来稿,他会情不自禁地喊起来:"这是一首好诗!"要是看到有的诗有不足,就以鼓励的语气说:"写失败了就重来,有什么了不起!""我看这一句这样改一改,怎么样?""你这一首暂不发表,拿回去推敲一番再说,好不好?"②

　　《诗镌》的创刊,是由闻一多发起的,而终刊也与他有关系。一是他们自己产生了裂痕,"朱湘目下和我们大翻脸"(闻一多语)。闻一多负责编辑第3期时,把自己的《死水》、饶孟侃的《捣衣曲》排在前面,而把朱湘的《采莲曲》放在头版左下角,朱湘对此很不满意,遂与《诗镌》不再来往,还要写长文进行公开的指责。朱湘此举未免过于感情用事。本来,编辑理应有排版的权力,根据稿件的长短,诗作的内容,特别是版面的美学需要,来编排,并不存在显明的谁亲谁疏的问题,更何况这样安排也是经过《诗镌》同人议论而定的。闻一多并没有因为朱湘的"大翻脸"也来感情用事,朱湘后来从长江轮船上沉江而仙逝,闻一多十分哀痛,在《给赵景深》的信中说:"子沅(即朱湘——引者注)的末路实在太惨。谁知道他若继续活着不比死去更要痛苦呢?"③而在当时,他们确是翻脸了。二是闻一多作为《诗镌》的实际主编之一,当他离京南下时,这个专栏就不得不停刊了。徐志摩为终刊号所写的《诗刊放假》也指出了这一点。

　　闻一多参与主编的《诗镌》,虽然存在的时间很短,但产生的影响可不小。1935年,朱自清在《〈中国新文学大系〉诗集导言》中指出:

　　　　他们要"创格",要发见"新格式与新音节"。闻一多氏的理论最为详明,

---

① 《诗镌》第7号,载《晨报副刊》1926年5月13日。《闻一多全集》第2卷,武汉:湖北人民出版社1993年版,第137—144页。
② 蹇先艾:《忆闻一多同志》,载《闻一多纪念文集》,北京:三联书店1980年版,第229页。
③ 《青年界》第5卷第2号。

他主张"节的匀称","句的均齐",主张"音尺"、重音、韵脚。他说诗该具有音乐的美,绘画的美,建筑的美;音乐的美指音节,绘画的美指词藻,建筑的美指章句。他们真研究,真实验;每周有诗会,或讨论,或诵读。梁实秋氏说,"这是第一次一伙人聚集起来诚心诚意的试验作新诗"。虽然只出了十一号,留下的影响却很大——那时大家都做格律诗;有些从前极不顾形式的,也上起规矩来了。"方块诗"、"豆腐干块"等等名字,可看出这时期的风气。①

《诗镌》取得这样的成绩,毫无疑问与闻一多的努力是分不开的。就连徐志摩也说,"同仁中最卖力气的要首推饶孟侃与闻一多两位"②。

1928年3月10日,《新月》杂志创刊,闻一多开始也参加了该刊的编辑。他编《新月》与办《诗镌》一样,希望把它办成一个继续探讨新诗创作问题的刊物,但他的这个想法与新月社的胡适之、罗隆基的思想(他们想把《新月》办成政治色彩很浓的刊物)相去太远,而他又身在南京,《新月》的具体编务实际上由徐志摩主持,因此,闻一多只参与编辑了一期,即于1929年4月辞去了编辑名义。

第三节 《民主周刊》的社长

一、仅出一期的《语言与文学》

闻一多脱离《新月》后,就专心于学术研究,先后在武汉、青岛、清华大学任教。在清华大学的时间最长,他主编的《语言与文学》即是由清华大学中文系主办的,朱自清的著名学术论文《诗言志说》即是经闻一多手发表在《语言与文学》杂志上,可见这是一份学术性很强的刊物。以闻一多研究《易经》、《诗经》、《楚辞》、唐诗的功力,本可以把这份学术杂志办得更有份量些,可是,这份杂志于1937年6月出版,到了7月,卢沟桥事件爆发,中国人民艰苦卓绝的八年抗战开始了,闻一多随校南迁,《语言与文学》也就没能继续主编下去。1946年10月,朱自清主编《新生报》副刊,他特地把这个副刊取名为《语言与文学》,恰与闻一多主编的那份

---

① 朱自清:《〈中国新文学大系〉诗集导言》,《朱自清全集》第4卷,长春:时代文艺出版社2000年版,1527页。
② 徐志摩:《诗刊放假》,《徐志摩全集》第4卷,上海:上海书店1988年版,第56页。

杂志同名,就是为了纪念闻一多先生。

闻一多在抗战后期(1944年)完成了他的思想转变,从一个诗人、学者成长为战士。他以民主战士的姿态担任起民主周刊社社长,在他的晚年写下了辉煌的一章。

二、"以民主为准绳"主编《民主周刊》

闻一多是在接受党组织的安排下加入民盟的。民盟早期称"民主政团同盟",成立于1940年底,1944年取消了"政团"两字。民盟主张抗日,反对投降;主张民主,反对专制。这个组织在知识分子阶层影响很大。闻一多于1945年9月担任了民盟中央执行委员及民盟云南省宣传委员,同时兼任民主周刊社社长。

《民主周刊》的编辑宗旨,闻一多在《民盟的性质与作风》这篇讲话中说得很清楚,就是"要以民主为准绳"①。他也是一直为使这个刊物坚持民主的编辑导向而努力的。他在"征稿简则"中就明确规定:"来稿以不违背民主精神为标准。"自他担任社长后,刊物的风格更趋尖锐泼辣,富有战斗性。如1945年"一二·一"惨案发生时,《民主周刊》正在校对清样,马上刊出了《我们抗议屠杀》。针对国民党于12月7日发表的《告昆明教育界书》以及国民党的《中央日报》对"一二·一"惨案所作的种种造谣诬蔑,《民主周刊》发表了《论一二·一惨案与纪纲》一文予以批驳,并向全国读者披露惨案的全部事实真相。正因为此,国民党妄图扼杀闻一多主持的《民主周刊》,禁止它出版,《民主周刊》则针锋相对,及时发表时评:"为本刊及昆明四刊横遭阴谋破坏对玩火者警告,向人民申诉。"此后,又接着发表了《为横遭阴谋破坏敬告各界人士书》,以进行斗争。1946年3月出版的《民主周刊》,正值国民党二中全会闭幕,该刊为此发表了《国民党必须立即放弃破坏和平、民主、团结的企图》的社论,对国民党"重回一党独裁的老路"提出严重警告和尖锐的批判。在1946年4月17日出版的《民主周刊》上,对"没有带给人民以和平民主的希望,带来的是恐怖的内战和暴虐的一党专政,一人独裁"的蒋介石予以严正批判。1946年7月,《民主周刊》发表了《阻住内战的逆流》(时评)和《民盟云南省支部发言人对于云南警备部随意搜查人民住宅及书店之紧急抗议》,对国民党的加紧内战,对昆明实行法西斯统治,发出声讨。

《民主周刊》的这种战斗精神与批判锋芒使国民党非常害怕。他们采用卑劣手段对《民主周刊》的每一期稿件都进行审查,扣压稿件,"时评栏"就经常"开天

---

① 《闻一多全集》第2卷,武汉:湖北人民出版社1993年版,第442页。

窗"。闻一多就采用在空白处填字的方式进行斗争。"全文被扣,迫于时间,无法另撰,且出版时间,亦因此延误,谨向作者、译者及广大读者致歉。"以此对国民党的审查制度进行揭露。闻一多确实为《民主周刊》的编辑出版付出了巨大的精力,使《民主周刊》成为昆明大后方这个坚强的"民主堡垒"的喉舌。

三、"把民主的声音喊得更响一些!"

闻一多在生命的后期,把全部精力都投入了民主运动。创办刊物,以刊物来传播民主思想,成了他的一项重要工作。抗战胜利后,闻一多帮助昆明的进步青年创办起了《人民周报》《大路周报》《文艺新报》《昆明新报》《妇女旬刊》等刊物。他还对编辑工作进行具体指导,为培养青年人的写作能力,亲自对稿件审读加工。他还协同赵沨、金若年同志创办了一个文艺刊物《人民艺术》,并亲自题写了刊名。但这个16开本的刊物只出了两三期,就被反动派禁止出版了。闻一多还曾受党组织的委托,与有关同志创办了《时代评论》周刊,这是一个专为高级知识分子参加民主运动提供论坛的政论性刊物,他邀请张奚若、楚图南、闻家驷、尚钺、费青、向达、吴富恒、吴晗、费孝通等著名学者组成编委会,请费孝通担任主编。他还积极负责筹措了四期的纸费印刷费,介绍地下党办的印刷厂帮忙承印《时代评论》。

闻一多创办刊物,担任民主周刊社社长,以宣传民主思想,是受到了时代潮流的推动和时代精神的影响。1946年5月4日,他所在的昆明"西南联大"将"复员",闻一多对一批青年人谈了自己今后的打算:

> 此身别无所长,能和你们继续在一起工作,是我最大的幸福!能在北平,让继续教书就教书,不让教也好。也想像在昆明一样,编刊物,那儿如果条件方便可以多办几个刊物,最好能办一张报纸,一张民主日报,爱国的日报,把民主的声音喊得更响一些!①

他想到的还是编刊物、办报纸来宣传民主。闻一多从青年时代担任《清华周刊》的编辑就为民主而呐喊,晚年他担任《民主周刊》的社长,更是高举民主的旗帜,民主精神贯注了他的一生。

1946年7月15日,他在民主周刊社和社里的同志谈话,希望大家坚持工作,克服困难,争取刊物能继续出版。当他离开民主周刊社时,这位为民主而奋斗了

---

① 转引自王康:《闻一多传》,武汉:湖北人民出版社1979年版,第411页。

一生的战士不幸遭受国民党特务的暗杀。

从1916年到1946年,闻一多的编辑活动延续了整整30年。这30年是中国现代史上中国人民的爱国民主运动不断高涨的30年。闻一多生逢其时,走在时代大潮的前头,以他编辑与主持的《清华周刊》《民主周刊》等刊物参与了爱国民主运动;即使是他倡议创办和编辑的《诗镌》,也是主张文艺运动与爱国运动相结合。闻一多是爱国的诗人,民主的战士。作为诗人,他以诗人来编辑《诗镌》;作为学者,他以学者来主编《语言与文学》;作为战士,他以战士来编辑和主持《清华周刊》和《民主周刊》,这就是闻一多所走过的编辑道路。

第十一章

瞿秋白:"忠实的共产党员编辑"

瞿秋白(1899—1935)对革命事业的贡献是多方面的。说他是一个"编辑",因为他的一生与编辑活动紧密联系,从1919年11月创办《新社会》到1934年2月主编《红色中华》,15年中他直接编辑或参与编辑的报刊就有12种,他还编辑过一套大型丛书和8种书籍。1927年"八七"会议后,他以中央常委的身份担任党报总编辑,主持党的宣传工作。《第三国际的加入条件》第一条规定:"党的一切机关报,均须由已经证实为忠于无产阶级利益的忠实的共产党员编辑。"瞿秋白是完全符合这一规定的"忠实的共产党员编辑"——一个忠实于党的革命编辑家。

第一节 创办《新社会》与《人道》

1919年,五四运动爆发,瞿秋白"抱着不可思议的'热烈'参与学生运动"[1],天安门前的集会,火烧赵家楼的壮举,使他成为著名的学生领袖。五四运动后,在李大钊的倡导下,北京大学成立了"马克斯(今译马克思)学说研究会",瞿秋白此时读了俄文版倍倍尔的《妇女与社会》的某些章节,"对于社会——尤其是社会主义的最终理想发生了好奇心和研究的兴趣,所以也加入了"[2]。由于接受了马克思的社会主义学说,瞿秋白就想用自己的思想去影响社会,于是他与郑振铎、耿济之等人创办了《新社会》旬刊。

《新社会》于1919年11月1日创刊,开始的6期属于小型的报纸,都是4开1大张;1920年改为8开本的小册子,每册12至14页;到1920年5月1日被查封停

---

[1] 《瞿秋白文集·文学编》第1卷,南京:江苏省瞿秋白研究会1987年印,第25页。
[2] 瞿秋白:《多余的话》,《瞿秋白文集·政治理论编》第7卷,南京:江苏省瞿秋白研究会1987年印,第696页。

刊,共出了19期。《新社会》的发刊词阐明了该刊的宗旨:

> 我们社会实进会,现在创刊这个小小的期报——《新社会》——的意思,就是想尽力于社会改造的事业。……什么是我们改造的目的呢?我们向哪一方面改造?我们是向着德莫克拉西一方面以改造中国的旧社会的。我们改造的目的就是想创造德莫克拉西的新社会——自由平等,没有一切阶级一切战争的和平幸福的新社会。……我们的改造的方法,是向下的——把大多数中下级的平民的生活、思想、习俗改造起来;是渐进的——以普及教育作和平的改造运动;是切实的——一边启发他们的解放心理,一边增加他们的知识,提高他们的道德观念。①

这个发刊词由郑振铎撰写,表明了作者改造社会的良好愿望,但没有超出社会改良主义的圈子,因为它的方法仍不外是"和平的",而非革命的。这与瞿秋白本人的思想还是有一段距离的。瞿秋白在19期的《新社会》中共发表了20余篇文章,已经初步用历史唯物主义的观点来分析问题,主张比较彻底的革命论。如他在《社会运动的牺牲者》一文中写道:"我们想改良社会,最好是要能做到根本改革现社会一切组织的一步"②,而不能靠枝枝节节的改良。对伯伯尔(今译倍倍尔)"主张创造新社会——将来的社会,主张极激烈的改革运动——革命——根本的改造"③的观点也深表赞同。这就决定了瞿秋白的编辑思想较之郑振铎等人的社会改良主义来更进一步,因而在编辑过程中,常因编辑思想的不尽相同发生争论。郑振铎后来回忆说:"在编辑过程中也不是没有争论的,秋白那时已有了马克思主义者的倾向,把一切社会问题作为一个整体来看。我们其余的人,则往往孤立地看问题,有浓厚的唯心主义的倾向,有的还觉得他的议论'过激'。"④这正是他参加"马克斯学说研究会"的结果,所以比其他的编辑更多地接受了马克思的影响。当然,我们同时也应该看到,瞿秋白的编辑思想虽比《新社会》的同人更进一

---

① 郑振铎:《〈新社会〉发刊词》,《新社会》第1期(1919年11月1日),《郑振铎全集》第3卷,石家庄:花山文艺出版社1998年版,第3-4页。
② 载《新社会》旬刊第8号(1920年1月11日)。《瞿秋白文集·政治理论编》第1卷,北京:人民出版社1987年版,第51页。
③ 瞿秋白:《伯伯尔之泛劳动主义观》,载《新社会》旬刊第18号(1920年4月21日)。《瞿秋白文集·政治理论编》第1卷,北京:人民出版社1987年版,第79-80页。
④ 郑振铎:《记瞿秋白同志早年的二三事》,载《新观察》1959年第12期。

步,但是他所接受的也不完全是科学的社会主义。他自己就说:

> 我和菊农、振铎、济之等同志组织《新社会》旬刊。于是我的思想第一次与社会生活接触。而且学生运动中所受的一番社会的教训,使我更明白"社会"的意义。社会主义的讨论,常常引起我们无限的兴味。然而究竟如俄国十九世纪四十年代的青年思想似的,模糊影响,隔着纱窗看晓雾,社会主义流派,社会主义意义都是纷乱,不十分清晰的。①

可见,瞿秋白的思想也还在转变过程中。

尽管《新社会》的编辑同人在指导思想上有不完全一致处,但它毕竟是"五四"时期重要的进步刊物,与《新青年》《新潮》《国民》《曙光》等刊物并列为当时全国最有影响的5家刊物。它直接面向青年,比较广泛地讨论了社会改造、妇女解放、知识分子的前途等问题,因而发行范围也较广,远在东北、四川、广东、广西、上海等地都有该刊的读者。由于它攻击旧社会,抨击旧文化,宣传反帝反封建的思想,鼓吹社会改造,因而"出版不到半年,乃被北方当局视为反动刊物之一。盖当时,凡有'社会'二字者皆受嫌疑,况复冠以'新'字"②。瞿秋白后来去了苏联仍念念不忘他们创办的短命的《新社会》,他在《饿乡纪程》一书中追记道:"我们中当时固然没有真正的'社会党',然而中国政府,旧派的垂死的死神,见着'外国的货色',——'社会'两个字,就吓得头晕眼花,一概认为'过激派','布尔塞维克','洪水猛兽'——于是我们的《新社会》就被警察厅封闭了。"③

《新社会》5月1日被封,《人道》月刊就于8月5日创刊,时间仅隔3个月,可见瞿秋白等人那种不屈不挠的抗争精神。遗憾的是,《人道》仅出一期就停刊了,原因是:一、经费缺乏;二、编辑思想分歧。郑振铎等人欲以"人道""救人类于灭亡",认为"人道",就是仁与义,"仁是爱人的,义是克己的;一切的道理都可以包括在这两个字里头"。"人道就是仁义底实践。"④而瞿秋白则认为:"《人

---

① 《瞿秋白文集·文学编》第1卷,南京:江苏省瞿秋白研究会1987年印,第26页。
② 郑振铎:《中国文学论集序》,《郑振铎全集》第6卷,石家庄:花山文艺出版社1998年版,第689页。
③ 瞿秋白:《饿乡纪程》,《瞿秋白文集·文学编》第1卷,南京:江苏省瞿秋白研究会1987年印,第27页。
④ 郑振铎:《人道·宣言》,载《人道》第1期(1920年8月5日)。《五四时期期刊介绍》第1集,北京:三联书店1978年版,第411、412页。

道》和《新社会》的倾向已经不大相同。——要求社会问题唯心的解决。振铎的倾向最明瞭,我的辩论也就不足为重;唯物史观的意义反正当时大家都不懂得。"①因此,他在《人道》上只发表了一篇在《新社会》没有发完的散文《心的声音》。

在五四运动后,瞿秋白与同人创办的《新社会》与《人道》,一方面因"改造社会"的共同的编辑思想使他们走到了一起;另一方面瞿秋白的思想又在郑振铎等人之前,这就有了后来的变化,郑振铎等人在"五四"退潮后走上了文学编辑道路,而瞿秋白则继续他对社会的探索,到主编《新青年》时,他的思想已由一个"改造社会"的革命民主主义者转变到马克思主义立场上来,成为一个坚定的革命的"布尔塞维克",一个"忠实的共产党员编辑"了。

第二节 "忠实的共产党员编辑"

一、接编《新青年》

在第一次国内革命战争期间,瞿秋白主要负责党的宣传工作,是中央党报编辑委员会的负责人之一,"八七"会议后担任党报的总编辑。从1923年回国后的4年多时间里,他主编了《新青年》季刊、《新青年》不定期刊及《新青年社丛书》,主编了《前锋》月刊、《向导》周报、《热血日报》和《布尔塞维克》,还担任了其他一些报刊的编委。1928年4月到1930年7月,他在苏联期间还编辑、主编了一些刊物。这一段时期,瞿秋白的工作是十分繁忙的,但他自己却兴奋地对人说:"这样的工作比在大学讲台上有效得多。"瞿秋白作为共产党的领导人之一,忠实执行列宁的指示,努力办好党的机关报,因为,"没有政治机关报,……就不能有配称为政治运动的运动。没有政治机关报,就绝对实现不了我们的任务——把一切政治不满和反抗的因素聚集起来,用以壮大无产阶级的革命运动"②。为此,他把编辑党报党刊作为自己的职业和使命。

1923年,瞿秋白结束了对苏联的两年考察,刚回国不久,《新青年》季刊6月15日出版,瞿秋白担任该刊的主编。《新青年》原由陈独秀创办主编,在"五四"新文化运动中作出了巨大的贡献。中国共产党成立后,《新青年》改为中共中央的机

---

① 《瞿秋白文集·文学编》第1卷,南京:江苏省瞿秋白研究会1987年印,第27页。
② 列宁:《从何着手?》,《列宁全集》第5卷,北京:人民出版社1986年版,第7页。

关刊物,并由月刊改为季刊,瞿秋白即是从改为季刊时接任主编的。1924年7月后,曾由陈独秀、彭述之主编过几期,后来仍由瞿秋白主编。只是到了《新青年》的后期,党的"四大"曾决定把季刊再改为月刊,"使其根据马克思列宁主义的见地运用到理论与实际方面,作为有系统的多方面问题的解释,以扩大我们宣传范围"①。但是,因为各方面原因,月刊未能按期出版,成了不定期。瞿秋白主编《新青年》(不定期刊)直到1926年7月终刊为止,在《新青年》杂志前后共出版的3年9期中,瞿秋白主编了其中的7期。

瞿秋白主编《新青年》,始终坚持党的办刊原则,以马克思列宁主义作为他编辑该刊的指导思想。因此,他主编的《新青年》杂志(季刊与不定期刊)表现出鲜明的编辑特色。

首先,他的编辑导向非常明确,那就是以马克思列宁主义为指针。他把列宁、斯大林的著作及国际共产主义运动的经验作为编辑的重要内容,有关这方面的文章,在9期中即编发了22篇之多。1923年6月15日,《新青年》季刊创刊号问世,瞿秋白把创刊号编成《共产国际号》专刊,并亲自题写刊名,设计封面,封面的中心是监牢的铁窗,一只有力的手从铁窗中伸出,手中握着鲜红的飘展的绸带,铁窗下写着一句话:"革命党自狱中庆祝革命之声。"创刊号的15篇著译文章中,瞿秋白著有6篇,即《新青年之新宣言》(发刊词)、《世界的社会改造与共产国际》、《现代劳资战争与革命》、《东方文化与世界革命》、《世界社会运动中共产主义派之发展史》和《译罗素之社会主义观》,还翻译了列宁在共产国际第四次世界大会上报告的全文——《俄罗斯革命之五年》,摘译了斯大林的《论列宁主义基础》。《新青年》改为不定期刊后,瞿秋白把第1期编成《列宁号》特大刊,更集中地宣传介绍列宁和列宁主义理论。《列宁号》与陈独秀时期的《新青年》6卷5期的《马克思主义研究专号》前后辉映,珠联璧合,成为最早宣传马克思主义的专号。《新青年》的终刊号又是以《世界革命专号》结束的,在这个专号上瞿秋白编撰了《世界革命运动年表》,从"古代各国奴隶平民之暴动",一直编到1926年5月。该专号领头论文是陈独秀的《世界的及中国的赤化与反赤之斗争》。《新青年·世界革命专号》特大终刊有20余万字,份量是相当重的。从这里可以看出瞿秋白作为一个编辑家的胆识与气魄。

其次,瞿秋白把党的"三大""四大"制定的路线、方针和政策,即与国民党合

---

① 《对于宣传工作之议决案》,载《中国共产党第四次全国大会议决案及宣言》,中国共产党中央执行委员会印行,1925年2月。

作、改组国民党成为民族民主革命统一战线,以及有关国民革命运动的一系列问题作为刊物编辑工作的一个重点,扭转了陈独秀、彭述之主编的两期中出现的右的倾向,使后期《新青年》走向正确轨道,成为中国革命中最有权威的杂志。

第三,在思想战线上,瞿秋白主编的《新青年》非常富有战斗性。当时中国思想界流行着两种主观唯心主义,即梁启超、张君劢的不可知论和胡适、丁文江的实用主义。瞿秋白认为:

> 思想战线上,我们不能不对当代"伟人"梁启超、章行言、梁漱溟、张君劢、戴季陶、胡适之、《独立青年》派,以及帝国主义御用的曾(琦)、左(舜生)、李(璜)……下无情的攻击。这不但是无产阶级的最高命令,不能不服从,而且是这个民族——国民革命之利益所要求的。①

因此,在《新青年》杂志上他编发了一系列文章,对思想界的唯心主义思潮"下无情的攻击",澄清了思想界的混乱,使马克思主义真正战胜了唯心主义后成为思想领域的理论指南。

上述几点编辑特色,真正体现了《新青年》作为"中国真革命思想的先驱","中国无产阶级革命的罗针"②的特色。

二、主编《新青年社丛书》

《新青年》停刊后,瞿秋白继陈独秀主编《新青年丛书》之后,又主编了一套大型丛书《新青年社丛书》,于1926年至1927年由新青年社出版。

瞿秋白主编的这套丛书共有12种,即:(1)《劳动运动史》,编者施光亮,1922年由中国劳动组合书记部发行初版,1926年10月出第3版时,收入《新青年社丛书》。(2)《共产主义的ABC》,布哈林著,未署译者姓名,1926年1月初版。(3)《中国革命问题论文集》上、下册,新青年社编辑,有500余页,选编发表于《新青年》《向导》《前锋》中讨论中国革命问题的论文40余篇,1926年9月初版。(4)《农民问题》,布哈林著,新青年社编译,扉页印有"贡献这个译本给我的成仁同志李慰农——译者",1926年11月初版。(5)《马克思主义者的列宁》,布哈林

---

① 转引之杨之华:《一个共产党人——瞿秋白》(未定稿),1951年。
② 瞿秋白:《〈新青年〉之新宣言》,《新青年》(季刊)第1期,1923年6月15日。收《瞿秋白文集·政治理论编》第2卷,南京:江苏省瞿秋白研究会1987年印,第12页。

著,扉页上印有"贡献这个译本给中国共产党第五次大会——译者",并附有列宁像和布哈林演说像,1927年1月初版。(6)《列宁主义概论》,斯大林著,本书未印译者名,实为瞿秋白,是直接从俄文翻译的斯大林著作最早中文本,1927年1月初版。(7)《经济科学大纲》上、下册,蒲格达诺夫著,施存统译,有566页,1927年1月初版。(8)《世界劳工运动现状》,洛若夫斯基著,瞿秋白译,1927年4月初版,长江书店总发行。(9)《劳农政府之成功与困难》,列宁著,墨耕(即李梅羹)译,1927年3月出版。(10)《无产阶级之哲学——唯物论》,哥勒夫著,瞿秋白译,1927年3月初版。(11)《资本主义的稳定与无产阶级革命》,布哈林著,陆定一译,1927年2月初版。(12)《共产国际党纲草案》,王伊维译,1927年4月初版①。

这套丛书与陈独秀主编的《新青年丛书》相比,有了两点提高。

首先,在编辑思想上有明显的提高。这主要表现在选题上,瞿秋白对选题精心规划,他想通过三方面的努力较完整地介绍马克思主义:(一)翻译列宁、斯大林、布哈林、蒲格达诺夫等无产阶级革命领导人的权威理论著作,以系统地介绍马列主义基本理论;(二)介绍苏联和共产国际的实际工作经验,用来作为中国革命的借鉴;(三)直接研究和讨论马列主义如何与中国革命实践相结合的问题。这套丛书的选题,反映了中国共产党成立后,革命斗争中所遇到的实际问题,也标志着共产党人通过大革命的实践,思想正渐趋成熟②。而《新青年丛书》既收有马克思主义的书籍又收有资产阶级学者的书籍,编辑思想既不鲜明又很混乱。

其次,这套丛书在编辑和印刷的业务水平上也有所提高。如有的书附有原作者肖像、附录和注释,有助于读者的阅读和理解;而且每本书的封面上都有红色或套色印明"全世界无产者联合起来",使书籍显得醒目、鲜明,印刷也很精美。

三、创办党报党刊

(一)《前锋》

《前锋》月刊是在《新青年》季刊创刊半月后于上海出版的,它是中共中央的机关刊物,由瞿秋白担任主编。《前锋》出版的时间较短,从1923年7月1日至1924年2月1日,只有7个月时间,共出了3期。这是一种16开本的杂志,原定为月刊,但实际上未能按期出版。瞿秋白主编《前锋》与其《新青年》不同,它的

---

① 曹予庭:《〈新青年丛书〉与〈新青年社丛书〉》,《上海出版工作》1981年第6期。
② 姚福申:《中国编辑史》,上海:复旦大学出版社1990年版,第335页。

编辑特色主要表现在：内容上重实际，用调查材料和统计数字，剖析各国帝国主义对中国的军事、政治、经济、文化侵略的共同本质和不同手段，揭露军阀政府的独裁统治，论证中国社会革命问题，介绍苏联的建设和亚非殖民地状况，对党的建设有一定指导作用。

（二）《热血日报》

1925 年，上海发生了震惊全国的"五卅"惨案。为了发扬"民气"，中国共产党于 1925 年 6 月 4 日创办了通俗性政治报纸——《热血日报》，由瞿秋白主编。这是瞿秋白为党创办的第 1 种日报，4 开版，半公开出版，设有"社论""本埠要闻""国内要闻""紧要消息""国外要闻""舆论之裁判"等栏目和专栏，还辟有副刊《呼声》以刊登短小时评、读者信稿、大众化文艺作品。

这份报纸的编辑特色就在于它的通俗性。瞿秋白为了让一般工人群众都能看懂，就特别注意文字的通俗，力求用口语，尽量使用方言，文章的观点开门见山，文章的篇幅尽量缩短，使工人群众有空看、看得懂、喜爱看。如瞿秋白在《热血日报》上先后选登了 6 首通俗歌谣：《平民歌》《罢市五更调（上海白）》《救国十二月花名》《五卅纪念曲》《泗州调·大流血》《泗州调·国民团结歌》等。瞿秋白在《罢市五更调（上海白）》前面加了编者按语："我们很想收集这种平民作品。因为只有在这作品里，我们才能够看见国际帝国主义压迫下的思想和情操。我们现在得到了这一首，先发表出来。如爱读本报者肯以自己搜集所得的寄来，我们一定择优发表。"①由此可见他对日报通俗性、群众性的重视。

《热血日报》的另一个编辑特色是，文章体裁形式多样，版面编排生动活泼，非常能激起读者的阅读兴趣。所以当它出版到第 10 期，"销数即达三万，投稿来信与亲来接洽者，日以百计"②。

由于报纸具有政治鼓动性和战斗性，出到第 24 期，即于 6 月 27 日被迫停刊。

（三）《向导》

《向导》周报是瞿秋白编辑和主编的党的一份重要机关报。《向导》创刊于 1922 年 9 月 13 日，瞿秋白于 1923 年到中宣部工作以后，就正式参加了《向导》的编辑和领导工作。《向导》的第一位主编是蔡和森。1925 年 6 月，他因病离职，由中宣部主任彭述之兼《向导》主编，与瞿秋白共同负责刊物的编辑方针。1926 年 7

---

① 转引自刘小中、丁言模编著：《瞿秋白年谱详编》，北京：中央文献出版社 2008 年版，第 185 页。
② 《〈热血日报〉启事》，见《热血日报》1925 年 6 月 24 日－27 日。

月,党的四届三中扩大会议以后,瞿秋白与陈独秀、彭述之的思想有严重分歧,在支持不支持农民运动、拥护不拥护北伐战争等问题上发生了激烈争论。瞿秋白的意见遭到排挤,他的文章也无法在《向导》上刊出,他从此便很少过问编务。《向导》在陈、彭控制下,完全改变了编辑导向,对农民运动不支持,对北伐战争表示反对,因而导致党内思想混乱,使党报在群众中的威信受到影响。1927年4月初,《向导》编辑部随同中央宣传部由上海迁至武汉,彭述之因故未到,瞿秋白便于此时代理中宣部主任兼《向导》主编,共出8期,后因形势逆转不得不于7月18日出到第201期后停刊。所以,瞿秋白实际上是《向导》周报的第三任主编。

瞿秋白编辑和主编的《向导》有三个特点:一是编辑思想十分明确。《向导》一开始就集中力量宣传党的第二次代表大会提出的打到帝国主义,打到封建军阀,把中国建成真正民主共和国的政治主张;二是十分重视对当前重大政治事件的评论,几乎每期都有《时事评述》《时事短评》等栏目;三是注意联系读者,重视报道各地革命运动的通讯。

(四)《布尔塞维克》

《向导》停刊后,瞿秋白又积极地为筹办新的中央机关报而奔走。经过一个月的努力,《布尔塞维克》报于1927年10月24日在上海创刊,编辑委员会以瞿秋白为主任,罗亦农、邓中夏、王若飞、郑超麟为编委,其后又增加到21人。《布尔塞维克》是中央机关的综合性刊物,内容包括"国内政治""国际状况""职工运动""农民暴动""中国革命问题""列宁主义理论问题""地方通讯"等专栏,先为周刊,后改为半月刊、十日刊、月刊。1928年2月末第19期后,由于中央调整路线、方针,暂时休刊。4月底,瞿秋白离开上海赴莫斯科,也就不再担任刊物的主编和领导职务。

瞿秋白主编《布尔塞维克》是在党的"八七"会议之后,此时他已是党的最高领导人,兼任中央宣传部部长,并任党报总编辑。陈独秀不再是党的总书记,但瞿秋白仍然请他为《布尔塞维克》写稿。这很能反映出他主编的气度。此后陈独秀在《寸铁专栏》共发表了100多篇短文。瞿秋白又很重视编委会集体的力量。当时《布尔塞维克》编辑部设在上海亨昌路418号(即愚园路亨昌里),瞿秋白则在福煦路民厚南里对面弄内。作为主编特别是他还担任党的更重要的职务,瞿秋白完全可以不必问得过细,具体编务由"驻刊"编委郑超麟处理就行了,但为了及时传达党中央的意见,指导工作,他每周都要来编辑部一次,代表中央常委主持召开编辑部会议,然后又代表编委会,向中央汇报党报的工作。这充分体现了他编辑工作的民主作风。

《布尔塞维克》创刊号的发刊词是瞿秋白撰写的。这个发刊词定下了刊物明确的编辑方向,即:"革命思想方面,比《向导》时期尤加十倍的必须有真正无产阶级政党——布尔塞维克主义的领导。"只有建立"布尔塞维克的精神和布尔塞维克的思想,然后中国革命之中方才有强固的健全的无产阶级政党做领导,才能彻底完成中国之资产阶级民权革命的任务"①。本着这种编辑指导思想,《布尔塞维克》以大量篇幅报道中共领导群众武装反抗国民党统治的英勇斗争,总结"八一"南昌起义的意义和教训,报道和歌颂海陆丰农民运动。在第 9 期和第 13 期出版《广州暴动特刊》之一和之二,还特辟"我们的死者"一栏,先后报道张太雷等烈士的生平事迹。但是,瞿秋白离开刊物后,该刊为王明等掌握,错误地宣传了"左"倾机会主义路线、政策,改变了瞿秋白制定的编辑导向,给革命事业造成了损失。当然,瞿秋白这时也犯了"左"倾错误。瞿秋白从创刊号开始到 1928 年 4 月赴苏,共主编了 19 期,除第 11 期的社论《苏维埃政权万岁》为郑超麟所写,其余 18 篇社论均出自瞿秋白之手。郑超麟的这篇社论未经瞿秋白审阅便发表,其中散布了错误的观点,对此瞿秋白专门撰写了《中国的苏维埃政权与社会主义》一文加以纠正,可见其对编辑方向的重视。瞿秋白赴苏后,仍关心指导《布》刊的工作。当 1928 年 10 月,郑超麟提出辞职时,李立三出于对瞿秋白的尊重,写信到莫斯科去征求瞿秋白对此的意见,瞿秋白表示同意,并从苏联派吴季严回国来接替《布尔塞维克》的主编工作。

从 1923 年 6 月到 1928 年 4 月,瞿秋白先后为中共中央创办了 5 份机关报,即《新青年》、《前锋》、《热血日报》、《向导》和《布尔塞维克》,还主编出版了一套大型丛书,即《新青年社丛书》12 种。在这些报刊上他发表了 170 多篇著译文章,为丛书翻译了 3 部著作。在第一次国内革命战争时期,瞿秋白为党的报刊、丛书付出了大量的心血,为党的报刊出版事业作出了巨大的贡献,也积累了丰富的值得研究和学习的编辑经验。他不愧是我党早期报刊的创始人,"忠实的共产党员编辑"。

四、其他编辑活动

瞿秋白在主编党的机关报期间,还进行了其他方面的编辑活动。

1. 主编《社会科学讲义》

1923 年夏,瞿秋白在上海大学工作,担任教务长兼社会学系主任。他为该系

---

① 瞿秋白:《〈布尔塞维克〉发刊露布》,载《布尔塞维克》创刊号 1927 年 10 月 24 日。

主编了一套教材《社会科学讲义》，共4集，分《现代社会学》、《现代经济学》、《社会运动史》、《社会思想史》、《社会问题》和《社会哲学概论》等6个部分，其中《现代社会学》和《社会哲学概论》为瞿秋白本人撰写。这套教材是共产党在初期阐述马克思主义学说的重要理论著作。瞿秋白主编这套教材与他主编《新青年社丛书》的编辑思想是一致的，那就是宣传马克思主义，让马克思主义在中国尽早普及。

2. 担任《民国日报》编委

1924年3月1日，瞿秋白担任了《民国日报》编辑委员。《民国日报》创刊于1916年，是孙中山领导的中华革命党主办的反袁报纸，具有革命性；到1924年国共合作，瞿秋白等共产党人参加了该报的编辑，大量地宣传马克思主义，同时加紧反对帝国主义的宣传。如瞿秋白为该报编辑了"五一""五四"专刊。为出版"五九"专刊，他又积极组稿，在致鲍罗廷的信中，他报告了将发表于这个专刊上的几篇反帝国主义的文章：(1)《揭露华盛顿会议》(陈独秀同志)；(2)《对〈字林西报〉一篇文章的回答》(由维经斯基执笔、瞿秋白署名)；(3)《关税问题》(瞿秋白)；(4)《列强侵略行为一览》(恽代英)；(5)《治外法权》(申同志)，等等。瞿秋白这种鲜明的宣传马克思主义、反对帝国主义的编辑主张，受到国民党右派的攻击。一张广州的报纸上说，《民国日报》"维护俄国人的利益"，成了共产党的报纸，瞿秋白因参加了编辑部，成了"俄国共产党在国民党中的执行委员"。对此攻击瞿秋白毫不示弱，他在报社积极参加反对国民党右派的斗争。斗争结果，革命的力量在报社占了优势，并迫使国民党右派领袖、《民国日报》主编叶楚伧退出报社。

3. 领导长江书店

1926年4月，共产党的出版发行机构长江书店在汉口创建，由瞿秋白领导，以编辑出版革命书籍为目的。汉口长江书店共编辑出版了五十多种书刊，大都是新青年社、人民出版社、上海书店出版物的重印。上述瞿秋白主编的《社会科学讲义》即由该店重版。其他如《向导》周刊、《中国青年》等期刊也由长江书店重版发行；此外，长江书店还新创刊《少年共产国际》和《赤女杂志》。瞿秋白还根据革命形势的需要，指示长江书店出版《向导周刊汇刊》第一至四集、《中国青年汇刊》第一至六集，大力宣传党的基本理论和政策。瞿秋白对毛泽东的《湖南农民运动考察报告》一文非常赞赏，该文在《向导》上只刊载了前半部分，因陈独秀、彭述之不支持农民运动而未完，是瞿秋白把它交由长江书店出单行本，他把书名改为《湖南农民革命》，并为之撰写热情洋溢的序言。在瞿秋白指导下，长江书店还曾出版了一种《革命日历》的出版物,它是寓知识性于教育内容之中的宣传品。汉口长江书店于 1927 年 8 月被查封。

4. 支持太阳社、创造社

在 1928 年 4 月,瞿秋白赴苏之前几个月,他帮助蒋光慈、钱杏邨、孟超、杨邨人在上海成立了无产阶级文学团体"太阳社",并支持他们成立"春野书店",出版《太阳月刊》。当时的创造社也曾得到过瞿秋白的支持,就在去苏联前半个月,他在一次主持召开的《布尔塞维克》编辑委员会议上,派郑超麟去创造社指导工作。

5. 在苏联期间的编辑活动

从 1928 年 5 月到 1930 年 7 月,瞿秋白在苏联期间,还编辑过中国劳动大学附属中国问题研究所创办的学术性俄文季刊《中国问题》;担任中国劳动者共产主义大学主办的《共产》杂志的总编辑,创刊号的《发刊词》和《编后》即由他所写。他还是《共产国际》中文版的编委,编辑的书则有《纪念澎湃》与《中国职工运动材料汇编》两种。

综观 20 年代瞿秋白的编辑活动,有几个鲜明的特点:一是积极为党创办机关报,体现了一个共产党人崇高的责任感和使命意识;二是把宣传马克思主义以推动中国革命作为编辑工作的首要任务;三是以党务指导编务,瞿秋白在党内担任许多领导职务,"八七"会议上他当选为党的最高领导人,不久他又担任了党报的总编辑,中央党报主任,这就使他的整个编辑工作都是在贯彻着党的指示精神,使党的机关报真正地体现了党性原则。

瞿秋白是以党的思想作为他编辑报刊的最高宗旨的,真正体现了一个"忠实的共产党员编辑"的精神。

第三节 领导"左联"时的编译成就

一、对"左联"的政治领导

瞿秋白于 1930 年 8 月由苏联回到上海,在第二年上半年他受中共中央委托,代管中央文化工作委员会("文委")的工作,担负起领导左翼文艺运动的重任。

瞿秋白领导"左联"十分重视办好"左联"的刊物。他在主持"文委"工作期间,曾邀请"左联"行政书记沈雁冰晤谈,提出改进"左联"工作意见:继续办好"左联"机关刊物《前哨》,作为"左联"的理论指导刊物;再办一个文学刊物,专门发表创作作品。沈雁冰根据瞿秋白的意见，同鲁迅、冯雪峰研究了两次，决定将已被查禁的《前哨》从第 2 期起改为《文学导报》继续出版，专登文艺理论研究的文章；同时创办了一个以登载文学作品为主的大型文学刊物，这就是 1931 年 9 月创刊的《北斗》，由丁玲主编。

瞿秋白着重在政治方向上领导"左联"的工作，使"左联"摆脱了左倾错误路线的影响。关于瞿秋白对"左联"的政治领导作用，茅盾有一段回忆说：

> 从"左联"成立到一九三一年十一月是"左联"的前期，也是它从左倾错误路线影响下逐渐摆脱出来的阶段；从一九三一年十一月起是"左联"的成熟期，它已基本上摆脱了"左"的桎梏，开始了蓬勃发展、四面出击的阶段。促成这个转变的，应该给瞿秋白记头功。①

瞿秋白对"左联"的另一方面影响作用，是积极支持创办刊物，并在这些刊物上发表了大量文艺论著，从文艺思想、文艺理论上指导左翼文艺运动。

二、"左联"时期编译的特殊贡献

瞿秋白在"左联"时期的三年中，除了自己著作的上百万文字外，还编译了《"现实"——马克斯主义文艺论文集》，编选了《鲁迅杂文选集》，和鲁迅合编了《萧伯纳在上海》和《引玉集》。

（一）《"现实"——马克斯主义文艺论文集》

《"现实"——马克斯主义文艺论文集》是瞿秋白于 1932 年根据苏联公谟学院（komakademie）主办的《文学遗产》第 1、2 期的材料选译编辑而成的。这是一部涉及马克思主义美学和文学理论诸多重要问题的研究层次很高的科学著作。全书共约 15 万字。内中编译的文章大致可分四部分：第一部分有《马克斯、恩格斯和文学上的现实主义》、《恩格斯论巴尔扎克》（即今译《恩格斯致〈城市姑娘〉作者哈克纳斯的信》）、《社会主义的早期"同路人"——女作家哈克纳斯》。第二部分有《恩格斯和文学上的机械论》、《恩格斯论易卜生的信》（即今译《弗·恩格斯给保尔·爱因斯特的信》）。第三部分有《文艺理论家的普列哈诺夫》，以下为当时新发现的普氏论文 4 篇——《易卜生的成功》、《别林斯基的百年纪念》、《法国的戏剧文学和法国的图画》和《唯物史观的艺术论》。第四部分有《拉法格和他的文艺

---

① 茅盾：《"左联"前期》，载《新文学史料》1981 年第 3 期。

批评》、《左拉的〈金钱〉》(拉法格作)、《关于左拉》。在这些文章中,有的是瞿秋白结合当时中国文艺界的现象撰述的,在该书的后记中,瞿秋白说:

> 关于现实主义,关于机械论,关于普列哈诺夫的错误和价值,关于拉法格的优点和缺点,以及关于左拉的那几篇,就都是根据塞勒尔、伊颇里德、哥芬塞菲尔、爱亨霍尔茨等的考证和解释的论文,而自己编过的;当然,这里,不免略为(着重号原有)关涉到中国文学界的现象,这是完全由编者负责的。①

瞿秋白编译的这部书是把马克思、恩格斯论文艺的著作介绍到中国来的第一部,在传播马克思主义文艺理论方面具有开创性意义。在文章的编排体例上也很能反映出瞿秋白那种以马恩文艺理论为冠的编辑思想。因此,此书的出版受到鲁迅的赞赏:"今年有一本《写实主义论》(即《"现实"——马克斯主义文艺论文集》——引者注)系由编译而成,是很好的。"②

(二)《鲁迅杂感选集》

《鲁迅杂感选集》编于1933年4月,同年7月由青光书店出版,立即震动了文化界,引起强烈的社会反响。瞿秋白的《序言》被认为是全面完整地评价鲁迅的一座里程碑。瞿秋白是把编辑《鲁迅杂感选集》当作文化革命战线上的一个重大任务来完成的,他说:"我有必要选编他的杂感,不但因为这是中国思想斗争史上的宝贵的成绩,而且也为着现时的战斗。"③鲁迅是文化革命的主将,然而形形色色的反动文人惧怕鲁迅,诬蔑鲁迅,贬低鲁迅杂文的战斗意义,说他是一个"杂感家"④;有的进步刊物也攻击他是"封建余孽""二重反革命"⑤。因此正确评价鲁迅,肯定鲁迅的方向,对左翼文化运动的健康发展非常重要。瞿秋白正是把革命文化运动的方向就是鲁迅的方向作为编辑这本选集的宗旨的。为了能够正确地本质地把握鲁迅杂文的精神,他认真地通读了从《坟》到《二心集》跨度14年的全部杂文,精选出75篇,编成了《鲁迅杂感选集》一书。书编好后,他想到还要写一

---

① 瞿秋白:《〈"现实"——马克斯主义文艺论文集〉后记》,《瞿秋白文集·文学编》第4卷,南京:江苏省瞿秋白研究会1987年印,第225－226页。
② 鲁迅:《致徐懋庸信》,《鲁迅全集》第12卷,北京:人民文学出版社1981年版,第303页。
③ 转引自杨之华:《回忆秋白》,北京:人民出版社1984年版,第126页。
④ 鲁迅:《三闲集·序言》,《鲁迅全集》第4卷,北京:人民文学出版社1981年版,第3页。
⑤ 杜荃:《文艺战线上的封建余孽》,《创造月刊》第2卷第1期。

篇序。"在动笔之前，秋白同志曾不断向鲁迅探讨研究，分析鲁迅的代表时代的前后变化，广泛披览他的作品，当面询问经过。"①正是在做了大量细致的准备工作基础上，瞿秋白撰写了长达16 000余字的《序言》。在这长篇《序言》中，瞿秋白从《文化偏至论》期青年鲁迅的先进思想形成起，顺着历史的轨迹和鲁迅杂文在历史轨迹上的印痕，一直谈到鲁迅向马克思主义转变期的《三闲集》和《二心集》中的一系列闪耀着无产阶级战斗光芒的杂文，终于得出结论：

鲁迅从进化论进到阶级论，从绅士阶级的逆子贰臣进到无产阶级和劳动群众的真正的友人，以至于战士，他是经历了辛亥革命以前直到现在的四分之一世纪的战斗，从痛苦的经验和深刻的观察之中，带着宝贵的革命传统，到新的阵营里来的。（着重号原有）他终于宣言："原先是憎恶这熟识的本阶级，毫不可惜它的溃灭，后来又由于事实的教训，以为惟新兴的无产者才有将来。"②

瞿秋白对鲁迅思想转变的揭示无疑是非常深刻而正确的，在近百年中为许多鲁迅研究者所称引。就连鲁迅本人对这部选集尤其是这篇长序也非常看重，而且在他的心里也确实发生了对战友的非常深刻的感激，因为，瞿秋白同志"对鲁迅先生的杂文的战斗作用和社会价值给以应有的历史性的估计（这样的看法和评价在中国那时还是第一次）"③。鲁迅还为这部杂感选集的出版花费了很大精力，在经济上也作出很大的牺牲。瞿秋白编成的《鲁迅杂感选集》是鲁迅文库中第一部杂文选，直到今天这部选集以及瞿秋白的编辑思想对我们编文选仍有指导的意义。

（三）《萧伯纳在上海》

《萧伯纳在上海》一书是瞿秋白与鲁迅合编而成。1933年2月17日，英国著名剧作家萧伯纳来到上海；3月，《萧伯纳在上海》一书即由上海野草书屋出版。速度之快着实惊人！为什么要编辑这本书？萧伯纳在上海只呆了几个小时，然而竟成为上海各家新闻报刊的议论中心，一时之间出现了大量的报道和评论，甚至

---

① 许广平的回忆，载《语文学习》1959年6月号。
② 瞿秋白：《〈鲁迅杂感选集〉序言》，《瞿秋白文集·文学编》第3卷，南京：江苏省瞿秋白研究会1987年印，第115页。
③ 冯雪峰：《回忆鲁迅》，载《鲁迅回忆录·专著》（中册），北京：北京出版社1999年版，第640页。

在全城传遍了萧的"幽默""讽刺""轶事",关于他的记载,中、美、俄、日各报上,互相参差矛盾得出奇,捧与骂、冷与热、庄与谐样样都有。当时瞿秋白夫妇正在鲁迅家中避难,他与鲁迅一致认为"这不是一件小事情",便决定把这些评论收罗起来,编辑成书。于是许广平跑到北四川路一带,从大小报摊搜集当天各种报纸;鲁迅与瞿秋白边看边圈定篇目,许广平和杨之华忙着剪贴,连夜编辑成了《萧伯纳在上海》。鲁迅为该书写了序,瞿秋白翻译、注释、加按语,并写了引言《写在前面——他并非西洋唐伯虎》。鲁迅在《序言》中说:这本书"确是重要的文献。在前三个部门之中,就将文人,政客,军阀,流氓,叭儿的各式各样的相貌,都在一个平面镜里映出来了"①。瞿秋白则在引言中说:编辑这本书是为了"要把萧的真话,和欢迎真正的萧或者欢迎西洋唐伯虎的萧,以及借重或者歪曲这个'萧伯虎'的种种文件,收罗一些在这里,当做一面平面的镜子。在这里,可以看看真的萧伯纳和各种人物自己的原型"②。这就是他们编辑此书的目的。而此书的编成也成了他们友谊的象征,就连瞿秋白的署名也是用的鲁迅的一个笔名"乐雯",正表明这本书是他们战斗友谊的结晶。

(四)《引玉集》

《引玉集》是瞿秋白和鲁迅合编的又一本书。这是我国介绍苏联版画的第一本书,瞿秋白节译了楷戈达耶夫《十五年来的书籍版画和单行版画》一文作为该书代序。鲁迅在后记里说:"我毫不知道俄国版画的历史,幸而得到陈节(秋白笔名之一)摘译的文章,这才明白一点十五年来的梗概⋯⋯"由编辑这本书,鲁迅充满信心地写道:

> 历史的车轮,是决不因帮闲们的不满而停运的;我已经确切的相信:将来的光明,必然证明我们不但是文艺上的遗产的保存者,而且也是开拓者和建设者。③

他们编辑出版这本书的目的,是为了使中国美术家从中得到教益,努力创造出中国的光明的艺术作品。为此他们寓"抛砖引玉"之意将此书取名为《引玉

---

① 《鲁迅全集》第4卷,北京:人民文学出版社1981年版,第501页。
② 瞿秋白:《写在前面》,《瞿秋白文集·文学编》第2卷,南京:江苏省瞿秋白研究会1987年印,第300页。
③ 《鲁迅全集》第7卷,北京:人民文学出版社1981年版,第419页。

集》,该书 1934 年 3 月由三闲书屋出版。

  瞿秋白领导"左联"时间并不长,从 1931 年到 1933 年底,只 3 年时间。但他所做的工作是很多的。上述他建议创办"左联"刊物、编译编选以及合编的 4 种书,只是他全部工作的一小部分。但就是这些,贡献已是甚大了。瞿秋白是中国共产党的领导人之一,由于受到王明左倾路线的打击被排挤出中央的领导层,然而他却在文化领域如鱼得水。他著作和翻译的成绩全不去说,就他编辑的这几种书在"左联"时期也是一份特殊的贡献,特别是《"现实"——马克斯主义文艺论文集》与《鲁迅杂感选集》更有重大而深远的意义。

第四节　主编《红色中华》

一、接编《红色中华》与《关于〈红色中华〉报的意见》

  1934 年 1 月,瞿秋白受命离沪到"红色首都"瑞金,担任了国立苏维埃大学校长,并主编中华苏维埃共和国中央临时政府机关报《红色中华》。

  《红色中华》创刊于 1931 年 12 月 11 日,它最初是中央工农民主政府的机关报,后来改为中国共产党、中央工农民主政府、中华全国总工会、中国共产主义青年团的联合机关报,它是我党在根据地创办的第一张中央级的铅印大报。第一任主编是王观澜,他一直负责到 1932 年 8 月,以后,李一氓、沙可夫相继担任过主编。沙可夫 1934 年因病去苏联疗养,瞿秋白便于此时接替他担任了《红色中华》报的社长兼主编。

  早在上海时,瞿秋白就曾系统地研究过《红色中华》报。这是一份 4 开报纸,一般出 4—6 版,有时增出 8—10 版。初为周报,第 49 期改为 3 日报,第 149 期又改为双日报。该报以教育、组织群众参加根据地工农民主政权建设和革命战争为主要宗旨,除发表社论、专文、文件外,先后设有"要闻""专电""小时评""苏维埃建设""红色区域建设""中央革命根据地消息""党的生活""赤色战士通讯""红色小词典""工农民主法庭""红角""突击队""铁锤""警钟"等栏目,有不定期文艺副刊《赤焰》,常有木刻漫画和插图。红军获大胜时发行号外。该报的发行量由数千份增至四万份,发行到各个革命根据地,就是在偏僻的山区和国民党控制严密的中心城市,也可以看到《红色中华》报。瞿秋白在全面研究了《红色中华》的政治宣传、新闻业务和编辑情况后,以一个"忠实的共产党员编辑"对党的新闻编辑事业的赤诚与忠心,在上海地下党的刊物《斗争》第 50 期上发表了《关于〈红色中华〉报的意见》一文,肯定了《红色中华》报的成绩,同时针对报刊的缺点提出了六点意见:

第一、党报要反映党的建设。"各级党部的情形,各级党部在苏维埃地方政府之中的作用,各级党部的发展,各级党部的优点和错误等等,必须反映在这个报纸上。"

第二、要正确地在报上开展自我批评。"自我批评"虽然"已经有相当的发展,但是还不够"。对新闻报道,正反两方面,都要具体。

第三、要反映革命的各条战线的具体情形,一期一期继续报道下去,使读者对"当前最主要的事实和运动"获得"极清楚明了的概念"。

第四、加强社论、评论和论文的指导作用,"反对命令主义的倾向","反对官僚主义的恶习"。

第五、要开展"工农兵通信运动",组织"工农兵通信协会",发动群众写通信,"使苏维埃的新闻事业发展到更高的一个阶段"。

第六、建议发行最浅显的《工农报》。这是一种"真正通俗的,可以普及到能够勉强读得懂最浅近文字的读者群众的"报纸。出版这种报纸"在苏区,尤其是中央区,现在特别需要,而且也许是可能的了"①。

二、对《红色中华》报的改进

瞿秋白的这些意见对改进《红色中华》报编务工作无疑有益,但由于王明路线在党内占统治地位,他的意见即使在他担任《红色中华》报的社长兼主编时也无法完全付诸实践。尽管如此,瞿秋白还是积极地投入工作。在他主持《红色中华》报的一年期间,在宣传中心上很明确,在办报方法上也有所改进。

一是以第五次反围剿战争为宣传报道的中心,积极组编声援第五次反围剿的文章,如大量编发宣传扩大红军运动、报道革命根据地人民踊跃参军的模范事迹的稿件。

二是宣传节约粮食、节省经费支持红军的运动,号召人民为保卫革命根据地贡献出自己的力量。

三是组编报道苏区的"肃反"斗争、批评官僚主义的文章。

四是改进办报方法,依靠群众来办报。在这方面,瞿秋白做得很实在。他在

---

① 《瞿秋白文集·政治理论编》第 7 卷,南京:江苏省瞿秋白研究会 1987 年印,第 630 – 633 页。

报社成立了通讯部,拟订了开展工农通讯工作的计划,规定了帮助和培养通讯员的一套办法。报社给通讯员发了聘书,定期给通讯员发报道指示,并出版油印的《工农通讯员》,二十天或一个月出一次,每期三四张蜡纸,给通讯员讲如何写通讯,要求写什么稿,以及写作方法和注意事项等。通讯员队伍不断扩大,由开始的二百多人增加到近千人,形成了一个包括各地方、各系统的通讯网。

五是帮助各机关、各学校办好墙报作为党的机关报的辅助。瞿秋白动员领导同志带头投稿,组织大家画画、写歌,改变了单一报纸的形式。墙报办得好,也使党报有了更丰富的稿源。

1934年10月中央红军长征后,有部分编辑、记者跟部队走了,瞿秋白却和三四个同志留下来,继续编辑出版《红色中华》报。为了保守红军撤离苏区的秘密,《红色中华》仍以中共中央和中央政府机关报的面目出现,一切照旧:社址不变,印刷厂不变,版式不变。报纸内容仍以报道战争通讯为主,刊载军事电台收到的各苏区捷讯,但不提红军的行动情况。这可以看出他主编报纸的党性原则。在一个编委被捕叛变后,瞿秋白没有动摇,没有退却,仍带病和其他同志一起坚持报纸的正常出版,每周出二三期。以后,敌军逼近根据地,瞿秋白随军行动,一到宿营地,他就连夜写稿审稿,以保证报纸按时出版,直到1935年1月中央局正式决定突围转移时为止。瞿秋白把《红色中华》报坚持办到最后一期。

瞿秋白在主编党报期间,还编辑出版了中央苏区唯一的剧本集——《号炮集》。这是瞿秋白在领导苏维埃剧团时,剧社的同志根据他的意见个人创作和集体创作的剧本集,集中选编了《牺牲》《不要脸》《李保莲》《非人生活》《游击》等五个,瞿秋白为之作了序。《号炮集》油印出版了三百多本,发到全区。

1935年初,敌人开始向苏区"全面清剿",中央决定分头突围。2月11日,瞿秋白一行人离开瑞金,2月24日不幸被俘,6月18日,瞿秋白高唱《国际歌》,壮烈牺牲。

瞿秋白短暂的生命仅36年,而他的编辑生涯却有15年之久,起于《新社会》,终于《红色中华》。他的编辑活动与革命活动几乎是同步的。他把编辑党的机关报看作是自己的生命,付出了大量的心血和巨大的劳力。他在编辑领域创办、主编的报纸杂志即有近十种,还参与了其他一些报刊的编辑,主编或与人合编了数种书籍,这个成绩是多么的惊人。在瞿秋白整个编辑活动中,最突出的特点是他始终不忘自己是一个"共产党员编辑"。

是的,他不愧为"忠实的共产党员编辑"——一个真正的忠实于党的革命编辑家。

第十二章

夏衍:"去完成历史赋予的任务"

夏衍(1900—1995)一开始并非是从文的,这一点很像鲁迅与郭沫若。从1915年入杭州甲种工业学校,到1921年入日本明治专门学校电机科,他的中学、大学时代的专业都是工科。夏衍说,他的学习工科是在于对"穷困、压迫,封建制度和旧礼教的束缚,以及帝国主义对我们的侵略"①的强烈憎恨;是在于受"社会太不合理、太黑暗了,非彻底革命不可"②的信念所驱使。所以,他的选择"工业救国"的道路,是受当时时代潮流的影响,当时代赋予他新的使命时,他毅然弃工从文,为了革命的需要,为了党的事业而转入文化领域,从事杂志和报纸的编辑,走上了一条编辑道路。

第一节 "五四"时代的《浙江新潮》

五四运动掀起了彻底反帝反封建的浪潮,新文化运动也随之蓬勃开展,为适应这一时代潮流,当时的新型书报杂志如雨后春笋,各地小型的革命报刊更是风起云涌。据李龙牧《中国新闻事业史稿》说:这类刊物"总数达到五百种之多"。其中著名的有全国学联的《全国学生联合会日刊》,北京学联的《五七日刊》,陈独秀、李大钊主编的《每周评论》,毛泽东主编的《湘江评论》,恽代英主编的《武汉星期评论》,周恩来主编的《天津学生联合会报》,周恩来、邓颖超等主持的《觉悟》,赵世炎主持的《少年》,方志敏等主持的《新江西》等等,这些新型报刊无论是思想内容还是编辑形式,都富有革命色彩,充满着政治性和战斗性,成为反对封建军阀

---

① 夏衍:《走过来的道路》,《夏衍全集》第9卷,杭州:浙江文艺出版社2005年版,第372页。
② 夏衍:《当"五四"浪潮冲到浙江的时候》,《夏衍全集》第9卷,杭州:浙江文艺出版社2005年版,第386页。

政府、要求民主政治的锐利武器。而夏衍等人所编辑的《浙江新潮》也正是属于这一类型的刊物。

1919年10月10日,当时还在杭州甲种工业学校读书的夏衍与第一师范的俞秀松、施存统,第一中学的查猛济、阮毅成等27人为"五四"反帝反封建的新文化运动所冲击,在《新青年》《星期评论》《学灯》等刊物的影响下,在浙江创办起了《双十》旬刊。1919年11月1日出版,自第2期后改名为《浙江新潮》,周刊,4开4版。这是浙江第一个宣传社会主义的刊物。办刊的经费由学生自捐,并得到了一师校长经亨颐和教师陈望道、夏丏尊、刘大白、李次九、沈玄庐等人的资助。夏衍当时为办刊拿出了一元钱。他在晚年所写的《懒寻旧梦录》中,回忆自己积极办刊物的思想状况:"我当年十九岁,血气方刚,受到一些新文化影响之后,就一直在思索今后的出路。"由于看了克鲁泡特金的《告同志》,从而认识到问题的症结在于"改造社会",于是"很自然地、积极地参加到《双十》和《浙江新潮》的行列里去了"①。由于受到十月革命和五四运动的影响,夏衍等人的编辑思想非常鲜明,所编发的文章不仅反对帝国主义、反对封建军阀,而且倾向社会主义,提出了改造社会的伟大使命只能由工农劳动者来担任的主张。尽管夏衍等人对"什么是社会主义、共产主义,头脑里是并没有明确的认识的"②,只是"激于爱国热情,不满旧社会的黑暗,莽莽撞撞地在寻找革命的道路"③,才自觉不自觉地倾向于社会主义。在改刊的《浙江新潮》上,夏衍他们登出了发刊词,提出了他们的办刊宗旨,即:

> 四种旨趣:第一种旨趣,就是谋人类——指全体人类——生活的幸福和进化;第二种旨趣,就是改造社会;第三种旨趣,就是促进劳动者的自觉和联合;第四种旨趣,是对于现在的学生界,劳动界,加以调查批评和指导。④

在这篇发刊词里,夏衍等人已比较明确地提出了改造旧社会,实现理想中的"自由""互助""劳动"的新社会的目标,并以此作为编辑刊物的主张。由于刊物这种鲜明的政治倾向性,遂遭到浙江封建守旧派的反对,他们暗中支持并操纵一

---

① 《夏衍全集》第15卷,杭州:浙江文艺出版社2005年版,第21页。
② 夏衍:《走过来的道路》,《夏衍全集》第9卷,杭州:浙江文艺出版社2005年版,第371页。
③ 夏衍:《当"五四"浪潮冲到浙江的时候》,《夏衍全集》第9卷,杭州:浙江文艺出版社2005年版,第387页。
④ 夏衍:《当"五四"浪潮冲到浙江的时候》,《夏衍全集》第9卷,杭州:浙江文艺出版社2005年版,第387页。

师学生凌独见办了一张《独见》周刊专与《浙江新潮》唱反调(此人眇其一目,故"独见"之名有双关意)。加之《浙江新潮》第3期刊发了施存统批判封建伦理道德的《非"孝"》一文,更引起旧派人物的攻击,不久即被警察厅封禁,第4期拟迁上海出版,未能实现,连同《双十》在内,一共只出了4期。

夏衍参加《浙江新潮》的编辑,具体的工作是在每期刊物印出后装信封,写地址,贴邮票,但是就是这些琐细的工作却锻炼了他的编辑才能。因为一个编辑并非纯粹是审稿定稿,还有大量的编务工作要做,而装信封之类的编辑事务正是一个编辑人员份内的工作。夏衍由此而为今后走上自己独立主编报刊的道路打下了基础。除了编务工作之外,夏衍还在《双十》创刊号上发表了《评杭州的四家日报》,在《浙江新潮》第1号上发表了《印刷物也要管理的么》和《你没有看见么》等3篇文章向杭州的4家日报提出批评,对北洋政府制定的印刷品管理规则也进行了指控。夏衍一开始从事编辑工作就大胆地向旧刊物和反动的刊物管理制度挑战,确实表现出一个编辑家的勇气。夏衍后来在国统区从事新闻编辑,面对着国民党的报刊查禁制度而从容周旋,刊发一篇篇言词犀利的社论,反对日本帝国主义的入侵,揭露国民党蒋介石的卖国投降政策,实是他此时培养锻炼起来的反叛精神的发扬。《浙江新潮》不仅使夏衍对编辑事务有了实际的锻炼,更重要的乃是在他身上培养起了一种要求"言论自由"的富有革命性的编辑精神。

《浙江新潮》连同其前身《双十》虽只出4期,可是在当时的影响很是不小。从现在还能找到的一份《浙江新潮》上可以看出,它在全国已形成了一个相当广泛的发行网,分布于各地的"代派处"有三十几个,包括黑龙江、北京、湖南、湖北、武汉、南京、上海……甚至出国到了日本。在"代派处"的名单中载有"长沙马王街修养学校毛泽东君、南京高等师范学校杨贤江君",就很能说明这张报纸的性质。所以五四运动的领袖人物北京大学教授陈独秀,特地在他主编的《新青年》上写了一篇"随感录",对《浙江新潮》予以热情的赞扬,对夏衍的《评杭州的四家日报》与施存统的《非"孝"》也予以充分的肯定:"《浙江新潮》是《双十》改组的,……《浙江新潮》的议论更彻底,《非"孝"》和攻击杭州四个报——《之江日报》、《全浙公报》、《浙江民报》和《杭州学生联合会周刊》——那两篇文章,天真烂漫,十分可爱,断断不是乡愿派的绅士说得出的。"并希望《浙江新潮》的编辑者们在报社被封之后,还应当发扬《浙江新潮》的精神,永续和'穷困及黑暗'奋斗,万万不可中途挫折"①。

---

① 陈独秀:《〈浙江新潮〉——〈少年〉》,载《新青年》第7卷第2号(1920年1月1日)。《陈独秀著作选编》第2卷,上海:上海人民出版社2009年版,第156页。

夏衍的革命人生第一步,可以说是从编辑《浙江新潮》起始的,这也就使他与"编杂志、办报纸"结下了不解之缘。

第二节 "左联"时期的几个刊物

夏衍于1927年结束留学生活回国,参加了中国共产党,从事工人运动,发行党的秘密刊物,又到开明书店去译书。后来他与鲁迅等12人筹组"中国左翼作家联盟",并被选为"左联"的常务委员。

1930年3月15日,夏衍与"左联"作家叶沉、冯乃超共同参加了左翼戏剧刊物《艺术》的编辑工作,由夏衍担任主编。在《艺术》月刊上夏衍撰文对有声电影的出现发表了看法,认为有声电影"在一定时间之内"一定可以代替无声电影。《艺术》月刊创刊不久,就遭到国民党反动政府查禁。就在这年的6月,夏衍与叶沉、冯乃超又办起了一份戏剧杂志《沙仑》,仍由夏衍主编,以介绍无产阶级戏剧理论和创作为主要内容,但是仅出一期又遭查禁。这两份夭折的戏剧杂志对主编者夏衍来说也只是小试编辑才华,后来他又参与了"左联"外围刊物《文艺新闻》的编辑工作。

1933年春,成立了党的电影小组,夏衍任组长,主要开展了四个方面的工作,其中之一是抓住影评副刊,建设革命的电影理论。夏衍领导电影小组于1933年7月8日创办了左翼电影理论刊物《电影艺术》,在它的封面上鲜明地宣布办刊的宗旨:"公开的斗争,客观的批判,学术的介绍。"这是中国进步电影界的第一个理论刊物,为左翼电影理论的建设发挥了良好的作用。就在此时,发生了一桩事件:美国商人要在上海建立"美国注册"的"中国好莱坞",以达到其妄图吞并、独占中国电影事业的阴谋。夏衍立即领导电影小组在自己主办的杂志《电影艺术》上予以坚决地揭露与斗争,使其文化侵略的阴谋计划终于破产。同年9月,上海艺华公司老板严春堂在夏衍、田汉等人倡导下,正式成立了艺华影业有限公司,以田汉为主,夏衍等进入艺华公司担任影片编剧,在田汉负责的编剧委员会的主持下,又创办起了《艺华周报》,在创刊号上提出:"在全中国的劳动大众呻吟弥留于水旱兵疫的浊流中,一致把握着中国大多数群众的现实的要求去创制,去完成历史赋予的任务。"①

---

① 任钧:《力的生长》,转引自《中国电影发展史》,北京:中国电影出版社1980年版,第272页。

"左联"在1936年2月解散,夏衍就参加了中国文艺家协会的筹组工作,并在同年6月,与洪深在上海创办了《光明》半月刊,由两人共同主编这份文学刊物。内容以揭露日本帝国主义侵略,国内反动派对群众的压迫和鼓舞人民的斗志为中心,发表短小精悍的报告、特写。该刊出至第3卷第5期,抗日战争爆发,于是改出《光明战时号外》。到1937年10月出至第7期后停刊,两种共出了36期。夏衍在创刊号上发表了他的著名的报告文学,也是中国报告文学典范之作的《包身工》。《光明》半月刊是这一时期夏衍主编的几种刊物中编辑时间最长的一种,也使他的编辑才干在此得到了适当的施展。

在主编《光明》半月刊期间,夏衍还参加了《世界知识》与《妇女生活》的编辑工作。《世界知识》是一种国际时事政治性半月刊,由胡愈之、金仲华先后主编,在当时即与《太白》《文学》《译文》一起号称生活书店的"四大杂志"。《妇女生活》是反映妇女问题的综合性月刊,由沈兹九主编,夏衍帮助两刊的主持人编辑杂志,同时以朱惠的笔名为《妇女生活》撰写了不少"时事述评"。

在"左联"这一段时期,夏衍担任了3个刊物的主编,并参加了另外几个杂志的编辑。此时,他对编辑的整个流程已经是非常熟悉了。夏衍步入编辑家的行列,除了翻译、创作之外,他非常热衷于办杂志,在杂志出版界已是一名出色的作家型的编辑家了。

第三节　从《救亡日报》到《华商报》

一、受命总编《救亡日报》

1937年抗日战争爆发,夏衍又投身到抗日救亡的时代洪流中去。7月10日,夏衍受到中央领导周恩来的接见,并被安排做宣传统战工作。周恩来指出:

> 抗日战争不是很快能够结束的,今后,在一个相当长的时间内,你要在国民党统治区域工作,做宣传工作、统战工作。当然,你可以编杂志、办报纸、写文章,但一定要争取公开,只有公开合法,才能做统一战线的工作。宣传和统战,都是党的重要任务……①

---

① 转引自会林、绍武:《夏衍传》,北京:中国戏剧出版社1985年版,第136－137页。

周恩来的指示决定了他今后相当长一段时期内的工作重点。

(一)上海版的《救亡日报》

周恩来指示后,一份由"上海市文化界救亡协会主办"的《救亡日报》于1937年8月24日正式创刊了。这是一张有国民党人参加的统一战线性质的"文救"机关报,由郭沫若担任报社社长,夏衍担任《救亡日报》总编辑,阿英任编辑主任,国民党方面也出了一名总编辑和一名编辑主任。记者编辑绝大部分是由郭沫若、夏衍安排决定的。《救亡日报》创刊后,赢得社会各界著名人士的支持,宋庆龄、何香凝、冯玉祥、李公朴、邹韬奋、胡愈之、黄炎培、沈钧儒、千家驹、陶行知、郑振铎等纷纷为之撰稿。陈诚将军派人找郭沫若社长,一下子订阅了200份报纸到前线去散发。双十国庆,《救亡日报》共出6版,印108 000份,分发前线各部队慰劳将士。《救亡日报》是一张小型的4开报纸,它不登中央社、外国通讯社的消息,专以特写评论、实地采访,以及文艺作品为主要内容。由于《救亡日报》在创刊伊始即高举团结抗战的鲜明旗帜,以真诚的态度,丰富的内容,精辟的战局分析和实际的战地采访,赢得了广大读者的喜爱。创刊发行量即达1 000份以上,最多时销3 500份。作为总编辑的夏衍在这一阶段的工作主要是放在《救亡日报》的社务上面,所以才有如上草创的佳绩。1937年11月21日上海沦陷后,《救亡日报》被迫停刊。根据周恩来的指示,夏衍在上海沦陷后去广州复刊《救亡日报》。

在离沪去穗之前,夏衍又于12月9日创办了《每日译报》,这是一份4开小型日报,所有新闻和文章,都译自外国通讯社和在上海出版的外文报纸。在夏衍主持下,这份译报精心选择材料,揭露日本侵略军的暴行,报道抗日形势,宣传中共统一战线政策和抗战主张,为上海"孤岛"中的广大市民提供了大量的消息,每日销售万余份。但是只出了12期,就被日军通过租界当局下令取缔。此时,夏衍想留在"孤岛",周恩来给他的任务是到广州去办报,"你的工作是办报和做文化界的统一战线工作"①。

(二)广州版的《救亡日报》

1938年1月5日,夏衍经香港到广州,这时《救亡日报》已于元旦正式复刊了。广州版的《救亡日报》是一张合法的公开出版的报纸,与第十八集团军驻广州办事处联系,受廖承志直接领导。原在该报的国民党人或畏惧日寇的轰炸,或因贪污问题——离开报社,《救亡日报》已变成清一色的报纸了。作为《救亡日报》的主

---

① 夏衍:《巨星永放光芒》,《夏衍全集》第9卷,杭州:浙江文艺出版社2005年版,第437页。

持人,夏衍马上投入了紧张的工作,除审阅稿件、处理版面外,还要每天撰写二三千字的社论,再加上社外的一些事,工作确是很忙的,也遇到了一些棘手的问题。1938年4月下旬,夏衍带着问题到武汉向周恩来请示,周恩来与夏衍长谈了近4个小时,下达了明确的办报方针:

> 这张报纸是以郭沫若为社长的上海文化界救亡协会的机关报,这一点就规定了你们的办报方针。办成像国民党的报纸一样当然不行。办得像《新华日报》一样不合适。办成《中央日报》一样,人家不要看。办成像《新华日报》一样,有些人就不敢看了。总的方针是宣传抗日、团结、进步,但要办出独特的风格来,办出一份左、中、右三方面的人都要看,都欢喜看的报纸。你要好好学习邹韬奋办《生活》的作风。通俗易懂,精辟动人,讲人民大众想讲的话,讲国民党不肯讲的,讲《新华日报》不便讲的。这就是方针。①

夏衍按照周恩来的办报指示,宣传中共抗日民族统一战线,反映全国各阶层群众一致要求抗战到底、反对投降分裂的强烈愿望。这一时期报纸经常报导延安、武汉各战区前线通讯;报道各地军事、政治、文化、经济、青年运动等方面动态。夏衍还派出记者,访问晋察冀边区,报导平原游击战,还参与举办了庆祝台儿庄大捷及抗战周年纪念会、火炬游行等活动。夏衍还把毛泽东同志的《论持久战》在《救亡日报》上连载,这是这篇指导全国抗日运动的经典文献在华南地区首次公之于众,得到了读者强烈反应。1938年10月初,日军开始进攻广州,夏衍在给郭沫若社长电文中说:"社友一部暂撤梧州,此间尚安,报决维持至最后一瞬。"到10月21日,广州沦陷,《救亡日报》也不得不再次停刊。

(三)桂林版的《救亡日报》

为了使《救亡日报》在"文化城"桂林尽快复刊,夏衍先赴长沙向周恩来请求,再赴香港为《救亡日报》募捐经费,到1939年1月10日,《救亡日报》在桂林再次复刊。夏衍仍以总编辑的身份主持社务。这一时期的《救亡日报》,在编辑、发行、管理乃至文风等各方面,夏衍都进行了一定的改革,因而报纸的销路也有很大的发展,从二千份增加到三五千份,发行到湖南、江西、广东、四川乃至香港、南洋一带。以后,报纸的发行数又突破了八千大关,被同业认为是个"奇迹"。夏衍还为《救亡日报》办起了救亡通讯社、建国印刷厂和南方出版社。所有这些成绩,连夏

---

① 夏衍:《巨星永放光芒》,《夏衍全集》第9卷,杭州:浙江文艺出版社2005年版,第438页。

衍也不无兴奋地在《别桂林》一文中写道：三年来艰苦创业，终于有了一文化的堡垒——"一张可以勉竭驽钝，为国家民族尽一点力量的日报，一个规模很小的印刷所，一个通讯社，一个出版部，两种有近万读者的期刊，和一个预期能在今春开工的造纸厂"①。1941年1月，发生了震惊中外的"皖南事变"，国民党广西新闻检查所强迫《救亡日报》刊登国民党军委会命令宣布新四军"叛变"取消番号的"消息"，夏衍坚决拒登。2月28日，《救亡日报》被国民党当局勒令停刊。

抗战胜利后，《救亡日报》改名为《建国日报》，于1945年10月10日出版，仍由夏衍主编，以团结、民主、进步为宗旨，着重宣传反对内战和争取民主，但是仅出15号，即于10月24日被国民党上海市党部以"没有登记"为由，下令查封。

二、《救亡日报》的灵魂

《救亡日报》从创刊到最后停止出版，断续计3年有余。这份4开的小型报纸，在抗日救亡的前线与后方，发挥了强有力的战斗作用，而这是与总编辑夏衍分不开的。夏衍是《救亡日报》的核心与灵魂。

首先，他不仅是编者又是记者。他能编新闻、画版样、排版、校对，他还会排字和拼版，对报纸的印刷、发行等编辑事务他都过问。夏衍认为作为一个编辑，自己"不下排字房改版是懒惰，报也编不好"②。而作为新闻记者，夏衍在《救亡日报》的3年间为报纸撰写的社论、时论、短评就达480多篇，共计50万字左右。

其次，夏衍培养了一批青年编辑和记者。当时《救亡日报》的编辑记者多是年轻人，初出茅庐，没有办报经验，夏衍身体力行，像兄长似地手把手教他们采访、写稿、编辑，每天早晨拿到报纸便提起朱笔批示差错，贴在墙壁固定位置，让大家看。他还利用墙报，让大家轮流当主编，以锻炼他们的编辑才能。他亲自指导华嘉编辑《十字街》副刊。在他的培养下，高灏、高汾、何家英等人都成了优秀的编辑和记者。郁风深有感情地回忆道："就是在他的放手、宽松、鼓励的精神感召之下，我不知不觉地没感到吃力地走上了写作的道路，编辑的道路。"③

第三，夏衍注意对报纸进行改革。一是改革版面，办出报纸特色。《救亡日报》一向以专稿多、特写多、各地救亡通讯多、特辑多、各种文艺作品多而著名，在

---

① 《夏衍全集》第15卷，杭州：浙江文艺出版社2005年版，第240页。
② 郁风：《共有的信念》，载广西日报新闻研究室编：《〈救亡日报〉的风雨岁月》，北京：新华出版社1987年版，第60页。
③ 郁风：《共有的信念》，载广西日报新闻研究室编：《〈救亡日报〉的风雨岁月》，北京：新华出版社1987年版，第61页。

各版还辟有许多专栏,诸如"新闻简编"、"今日话题"、"街谈巷议"、副刊《文化岗位》上的"岗语"等,大多是一二百字一则甚至三言两语一则的小稿子。改革后的桂林版完全不同于上海版、广州版时的那种既不像杂志、又不像报纸的形式了。二是办好副刊和专栏。《文化岗位》是《救亡日报》的主要副刊,由林林编辑,夏衍辅导。这个副刊正如其名具有文化工作者的特色。主办过《留桂画家抗战画展特刊》《高尔基三年祭特刊》《音乐歌咏运动专刊》《电影工作介绍专页》《教育电影路向专页》《民族歌手聂耳先生逝世五周年纪念专刊》《七·七纪念歌咏大会特刊》《鲁迅先生逝世三周年纪念特刊》《鲁迅先生逝世四周年纪念特辑》《悼作家叶紫特刊》等。《文化岗位》还连载一些中篇小说,如杨朔的《帕米尔高原的流脉》等。《十字街》是一个通俗的趣味性的文艺综合副刊,它是由夏衍从《文化岗位》分出来的小副刊,交由华嘉编辑。夏衍在《十字街》"街谈巷议"专栏题为《第一天》中写道:"《救亡日报》今天另辟一个《十字街》,在这个小天地里,它将供给读者以轻松而不儇薄、多趣而不卑俗的材料,它或者足以博读者公余一粲。但是我们一定要做到这些材料的无毒与健康。"它的特点之一是经常刊出著名作家和知名人士的诗词,如郭沫若的《诗寿冯玉祥将军》《满江红并序》;柳亚子的《观〈国家至上〉感赋》《自由龛夜枉存赋谢两绝》;朱德的《移太行侧、寄语蜀中父老》《住太行春感》《出太行》《贺友人诗》;冯玉祥的《即席吟丘八诗》。另一个特点是辟有许多专栏。属于地方性的有:地方风光、地方小志、香港杂碎、上海特讯、孤岛点滴、海外束鸿、倭国奇谈等;属于科学技术知识方面的有:科学趣味、科学新闻、科学小品、数学趣味等;属于文教新闻的有:影坛新讯、学校风光、名人轶事等。其他还有:讽刺小说、狗物志、小幽默、欧战谈奇、小统计、读者小信箱等。另外还有个《邮票猎奇》,因为夏衍也是个集邮爱好者。而每天都有的专栏则是小言论《街谈巷议》《今日话题》。夏衍办报非常重视言论,常常撰写,有时同一天能为《社论》《岗语》《街谈巷议》专栏写三篇大小言论。《青年政治》是《救亡日报》又一个副刊,由郑公盾负责编辑。这是当时代表进步青年发表要求中国独立和民主自由言论的旬刊,每期约占全报的四分之一篇幅。《青年政治》从第1期创刊,每两周一次,共出了13期。在第4期刊出了《反汪专号》,第6期刊出了《纪念"五四",我们的自我检讨与努力——给四十年代的青年朋友》等文章。至于一些专刊特辑则有《漫木旬刊》《音乐阵线》《舞台面》等,团结了一大批文学艺术家。三是改革文风。为了使文章通俗易懂,易于为读者所接受,夏衍把新闻报道中常用的一些对读者不负责的词汇,如"云""云云"之类全部革除掉,端正了文风。四是进行"每日评报"制度。当每天一早报纸出来之后,夏衍先校看一遍,从版面安排,到新闻内容、形式、以及误植、衍文,一一用红笔批点,然后提出个人看法,征求大家意见。批改后,把这份报纸贴在通道墙上,让每个社员都有"评报"的权利。其他方面如发行、管理也都有了一定改进。

第四,夏衍创办了南方出版社和建国印刷厂。南方出版社1938年创办于广州。它是救亡日报社出版书和杂志《十日文萃》的一个工作部门。南方出版社的主要工作是出版旬刊《十日文萃》,它是在夏衍领导下在广州创刊的,只出了3期,即因广州沦陷而停刊,迁到桂林出到第9期因印刷困难而不得已停刊。到1940年7月又复刊。它始终是一本以时事政论为主、兼及文艺的综合性杂志。因为它是文摘性质,大部分稿件选用《新华日报》《救亡日报》上的好文章,借杂志形式再扩大宣传,故取名《文萃》。这是一本在国统区很有特色的杂志,每期印到八九千份。南方出版社出版的书有《南方文艺丛刊》,如《未死的兵》,日本石川达三著,夏衍译;《波兰烽火抒情》,陈原译;《人物创造与世界观》,周行译;《天才的悲剧》,司马文森著;《民族形式商兑》,郭沫若著。单行本则有鹿地亘著、夏衍翻译的《三兄弟》三幕剧,王震之的《矿山》(独幕剧集),孙慎编的《战地新歌》,何家槐编的《怎样做战地工作》等等。印刷厂是为了适应《救亡日报》的发展于1938年8月创办的。《救亡日报》原是委托"三户图书印刷所"代排代印的,因常常不能及时,加之这家印刷厂的铅字不全,于是决定自办印刷厂。夏衍亲赴香港,筹款买了一副新的五号字铜模,又自铸了一副铅字,在漓江南岸的白面山找了一块荒地,搭了几间茅屋,招募了十来个流浪在桂林的印刷工人,吸收了几个救亡青年作为排字工的学徒。就这样创办起了自己的印刷厂。此后《救亡日报》和南方出版社的书都由自己的印刷厂印刷。

夏衍作为《救亡日报》的总编辑,大到办厂,小到排字,几乎样样过问,所以金仲华赞扬他是个办报的全才,夏衍是当之无愧的。司马文森在《记夏衍》一文中指出由夏衍主持的《救亡日报》,"团结并教育了广大华南青年……。今天在华南解放区坚持斗争至十年以上的广大工作者,差不多没有一个不曾受过《救亡日报》影响的"[①]。这是《救亡日报》的贡献,也是夏衍对革命文化事业的贡献。

三、创办《华商报》及其他

《救亡日报》停刊后,夏衍到香港与邹韬奋、范长江等同志一起创办《华商报》。由廖承志确定了办报的方针,对内要求团结、民主、进步,反对分裂、独裁、倒

---

① 载《文艺生活》海外版第16期。

退，对外揭批绥靖政策与"东方慕尼黑"阴谋，并按照中央的指示精神，注意"有理、有利、有节"的斗争原则。这样，《华商报》就在1941年4月8日正式出版了。夏衍担任社务委员，主持一个通俗性的文艺副刊。另外，每月写几篇社论或时事述评之类的文章。《华商报》只出了8个月就在这年的12月12日，因太平洋战争爆发停刊，直到抗战胜利后，于1946年1月4日才复刊，并改为早报，而夏衍则是在1947年9月到1949年4月底这一期间，参加了《华商报》的工作。除为报、刊写些文章外，他帮助华嘉主编《华商报》的副刊《热风》（后改名《茶亭》）。华嘉为办好这个副刊，请夏衍出主意，于是夏衍就怂恿郭沫若写一篇抗战时期的回忆录，在《热风》上连载，后来整理成书为《洪波曲》。黄谷柳的《虾球传》续篇《白云珠海》也是在夏衍的推荐下在《热风》上连载的。针对读者的批评，如"态度不够鲜明""多用曲笔""文风太俗""不像一个革命文化人办的副刊"，夏衍在副刊上辟了个"读者与编者"的小栏目，写一些补白以沟通与读者的交流联系。1949年4月下旬，中央调夏衍等三人回北平，从此也就结束了他在《华商报》的工作。

夏衍在主编《救亡日报》和参加《华商报》编辑期间，还从事了其他一些报刊的编辑活动。《野草》，这是夏衍与聂绀弩等人1940年8月20日在桂林创办的。由夏衍倡议命名《野草》，用意在于：在那样的时局下，这个刊名可能给社会和文坛带来一点生气，引人略有所思。这是一份文学月刊，以提倡和发表短小精悍的杂文、时评为其特色，兼登短篇创作、评论和翻译，揭露国民党反动派的黑暗统治。1943年6月1日停刊，1946年10月1日于香港复刊。夏衍撰写了《复刊私语》。夏衍还在邹韬奋主编的《大众生活》杂志上担任编委；与田汉、杜宣一起编辑过戏剧刊物《戏剧春秋》；为陈铭德先生的《新民报》主编副刊《西方夜谭》（后由吴祖光接编）。1945年4月，夏衍被任命为《新华日报》代总编辑；以后，又与姚溱、金仲华出版了《消息》3日刊。1947年3月，由陈嘉庚任命为《南侨日报》主笔，为报纸撰写社论、专稿。

夏衍对抗战以后的办报活动有一段概述：

> 从抗日战争开始到全国解放，我由于偶然的机缘，当了十二年新闻记者。最初是在上海、广州、桂林的《救亡日报》；皖南事变后，到香港和邹韬奋、范长江等同志一起创办《华商报》；太平洋战争发生，香港沦陷，我到重庆进了《新华日报》。抗战胜利后，回上海恢复了《救亡日报》（改名《建国日报》）和《消息》半周刊，出了不久，被国民党封闭；接着我去新加坡，参加了胡愈之同志主持的《南侨日报》；在那里干了半年，被当地政府"礼送出境"，重返香港，又参

加了《华商报》的工作,直到1949年上海解放前夕,奉调离开香港。①

这里说的是记者生涯,实际也是一大段编辑经历。从1919年开始编辑《浙江新潮》,到1949年结束了在《华商报》的工作,夏衍的编辑活动长达30年之久,而这30年正是中国共产党领导的新民主主义革命的30年,夏衍伴随着民主革命的时代步伐走完了他建国前的编辑道路。夏衍编辑的每一个刊物都充满着强烈的时代精神。作为一个党员编辑家,夏衍出色地完成了时代赋予他的光荣使命。沿着他的编辑足迹,人们将永远记着他留下的《浙江新潮》《救亡日报》。

---

① 夏衍:《懒寻旧梦录》,《夏衍全集》第15卷,杭州:浙江文艺出版社2005年版,第210页。

第十三章

丁玲:"我一生当过编辑"

丁玲(1904—1986)在《我的自传》中说:"我一生当过编辑,编辑过党报副刊、文艺杂志、基层单位的黑板报、墙报、油印的小报。"①从 1929 年编辑《红黑》杂志,到 1985 年创办大型文学刊物《中国》,丁玲的编辑生涯历经了半个多世纪。丁玲的一生是始终坚持革命的一生,她主编的《北斗》,正是她一生的最好的象征。追求光明,向往革命,执著地热爱人民和祖国,是贯穿她一生编辑活动的一根红线。

第一节 "象征光明与黑暗"的《红黑》

丁玲于 1927 年大革命失败之后,不但没有被国民党反动派的白色恐怖所吓倒,反而以极大的革命激情奔向上海投身革命。1929 年 1 月,她与胡也频、沈从文创办起了"红黑出版社",出版《红黑》月刊,以实际的行动坚持文化领域里的战斗。在当时那种恶劣的政治环境下,为什么要以"红黑"为刊名?尤其是在国民党反动派大肆逮捕屠杀共产党人革命者的时候,却在刊名上出现了"红"字,丁玲他们何以如此大胆?在《红黑》创刊号的《释名》中,他们说:

> 红黑两个字可以象征光明与黑暗,或激烈与悲哀,或血与铁……的确恰恰是适合于动摇时代之中的人性的活动。……但我们不敢掠美,我们采用红黑为本刊的名称,只是根据湖南湘西的一句土话。例如"红黑要吃饭的!"这一句中的"红黑"便是"横直"意思,"左右"意思,"无论怎样都得的意思"。这

---

① 《丁玲全集》第 10 卷,石家庄:河北人民出版社 2001 年版,第 251 页。

意义,是再明显没有了。①

这段话实际上包含着两层意思,即"红黑"的象征意和本意。即使是那"横直"的本意,不也隐隐含着"革命"的意思吗?

这从《红黑》所发表的作品中就得到了证实。胡也频的《到莫斯科去》先是寄到小说月报社,"该刊编者翻阅着原稿,颇为他大胆的叙述所震动,但一看题目,便觉得触犯时忌的,只得告诉作者,为了'有违碍',难以发表"②。于是就在《红黑》月刊第7、8期上连载。丁玲还特地为此写了书评《介绍〈到M城去〉》,称赞这部中篇小说"是十年来文学作品中的一篇不凡的杰作"。"全篇以革命成功之后的一部分政局为背景,写出厌恶于新贵族生活,终于用坚强的意志而离开那环境,毅然走向M城去的一个新女性。在其中,和她最有联系的是一个政治家和一个×主义者,以及几个最解放的女子,和一个消极的悲观的男人。这些人物,从其中我们可以看到现今中国人的各种典型,而且使我们预料着这一个正在大变动的时代,最后,应该是一种怎样的倾向。"对于那个触犯"时忌"的书名,丁玲还特别提醒读者注意:"《到M城去》——只要知道这M城是一个什么地方,就可以想见这一篇小说思想集中的焦点了。"③丁玲这篇题为《介绍〈到M城去〉》的评论文章就刊载在《红黑》杂志的第7期上。由此也可见丁玲参与编辑的《红黑》月刊的革命倾向。丁玲还为该刊写了5篇小说。

由于债务问题,《红黑》月刊只出到第8期,即于1929年8月停刊。"红黑出版社"共出了七八本书(其中有丁玲编的《也频诗选》),也同时关门。丁玲后来回忆说:由于"我们三人都不会做出版生意,老是赔钱"④。"出版社关门后,剩下的事便是还债"⑤,最后一笔钱(350元)就是由丁玲还清的。丁玲在编《红黑》月刊和《红黑创作丛书》时,还为人间书店编过几期《人间》杂志。

---

① 转引自宋建元:《丁玲评传》,西安:陕西人民出版社1989年版,第106页。
② 瞿光熙:《胡也频两部小说发表的周折》,《新民晚报》1960年5月26日。
③ 丁玲:《介绍〈到M城去〉》,《丁玲全集》第9卷,石家庄:河北人民出版社2001年版,第6—7页。
④ 丁玲:《我与雪峰的交往》,《丁玲全集》第6卷,石家庄:河北人民出版社2001年版,第268—269页。
⑤ 丁玲:《胡也频》,《丁玲全集》第6卷,石家庄:河北人民出版社2001年版,第95页。

第二节　在"鲁迅领导下"主编《北斗》

"红黑出版社"与《红黑》月刊的创办，原是为了"维持生活"，"出点好书"①以与恶劣的环境作斗争，所发表的作品虽有革命文学，就丁玲来说，"以为不搞文学，专搞工作才是革命"②，因而她常"想冲出这黑暗的地狱"，"离开这旧的一切，闯进一个崭新的世界，一个与旧的全无瓜葛的新天地"。这个"新天地"就是"到江西去，到苏区去"③。丁玲认为只有到苏区去才有生活，才能写出革命作品，才能做实际的革命工作。而党组织决定，让她留在上海，主编"左联"的刊物《北斗》，这就是党交给她的革命工作。丁玲毫不勉强地接受了这份革命工作。她已经认识到"单写小说是不够的"。她"要脚踏实地干真的革命工作"。她"把社会看做是一架机器，革命是这机器的动力。像这机器的一个轮齿那样工作，是必要的"④。她打消了"到江西去，到苏区去"的念头，勇敢地担负起主编《北斗》的重任。

一、由"灰色"变"红色"的《北斗》

《北斗》是"左联"的机关刊物，是在国民党的白色恐怖下创办起来的刊物。当时"左联"的几个刊物如《萌芽》《拓荒者》《世界文化》《文化斗争》《巴尔底山》等，都被国民党查禁了，只有《前哨》（丁玲是该刊编委）、《文学导报》还在秘密刊行，但因篇幅小，基本不登创作稿，难以适应斗争的需要。因而，《北斗》的创刊就显得尤其重要。为了巧妙地跟敌人进行斗争，《北斗》一开始的编辑方针是要求办得"灰色"一点，"尽量地要把《北斗》办得像是个中立的刊物"⑤，避免太"红"了又像《萌芽》等几个刊物那样被国民党查封。所以，丁玲联系了徐志摩、沈从文，他们当时是新月派的；还有像谢冰心、凌叔华、陈衡哲这些谁也不会相信她们是左派的

---

① 丁玲：《胡也频》，《丁玲全集》第6卷，石家庄：河北人民出版社2001年版，第94页。
② 丁玲：《一个真实人的一生——记胡也频》，《丁玲全集》第9卷，石家庄：河北人民出版社2001年版，第68页。
③ 丁玲：《回忆潘汉年同志》，《丁玲全集》第6卷，石家庄：河北人民出版社2001年版，第208、209页。
④ （美）尼姆·威尔斯著，陶宜、徐复译：《续西行漫记》，北京：解放军文艺出版社2002年版，第263页。
⑤ 丁玲：《我与雪峰的交往》，《丁玲全集》第6卷，石家庄：河北人民出版社2001年版，第270页。

著名女作家;而有的撰稿人则用化名。这样,开始的几期,因其"灰色""中立"的色彩而能得以出版。

但是,《北斗》毕竟是"左联"的刊物,他的"左"——红色、革命的色彩是难以长久掩饰的,丁玲本人也于主编《北斗》期间(1932年3月)加入了中国共产党,这更决定了《北斗》的编辑方针的逐渐改变,由"灰色"而趋向"红色",由"中立"而趋向革命。像鲁迅的杂文,瞿秋白的"乱弹",葛琴的真实反映上海军民在"一·二八"事变中的抗战热情,后被鲁迅称赞为"这一时代的出产品"[1]的短篇小说《总退却》和同类题材的《豆腐阿姐》,以及丁玲自己的带有鲜明革命色彩的文学作品等,使杂志逐步革命化了。《北斗》的创刊号虽然没有发刊词,但它的封面有鲁迅提供的凯绥·珂勒惠支的木刻《牺牲》,"内容是一个母亲将自己的孩子交出去"[2]。选用这幅画的目的是为了表示对左联五烈士的悼念和对反动派的抗议。鲁迅在1936年编选珂勒惠支版画集时,还回忆起为《北斗》选这幅木刻画的用意:"这幅木刻是我寄去的,算是柔石遇害的记念。"在《为了忘却的记念》一文中他更具体地谈到为什么要选取这幅木刻:

> 当《北斗》创刊时,我就想写一点关于柔石的文章,然而不能够,只得选了一幅珂勒惠支(Kthekollwitz)夫人的木刻,名曰《牺牲》,是一个母亲悲哀地献出她的儿子去的,算是只有我一个人心里知道的柔石的记念。[3]

因此,这幅《牺牲》的刊用,实是再鲜明不过地显示了《北斗》的革命倾向和战斗精神。而丁玲在创刊号上发表的诗歌《给我爱的》,则执著地坚信"只有一种信仰,固定着我们大家的心"。那就是要让"太阳把你的颜色染红,太阳把我的颜色染红,但是太阳也把他们的颜色染红",不也正像是创刊宣言吗?! 这就难怪《北斗》在出了两三期后,慢慢地"红"了起来,引起了国民党的注意。

二、转向大众的编辑导向

《北斗》是理论与创作并重,兼发翻译作品的大型文学刊物。丁玲为了繁荣当

---

[1] 鲁迅:《〈总退却〉序》,《鲁迅全集》第4卷,北京:人民文学出版社1981年版,第622页。
[2] 丁玲:《关于左联的片段回忆》,《丁玲全集》第10卷,石家庄:河北人民出版社2001年版,第240页。
[3] 鲁迅:《为了忘却的记念》,《鲁迅全集》第4卷,北京:人民文学出版社1981年版,第487页。

时的文学创作,于第2卷第1期举办了"关于创作不振之原因以及出路"的讨论,鲁迅、茅盾、郁达夫等23名作家应征发表了看法,鲁迅著名的《答〈北斗〉杂志社问》即是应此讨论的征文,这些应征文章无疑地促进了当时的文学创作。丁玲也在这一期上发表了《对于创作上的几条具体意见》,明确地表示了她的观点,即:

> 不要太欢喜写一个动摇中的小资产阶级的知识分子。这些又追求又幻灭的无用的人,我们可以跨过前去,而不必关心他们,因为这是值不得在他们身上卖力的。——不要凭空想写一个英雄似的工人,或农人,因为不合社会的事实。——用大众做主人。——不要使自己脱离大众,不要把自己当一个作家。记着自己就是大众中的一个,是在替大众说话,替自己说话。——不要发议论,把你的思想,你要说的话,从行动上具体地表现出来。——不要用已经用滥了的一些形容词,不要摹仿上海流行的新小说。——不要好名,虚荣是有损前进的。——不要自满,应该接受正确的批评。——写景致要把它活动起来,同全篇的情绪一致。——对话要合身份。①

从丁玲对创作的正确引导可以看出,她主编的《北斗》随着革命的深入而作出的转向大众的编辑导向。这一编辑导向在《北斗》第2卷3、4期合刊上更全面地展开了。在这期合刊上,丁玲开辟了"文学大众化问题征文"专栏,刊登了一组论文,以配合当时"左联"积极推行的文艺大众化运动。这时的"左联",是在瞿秋白、鲁迅的领导之下。"大众文学"这个口号就是由瞿秋白等人提出来的,根据这个口号,"左联"成立了文艺大众化委员会,开展工农兵通信运动,提出了描写工农的主张,并在1931年11月作出决议:文艺大众化"问题之解决实为完成一切新任务所必要的道路","只有通过大众化的路线,即实现了运动与组织的大众化,作品、批评以及其他一切的大众化,才能完成我们当前的反帝反国民党的苏维埃革命的任务,才能创造出真正的中国普罗革命文学"②。《北斗》作为"左联"的机关刊物,理所当然地参与了这一大讨论。在丁玲所编发的这类文章中,讨论了作家如何克服非无产阶级意识,如何接近工农大众,以通俗的形式创作出为工农大众所接受的作品。丁玲在《编后》中也指出了讨论这一问题的重要性,并欢迎读者继

---

① 《丁玲全集》第7卷,石家庄:河北人民出版社2001年版,第9－10页。
② 左联执委会:《中国普罗革命文学的新任务》,转引自阿英:《一九三一年中国文坛的回顾》,《阿英全集》第1卷,合肥:安徽教育出版社2003年版,第594页。

续来稿。她说：

> 文学大众化应如何实践,是现阶段文学运动中的一个主要的问题。本期里,我们介绍了几篇很重要的论文,并发表了关于这一问题的征文。这是值得讨论的,希望读者踊跃寄稿。①

除了组织理论讨论外,她还注意发表直接来自工人创作的体现了"真正的无产阶级文学"②的作品。所有这些表明了丁玲是站在"左联"的无产阶级立场上,所坚持的革命的编辑导向和办刊方针。它已经愈来愈脱去早期的"灰色",而现出它的本色——"北斗星"一样的光明。

三、团结成名作家,发现培养新人

丁玲主编《北斗》团结了一大批作家,既有鲁迅、瞿秋白、茅盾、叶圣陶、郁达夫这些文坛前辈,又有冰心、凌叔华、陈衡哲、沈从文这些进步或中间的作家。她还发现和培养了一群优秀的作者。像李辉英、芦焚就是从来稿中发现的新人,后来成为著名诗人的艾青,他用峨伽的笔名在《北斗》上发表了第一首诗,像葛琴、杨之华也是最早在《北斗》上发表文章的。值得注意的是,丁玲还特别重视从工人中发现作者,从外来的投稿中发现作者。如有一位阿涛的作者,在作品中"能够抓住反帝的工人罢工斗争做题材",虽有些技术上的毛病,但因其题材的极少见,丁玲还是予以充分肯定,并把这部稿子编在湖风书局的创作丛书里(《北斗》杂志即是由湖风书局出版的)。像拉石磙修筑马路的工人白苇,从工厂走向军营的炮兵叔周等,丁玲把他们的作品"特别推荐"给读者,"希望读者加以注意",并鼓励"他们如果在正确的路线上发展,特别是白苇君,……前途是很有希望的"③。对于"外来的投稿"中很生疏的作者,丁玲不因其作品艺术上的不成熟而舍弃,而是从内容着眼,肯定其"在意识上""有好的倾向"④而予以发表。而像沙汀、艾芜在30年代

---

① 丁玲:《编后》,载《北斗》第2卷第3、4期合刊(1932年7月20日)。《丁玲全集》第9卷,石家庄:河北人民出版社2001年版,第22页。
② (美)尼姆·威尔斯著,陶宜、徐复译:《续西行漫记》,北京:解放军文艺出版社2002年版,第264页。
③ 丁玲:《编后》,载《北斗》第2卷第3、4期合刊(1932年7月20日)。《丁玲全集》第9卷,石家庄:河北人民出版社2001年版,第22页。
④ 丁玲:《编后》,载《北斗》第1卷第4期(1931年12月20日)。《丁玲全集》第9卷,石家庄:河北人民出版社2001年版,第15页。

初,还是默默无名的,丁玲在一次读者座谈会上认识了他们,打算把他们的作品在《北斗》上发表,但因《北斗》的被封而未能刊出。丁玲没有退稿,而是把稿子转交给了周扬,让他在"左联"的另一刊物《文学月报》上发表了。丁玲的爱护作者之情由此可见。正因为有这样一批作者群,《北斗》才发表了许多优秀的作品,鲁迅、瞿秋白的杂文,张天翼的童话《大林和小林》,葛琴的小说《总退却》等等。而表现了丁玲的新的创作方向,对"过去的'革命与恋爱'的公式"加以"清算"①的著名小说《水》即发表在《北斗》的创刊号上,成为"左翼文艺运动一九三一年的最优秀的成果"②。鲁迅对这篇作品以及丁玲主编的这份刊物,也特别喜爱,曾把《北斗》寄赠给日本的朋友,向国外显示了左翼文坛的作家队伍和作品质量,同时也证明和肯定了丁玲的努力的实绩。《北斗》之所以有这样一批老的和新的,进步的和中间的作家群,是因为丁玲遵照了鲁迅的意见。她说:

> 《北斗》是左联的机关刊物,是鲁迅领导下的刊物。我是遵照他的意见办事的。杂志开始比较灰色,但团结了各方面的知名作家,发表他们的作品,这都是按照鲁迅的意见办的。③

四、鲁迅、瞿秋白对《北斗》的支持

作为"鲁迅领导下"的《北斗》,丁玲确是得到了鲁迅,还有左联领导人瞿秋白的支持,这是丁玲主编《北斗》成功的关键。编辑《红黑》月刊时,所有的工作如跑印刷厂、校对、出版发行等主要是由胡也频一人承担的。而这次则不同了,为青年作者看稿,改稿,写信向知名作家组稿等事务则完全是由担任主编的丁玲来完成了,以她的年轻,来主编"左联"的大型文学刊物,若没有鲁迅、瞿秋白的支持,刊物是难以办得成功的。鲁迅作为"左联"的盟主,对丁玲也确实倍加爱护和支持。他用冬华、长庚、隋洛文、洛文、丰瑜、不堂等笔名,为《北斗》写了十多篇杂文和译文,他的名篇《我们不再受骗了》《答〈北斗〉杂志社问》就是首先在该刊发表的。鲁迅

---

① 茅盾:《女作家丁玲》,载《文艺月报》第1卷第2期(1933年7月15日)。《茅盾全集》第19卷,北京:人民文学出版社1991年版,第437页。
② 阿英:《一九三一年中国文坛的回顾》,《阿英全集》第1卷,合肥:安徽教育出版社2003年版,第566页。
③ 丁玲:《我便是吃鲁迅的奶长大的》,《丁玲全集》第8卷,石家庄:河北人民出版社2001年版,第205页。

向《北斗》投稿,也就为丁玲在一些大事件上把握住了《北斗》的方向。曾在共产党内担任过最高职务的瞿秋白此时也在上海领导着"左联",瞿秋白写杂文就是从为《北斗》写稿开始的,他用司马今的笔名,从第1期起,在《北斗》上连载他的"乱弹"。这些杂文内容涉及很广,对当时政治的腐败、社会的黑暗加以讽刺和鞭笞。他还在《北斗》上发表了许多论文和翻译作品。至于在"左联"也担任一定职务的冯雪峰、钱杏邨、周扬、夏衍等人也都为《北斗》撰文,给予丁玲以实际的支持。所有这些支持,使丁玲能够在国民党的文化"围剿"下,得以坚持革命的编辑导向和正确的编辑方针,使《北斗》真正成为黑暗统治下的一颗"北斗"。

丁玲的入党,《北斗》色彩的改变,使国民党感到了害怕。当《北斗》出至第2卷第3、4期合刊时,遂被国民党查封。从1931年9月20日创刊,至1932年7月停刊,《北斗》共出两卷八期(其中第2卷第3、4期为合刊),为左翼文艺运动的文学创作和理论建设作出了积极的贡献。后来鲁迅与茅盾合写的《中国左翼文艺定期刊编目》对丁玲主编的《北斗》也"作了正面的论述"①。

第三节 "把副刊办成人民的朋友"

《北斗》被封,丁玲又于1933年5月被国民党特务绑架,在南京幽囚了3年,直到1936年9月才在党的营救下,逃离南京,潜回上海。这时她那颗"到苏区去",到党中央根据地去的心跳得更激烈了。两个月后终于胜利到达党中央临时所在地保安,受到毛泽东、周恩来等中央领导人的热烈欢迎。毛泽东还赋词一首《临江仙》赠予丁玲,为她展开解放区的新的天地。

一、创办《红中副刊》

丁玲一到苏区,即在党中央的直接支持下,在"中央政府机关报"《红色中华》上,创办了我党党报的第一个纯文艺副刊——《红中副刊》,为苏区的文艺创作提供了阵地。1936年11月30日,《红中副刊》第1期出版,丁玲发表了《刊尾随笔》,实际上兼有发刊词的性质。丁玲指出:在战斗的时候,既需要枪炮、子弹,但也"不应忘记使用另一样武器,那帮助着冲锋侧击和包抄的一支笔!"她号召人们拿起

---

① 丁玲:《鲁迅先生于我》,《丁玲全集》第6卷,石家庄:河北人民出版社2001年版,第120页。

笔,"用各种形式,那些最被人欢迎的诗歌、图画、故事等等,打进全中国人民的心里,争取他们站在一条阵线上,一条争取民族解放抗日的统一战线上"①。从这篇《刊尾随笔》可以看出丁玲主编的《红中副刊》的内容、形式以及它的编辑宗旨。

《红中副刊》出到第2期,"西安事变"发生,《红色中华》报为适应抗日民族统一战线的新形势的需要,从1937年1月29日起改名为《新中华报》,《红中副刊》也相应地改成了《新中华副刊》,前后共出6期。丁玲在这6期上,除《刊尾随笔》外,还发表了3篇速写,即《广暴纪念在定边》、《记左权同志话山城堡之战》和《彭德怀速写》,都是很有艺术性的散文。其中记左权同志话山城堡之战还曾在柳青主编的一个文艺刊物上转载过。丁玲为促进苏区的文艺,在副刊上发起组织了"苏区的一日"征文活动。

《红中副刊》(后为《新中华副刊》)虽只出了6期,但它的意义是不应低估的。《红中副刊》是在苏区"中国文艺协会"成立之后创办的,丁玲是以"文协"主任的身份来主编《红中副刊》的,因而毛泽东为"文协"制定的"发扬苏维埃的工农大众文艺,发扬民族革命战争的抗日文艺"的方针,也是丁玲主编《红中副刊》所遵循的编辑方针。在《红中副刊》的创刊号上,丁玲就明确地把毛泽东的这一指示刊登了出来,以表明《红中副刊》的编辑宗旨,丁玲的《刊尾随笔》实际上也就是对毛泽东这一方针的阐述。

二、主编《解放日报·文艺副刊》

丁玲在苏区,似与办文艺副刊结下了不解之缘。1941年5月16日,中共中央机关报《解放日报》在延安创刊。它是由《新中华报》和《今日新闻》合并而成的大型报纸。丁玲先是主编《新中华报》(前身是《红色中华》)文艺副刊,《新中华报》并入《解放日报》,她又开始主编《解放日报》的文艺副刊。因而这两种副刊实际是一脉相承的。《解放日报》的《发刊词》宣称:"本报之使命为何?团结全国人民战胜日本帝国主义一语足以尽之。这是中国共产党的总路线,也就是本报的使命。"则丁玲主编的文艺副刊也是以此为编辑的宗旨。

《解放日报·文艺副刊》创办于1941年9月16日。此前的文艺作品因社长博古不主张专辟文艺栏,而直接在报纸的二版、三版,好的作品甚至放在头版发表。直到9月16日,《解放日报》改版,由两版增为四版,这才专辟了《文艺副刊》栏,每周出四五期,每期占版面的八分之一。丁玲共主编了整整100期,到1942年

---

① 《丁玲全集》第9卷,石家庄:河北人民出版社2001年版,第26页。

3月11日后离职。第101期到111期终刊由舒群主编。因而,《文艺副刊》主要是由丁玲主编的。

丁玲遵照《解放日报》社长博古的意见:"《解放日报》是党报,文艺栏决不能搞成报屁股,甜点心,也不搞《轻骑队》。"①(《轻骑队》是当时延安文化沟里的青委办的墙报)开始了《文艺副刊》的编辑工作,她首先根据这一意见为自己制定了几条编辑任务:

> 一、团结边区所有成名作家;二、尽量培养提拔青年作家;三、反映边区、各抗日根据地生活及八路军新四军的英勇战斗;四、提高边区文艺水平。②

依据这几点,她大量编发了小说、诗歌、通讯、文艺评论、翻译作品,还有一些报告文学作品,对外国文艺理论和文坛动态也时有介绍。为了使副刊"减少些'持重'的态度,而稍具泼辣之风"③,副刊还发表了些杂文,对有关戏剧、美术、音乐方面的作品也尽量刊载,以使版面更活泼些。从这100期所发表的文章来看,《文艺副刊》尽到了职责,取得了明显的成绩。首先,在政治上,《文艺副刊》紧密地配合了党的抗日救亡的中心工作,为伟大的民族解放战争做了积极的宣传,发表了许多反映边区以及各抗日根据地的生活的作品,真正起到了"团结全国人民,战胜日本帝国主义"的作用。其次,是发现了30多名青年作者,为解放区文艺培养了一批文学新人。丁玲主编《文艺副刊》像她主编《北斗》一样,非常重视发现新作家,只要其作品内容可取,虽有技术上的不足也还是予以表扬。如灼石的《二不浪夫妇》,葛洛的《我的主家》、邢立斌的《回家》、叶克的《猎人的故事》和《科长病了》、温馨的《凤仙花》、平若的《温情》等等,所有这些作品是丁玲从五百万字的来稿中选取的,可见其工作量之大和发现培养文学新人的用心之热诚。

《文艺副刊》也有其不足之处,版面编排有点死板,不够活泼,文章又显得长了些,常常是这期登一篇小说、一首诗或一篇翻译作品,下一期又是这样;一篇小说也常分几期登,显得太碎。在内容上,有3篇小说《一个钉子》、《厂长追猪去了》和

---

① 丁玲:《延安文艺座谈会的前前后后》,《丁玲全集》第10卷,石家庄:河北人民出版社2001年版,第273页。
② 丁玲:《编者的话》,载《解放日报·文艺副刊》第101期(1942年3月12日)。《丁玲全集》第9卷,石家庄:河北人民出版社2001年版,第37页。
③ 丁玲:《编者的话》,载《解放日报·文艺副刊》第101期(1942年3月12日)。《丁玲全集》第9卷,石家庄:河北人民出版社2001年版,第38页。

《间隔》受到读者的批评,比较严重的批评是对丁玲的《"三八"节有感》一文。这篇文章发表在1942年3月9日第98期上,因其批评了解放区妇女问题存在的缺点,却又没有作出正确的分析,尤其是忽视了妇女解放与社会制度改变的关系,显得有些片面性。当延安整风开始时,这篇文章受到了批评。但有人把它与王实味的《野百合花》(发表于《文艺副刊》第102期106期,此时丁玲已离开解放日报社)相提并论,这又走向了极端。毛泽东为该文作了正确的评判:《"三八"节有感》同《野百合花》不一样。"《"三八"节有感》虽然有批评,但还有建议。丁玲同王实味也不同,丁玲是同志,王实味是托派。"①此外对文艺上的一些问题,如作家与生活、文学语言等问题没有展开论争,尤其是对主观主义、公式主义、"洋八股"、宗派主义的文艺理论与创作,《文艺副刊》没有能够负起反对的责任,"作为一个党报的副刊却默默无言是要不得的"②。

尽管如此,丁玲主编的《文艺副刊》成绩仍然是非常突出的,占主导地位的。从丁玲1936年11月到达苏区,到她此时离开解放日报社,她领导"中国文艺协会",主编党报文艺副刊,为推动和繁荣解放区的文艺创作作出了相当大的贡献。因此,有人这样评价丁玲说:对于陕北苏区文艺运动的建立,我们不能不承认丁玲是一个奠基者,或组织者。

三、为《晋察冀日报》创办《文艺副刊》

抗战胜利后,丁玲率团去东北,以宣传抗战胜利形势,争取民主,反对独裁,因蒋介石挑起内战,无法前行,遂留在晋察冀解放区张家口工作。1946年5月,丁玲应《晋察冀日报》社长兼总编辑邓拓的约请主编该报的《文艺副刊》。《晋察冀日报》是中共中央晋察冀分局、中共晋察冀中央局的机关报,直接受中共晋察冀中央局党报工作委员会主任聂荣臻的指导。丁玲于1946年5月27日为该报创办了《文艺副刊》,但不久,她即于7月份参加晋察冀土地改革工作团,投入土改运动,并着手搜集素材开始创作长篇小说《太阳照在桑干河上》,因而她主编该报的《文艺副刊》时间并不长,现在看到的她在该副刊的最后一篇文章《谈大众文艺——纪念瞿秋白同志被难十一周年》发表在6月18日第23期上。

不过她的《创刊漫笔》是一篇很重要的谈论办副刊的文章。在粉碎"四人帮"

---

① 丁玲:《延安文艺座谈会的前前后后》,《丁玲全集》第10卷,石家庄:河北人民出版社2001年版,第280页。
② 丁玲:《编者的话》,载《解放日报·文艺副刊》第101期(1942年3月12日)。《丁玲全集》第9卷,石家庄:河北人民出版社2001年版,第39页。

后,丁玲多次谈到如何办好文艺副刊(如1983年3月25日在《云南日报》编辑部座谈会上的发言《努力办好报纸文艺副刊》),其办刊思想早在此时即已形成。这篇《创刊漫笔》是作为发刊词在5月27日《晋察冀日报》的《文艺副刊》上发表的。

首先,它阐明了一个重要的观点,即关于副刊的性质。她说:"副刊如同一只小船,它航行在海洋上,它有一个希望……这希望是什么?是把这只船真正为群众所有。"接着,丁玲更进一步深入阐述了这一思想:

> 副刊成为人民的朋友,那上边有大众的呼声,人民的知心话语。谁有欢乐?谁有痛苦?你高歌颂扬,把你的欢乐带向四方,让欢乐的人们,光明的人们同你齐唱。你反抗控诉,我们也把它播向四方,让反抗的力量加强,使控诉成为前进的行动。这朋友最好能更有用些,它帮助你学习,那上面有世界知识,答复你的问题,给这些问题加以分析;它帮助你写作,帮助你把你的思想,你的感情,缀成语言的花朵。这个朋友将使你得到安慰,得到鼓励,得到助益。要把这只船真正成为群众所有,要把副刊办成人民的朋友。①

这段话就副刊讲了三点:一是副刊的思想性。副刊应当反映人民的呼声,说人民的知心话,表达人民的欢乐或疾苦。二是副刊的知识性。副刊既然是为人民的,那么提高人民大众的文化水平就是责无旁贷的任务,则副刊就应该广泛地介绍世界范围内各方面的知识,以丰富人民的文化生活,提高人民的文化素质。三是副刊的辅导性。副刊还应当担负起帮助人民大众写作的任务。辅导写作,培养人才,这是丁玲办刊办报的一贯思想。丁玲用一句话来概括副刊的性质,那就是"副刊是人民的朋友",再明确不过地表明了她的无产阶级的革命的编辑思想。她把"党报是党的喉舌"的理论应用于办副刊,并从无产阶级新闻思想出发,作出完全符合马克思主义的理论发挥。因而这一观点具有无比强大的生命力。

其次,丁玲还对这个副刊的编辑原则作了明确的规定,即"反映现实,掌握住毛主席的文艺方向"②。《晋察冀日报》虽是一张地方城市报纸,但它仍是党的机关报。在内战爆发时期,党中央毛主席的指示就是办报的指导思想,《文艺副刊》当然也要服从,并要为之宣传和服务。这个编辑原则的规定也就保证了文艺副刊

---

① 丁玲:《创刊漫笔》,载《晋察冀日报》1946年5月27日。《丁玲全集》第9卷,石家庄:河北人民出版社2001年版,第40—41页。
② 丁玲:《创刊漫笔》,载《晋察冀日报》1946年5月27日。《丁玲全集》第9卷,石家庄:河北人民出版社2001年版,第41页。

的正确的编辑导向。

四、在解放区的其他编辑活动

丁玲在解放区除了主编党报的三个文艺副刊外,还编辑过杂志和丛书。

1937年5月,丁玲被任命为红军历史整编委员会委员,按照毛泽东、朱德签署的《军委关于征集红军历史材料的通知》精神:"今年'八一'是中国红军诞生的十周年……为着纪念这个有特殊意义的红军诞辰,决定大规模地编辑十年来全国红军战史。"①她与徐梦秋负责编辑了30余万字的《记红军长征》一书,她介绍书的作者和内容说:

  其中有战士的作品,也有著名的红军指挥员、政治工作人员,如张爱萍、陆定一、李一泯、傅钟、彭加伦、洪水、魏传统等的作品。这些作品有声有色,记录了长征中的战斗、行军、英雄人物和战友之间的生死情谊,以及对长征途中民情风物的描绘,都是充满激情的美丽的散文。②

这部书原稿现收藏在上海鲁迅纪念馆。1942年11月正式出版,至今仍是进行革命传统教育的好教材。

1937年8月,丁玲担任"西北战地服务团"主任,创办了团刊《战地》(由舒群负责编辑)。1938年3月,丁玲在西安为服务团成立了文学组织"战地社",创编了当时西安唯一的文学刊物《西北文艺》,出了小型诗刊《新建设》,发起街头诗歌运动。这期间比较重要的编辑活动是她主编了一套《西北战地服务丛书》,包括《西线生活》《战地歌声》《杂耍》《突击》《呈在大风沙里的人们》《河内一郎》《一年》等八九本集子,由西安生活书店出版。书店的出版介绍对丁玲和她主编的这套丛书作了很好的评价。介绍说:

  丁玲女士是现代中国最勇敢的女战士之一。自全面抗战爆发以后,她组织了西北战地服务团,辗转在山西等前线,作艰苦的斗争。她们这种为国效劳的精神实使我们感奋。本书的内容,就是他们在战地的各种工作各种生活

---

① 《新中华报》1937年5月30日第2版。转引自宋建元:《丁玲评传》,西安:陕西人民出版社1989年版,第310页。
② 丁玲:《浅谈"土"与"洋"》,《丁玲全集》第9卷,石家庄:河北人民出版社2001年版,第169页。

的反映。这里面有血有肉,可歌可颂。①

丁玲还编了一本《西北战地服务团戏剧集》(与吴奚如合编),由上海杂志公司出版。

1939年以后,丁玲又担任了《文艺战线》(中华全国文艺界抗战协会延安分会主办)、《文艺月报》(同上)和《鲁迅研究丛刊》(延安鲁迅研究会编)等杂志的编委。

丁玲在建国前主编的最后一份杂志是《长城》。这是她于1946年7月为华北文化艺术界联合会创办的综合性文艺刊物,由丁玲、丁里、艾青、江丰、沙可夫、康濯、萧三组成编委会,丁玲排名第一,负主编之责。刊物的内容包括文艺各部门的理论、批评、创作和翻译作品,丁玲在创刊号的《编后记》一文中解释了刊物取名《长城》的用意:"是中国人民在和平、民主、独立的目标上团结起来,保护革命的胜利。"②丁玲主编这份刊物坚持了她一贯的编辑思想,即:一是编发真正反映现实的大众化作品,以体现刊物的大众化方向;二是多发表新人作品,以发现培养文艺人才。丁玲主编《长城》与她主编《晋察冀日报·文艺副刊》大致是同时。

从1936年11月至建国前,丁玲在解放区的编辑活动是丰富多彩的,贡献是巨大的。这表现在:一、丁玲为党报创办了第一份文艺副刊,影响至今,全国各大报纸包括中央党报《人民日报》都辟有文艺副刊;二、丁玲利用报纸、杂志为解放区培养了一大批人才,像葛洛、马加等都成为解放后优秀的作家;三、丁玲主编或编辑的报刊、丛书极大地繁荣了解放区的文艺创作,促进了解放区的文艺运动,正确地引导了解放区文艺向大众化方向发展;四、丁玲提出了"副刊是人民的朋友"的编辑思想,丰富了现代编辑学的理论。

新中国成立以后,丁玲先后担任了《文艺报》和《人民文学》的主编,在坚持刊物的政治性、思想性和战斗性方面作了极大的努力。1957年被错打成右派而被下放北大荒,正式刊物不能编,她就编黑板报、墙报和油印的小报。粉碎"四人帮"后,丁玲获得新生。她又像当年主编《北斗》一样,在1985年已届81岁高龄的时候,雄心勃勃地创办起了大型文学刊物《中国》,她为刊物制定了明确的办刊方向

---

① 转引自《丁玲写作生涯》,天津:百花文艺出版社1984年版,第369页。
② 丁玲:《编后记》,载《〈长城〉创刊号》1946年7月20日。《丁玲全集》第9卷,石家庄:河北人民出版社2001年版,第44页。

和编辑宗旨。她宣称《中国》：

> 坚持社会主义方向,容纳多种风格流派;它是老中青作家的阵地,尤其是青年作家和要成为作家的青年成长的土壤;《中国》愿意尽自己的力量,扶植严肃地对待社会人生、在任何艰苦环境都不放弃诚挚的艺术追求的青年作家和文学青年。①

丁玲把中国的希望寄托在青年的身上;《中国》成了丁玲人生道路的完美句号。

从在"鲁迅领导下"主编《北斗》到"把副刊办成人民的朋友",再到最后的"坚持社会主义方向"的《中国》,丁玲的心紧紧系着"北斗星",这颗光明之星就是人民,就是中国。丁玲说:"我一生当过编辑",她主编的《北斗》《人民文学》《中国》犹如一根闪闪发光的红线,贯于她的一生,《北斗》《人民文学》《中国》则象征着她光辉的革命的一生。

---

① 丁玲:《编者的话》,载《中国》1986年第1期。《丁玲全集》第9卷,石家庄:河北人民出版社2001年版,第238页。

第十四章

巴金：人生追求与历史使命的理想契合

巴金(1904—2005)是为了实现自我的人生追求即反对礼教深重的封建世家、改革不合理的封建社会制度，而从事编辑活动的。他的这一反封建的精神正与五四运动赋予每个革命青年坚决彻底地反帝反封建的伟大历史使命相契合。巴金以极大的精力把他的理想与热情贯注在编辑工作中，郭沫若曾经这样评价过巴金，说他"始终站在反对暴力、表扬正义的立场，决不同流合污，决不卖虚弄玄，勤勤恳恳地守着自己的岗位，努力于创作、翻译、出版事业，无论怎么说都是有功于文化的一位先觉者"[①]。是的，除了创作与翻译外，巴金把他的一生的大部分精力贡献给了我国现代的编辑出版事业，在这块园地辛勤耕耘了半个多世纪，巴金自己也说过："我一直被认为是作家，但我也搞过较长时期的编辑工作。"[②]从1920年参加编辑《半月》，到1958年创办《收获》，直到20世纪90年代仍担任该刊主编，巴金编辑生涯之长，在现代文学史上的作家是无过于他的。巴金前后共编辑过13种期刊杂志，主编过7种丛刊，由他担任总编辑的文化生活出版社在现代出版史上更是独树一帜，所有这些成绩都是相当巨大的。巴金始终认为他不是文学家，不是艺术家，他不是为了去做文学家、艺术家而去写作的；同样他也不是为了争一个编辑家、出版家的头衔去做这完全是为人作嫁的编辑出版工作的。他觉得自己有思想需要表达、有感情需要宣泄，他觉得封建社会制度是不合理的，这才以一颗少年热烈之心参加《半月》的编辑，来宣传他所坚信的主义和思想，来惊醒群众，来改造社会。因而，巴金一开始从事编辑工作就有坚定的人生追求，自觉地肩负起"五四"赋予的历史使命，即使到了三四十年代，直至改革开放后，反封建的人生追求，仍是他从事编辑工作的动力。巴金不是以编辑为谋生的手段，而是以编

[①] 郭沫若：《想起了斫樱桃树的故事》，《郭沫若全集》第16卷，北京：人民文学出版社1989年版，第264页。
[②] 巴金：《致〈十月〉》，《巴金论创作》，上海：上海文艺出版社1983年版，第574页。

辑工作达到反封建的革命目的,他首先是一个革命者。编辑道路的选择也即是革命道路的选择。

第一节　社会理想与政治刊物的编辑

一、"建设真正自由平等的社会"理想与编辑《半月》

五四运动爆发时,巴金只有 15 岁,而他的那颗少年的心已为新思潮深深地冲击。他大量阅读充满反对封建主义、主张社会改造为内容的新刊物,如《新潮》《星期评论》《少年中国》《少年世界》《北京大学学生周刊》《实社自由录》《星期日》《学生潮》等杂志,特别是陈独秀、李大钊主编的《新青年》与《每周评论》更是他阅读的主要刊物,从中他不仅汲取了新思想,建立了自己的信仰,确立了人生追求的目标,而且激发了他编辑杂志的热情。

他参加编辑的第一份刊物是以宣传无政府主义思想为宗旨的《半月》,在1920 年冬,巴金先是《半月》的作者而后成为《半月》的编辑。他在该刊发表的第一篇文章是《怎样建设真正自由平等的社会》,单从这个标题看,既可见巴金渴望建立"自由平等"社会的政治理想,又可见《半月》这份杂志的性质,巴金是以"建设真正自由平等的社会"的人生追求来参加刊物的编辑工作的,并以此作为自己编辑该刊的宗旨。巴金此时已从克鲁泡特金的小册子和上述刊物中接受了无政府主义,《半月》杂志的一部分成员也是信仰无政府思想的"安那其主义者",他们怀着年轻人改造社会、献身社会的精神,来编辑刊物,传播新思想,并把这当作一项革命事业,不惜倾注全部的经历和心血。这也正是"五四"时代精神的体现。巴金积极地编刊物,搞印刷,由于所编发的文章思想内容的进步性,刊物的印数竟达到 1 000 份,在社会上很受读者的欢迎。如刊物曾发表了一篇军人破坏学生为办平民学校筹款演剧的文章,警察厅审查时,要他们把这篇文章删掉,他们就刻了个"本文奉省会警察厅命令删去"的印章,用朱红印泥盖在这篇文章的中央,以示抗议。刊物发行后,很快被读者抢购一空。另外从"辫子事件"上也很可以看出巴金等人富有斗争性的编辑精神。当时成都有 3 个妇女受时代潮流的影响剪去了辫子,遭到守旧者的非议,而巴金等人则在《半月》杂志上刊发了一篇赞扬妇女剪去辫子,指说辫子是封建意识象征的文章,以示声援与支持。结果惹起当局的愤怒,警察厅贴出布告严禁剪辫,认为剪辫子有违中国传统道德,会使民风败坏,是男女不分的怪现象。《半月》则针锋相对,登出一篇反对这个剪辫子禁令的文章,半月后,又登出3篇响应上期那篇专文的言论,一下子造成声势,轰动了全城,警察厅遂利用权力将《半月》杂志查封了。后来又陆续编了一期终刊号,叙述了停刊的经过和原因。由于巴金等人编辑《半月》,旨在传播新思想、改造旧社会,因而,刊物销路虽好,但售价比较低,只收些成本费,每一期还有不少本则是作为赠书处理,或免费供读者借阅,这给出版常带来经费的困难,这也是停刊的一个原因。

《半月》创刊于1920年夏,终刊于1921年7月,整整出版了1年,共24期,巴金实际参加了后18期的编辑工作。而此时他还仅是一个成都外国语学校的学生,即以改造社会为己任了。他的人生理想与使命意识是因为受到了"五四"时代精神的感召。

二、宣传无政府主义与《平民之声》《民众》的创办

《半月》被禁后,于同年9月巴金与人创办了《警群》月刊,但只出了一期,就因意见不合而离开。1921年底,巴金又与人合办了一种周刊《平民之声》,由巴金担任主编。他编发了自己的《托尔斯泰的生平和学说》,出版了《师复纪念号》(师复即刘师复——引者注),登载了心社的12条规约:(一)不食肉;(二)不饮酒;(三)不吸烟;(四)不用仆役;(五)不坐轿车及人力车;(六)不婚姻;(七)不称族姓;(八)不作官吏;(九)不作议员;(十)不入政党;(十一)不作海陆军人;(十二)不奉宗教,等等。从这些内容来看,托尔斯泰学说中的无抵抗主义,刘师复则是中国早期的无政府主义者,可见《平民之声》的编辑宗旨,仍是他编辑《半月》杂志的思想的继续。巴金在"五四"时期饥不择食地吸收了各种主义和思想,有无政府主义,也有社会主义、民主主义、人道主义和爱国主义等等思想。巴金的思想实际上是各种主义的复杂混合。他信仰无政府主义,也就很自然地把这种思想作为他主编刊物的宗旨。《平民之声》周刊共出10期,即因警察厅审查认为该刊"言论过激,对于国家安宁恐有妨害"而不得不宣告停刊。

巴金在编辑《半月》时,即自称是"安那其主义者",在很长一段时期内,他对无政府主义有过很强烈的信仰,他参与编辑与主编的《半月》和《平民之声》都与宣传无政府主义有关。1925年9月,巴金与其他十几个人在上海发起创办了《民众》半月刊,这仍然是一个以宣扬无政府主义为宗旨的刊物。

1928年12月,巴金从法国留学回到上海,担任上海世界语学会函授学校教员,并在沈仲九创办的自由书店兼任编辑。他翻译的克鲁泡特金的《人生哲学,其起源及其发展》即由该书店出版。1929年1月,巴金化名马拉,编辑出版了6期

《自由月刊》,他在该刊发表了《无政府主义的原理》等文章。

从1920年到1929年,巴金的编辑活动,可以说是他的无政府主义思想的宣泄,他以无政府主义来反对封建主义。当然,巴金说过他有他的无政府主义,即在他的无政府主义思想中还包含着社会主义、民主主义、人道主义、爱国主义等思想,因而,他编辑或主编的刊物虽宣扬的是为马克思主义所批判了的无政府主义,仍有其一定的积极意义,即巴金一以贯之所坚持的反封建。巴金虽已发表了中篇小说《灭亡》,但还没有执意要成为一个作家,他所编辑的几种杂志也都不是文学刊物,而是论社会时事,讲无政府主义的政治性刊物。巴金以编刊物的实际行动来实践他早年确立的"建设真正自由平等社会"的人生追求,把编辑活动作为他进行"社会革命"的手段。因而,这一时期,他是以实现一种社会理想(自由平等)、政治理想(无政府主义)而去从事政治性刊物的编辑的。

第二节　文学活动与文学刊物的编辑

巴金在法国的巴黎创作了中篇小说《灭亡》,寄回国内本想自费出版,不料他回国后《灭亡》已在1929年《小说月报》第20卷第1—4期上连载了。编者还热情地赞扬道:"这篇《灭亡》确实很可使我们注意的。"①并预言"将来当更有收到热烈的评赞的机会的"②。尽管如此,巴金还是没有决定要选择文学道路。直到1931年,他的第一部长篇小说《家》的发表,给他带来巨大的声誉,奠定了他在文坛的地位,同年他又创作了大量的中篇小说,这才全面地展开他的文学活动。而他的无政府主义思想虽没有完全放弃③,但是受到实际社会生活的影响也已有了变化。他说:

> 自从我知道执笔以来我就没有停止过对我的敌人的攻击。我的敌人是什么?一切旧的传统观念,一切阻碍社会的进化和人性的发展的人为制度,一切摧残爱的势力,它们都是我的最大的敌人。我永远忠实地守着我的营

---

① 《小说月报》第20卷4月号:《最后一页》
② 《小说月报》第20卷12月号:《最后一页》
③ 巴金在1936年9月15日《答徐懋庸并谈西班牙的联合战线》一文中说:"到现在还相信着那主义。"《巴金全集》第18卷,北京:人民文学出版社1993年版,第377页。

垒,并没有作过片刻的妥协。①

因而,他是以文学创作(当然还有翻译)为手段,以爱国主义、民主主义(在《家》里这一思想表现得最突出)为思想内核来批判封建主义。与他的文学活动相应的是,他的编辑活动也已从前期的编辑政治性刊物鼓吹无政府主义转向编辑文学刊物以推动新文学的发展。

一、主编文学刊物,推动新文学发展

(一)《文学季刊》

1933年底,巴金在北平与郑振铎、章靳以一起筹办文学刊物,1934年1月1日,一份大型的文学刊物《文学季刊》即在北平正式问世了。该刊由郑振铎、章靳以担任主编,巴金为编委。《文学季刊》创刊号上没有载明他是编委,而有"冰心、朱自清、沉樱、吴晗、李长之、林庚、靳以、傅东华、郑振铎"等9人,但在上海出版的《文学》第2卷第1期末尾广告上介绍《文学季刊》创刊号时,则明确刊登了该刊编辑委员会名单为"巴金、冰心、朱自清、沉樱、吴晗、李长之、林庚、徐调孚、靳以、傅东华、郑振铎"等共11人,因而巴金为该刊编委是无疑问的。

《文学季刊》的编辑宗旨是:"以忠实恳挚的态度为新文学的建设而努力。"编辑的任务是:"(一)继续十五年未竟全功的对于传统文学与非人文学的攻击与摧毁的工作;(二)尽力于新文学的作风与技术上的改进与发展;(三)试要阐明我们文学的前途将是怎样的进展和向什么方向而进展。"②这实际是一个编辑宣言,它明白表示要把五四运动反帝反封建作为自己编辑工作的继续。

巴金为编辑《文学季刊》就居住在北平三座门大街十四号《文学季刊》编辑部里,与章靳以共同负责日常编辑工作,处理稿件,审看校样。巴金在这里团结了一大批青年作家,如李健吾、曹葆华、蹇先艾、卞之琳、何其芳、万家宝(曹禺)、萧乾、李广田、丽尼、陈白尘、陈荒煤等,许多作者的试作都是经他手在《文学季刊》上发表的。在巴金等编委的努力下,《文学季刊》成了团结组织进步作家、发现培养青年作家的阵地。如在编辑界已传为美谈的是巴金对曹禺的发现。1934年,曹禺还是清华大学的学生,他写出一个剧本交给曾在南开中学同学的章靳以,章觉得这是朋友的作品不便在自己的刊物上发表,就搁在抽屉里两三年。巴金听说后取回

---

① 巴金:《写作生活的回顾》,《巴金论创作》,上海:上海文艺出版社1983年版,第50页。
② 《文学季刊》发刊词,1934年第1卷第1期。

剧本一口气把它读完,就决定刊用,把它发表在《文学季刊》第1卷第3期(1934年7月出版)上。这就是轰动了文坛、被誉为中国文学运动以来戏剧史上一块里程碑的《雷雨》。年仅25岁的曹禺作为一个优秀剧作家就这样被巴金推上了文坛。萧乾很为巴金这种发现新人、培养新人的编辑精神所感动,想写一篇介绍文章,以教育"新的一代编辑们能更及时更认真地看一切来稿"①。《文学季刊》创刊号,深受读者欢迎,创刊号即再版多次。第2期卷首刊登了启事:"本刊自发行以来,销数至广,虽经再版,供不应求。"鲁迅、茅盾对该刊也予以大力支持。

《文学季刊》由北平立达书店出版,每期有360多页(后来还有450多页的),为当时国内最厚的文学刊物,共出版了2卷8期,到1935年12月16日终刊。巴金为终刊号撰写了《告别的话》,指出了刊物的主要成绩:"季刊出到这期,刚刚满两周年。"这期间"最可宝贵的是我们认识了一个整代的向上的青年的心,而跟着他们叫出他们的苦痛与渴望"。"在跟着一个整代的向上的青年叫出他们的渴望这一点上,我们是尽了不小的责任了。在这八厚册中有许多篇创作是会跟着这一代的青年活下去的。"在这篇文章中,巴金也指出了停刊的原因:"单就这两年的短促的存在来说,季刊也并不曾浪费地消耗过它的生命。然而环境却不允许它继续存在下去。我们在这里只用了简单的'环境'两个字,其实要把这详细解说出来,也可以耗费不少的篇页。……在这种情形下面我们只得悲痛地和朋友们——投稿者、读者告别。我们知道有一些朋友会哀悼这刊物的消灭;我们知道有一部分青年的呼声会因此而被窒息。"巴金对此虽感到遗憾,仍充满信心地写道:"这八厚册刊物摆在我们的眼前,闪耀着,就像一颗光亮的星。星光虽然有时也会隐匿,但它却绝不会消灭。倘使有一天环境使我们有余裕重提起笔,那时候这颗星会发出灿烂的光辉,而我们这季刊也会像从火里出来的凤凰那样,以新生的姿态和你们相见了。我们这次的分别不会是永久的。"②

(二)《文季月刊》

确实,这次分别并不久,不到半年,1936年6月,巴金与靳以在上海创办了一份新的文学刊物《文季月刊》,作为北平《文学季刊》的继续,只是把原来的季刊改为月刊,使发稿的节奏更快。这次由巴金与靳以担任主编。因为它是作为《文学季刊》复刊的姿态出现的,所以在创刊号发表了一个署名"文学季刊社"的《复刊词》,实是巴金撰写的。他说:"四个月以前我们怀着苦痛的心告别了读者",现在

---

① 转引自俞润生:《实用编辑学概要》,天津:天津人民出版社1987年版,第385页。
② 《巴金全集》第17卷,北京:人民文学出版社1991年版,第76、78页。

"我们这季刊是复活了。而且正如我们所期望的,是以新生的姿态复活了"。"以前的季刊是我们和朋友们共同努力的结果,今后的月刊也应该是的。"接着巴金指出了《文季月刊》今后的编辑方针:

> 我们看得见我们这民族正站在一个可怕的深渊的边沿上,所以我们依旧没有余裕跟在商人后面高谈文化,或者搬出一些虫蛀的古籍和腐儒的呓语来粉饰这民族的光荣。我们是青年,我们只愿意跟着这一代向上的青年叫出他们的渴望,在这一点上我们的季刊曾尽过一点责任,我们的月刊也会沿着这路线进行的。①

其实不仅在编辑方针上季刊与月刊是一脉相承,而且在作者队伍方面,月刊既保持了季刊的原班人马,又扩大了组稿范围,约请了一些不曾在《文学季刊》发表过作品的作家如叶圣陶、沈从文、丁玲、草明、欧阳山等人写稿,还刊登了刘白羽、邵荃麟、葛琴、田涛、齐同等在文坛上初露头角的新作家的不少优秀之作,这就保证了《文季月刊》思想的进步性,使正确的编辑方针得以实行。

巴金并没有关起门来编刊物,他那编辑家的眼光还注视着文学以外的大社会、大时代。1936年6月初,巴金与黎烈文共同起草了《中国文艺工作者宣言》,《宣言》说:当"一种伟大悲壮的抗战摆在我们的面前的现在……我们将保持我们各自固有的立场,本着我们原来坚定的信仰,沿着过去的路线,加紧我们从事文艺以来就早已开始了的争取民族自由的工作。……我们以后将更加沉着而又勇敢地站在这动乱的大时代中,担负起我们的艰巨的任务。……我们愿意和站在同一战线的一切争取民族自由的斗士热烈的握手!"②这份《宣言》表示了抗日的决心和加强文艺界团结的愿望,由鲁迅领衔签名发表在《文季月刊》第1卷第2期上。东北沦陷在日寇的占领下已5年了,巴金在《文季月刊》第1卷第5期上刊出了纪念东北沦陷5周年的文章《我们的纪念》,为国家、民族的存亡发出了呼吁,他指出,"这五年来我们似乎一天天地往一个无底的深渊里沉落下去了"。但是,"在今天抗战图存的呼声比在任何时候都响得更洪亮了"。巴金坚信地写道:"我们的集合的努力是可以将我们的命运改变而获得最后的胜利的。"③1936年10月19日,

---

① 《巴金全集》第17卷,北京:人民文学出版社1991年版,第79、80页。
② 《中国文艺工作者宣言》,转引自鲁迅博物馆、鲁迅研究室编:《鲁迅年谱》(增订本)第4卷,北京:人民文学出版社2000年版,第359页。
③ 《巴金全集》第18卷,北京:人民文学出版社1993年版,第391、392页。

伟大的文学家鲁迅不幸与世长辞,巴金和靳以紧接着于1936年11月1日出版的《文季月刊》第1卷第6期上编了一个《哀悼鲁迅先生特辑》,并用编辑部同人名义发表了一篇《悼鲁迅先生》的文章,巴金写道:

> ……我们也和别的许多人一样以为他的作品可以列入世界不朽的名作之林。但是我们更重视:在民族解放运动中,他是一个伟大的战士;在人类解放运动中,他是一个勇敢的先驱。
>
> 鲁迅先生的人格是比他的作品更伟大的。近二三十年来,他的正义的呼声响彻了中国的暗夜,在荆棘遍地的荒野中,他高举着思想的火把,领导无数的青年向着远远的一线亮光前进。①

由上所述,巴金(与靳以)主编《文季月刊》,在编辑导向上,是以民族利益为根本利益,以坚持鲁迅的方向为办刊方向,把团结进步作家,培养发现新作家作为自己的任务,这表明了巴金鲜明的正确的编辑思想。《文季月刊》由上海良友图书公司出版,共出7期,1936年12月,《文季月刊》连同邹韬奋主编的《生活星期刊》、李公朴主编的《读书生活》、孟十还主编的《作家》等14家进步杂志一起被国民党政府所查封。

(三)《文丛》

正像《文季月刊》是《文学季刊》的继续,而《文丛》则又是《文季月刊》的继续。1937年3月,巴金又与靳以一起编辑了《文丛》月刊,自第2卷起改为半月刊。《文丛》仍沿着《文学季刊》与《文季月刊》的办刊路线。《文丛》是份大型文学刊物,由靳以担任主编。1938年3月,巴金与靳以离上海经香港到广州,后来靳以去四川,巴金就实际地担负起了主编的工作。这年9月,巴金编订了《文丛》第2卷第4期的稿子,并做了校对、付型的工作。1939年1月,巴金又在桂林编订了《文丛》第2卷第5、6期的合刊,写了"卷头语",他说:

> 本期《文丛》付排的时候,编者(指靳以——引者注)已经"入川"了。……我带着《文丛》的纸型走过不少的地方。在敌人接连不断的轰炸下,它居然不曾遗失或者损坏,这倒是意外的。现在我在桂林将它浇成铅板,印成书,送到读者的手里,在我也算是了却了一桩心愿,我当然高兴。

---

① 《巴金全集》第13卷,北京:人民文学出版社1990年版,第337页。

> 这本小小刊物的印成,虽然对抗战的伟业并无什么贡献,但它也可以作为对敌人暴力的一个答复:我们的文化是任何暴力所不能摧毁的。①

可见《文丛》的出版是非常艰难的,而它出版的作用则是反抗暴力的证明,这也正是《文学季刊》《文季月刊》那种为民族生存而呐喊的精神的继续。巴金还写道:

> 这本刊物是在敌机接连的狂炸中编排,制型,印刷的。倘使它能够送到读者诸君的眼前,那么请你们相信我们还活着,而且我们还不曾忘记你们。
> 我在这个城市里经历过它最惨痛、最艰苦的时刻,我应该借着这本小小刊物把这个城市的呼声传给散处在全国的读者诸君。②

这既是借刊物的出版对敌人的暴行进行揭露,同时又是对全国人民进行抗战的鼓舞。因是在战时,《文丛》并没有按期出版,3 年共出了 2 卷 12 期。《文丛》由文化生活出版社出版。

(四)《水星》

巴金在 1934 年参加编《文学季刊》时,还主编了一个以发表散文与短篇小说为主的小型文学月刊《水星》,同时担任主编的卞之琳在《星水微茫忆〈水星〉》一文中指出《文学季刊》与《水星》的关系,后者实际是前者的"一个'副刊',因为有同一个菜源,只需一副炉灶一副人手"。他还把这两种杂志比作"大餐与小点心",因为前者是大型刊物,后者是小型刊物,他认为"正餐与茶点作用不同,人也各有所偏好"③,但两者都是需要的。在卞之琳的忆述中,我们知道了《水星》与《文学季刊》除了刊型大小不同外,在编辑方针上是一致的,所谓"有同一个菜源";编者与作者也是基本不变的,所谓"只需一副炉灶,一副人手"。如《水星》的编委中就有郑振铎、靳以等人。主要撰稿人有冰心、朱自清、何其芳、丽尼、李广田等人,基本上是《文学季刊》的原班人马。实际上在这里正可看出巴金主编《水星》的指导思想。《水星》的刊名是由几个编者某夜在北海商议筹备时面对星水微茫之景时

---

① 巴金:《写给读者(一)》,《巴金全集》第 17 卷,北京:人民文学出版社 1991 年版,第 86、87 页。
② 巴金:《写给读者(二)》,《巴金全集》第 17 卷,北京:人民文学出版社 1991 年版,第 88、89 页。
③ 卞之琳:《星水微茫忆〈水星〉》,《读书》1983 年第 10 期。

而取的,也可能像鲁迅为《太白》取名那样寓有某种含意,不管怎么说,《水星》的名与实都是进步的。《水星》于1934年10月10日创刊,北平文化书局出版,1935年6月10日出版第2卷第3期后终刊,共出了2卷9期。

《文学季刊》、《文季月刊》、《文丛》与《水星》这四个杂志都是文学刊物,是巴金从事文学活动的同时而参加编辑(或主编)的。巴金在此时期的创作不时有无政府主义思想的流露,外国无政府主义者的作品仍是他翻译的重要对象,在《〈克鲁泡特金全集〉总序》中,他还是崇敬克氏"是一个最勇敢最热诚的社会革命的战士"①。但是他编辑(或主编)的这几种刊物却不是无政府主义的,刊物思想的革命性,内容的进步性,表明巴金在参与社会革命特别是民族存亡的大形势下,思想的渐趋进步。30年代对他影响最大的人是鲁迅,他所编的刊物尤其是他主持文化生活出版社编辑丛书时得到了鲁迅的支持。从编辑的角度看,他的编辑思想已超出了他的无政府主义思想范畴。他的编辑行动如在敌人炮火中编刊物也表现了一个革命者的勇敢精神。

二、抗战的《呐喊》与《烽火》

"七七事变"后,巴金投身抗战的实际行动就是参加编辑了以反映抗日战争为内容的刊物《呐喊》,后改名为《烽火》。

《呐喊》创刊于1937年8月22日,小型综合性文艺周刊,32开本,每期16页,用小字号排印,每星期日出版,由上海4家文学杂志社即文学社、中流社、文学季刊社、译文社联合主办,文化生活出版社总经售。《呐喊》由茅盾编辑,巴金任发行人。当出版到第3期时,因公共租界禁止发售就改名《烽火》,创刊号即《呐喊》第3期,内容及编排形式与原来的相同。《烽火》在上海出版到第12期(1937年10月21日)因上海沦陷被迫停刊。1938年5月1日,巴金在广州将《烽火》复刊,并做了些改革:刊期由周刊改为旬刊,篇幅由16页改为32页。这次由巴金担任编辑,茅盾任发行人,从复刊后即第13期起,出版到第20期(1938年10月),又因广州失守而再次停刊。由于当时广州处在敌人不断轰炸下,使印刷工作经常停顿,出版时间也不能完全保证,从7月1日到10月11日共100天,只出版了4期(第17期到第20期),可见巴金为《烽火》的出版是如何的惨淡经营了。

《烽火》在原《呐喊》的创刊号上出一则《本社启事》,说明创刊的原委与宗旨:"当此非常时期,思竭绵薄,为我前方忠勇之将士,后方义愤之民众,奋其秃笔,呐

---

① 《巴金全集》第17卷,北京:人民文学出版社1991年版,第155页。

喊助威,爰集群力,合组此小小刊物。"该刊的撰稿人在创刊初期多为原来4个社的有关负责人,如茅盾、郑振铎、巴金、王统照、靳以、黎烈文、黄源、胡风等,后来逐步扩大,包括了刘白羽、端木蕻良、周文、谢挺宇、骆宾基、蔡若虹等这些先后走上抗日前线的作家。文章形式有诗歌、散文、报告文学、小说、论文以及政论、短评等,内容则全是反映抗日战争的,既报道了上海抗战、日寇的狂轰滥炸、人民群众的不幸死伤等情况,也报道了内地前线作战的情况;既报道民众救亡运动,也报道了八路军、浙东游击队等战斗生活。众多的样式,丰富的内容,使这份小刊物在上海、广州及重庆等内地产生了广泛的影响,为鼓舞中国人民的抗日斗志发挥了作用。巴金把自己汇入了人民的抗日斗争洪流,把编辑活动与民族的解放运动紧密结合起来,交融成一体。因而,他的编辑事业也就成了全中国人民革命事业的一个组成部分。

除了编辑《烽火》周刊及后来的旬刊,巴金等人还编了《呐喊文丛》、《呐喊小丛书》与《烽火文丛》、《烽火小丛书》,都是以宣传抗战为内容的小册子。例如骆宾基当时在刊物上发表了许多战地通讯,巴金把它们一篇一篇剪下来编成集子,名为《大上海的一日》作为《烽火小丛书》第5种出版。巴金还热情地推荐说:"骆宾基不仅是一个在战地服务的知识分子,也还执着枪守卫过真如南翔的交通线,跟着一些年轻力壮的弟兄参加了保卫大上海的血战,在枪林弹雨下冒着重重的危险,他的每一篇作品都是实生活的记录,是有血有肉的东西。"他把自己在《呐喊》《烽火》上发表的一些小说、诗歌、杂文、书信等也汇编成一集,名为《控诉》作为《烽火小丛书》第1种出版,取名《控诉》是因为"对于危害正义、危害人道的暴力,我发出了我的呼声:'我控诉!'"①

抗战期间,巴金还担任了夏衍主编的《救亡日报》的编委,为该报的编辑出版也做了不少工作。在广州时,对林憾庐主编的《宇宙风》《见闻半月刊》也给予了支持和帮助。

从1934年到建国前,巴金主编(或编辑)的报刊就这8种,除《救亡日报》外都是文学期刊。巴金从30年代开始成为职业作家,编辑工作虽是尽义务,但是,也付出了巨大的精力。鲁迅生前就曾称赞巴金,说他工作得比别人更认真。当有人抓住巴金信仰过无政府主义的问题而进行污蔑时,鲁迅挺身而出,仗义执言,气愤地斥责道:"难道连西班牙的'安那其'的破坏革命,也要巴金负责?"鲁迅满怀爱护之心高度评价巴金说:

---

① 巴金:《〈控诉〉前记》,《巴金全集》第12卷,北京:人民文学出版社1989年版,第519页。

> 巴金是一个有热情的有进步思想的作家,在屈指可数的好作家之列的作家,他固然有"安那其主义者"之称,但他并没有反对我们的运动,还曾经列名于文艺工作者联名的战斗的宣言……。①

如果我们把这段话中的作家改为编辑或编辑家,用以评价巴金这一时期的编辑工作也同样适用。

第三节 "文化的先觉者"与主持文化生活出版社

一、文生社成立的意义

郭沫若称赞巴金是"努力于出版事业,……有功于文化的一位先觉者"。是的,巴金对现代编辑出版事业的重要贡献是他主持了文化生活出版社,巴金自己就说过:"我在文化生活出版社工作了十四年。"②这十几年中他一直担任总编辑,出版了杂志,各种丛书和数百种书籍,取得的成绩是相当惊人的,而所做的一切又都是着眼于发展中国的文化事业。

(一)文生社成立的政治意义

文化生活出版社(以下简称文生社)成立于1935年5月,巴金于8月应好友也是创办人吴朗西、伍禅、丽尼的邀请从日本回上海担任文生社的总编辑,与他们一起从事创造的事业。

文生社是在特殊的文化背景下成立的。就在这年5月,上海《新生》周刊第2卷第15期刊载《闲话皇帝》一文(署名易水,系该刊编辑艾寒松笔名)泛论古今中外的君主制度,其中说到现阶段日本的天皇空有其名而无实权,是日本军部借以掩饰罪恶统治的摆设品式的"古董"。日本驻沪领事竟以"侮辱天皇,妨害邦交"为借口,向国民党政府提出强烈抗议和种种无理要求。国民党政府媚外退让,唯

---

① 鲁迅:《答徐懋庸并关于抗日统一战线问题》,《鲁迅全集》第6卷,北京:人民文学出版社1981年版,第536页。
② 巴金:《上海文艺出版社三十年》,《讲真话的书》(下),成都:四川人民出版社2003年版,第653页。

命是从,当即查封《新生》周刊社,判处主编杜重远一年零两个月徒刑,国民党中央还电令其各级党部及新闻出版界,加紧查禁抗日言论,取缔抗日活动。这就是轰动文化出版界的"新生事件",而文生社就是在这样的背景下成立的。它反抗国民党的压迫,反抗日本帝国主义的政治意义是很明显的。巴金急急从日本赶回国来担任文生社的总编辑,正表示了他鲜明的政治立场和政治态度。

(二)文生社成立的文化意义

另一方面,当时的出版界被一些出版商搞得很不像样,他们只热衷于追逐时尚,追求利润出书办刊物,并不太愿意为读书人认真出几本好书,甚至连好的翻译作品也不愿意出版。编辑出版界的商业气息太浓。正是有鉴于此,他们想改变这种风气,不求利润,只求认认真真出些好书,对文化事业做些切切实实的贡献。文生社后来的行动和目的也确实是如此,巴金本人就是纯尽义务不领取文生社的一分钱的工资。因而,文生社成立的这一文化意义也是不应低估的。

二、巴金主持文生社的三个阶段

(一)1935.5—1937.6

巴金为初创的文生社在强手如林的出版界树立了良好的形象,打下了良好的基础。既然要发展文化,多出好书,当然就离不开优秀的作家。巴金以他编辑家的眼光一开始就注意上当时的文化巨人文坛领袖鲁迅。巴金为文生社出版的一套规模巨大历时也最长的《文学丛刊》,第1集就亮出了鲁迅。在一次宴会上,巴金向鲁迅说了想出一套以发表当代作家文学作品为主的丛刊的计划,现已组织到十个人的近作集,请鲁迅也编一本,鲁迅当即表示同意。当文生社出版《文学丛刊》的广告登出第1集16本的书名和作者名字时,鲁迅在健康欠佳的情况下抓紧一个月时间写出了《出关》《采薇》《起死》3篇小说,连同已发表的《不周山》等几篇编为《故事新编》交由巴金出版。1935年旧历年底,《文学丛刊》第1集16本出齐,有鲁迅的小说集《故事新编》,茅盾的中篇小说《路》,巴金的《神·鬼·人》,沈从文的《八骏图》,张天翼的《团圆》,鲁彦的《雀鼠集》,靳以的《珠落集》,艾芜的《南行记》,萧军的《羊》,吴组缃的《饭余集》,何谷天的《分》,郑振铎的《短剑集》,丽尼的《黄昏之献》,曹禺的《雷雨》,李健吾的《以身作则》,卞之琳的《鱼目集》。既有"五四"时期的老作家,又有30代初的新作家,显示了强大的阵容。它的出版在当时文化出版界曾产生了巨大的轰动。文生社也因此而打响了牌子。到抗战爆发前,巴金共出版了《文学丛刊》4集,每集16本,共64本。此外鲁迅还把为生活书店拒绝出版的《译文丛书》交巴金出版,以示支持。鲁迅原想再编一本《夜记》给巴金,不幸过早逝世,此愿后由许广平完成。

巴金一开始主持文生社的总编务,就得到鲁迅、茅盾、郑振铎、曹禺、艾芜等新老作家的支持,使文生社在出版界得以立足,也得以健康发展。

(二)1937.7—1945.8

首先,巴金与文生社的同仁们并没有因日本帝国主义对进步文化出版事业的摧残而停止工作,他们一方面有人继续留守上海坚持编务,一方面又在广州、桂林、重庆等地建立文生社的分社,以扩大出版业务。巴金坚信文化是不会因暴力而毁灭的,他既以自己的创作发出"我的'我控诉'",又借编辑进步书刊发出人民大众的正义的呼声。1938年3月,巴金到广州办起了文生社广州办事处(即分设机构),此后又到桂林、重庆办起了两个办事处。1939年初,巴金还曾返沪主持了文生社总社的编辑工作。巴金在这几处都编辑出版了许多进步的书籍,有些书刊则是在敌人炮火、敌机的轰炸下编辑而成的。

其次,巴金直接编辑以反映抗战为内容的刊物和书籍,以自己的编辑行动投身抗日救亡的民族解放战争中去。如前述的《呐喊》及其后来的《烽火》文艺周刊(后旬刊)和《呐喊文丛》、《呐喊小丛书》、《烽火文丛》、《烽火小丛书》就是由巴金在文生社编辑出版的。他把艾芜的短篇小说集编入《文学小丛刊》第1集,并作后记说:

> 在这时我们需要读自己人写的东西,不仅因为那是用我们自己的语言写成的,而且那里面闪露着我们的灵魂,贯穿着我们的爱憎。
>
> 不管是一鳞一爪,不管是新与旧,读着这样的文章,会使我们永远做一个中国人——一个正直的中国人。①

《逃荒》出版于1939年8月,这篇后记正表明中国人是不屈的,中国的文化是不灭的。1938年7月至1939年春,巴金还先后选编、编译多种关于西班牙反法西斯斗争的画册、书籍,如《西班牙的血》、《西班牙的黎明》和《战士杜鲁底》、《一个国际志愿兵的日记》等。

(三)1945.11—1949.9

抗战一胜利,巴金即于1945年11月由重庆至上海,筹备恢复文化生活出版社。抗战后期(1942年),留沪负责文生社社务的陆蠡被日伪逮捕,不久杀害,文

---

① 巴金:《〈逃荒〉后记》,《巴金全集》第17卷,北京:人民文学出版社1991年版,第326页。

生社受到查抄,损失巨大,工作被迫停顿。所以巴金急忙赶回上海把文生社的工作恢复起来,并于次年6月负责起文生社的全部社务。在最后这几年中,他继续主编战前即已出版的《文学丛刊》第8、第9、第10集(战时由陆蠡出了5、6、7三集)共48种,《现代长篇小说丛书》共14种,如老舍的《骆驼祥子》,沙汀的《淘金记》和《还乡记》,骆宾基的《边陲线上》等等,以及在战时开始编的《文学小丛刊》和《文季丛刊》。巴金在国统区一方面大量出版进步的文学书籍,不仅使文生社在艰难的物质条件下坚持了下来,并给大后方的文化界增添了精神食粮。另一方面,巴金还于1945年、1946年几次参加出版业对国民党当局的呼吁:要求供应纸张,解决印刷品传递,国家银行贷款等问题,要求争取出版自由,在《陪都文艺界致政治协商会议各委员书》中签名,主张废止文化统治政策,确立民主的文化建设政策,表现了一个文化战士敢于斗争的精神。巴金说:"对于战士,生活就是不停的战斗。他不是取得光明而生存,便是带着满身伤痕而死去。"①不管是在抗日救亡运动中,还是在解放战争时期,巴金以编辑进步的报刊、书籍的方式,向黑暗与暴力挑战,保持了一个"文化的先觉者"——战士的战斗性格。

文生社发展到建国前,出现经济困难和人事上的纠纷,巴金对后者不愿介入,于1949年9月1日,将文化生活出版社社务交给康嗣群,1950年8月25日辞去文生社总编辑职务,正式结束他在文生社长达14年的工作。

三、巴金主持文生社的劳绩

巴金主持文生社,不仅编辑着并由文生社出版的《烽火》《文丛》两种杂志,而且还主编了《文化生活丛刊》(共出46种),《新时代小说丛刊》(共出2种),《文学小丛刊》(共出3集17种),《文季丛刊》(共出26种),《现代长篇小说丛书》(共出14种)等数种大型丛书,真是林林总总,蔚为大观,对文化出版事业做出了巨大的贡献。而所有这些都是在战争年代完成的,就更加难得了。现介绍他主编《文学丛刊》和《译文丛书》这两套大型丛书,以见其编辑的艰辛与可贵的劳绩。

(一)《文学丛刊》

巴金主编的这套《文学丛刊》共10集,每集16本,共160种,就作家阵容来看,既有鲁迅、茅盾、郑振铎、王统照、沈从文、鲁彦、冯至等"五四"前后的新文学运动的先驱者,更多的是三四十年代成长起来的青年作家,如靳以、曹禺、李健吾、何其芳、卞之琳、李广田、曹葆华、芦焚、吴伯箫、胡风、萧军、萧红、沙汀、艾芜、周文、

---

① 巴金:《做一个战士》,《巴金全集》第13卷,北京:人民文学出版社1990年版,第331页。

张天翼、舒群、蒋牧良、欧阳山、叶紫、丽尼、陆蠡、荒煤、黎烈文、柯灵、唐弢、林柯、海岑、一文、方敬、刘北汜、穆旦、林蒲、李白凤、黄裳、陈敬容、阿湛、卢剑波、缪崇群、罗洪、罗淑等。像何其芳的《画梦录》，曹禺的《雷雨》，芦焚的《谷》，臧克家的《运河》，陆蠡的《海星》，丽尼的《黄昏之献》，刘白羽的《草原上》，萧乾的《栗子》，荒煤的《忧郁的歌》等等，既是他们的第一本书，也是他们的成名作，这些作家可以说是因巴金而被推上了文坛。就题材、风格、形式的多样性来说，这160种书包括了小说、散文、诗歌和戏剧等的"文学的各部门"。就售价来看，第1集的16本书，曹禺的《雷雨》价格最高，也只四角半；张天翼的《团圆》、靳以的《珠落集》、何谷天的《分》、萧军的《羊》，都是三角半；鲁迅、茅盾、巴金、沈从文、鲁彦、艾芜、吴组缃、郑振铎、丽尼、李健吾等10人的集子都在三角以下；卞之琳的诗集只售二角，确实是名副其实的"定价低廉"。这套丛书从1935年编第1集到1949年出版第10集，恰好与巴金在文生社的时间相始终。

（二）《译文丛书》

巴金主编的另一套丛刊《译文丛书》，把大批世界文学名著首次比较有系统地介绍给我国读者，对普及世界文学名著，功绩甚巨。这套丛书原由黄源主编，抗战初，黄源参加了新四军，巴金接任主编，从组稿审稿到校对，都是他一人包了。《译文丛书》共约50种，范围涉及英、法、德等欧洲国家，重点出版介绍了旧俄文学与苏联文学作品。如普希金的《上尉的女儿》《杜勃洛夫斯基》，果戈理的《死魂灵》《巡特使及其他》《密尔格拉德》，契柯夫的剧本《三姊妹》《万尼亚舅舅》《樱桃园》《海鸥》等，屠格涅夫的著作出版得最多，有《贵族之家》《罗亭》《前夜》《父与子》《处女地》《烟》等，托尔斯泰的3部长篇巨著《战争与和平》《复活》《安娜·卡列尼娜》也被介绍了过来，此外还有冈察洛夫的《悬崖》，陀思妥耶夫斯基的《穷人》，高尔基的《阿托莫洛夫一家》等。除俄国文学外，法国文学作品则有福楼拜的《包法利夫人》，莫泊桑的《两兄弟》，左拉的《娜娜》，纪德的《地粮》等。英国文学作品有狄更斯的《双城记》《大卫·柯贝菲尔》，莎士比亚的《罗密欧与朱丽叶》，勃朗特的《简·爱》等。德国文学作品有雷马克的《流亡曲》《凯旋门》等。这些优秀的文学名著的出版，不仅繁荣了我国的翻译事业，而且对扭转当时出版界的不良风气起了积极的作用。巴金作为主编与出版发行人，他的这种冒险精神是那些专以赢利为目的的出版商所根本无法相比的。

四、巴金的编辑思想、编辑作风与奉献精神

巴金主编《文学丛刊》《译文丛书》等书刊时，有明确的编辑指导思想，这在

1935年11月《文学丛刊》第1集刚出版时,他在书后写了一则广告,表现得相当清楚,他写道:

> 我们编辑这一部《文学丛刊》,并没有什么大的野心,我们既不敢担起第一流作家的招牌欺骗读者,也没有胆量出一套国语文范本。我们的这部小小的丛书虽然包括文学的各部门,但是作者并非金字招牌的名家,编者也不是文坛上的闻人。不过我们可以给读者担保的,就是这丛刊里面没有一本使读者读了一遍就不要再读的书。而且在定价方面我们也力求低廉,使贫寒的读者都可购买。我们不谈文化,我们也不想赚钱。然而,我们的《文学丛刊》却也有四大特色:编选谨严,内容充实,印刷精良,定价低廉。①

由此可知,巴金编辑丛书的目的:一不以"第一流作家"骗人,二供给读者真正可读的书,三为"贫寒的读者"着想,定价低廉。这种编辑思想与当年那些借出书以沽名钓誉的人,与以追求利润为第一目的的出版商是大异其趣的。也正因为此,鲁迅才那么信任他,支持他。鲁迅看出巴金是一个对文化事业真正有献身精神的人。这种精神感召着吸引着"五四"时期,30年代的一大批优秀作家,他们全力支持巴金,使他得以编辑出版了一套套优秀的大型丛书,为战时的读者提供了精神食粮,为文化沙漠灌溉了清泉。

巴金在战时还特别想到为孩子们编书,不为别的,只为给"孤寂的孩子""在寒冷的夜间和寂寞的梦里送些许的温暖"。巴金在幼年的时候就读过冰心的《寄小读者》,冰心的书给早年失去父母的巴金以极大的安慰和温暖。那么,战争年代有多少无家可归的孩子岂不更需要吗?于是,巴金为冰心编了《冰心著作集》(共3册),交给重庆开明书店出版。他在《后记》中说:自己已"是三十几岁的人了,可是世间还有着不少孤寂的孩子。对那些不幸的兄弟,我想把这《冰心著作集》当作一份新年礼物送给他们,希望曾经温暖过我们的孩子的心的这册书,也能够给他们在寒冷的夜间和寂寞的梦里送些许的温暖吧"②。巴金编这本书的目的,除《后记》中所说的,还有一点,那就是对战时出版界只出有关抗战内容的书(这当然也是需要的),而在书店里见不到像冰心这样的作家在抗战前写的作品的不正常现象,作些矫正。虽然这本书不由巴金的文生社出版,但它同样反映了巴金这段时

---

① 《巴金全集》第18卷,北京:人民文学出版社1993年版,第365页。
② 《巴金全集》第17卷,北京:人民文学出版社1991年版,第341页。

期的编辑思想,即为"贫寒的读者"着想。

巴金的编辑作风是与他的编辑思想相应的。鲁迅对他的日本友人增田涉说:"巴金工作得比别人更认真。"这确是的评。巴金的编辑作风就是这两个字:"认真"。巴金对编辑业务非常熟悉,更重要的是他对文化事业有一种献身的精神,这与他早年确立的社会理想是相一致的,对此他毫不动摇。正因为"认真",所以他"在文化生活出版社工作了十四年,写稿、看稿、编辑、校对,甚至补书,不是为了报酬,是因为人活着需要多做工作,需要发散、消耗自己的精力"①。巴金真正是为了实践他青年时代的理想而工作的。他把编辑出版工作当作是整个文化事业的一部分认真地去做,特别是当日本帝国主义妄想摧毁我国的民族文化时,巴金更以一个文化战士的实际行动为保护和发展民族文化而与敌人进行英勇的战斗。作为总编辑,他所做的工作既广泛又琐屑,不仅要组稿审稿编辑成书,而且还要看校样,跑印刷所搞出版,甚至亲自复读者来信,为读者上街买书寄书动手打包裹等等,他都不厌其烦地认真去做。至于对装帧设计、排版格式、花案图样等有关编辑美学方面的事务,他就更是认真地亲自过问了。

巴金的奉献精神不仅体现在他无私地为文生社工作了14年而不取一分钱报酬,还体现在他无私地为作者编书上。巴金为作者编书的事是最为众人感动的。像曹禺的剧本《雷雨》《日出》《原野》《蜕变》,丽尼的《黄昏之献》《鹰之歌》《鱼儿坳》《白甲奇兵》(译文集)等等都是经巴金的手编辑出版的,有的书后还写有深情的后记,像田涛的短篇小说集《荒》则是巴金从有关杂志上一篇一篇剪辑下来编入《文学丛刊》第6集的。而有的作者,巴金根本不认识,又已离开人间,像郑定文的短篇小说集《大姊》,巴金为其编成后,写了一篇后记,说:"我想到这个我素不相识的作者的短短的贫苦的一生,我真愿意我能够大叫一声。我要叫出我心上那些块垒。"②这些话满含着深深的同情。巴金之所以要这样为认识的、不认识的,活着的、逝去的作者一本一本地编书,是因为他感觉到"在这种时候我们的生命犹如庭园中花树间的蛛网,随时都会被暴风雨打断,倘使我们不赶快做完一件事情,也许就永无机会做好它"③。巴金"不忍心让作者的心血这样腐烂下去"④,他珍惜我

---

① 巴金:《上海文艺出版社三十年》,《讲真话的书》(下),成都:四川人民出版社2003年版,第653页。
② 巴金:《〈大姊〉后记》,《巴金全集》第17卷,北京:人民文学出版社1991年版,第358页。
③ 巴金:《〈生人妻〉后记》,《巴金全集》第17卷,北京:人民文学出版社1991年版,第325页。
④ 巴金:《〈雨夕〉后记》,巴金全集》第17卷,北京:人民文学出版社1991年版,第334页。

们民族的文化的成果,这仍是他为保护进步的文化,为文化事业不因战争而遭受损失的精神的体现。巴金这种无私的奉献精神,是永远值得今天的编辑工作者学习和继承的。

以上我们从文化生活出版社成立的意义,巴金在该社三个阶段的工作情况,以及巴金主编的丛刊、丛书所表现出来的编辑思想、编辑作风和奉献精神等几个方面作了综述,从中我们看到了巴金对中国现代文化事业的一部分——编辑出版事业所作出的巨大努力和贡献,这说明巴金真正不愧为郭沫若所称赞的"有功于文化的一位先觉者"。

建国以后,巴金担任了上海《文艺月报》(后改名《上海文学》)的主编,1957年他与人创办了新中国第一个大型文学刊物《收获》,直至20世纪90年代仍是该刊的主编。在长达70多年的编辑生涯中,巴金积累了丰富的编辑经验,形成了自己的富有真知灼见的编辑思想。从对巴金长期的编辑历程的全面考察中,我们对他选择编辑道路有了更深切的理解。巴金早在20年代初就确立了"建设真正自由平等的社会"为自己的人生追求,因而他编辑《半月》《平民之声》等刊物,就是为了实现这一追求,而去宣传无政府主义,去"集中全力攻击""一切不合理的旧制度"①——封建制度,这是"五四"反帝反封建的时代精神的反映,也是"五四"所赋予的历史使命。到了30年代的抗日救亡运动和40年代的解放战争时期,反帝反封建仍然是民主革命的主要任务和这个阶段应去完成的历史使命。而巴金也随着时代的进步而进步,他从编辑政治刊物转向编辑文学刊物和丛书等,他的思想已"渐少安那其主义的色彩"(鲁迅、茅盾语),他的社会理想也更趋明确,他以所编的刊物和丛书继续向"一切不合理的旧制度"攻击,并证明着黑暗和暴力是毁灭不了文化的。他的编辑活动已不再是个人思想的宣泄,而是汇入到民族的解放事业中去了。因而,巴金编辑道路的选择实际上是他为实现与历史使命相契合的人生追求的革命道路的自觉选择。

---

① 转引自陈丹晨:《巴金评传》,石家庄:花山文艺出版社1982年版,第3页。

主要参考文献

列宁:《列宁全集》第5卷,北京:人民出版社1986年版。
毛泽东:《毛泽东选集》第2卷,北京:人民出版社1966年版。
毛泽东:《毛泽东文集》第3卷,北京:人民出版社1996年版。
中共中央文献研究室,中共湖南省委《毛泽东早期文稿》编辑组:《毛泽东早期文稿》,长沙:湖南出版社1990年版。

姜玢编选:《章太炎文选》,上海:上海远东出版社1996年版。
马勇编:《章太炎书信集》,石家庄:河北人民出版社2003年版。
马勇编:《章太炎讲演集》,石家庄:河北人民出版社2004年版。
张品兴主编:《梁启超全集》第1、9、10册,北京:北京出版社1999年版。
张品兴编:《梁启超家书》,北京:中国文联出版社2000年版。
李华兴、吴嘉勋编:《梁启超选集》,上海:上海人民出版社1984年版。
夏晓红编:《梁启超文选》(上、下),北京:中国广播电视出版社1992年版。
陈引驰编:《梁启超学术论著集》(文学卷),上海:华东师范大学出版社1998年版。
梁启超:《清代学术概论》,上海:世纪出版集团、上海古籍出版社2005年版。
陈独秀:《陈独秀著作选编》第1、2、5卷,上海:人民出版社2009年版。
鲁迅:《鲁迅全集》第1—8、10—13卷,北京:人民文学出版社1981年版。
鲁迅:《鲁迅全集》第14卷,北京:人民文学出版社2005年版。
鲁迅:《鲁迅辑录古籍丛编》第1—4卷,北京:人民文学出版社1999年版。
刘运峰编:《鲁迅佚文全集》(上、下),北京:群言出版社2001年版。
李大钊:《李大钊全集》第1、2、5卷,北京:人民出版社2006年版。
郭沫若:《郭沫若全集·文学编》第16、18卷,人民文学出版社1989、1992

年版。

郭沫若：《沫若文集》第7、8、11、12、13卷，北京：人民文学出版社1958、1961年版。

郭沫若：《樱花书简》，成都：四川人民出版社1981年版。

郭沫若：《郭沫若书信集》，北京：中国社会科学出版社1992年版。

郁达夫：《郁达夫全集》第5、7、8、10、11卷，杭州：浙江大学出版社2007年版。

郁达夫：《郁达夫文集》第6、7、10卷，广州：花城出版社，香港：三联书店香港分店1983年版。

郁风编：《郁达夫海外文集》，北京：三联书店1990年版。

韩石山编：《徐志摩全集》第2、3、6卷，天津：天津人民出版社2005年版。

赵遐秋等编：《徐志摩全集》第1、5卷，南宁：广西民族出版社1991年版。

徐志摩：《徐志摩全集》第4卷，上海：上海书店1988年版。

徐志摩：《徐志摩选集》，北京：人民文学出版社1983年版。

朱自清：《朱自清全集》第3、4、9卷，南京：江苏教育出版社1990、1998年版。

朱自清：《朱自清全集》第4、5卷，长春：时代文艺出版社2000年版。

闻一多：《闻一多全集》第2、12卷，武汉：湖北人民出版社1993年版。

瞿秋白：《瞿秋白文集·政治理论编》第1、2、5、7卷，南京：江苏省瞿秋白研究会1987年印。

瞿秋白：《瞿秋白文集·文学编》第1-4卷，南京：江苏省瞿秋白研究会1987年印。

夏衍：《夏衍全集》第9、15卷，杭州：浙江文艺出版社2005年版。

夏衍：《夏衍杂文随笔集》，北京：三联书店1980年版。

丁玲：《丁玲全集》第6-10卷，石家庄：河北人民出版社2001年版。

丁玲：《文学天才意味着什么》，哈尔滨：北方文艺出版社1985年版。

丁玲：《丁玲写作生涯》，天津：百花文艺出版社1984年版。

巴金：《巴金全集》第12、13、17、18卷，北京：人民文学出版社1989、1990、1991、1993年版。

巴金：《巴金文集》第10卷，北京：人民文学出版社1961年版。

巴金：《巴金论创作》，上海：上海文艺出版社1983年版。

巴金：《讲真话的书》，成都：四川人民出版社2003年版。

姜义华、吴根樑编校：《康有为全集》第2集，上海：上海古籍出版社1990

年版。
  黄遵宪:《黄遵宪集》,天津:天津人民出版社2003年版。
  谭嗣同:《谭嗣同全集》,北京:中华书局1981年版。
  孙中山:《孙中山全集》第6卷,北京:中华书局1981年版。
  宋恕:《宋恕集》,北京:中华书局1993年版。
  茅盾:《茅盾全集》第19卷,北京:人民文学出版社1991年版。
  郑振铎:《郑振铎全集》第3,6卷,石家庄:花山文艺出版社1998年版。
  阿英:《阿英全集》第1卷,合肥:安徽教育出版社2003年版。
  傅斯年:《傅斯年文选》,成都:四川文艺出版社2010年版。
  梁实秋:《梁实秋文集》第2卷,厦门:鹭江出版社2002年版。
  章炳麟:《民国章太炎先生炳麟自订年谱》,台北:台湾商务印书馆1981年版。
  姚奠中、董国炎:《章太炎学术年谱》,太原:山西古籍出版社1996年版。
  汤志钧编:《章太炎年谱长编》(上、下),北京:中华书局1979年版。
  丁文江、赵丰田编:《梁任公先生年谱长编(初稿)》,北京:中华书局2010年版。
  康有为:《康南海自编年谱》,北京:中华书局1992年版。
  唐宝林、林茂生:《陈独秀年谱》,上海:上海人民出版社1988年版。
  鲁迅博物馆、鲁迅研究室编:《鲁迅年谱》(增订本)第4卷,北京:人民文学出版社2000年版。
  鲍昌、邱文治著:《鲁迅年谱》(上),天津:天津人民出版社1979年版。
  朱文通主编:《李大钊年谱长编》,北京:中国社会科学出版社2009年版。
  龚继民、方仁念:《郭沫若年谱》,天津:天津人民出版社1992年版。
  姜建、吴为公:《朱自清年谱》,合肥:安徽教育出版社1996年版。
  刘小中、丁言模编著:《瞿秋白年谱详编》,北京:中央文献出版社2008年版。
  许寿裳:《章太炎传》,天津:百花文艺出版社2004年版。
  (日)稻叶昭二:《郁达夫传记两种》,杭州:浙江文艺出版社1984年版。
  赵遐秋:《徐志摩传》,北京:中国人民大学出版社1989年版。
  陈孝全:《朱自清传》,北京:十月文艺出版社1991年版。
  王康:《闻一多传》,武汉:湖北人民出版社1979年版。
  刘烜:《闻一多评传》,北京:北京大学出版社1983年版。
  会林、绍武:《夏衍传》,北京:中国戏剧出版社1985年版。
  宋建元:《丁玲评传》,西安:陕西人民出版社1989年版。

陈丹晨:《巴金评传》,石家庄:花山文艺出版社1982年版。
饶鸿兢等编:《创造社资料》(上、下),福州:福建人民出版社1985年版。
王自立、陈子善编:《郁达夫研究资料》,天津:天津人民出版社1982年版。
朱金顺:《朱自清研究资料》,北京:北京师范大学出版社1981年版。
会林、陈坚、绍武编:《夏衍研究资料》,北京:中国戏剧出版社1983年版。
袁良骏编:《丁玲研究资料》,天津:天津人民出版社1982年版。
政协文史资料研究委员会编:《文史资料选辑》第25辑,北京:中华书局1962年版。

戈公振:《中国报学史》,北京:三联书店1955年版。
方汉奇:《中国近代报刊史》,太原:山西人民出版社1981年版。
姚福申:《中国编辑史》,上海:复旦大学出版社1990年版。
俞润生:《实用编辑学概要》,天津:天津人民出版社1987年版。
甘惜分主编:《新闻学大辞典》,郑州:河南人民出版社1993年版。
赵家璧:《编辑忆旧》,北京:三联书店1984年版。
广西日报新闻研究室编:《〈救亡日报〉的风雨岁月》,北京:新华出版社1987年版。
《新闻界人物》(六),北京:新华出版社1985年版。
《中国新文学大系导言集》,天津:天津人民出版社2009年版。
汤志钧:《戊戌变法史》,北京:人民出版社1984年版。
汪原放:《亚东图书馆与陈独秀》,上海:学林出版社2006年版。
王树棣等编:《陈独秀评论选编》(下),郑州:河南人民出版社1982年版。
(美)斯诺著,董乐山译:《西行漫记》,北京:解放军文艺出版社2002年版。
(美)尼姆·威尔斯著,陶宜、徐复译:《续西行漫记》,北京:解放军文艺出版社2002年版。
《商务印书馆九十年》,北京:商务印书馆1987年版。
刘禺生:《世载堂杂忆》,北京:中华书局1962年版。
《鲁迅回忆录·专著》(上、中、下册),北京:北京出版社1999年版。
《鲁迅回忆录·散篇》(上、中、下册),北京:北京出版社1999年版。
李霁野:《鲁迅先生与未名社》,北京:人民文学出版社1984年版。
王观泉:《鲁迅与美术》,上海:人民美术出版社1979年版。
胡冰:《鲁迅研究札记》,上海:新文艺出版社1958年版。

周作人:《周作人回忆录》,长沙:湖南人民出版社1982年版。

周作人:《知堂回想录》,石家庄:河北教育出版社2002年版。

《悼念郭老》,北京:三联书店1979年版。

《闻一多纪念文集》,北京:三联书店1980年版。

中国社会科学院近代史研究所编:《五四运动回忆录》,北京:中国社会科学出版社1979年版。

杨之华:《回忆秋白》,北京:人民出版社1984年版。

杨之华:《一个共产党人——瞿秋白》(未定稿),1951年。

唐弢:《回忆·书简·散记》,上海:上海文艺出版社1979年版。

唐弢:《晦庵书话》,北京:生活·读书·新知三联书店2007年版。

《五四时期期刊介绍》第1集,北京:三联书店1978年版。

曹予庭《〈新青年丛书〉与〈新青年社丛书〉》,载《上海出版工作》1981年第6期。

张申府:《五四运动的今昔》,载《新文学史料》1979年第3期。

谭天度:《回首往事话当年》,载《广东文史资料》第1期。

沈飈民:《鲁迅早年的活动点滴》,载1961年《上海文学》十月号。

(日)藤井省:《日本介绍鲁迅文学活动最早的文字》,载《复旦学报》1980年第2期。

周建人:《绍兴光复前鲁迅的一小段事情》,载《人民文学》1961年7、8号。

郑振铎:《中国小说史家的鲁迅》,载《人民文学》1949年10月创刊号。

沈尹默:《鲁迅生活中的一节》,载《文艺月报》1956年第10期。

吴宓:《新文化运动之反应》,载《中华新报》1922年10月10日。

李一氓:《记〈巴尔底山〉》,见1980年5月28日《人民日报》。

卞之琳:《星水微茫忆〈水星〉》,载《读书》1983年第10期。

《中国新文学大系·史料特辑》第19集(1927—1937)。

《史学工作通讯》1957年第2期。

《新观察》1959年第12期。

《新文学史料》1981年第3期。

《上海出版工作》1981年第6期。

《鲁迅研究动态》1981第3期。

《郭沫若研究》1985年第1辑。

后 记

我从事学报编辑工作已经有三十年了,在编学报的同时还在系里讲授中国现代文学。

讲到中国现代文学的发生,就不能不提到章炳麟与梁启超;而要讲中国现代文学就更不能不讲鲁迅了。于是这三个近现代史上的"闻人"就进入了我的研究视野。在从事学报编辑工作时,我就想到被誉为"言论界的骄子"的梁启超,和与他辩驳的章炳麟,他们早年一个鼓吹变法维新,一个主张排满反清,都是从舆论入手,兴学会,开报馆,集编撰于一身,各在其所编报刊上传播其变法维新、排满反清的思想。而鲁迅则主张以"思想革命"来办刊物,"对于中国的社会,文明,都毫无忌惮地加以批评"。我恰好又是编学报的,何不以他们为对象,做些研究呢?既结合了教学,又兼顾了编辑。于是,我就把这当作自己的一个课题,开始阅读他们的著作,搜集相关的资料,熬灯继晷,日夜爬格,终于写出了有关章炳麟、梁启超和鲁迅的研究。后来我又扩大范围,选取了现代文学史上有代表性的既搞创作又是编辑的十几个作家,在广搜史料的基础上,研究他们的编辑活动,揭示他们的编辑思想与编辑特色,探讨他们编辑报刊的宗旨与主张,总结他们的编辑经验,结合前期研究,撰成了《中国近现代作家的编辑历程》一书,以反映我这几十年来在教学和编辑这两个部门工作的情况。

非常感谢江苏省当代文学研究会副会长、南通大学教授范钦林博士赐序。范教授认为拙著是一部有"魅力"的书,"不仅在中国近现代编辑史上已占先声,而且也绝不会仅仅是一部有关中国近现代作家编辑历史方面的书,她还会是一部有关中国近现代文学思想史与中国近现代文化思想史方面的书。"这实在是过誉了。

  当拙著即将付梓之时，我还要感谢出版社的编辑老师为拙著的出版付出的辛劳；感谢江苏师范大学图书馆、徐州工程学院图书馆的老师给予我借阅图书的方便；感谢所有帮助我的人。

蒋成德

2017年11月28日于徐州